LEO VON
KLENZE

FÜHRER ZU SEINEN
BAUTEN

Johannes Grützke: Leo von Klenze (2008)

LEO VON
KLENZE

FÜHRER ZU SEINEN
BAUTEN

ADRIAN VON BUTTLAR

DEUTSCHER KUNSTVERLAG

INHALTSVERZEICHNIS

BAYERN UND DEUTSCHLAND

VORWORT

Leo von Klenze gehört neben Karl Friedrich Schinkel zu den bedeutendsten deutschen Architekten der ersten Hälfte des 19. Jahrhunderts. Wenngleich sich seine umfangreiche Bautätigkeit – von wenigen Ausnahmen abgesehen – auf (das ehemalige Königreich) Bayern und namentlich auf die Haupt- und Residenzstadt München konzentrierte, die Klenze zahlreiche architektonische Meisterwerke und spektakuläre Aspekte ihres Stadtbildes verdankt, ist seine Baukunst kein Lokalereignis, sondern Zeugnis der europäischen Architektur- und Kunstgeschichte. Von der Rolle des Hauptadressaten dieser Bauten, des Hofes und der aufgeklärten bürgerlichen Gesellschaft im historisch-politischen Spannungsfeld zwischen Revolution und Restauration, künden die neuen königlichen und staatlichen Bauaufgaben nach der Erhebung Bayerns zur Monarchie 1806 und nach der Verfassungsgebung 1818: neben der modernen Stadterweiterung mit der Residenz, den Kirchen, Palais und Zinshäusern vor allem die öffentlichen Museums-, Bildungs- und Denkmalbauten. Vom Festhalten am autokratischen Gestaltungswillen und vom eigenwilligen kulturellen Selbstverständnis des Monarchen zeugt hingegen das zähe und sich über Jahrzehnte erstreckende Ringen des Kunstenthusiasten Ludwig I. mit seinen diversen Architekten – allen voran Leo von Klenze – um die architektonische Form, künstlerische Ausstattung und politische Sinngebung der Gebäude. Schließlich diente der gestalterisch überhöhte Ausbau der ökonomischen Infrastruktur des Landes, etwa des Ludwig-Donau-Main-Kanals und der Eisenbahnbauten, sowie die Reglementierung des gesamten Baugeschehens durch die 1830 in München gegründete Oberste Baubehörde und durch den Baukunstausschuss der Stärkung der Identität des bayerischen Staates. So entstand unter Ludwigs Ägide über ein halbes Jahrhundert hinweg in offenkundiger Konkurrenz zur Architekturentwicklung in Preußen unter Ludwigs Schwager König Friedrich Wilhelm IV. und Klenzes bewundertem Rivalen Schinkel jenes »Neue München«, das den Ruf der Isarmetropole als Kunststadt bis ins 20. Jahrhundert hinein begründete.

So präsent und populär Klenzes Bauten auch heute noch im Münchner Stadtbild oder etwa im touristischen Panorama der Donaulandschaft erscheinen: Schon den damaligen, erst recht den heutigen Einheimischen, Zugereisten und Touristen waren und sind ihre ästhetischen und kulturpädagogischen Ambitionen oft fremd und erklärungsbedürftig geblieben. Davon zeugten schon die beredten Münchner Stadtführer des 19. Jahrhunderts. Heute fehlt es an leicht zugänglichen und zugleich aussagekräftigen Darstellungen, die ein kritisches Verständnis des kultur- und kunsthistorischen Wertes dieses einzigartigen baukulturellen Erbes ermöglichen.

Die Wahrnehmung der Bauten Leo von Klenzes durch adäquate Beschreibung zu schärfen und ihre spezifische Baugestalt aus dem historischen Kontext verständlich zu machen, ist das Ziel des vorliegenden Architekturführers, der den Betrachter auf einer Zeitreise vom aktuellen materiellen Bestand auf die Entwurfsprozesse und geschichtlichen Rahmenbedingungen der Entstehungszeit zurückführt. Analog zum Architekturführer des Deutschen Kunstverlages zu den Bauten und Werken Karl Friedrich Schinkels (2006, 42012) erläutert das Buch knapp, übersichtlich und wertend die wichtigsten Aspekte ihrer Funktion, künstlerischen Idee, Planentwicklung, Realisierung und Bedeutung. Es weist darüber hinaus auf Nutzungsänderungen und Umbauten sowie auf die Zerstörungen im

Zweiten Weltkrieg und auf den Wiederaufbau einschließlich der jüngsten Restaurierungs- und Rekonstruktionsmaßnahmen hin. Wir stützen uns dabei auf die umfangreichen Klenze-Forschungen der letzten Jahrzehnte, insbesondere auf die umfassende, 2014 in zweiter Auflage erschienene Klenze-Monographie des Verfassers »Leo von Klenze. Leben, Werk, Vision« (1999) und den Katalog der Münchner Klenze-Ausstellung mit dem Werkverzeichnis von Sonja Hildebrand (2000); ferner auf die wichtigsten seither erschienenen Beiträge und Quellenwerke, namentlich die vorbildliche Edition des umfangreichen Briefwechsels Klenze–Ludwig I. (Glaser 2004-2011).

Die komplizierte Genese der Werke und die Aufteilung der Aufgaben und Kompetenzen des Architekten als Entwerfer, verantwortlicher Baubeamter, Kunstberater und Gutachter, Ideenlieferant für bildende Künstler oder praxiskundiger Realisator bringt es mit sich, dass Klenzes persönlicher Anteil an einem Werk gelegentlich schwer einzugrenzen ist. Ohnehin waren die großen Monumentalbauten der Epoche Gesamtkunstwerke, an denen – wenn auch unter Federführung des Architekten – eine Vielzahl von Künstlern und erfahrenen Kunsthandwerkern mitwirkte. Wie heute in den großen Architektenateliers arbeiteten auch vor knapp zweihundert Jahren in der Hofbauintendanz, in der Staatlichen Obersten Baubehörde Bayerns oder anlässlich von externen Sonderaufträgen wie dem Museum der Neuen Eremitage in St. Petersburg für Zar Nikolaus I. im privaten Baubüro Klenzes Dutzende von Zeichnern und Mitarbeitern an seinen Projekten und Entwürfen. Von Rivalität geprägt sind die meisten Kontakte zu den Malern und Bildhauern, deren künstlerische Beiträge bisweilen auf Klenzes Vorschläge und Skizzen zurückgehen, weswegen er am Ende die Autorschaft selbst zu beanspruchen suchte. Das gilt auch für die fortschrittlichen bautechnischen Innovationen, etwa die Stahleisenkonstruktionen, die Klenze weitsichtig (wenn auch nicht stilbildend) in den Wiederaufbau des Nationaltheaters, die Walhalla, die Befreiungshalle und die Petersburger Neue Eremitage integrierte, deren Planung und Realisierung jedoch auf Bauingenieure und Techniker zurückgeht. Nimmt man noch die auch heute gängige Praxis hinzu, interessante Ideen und Motive für ein Bauprojekt nicht aus der Architekturgeschichte, sondern auch aus den Vorschlägen der Konkurrenten zu »übernehmen« und weiterzuverarbeiten, so kann die Antwort auf die Frage nach Erfindung und Orginalität nicht immer ganz eindeutig ausfallen. Das gilt erst recht für Klenzes Interieurs mit den oft eigenhändig entworfenen Prunkmöbeln, Leuchtern und dekorativen Ausstattungen, auf die hier aus Platzgründen nicht näher eingegangen werden kann.

Der vorliegende Architekturführer gliedert sich in fünf Abschnitte: Eine zusammenfassende Übersicht über Ausbildung und Karriere Klenzes führt in seine Vita, seinen Aufgaben- und Wirkungskreis und in sein Verhältnis zu seinem Bauherren Ludwig I. sowie in dessen ehrgeizige Visionen eines »Neuen München« ein. Im Zentrum des Buches stehen die noch mehr oder minder vollständig existierenden Bauwerke im Münchner Stadtgebiet – auf die verlorenen oder nicht realisierten Bauten kann hier nur gelegentlich verwiesen werden. Ein drittes Kapitel stellt Klenzes Werke außerhalb Münchens und die kaum bekannten Zeugnisse seiner Revisionstätigkeit in Franken und in der ehemaligen Rheinprovinz vor. Der vierte Teil ist seinen Bauten im Ausland und seiner bemerkenswerten internationalen Rolle als europäische Kunstautorität gewidmet. Am Ende steht im fünften Abschnitt eine knappe Würdigung des Künstlers, Theoretikers und Baubeamten Klenze, die seine Vielseitigkeit und seinen (letztlich vergeblichen) Kampf um das moderne Gesamtkunstwerk aus dem Geist des Neuhellenismus im krisenreichen Spannungsfeld von liberalem Fortschrittsstreben und restaurativer Reaktion hervorhebt. Die komplexen Umbrüche des 19. Jahrhunderts, nicht zuletzt die Stilkrise um den aufbrechenden Historismus und die Rolle der modernen Technik bilden den Hintergrund und Anlass zu Klenzes architekturhistorischen und religionsphilosophischen Theorien und Spekulationen, die er auch in einigen programmatischen Gemälden verschlüsselte. Sie lassen seine Bauten in neuem Licht erscheinen. Ein umfangreiches Literaturverzeichnis und ein ausführlicher Index sichern die Funktion des Architekturführers als Handbuch.

Mein Dank gilt Stephanie Ecker und Jasmin Fröhlich, die mich zu diesem Buch anstifteten. Kasper Zwaanveld hat als Graphiker sein Entstehen verständnisvoll und hilfreich betreut. Mein Dank gilt Freunden, Kolleginnen und Kollegen, unter denen ich Albrecht Graf von und zu Egloffstein und seinen Sohn Johannes, Thomas Robbin vom Architekturbildarchiv, Christoph Straßer von der Bayerischen Schlösserverwaltung, sowie Klaus Kratzsch und Markus Hilbich besonders hervorheben möchte, für ihre Unterstützung bei der Materialbeschaffung, Recherche und Realisierung sowie jenen zahlreichen privaten Fotografinnen und Fotografen, die, wie etwa Hans Gruener, Edgar Schnell, Robert Tschuschner, Marco Engel und viele andere im Abbildungsnachweis Aufgelistete, Klenzes Bauwerke im Laufe der letzten Jahre im wahrsten Sinne des Wortes mit großem Gespür für die »richtige Einstellung« aufgenommen und den Abdruck ihrer im Internet veröffentlichten Bilder gestattet haben. Ohne diesen aktuellen und frischen Blick auf Klenzes Architektur wäre die überraschende Präsenz seiner Baukunst nicht zu vermitteln. Den einschlägigen Museen, Institutionen, Sammlungen und Archiven sei für Ihr Entgegenkommen bei den Reproduktionsgenehmigungen gedankt. Dank gilt nicht zuletzt Johannes Grützke, der mir gestattete, die mir zugeeignete Charakterstudie Klenzes als Frontispiz zu verwenden, und Carl Laubin, der mir sein im April 2016 vollendetes Architekturcapriccio »Klenzeana« gleichsam als Epilog zur Verfügung stellte. Beide Gemälde unterstreichen meine Absicht, mich dem Lebenswerk Klenzes aus dem Blickwinkel der Gegenwart zu nähern.

EINFÜHRUNG

AUSBILDUNG UND KARRIERE

Franz Karl Leopold Klenze wurde in der Nacht vom 28. auf den 29. Februar 1784 im Forsthaus Buchladen bei Schladen am Harz geboren. Es ist charakteristisch für sein Geltungsbedürfnis, dass er stets den Sonderstatus eines Schaltjahrkindes beanspruchte, das »alle vier Jahre nur um eins älter« werde – wie König Ludwig 1855 bemerkte –, während im Taufregister zu Schladen offiziell der 28. Februar angegeben ist. Die protestantische Familie stammte nach Klenzes Aussagen ursprünglich von einem eingewanderten polnischen Ritter namens Christian von Klenzky ab, habe aber die Adelsprivilegien bald nach dem Dreißigjährigen Krieg verloren. Erst auf Klenzes Betreiben verlieh ihm Ludwig I. 1822 den persönlichen und 1833 den begehrten Erbadel.

Nicht unwichtig für seine spätere Münchner Karriere war die Tatsache, dass die Großmutter 1756 zum Katholizismus konvertiert war, sodass Klenzes Vater, der Amtmann und spätere Halberstädtische Hof- und Tribunalrat Gotthelf Friedrich Klenze, und er selbst – wenn auch ohne tiefere Überzeugung – katholisch erzogen wurden. Nach der Ausbildung durch Hauslehrer auf dem elterlichen Gut Heissum bei Liebenburg besuchte Klenze von 1798 bis 1800 das renommierte »Collegium Carolinum« in Braunschweig, eine aufklärerisch-fortschrittliche Lehranstalt in der Nachfolge der Ritterakademien, die vom Gymnasium zur Universität überleiten sollte und durch die Verbindung humanistischer, naturwissenschaftlicher und praktischer Fächer eine breite Bildung ermöglichte. So gehörten etwa auch die aktuellen Schriften Immanuel Kants zum Lehrpensum. Schon dort hörte Klenze bei Major Johann Carl Moll und Professor Franz Carl Anton Schönhut Feldmessen, Festungsbau und Bürgerliche Baukunst sowie bei Professor Johann Joachim Eschenburg Baukunst und Malerei des Altertums. Seine frühe Neigung zu den »plastischen Künsten« (d. h. vor allem zur Architektur) kollidierte jedoch mit der elterlichen Vorgabe einer traditionellen Karriere als Staatsbeamter. Klenze erlangte zwar im Herbst 1800 die väterliche Genehmigung, die kurz zuvor in Berlin begründete »Allgemeine Bauschule« (die spätere »Bauakademie«) zu besuchen, sollte sich dabei jedoch auf die »Kameralbauwissenschaft« für eine Karriere als zukünftiger Beamter der Bauverwaltung beschränken. Ausdrücklich sei ein strenges Verbot gegen »jede eigentlich artistische Richtung« der Studien im Sinne der Ausbildung in der höheren Baukunst ergangen (Artistisches München 1836) – ein Verbot, an das sich Klenze nicht hielt.

BERLIN

Unter den Zentren des Frühklassizismus um 1800 nahm Berlin mit Carl Gotthard Langhans, Heinrich Gentz und insbesondere David Gilly und seinem genialen Sohn Friedrich Gilly einen besonderen Rang ein. Die wesentlich von den beiden Gillys getragene neue Berliner Bauschule hatte ihren Schwerpunkt nach Vorbild der Pariser »École polytechnique« in der ingenieurtechnischen Ausbildung für den Dienst in der staatlichen Bauverwaltung, speziell im Straßen-, Brücken- und Wasserbau sowie in der Landbaukunst. Allerdings bemühte sich der junge Friedrich Gilly, Professor für darstellende Geometrie, diese Kenntnisse mit zentralen Aspekten der modernen Zivil- und Prachtbaukunst zu verbinden, indem er die künstlerische Dimension jenseits des akademischen Lehrplanes in seiner »Privatgesellschaft junger Architekten« vermittelte. Allerdings war Friedrich Gilly

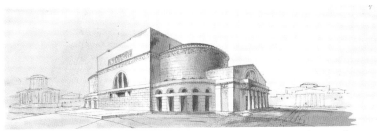

Kopie (ca. 1802) nach Friedrich Gillys Entwurfsskizze für das Berliner Schauspielhaus auf dem Gendarmenmarkt (1798)

Friedrich Gilly: Entwurf eines Denkmals für Friedrich den Großen (1796)

wenige Wochen vor Klenzes Ankunft im Alter von 28 Jahren verstorben. Unter der Protektion des Geheimen Baurats David Gilly konnte der sechzehnjährige Klenze nur noch die kühnen Skizzen Friedrich Gillys, der die emotionale Wirkungsästhetik der sogenannten ›Französischen Revolutionsarchitektur‹ in den preußischen Klassizismus eingebracht hatte, kopieren. Davon zeugen nicht zuletzt auch Studienblätter zu dessen legendärem Projekt eines Denkmals für Friedrich den Großen, das später Klenzes Europäisches Friedensdenkmal und noch seinen Walhalla-Entwurf beeinflussen sollte (vgl. S. 14, 191ff.). Gillys perspektivisches Schaublatt hatte bereits auf der Akademie-Ausstellung 1797 Karl Friedrich Schinkel so begeistert, dass dieser beschloss, selbst Architekt und Meisterschüler Gillys zu werden. Während seiner dreijährigen Ausbildung zum Bauconducteur hat Klenze auch den drei Jahre älteren Schinkel kennengelernt – seinen zeitlebens bewunderten Kollegen –, mit dem er fortan – zumeist etwas abfällig – verglichen wurde. Beider Lehrer im Fach der antiken Baukunst war der kurz zuvor aus Rom zurückgekehrte Archäologe und Altertumsforscher Aloys Hirt, dessen Plädoyer für eine am griechisch-römischen Formenkanon festhaltende Architektur »Die Baukunst nach den Grundsätzen der Alten« (Berlin 1809) Klenze nachhaltig prägte, während Schinkel sich unter dem Einfluss der Romantiker auch der mittelalterlichen – insbesondere der gotischen – Baukunst zuwandte.

PARIS

1803 nahm David Gilly den jungen Klenze auf eine lang geplante Parisreise mit, hatte doch die französische Hauptstadt nach der Revolution als tonangebendes Kunstzentrum das ehrwürdige Rom abgelöst. Während sein Mentor von der aktuellen französischen Architektur eher enttäuscht war, schloss sich Klenze begeistert den neuen rationalistischen Entwurfsprinzipien an,

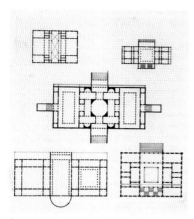

Übungsblatt nach J. N. L. Durand
(um 1803/05)

die Jean-Nicolas-Louis Durand als Lehrer an der »École polytechnique« und in seinem bis in die Jahrhundertmitte international wirksamen Lehrbuch »Précis des leçons d'architecture donnés à l'école polytechnique« (2 Bde. 1803/05, ^{2}1817/19) propagierte: Nachdem die menschlichen Körpermaße als architektonische Maßeinheiten durch die Definition des Meters (1791) und das zugehörige Dezimalsystem ersetzt worden waren, hielt bei Durand ein vorgerasterter, dem Millimeterpapier ähnelnder Entwurfsbogen Einzug in die Architekturkurse. Nun entstanden – übrigens bei allen in den folgenden Jahren die Pariser École besuchenden deutschen Nachwuchsarchitekten – nach einfachsten geometrischen Grundformen und Maßen mechanisch durchgerasterte Grundrisse und Aufrisse, sei es für moderne Bauaufgaben, sei es für Phantasierekonstruktionen antiker Baukomplexe. Klenze, der wohl als Gaststudent Durands Klasse besuchte, hat zahlreiche Vorlagen nachgezeichnet und auch einige der pathetischen Denkmalentwürfe Durands aus den Tagen der Revolution, wie etwa den Tempel der Gleichheit (*Temple de l'Égalité* 1793), getreu kopiert. Ins Elternhaus bei Jerstedt zurückgekehrt, beeilte sich der junge Klenze dann, die revolutionären Entwurfsmethoden Durands als Erster – noch vor seinem älteren Kollegen Clemens Wenzeslaus Coudray aus Weimar –, in Deutschland zu verbreiten: Er beteiligte sich 1804 an einem Wettbewerb für ein »Denkmal für Dr. Martin Luther« mit einem Tempelprojekt, dessen Hermenpfeiler direkt an Durand anknüpfen. Und es gelang dem gerade Zwanzigjährigen sogar, durch Protektion des renommierten Braunschweiger Verlegers Johann Friedrich Vieweg, seinen Entwurf 1805 in einem aufwendigen Buch herauszugeben, in dem er Durands neuen Entwurfsansatz, der Klenzes Bauten unterschwellig bis ins Spätwerk hinein prägen sollte, dem deutschen Publikum erläuterte. Selbstverständlich wurde das Denkmal nicht realisiert: »Ich habe keinen anderen Zweck für mich, als durch Herausgabe desselben mich bekannt zu machen«, schrieb er dem Verleger freimütig (05.01.1805 an Vieweg).

Kopie (1803) nach J. N. L. Durands und J. T. Thibaults »Temple de l'Égalité« (1794)

Entwurf eines Denkmals für Martin Luther (1804/05)

ERSTE ITALIENREISE

Klenzes Ausbildung endete mit der noch immer für bildende Künstler und Architekten obligatorischen Italienreise, die ihn 1805/06 über Paris, die Schweiz und das Tessin zunächst nach Genua führte, wo er die Palast- und Villenarchitektur studierte. Per Schiff ging es dann nach La Spezia und Pisa, von dort nach Rom und in die Albaner Berge, weiter nach Neapel und Pompeji. Zahlreiche Skizzen Klenzes, der nebenbei in Berlin bei Johann Gottlob Samuel Rösel und in Paris bei Constant Bourgeois Landschaftszeichnung studiert hatte, sind von dieser Reise erhalten. In Paestum zeichnete er den Poseidontempel – die erste Begegnung mit griechischer Architektur! Auf der Rückreise führte ihn sein Weg 1807 erneut über Rom nach Florenz und schließlich nach Mantua, wo ihn die Aufforderung des Generalintendanten des soeben neu gegründeten Hofes des Königreichs Westfalen erreichte, er möge sich zwecks Anstellung als Hofarchitekt bei König Jérôme Bonaparte, dem jüngeren Bruder Napoleons, nach Kassel begeben.

KASSEL

Vom 1. Februar 1808 bis zum Zusammenbruch des Königreiches Westfalen im Herbst 1813 arbeitete Klenze unter der Aufsicht des ehemaligen kurhessischen Oberbaudirektors Heinrich Christoph Jussow, der während der Fremdherrschaft als Intendant der Krongebäude und Generalinspekteur der Brücken, Chausseen und öffentlichen Gebäude amtierte, als »zweiter« Architekt. Die Stelle des »ersten« Architekten hatte Auguste Henri Victor Grandjean de Montigny, ein Schüler von Napoleons Stararchitekten Charles Percier, inne. Obwohl Klenze im Rückblick seine Tätigkeit für die französischen Besatzer herunterzuspielen suchte, war er in diesen fünfeinhalb Jahren in herausgehobener Position mit Gutachten und zahlreichen Bauaufnahmen sowie Ausstattungs-, Ausbesserungs- und Reparaturarbeiten an diversen hessischen Schlössern, mit Straßen- und Brückenbau, dem Umbau des Museum Fridericianum zum Ständepalais sowie mit (nicht realisierten) Entwürfen für Stadttore, Wohnhäuser, eine westfälische Militärakademie und ein neues Residenzschloss in der Kasseler Oberneustadt befasst. Realisiert wurden sein 1808 bis 1812 neben Schloss Wilhelmshöhe errichtetes und später umgebautes Hoftheater (vgl. S. 160ff.) sowie die Königlichen Marställe an der Schönen Aussicht, deren Vorderflügel aufgrund der vehementen Kritik an der tristen Überbauung dieses vielleicht schönsten Grundstückes der Residenzstadt (so der damalige Hofbibliothekar Jacob Grimm) gleich nach der Rückkehr des hessischen Kurfürsten 1815 wieder abgerissen wurde; der rückwärtige Flügel musste 1871 dem Neubau der Gemäldegalerie weichen. In der Kasseler Zeit erlernte Klenze den namentlich in den Raumausstattungen vorherrschenden französischen Empire-Stil, der seine Interieurs zeitlebens prägen sollte.

Nachdem im Zuge der Befreiungskriege im September 1813 Kassel von den russischen Truppen General Alexander Iwanowitsch Tschernyschows eingenommen worden war, flüchtete König »Lustik«, wie Jérôme im Volksmund genannt wurde, nach Paris. Auch der wegen seiner loyalen Kollaboration gefährdete Klenze begab sich mit seiner jungen italienischen Frau, der Sängerin Felicitas Blangini, und seinem Schwager, Jérômes Hofkomponisten Felix Blangini, auf die Flucht – und zwar an den Münchner Hof König Maximilians I. Joseph von Bayern, dem Blangini Jahre zuvor einmal gedient hatte.

MÜNCHEN

In München suchte Klenze über den Oberhofmeister Grafen Carl von Rechberg Kontakt zum architekturbegeisterten, antinapoleonisch gesinnten Kronprinzen Ludwig, der ihn schließlich am 26. Februar 1814 zu einer zweistündigen Audienz empfing:»Also doch ein Teutscher. So rief mir der Kronprinz von Bayern einen Büschel meiner blonden Haare ergreifend zu, als ich ihm zum ersten Mal vorgestellt ward«, berichtet Klenze rückblickend in seinen»Memorabilien« und spielt damit auf die noch lange anhaltenden Anfeindungen wegen seiner an Frankreich orientierten künstlerischen Ausrichtung und Lebensart an. Nach dem Sieg über Napoleon durfte er jedoch an seinem»teutschen« Patriotismus keinen Zweifel lassen: dementsprechend hatte Klenze bei der Audienz zwei sorgfältig ausgearbeitete Entwürfe für Denkmäler der Befreiungskriege präsentiert: einen am Rand der Pyrenäen platzierten Obelisken, der Spaniens Befreiung durch Wellington 1809-1813 feierte, und eine in der Rheinlandschaft zu errichtende Siegessäule, die von sitzenden Viktorien als Allegorien der Befreiungsschlachten umrahmt wurde – beide Vorschläge gingen allerdings formal unmittelbar auf napoleonische Siegesmale aus französischen Publikationen zurück und dürften deshalb den Kronprinzen, der damals schon für die altgriechische Architektur schwärmte, kaum angesprochen haben.

WIEN

Wahrscheinlich hat Kronprinz Ludwig, der schon seit 1810 seine Walhalla als Ehrentempel der Deutschen in Form eines griechisch-dorischen Peripteraltempels im Münchner Englischen Garten plante, Klenze zu seinem dritten großen Projekt, einem»Denkmal des Weltfriedens«, angeregt. Klenze legte es in Form einer aufwendigen Publikation im Herbst 1814 den europäischen Fürsten und Politikern auf dem Wiener Kongress vor. Das oberhalb des Rheines (etwa anstelle des späteren»Niederwalddenkmals«) gedachte Monument, das die Asche der Gefallenen der Befreiungskriege bergen sollte, stellt sich als Verschmelzung aller bislang prägenden Einflüsse dar: des Gilly'schen Friedrichsdenkmals mit seinem Sockelbau und seiner Tempelbekrönung, der körperhaften, emotionalen Wirkmächtigkeit der französischen Revolutionsarchitektur, des etwas trockenen Rationalismus Durands in der Proportionierung und Detaillierung und nicht zuletzt der eindrucksvollen Ikonographie von Tod und Verklärung, zu der ihn wohl auch Friedrich Weinbrenners konkurrierende

Entwurf eines»Denkmals des Weltfriedens« am Rhein, aus Klenze (1814)

Publikation eines Völkerschlachtdenkmals (1814) anregte. Während der deutsche Textentwurf stark von der nationalen politischen Rhetorik der Befreiungskriege geprägt war, zeigt die gedruckte französische Textversion Klenzes diplomatisches Geschick, an die führenden Repräsentanten Europas zu appellieren. Doch lief seine höchst modern klingende Rechtfertigung der Befreiungskriege als»Vertheidigung der Menschenrechte« ebenso ins Leere wie der emphatische Gedanke eines vereinigten Europa, das das kostspielige Denkmal gemeinsam finanzieren sollte:»Ce monument erigé par l'Europe réunie, seroit sa proprieté commune« (Klenze 1814).

PARIS

Im Krisenjahr 1815 siedelte Klenze zu Frau und Kind nach Paris über und versuchte Aufträge oder Anstellungen für sich zu gewinnen. Alexander von Humboldt vermittelte ihm einen Auftrag des preußischen Generals von Bülow für den Entwurf eines Denkmals auf den endgültigen Sieg über Napoleon in der Schlacht von Waterloo (Metropolitan Museum New York). Gleichzeitig erhielt er zweifelhafte Angebote Jérôme Bonapartes, in dessen Dienste zurückzukehren und ins Exil nach Triest überzusiedeln. Klenzes Bewerbung am Hof von Hannover scheiterte, weil sein ehemaliger Kasseler Vorgesetzter Jussow nicht ihn, sondern seinen Neffen Georg Ludwig Friedrich Laves für die Stelle des Hofbaumeisters empfahl. Doch setzte er mit seinen Verhandlungen den Bayerischen Kronprinzen Ludwig unter Druck, der zum Zweiten Pariser Frieden im Juli 1815 in Paris eingetroffen war und sich inzwischen mit seinem bevorzugten Architekten, Carl von Fischer, völlig überworfen hatte. Der enthusiastische Ludwig – begeistert vom Entwurf des Europäischen Friedensdenkmals – bot ihm kurzerhand an, gegen ein Gehalt von 5.000 Francs in seine persönlichen Dienste zu treten. Ende November 1815 nahm Klenze das Angebot an.

KARRIERE IN MÜNCHEN

Schon nach wenigen Monaten wurde die private Stelle beim Kronprinzen in die eines Hofbaumeisters im Dienste König Maximilian I. Josephs umgewandelt, die auf Hof- und Staatsgebäude, »bei welchen es auf Geschmack und reinen Baustyl ankömmt«, sowie auf »architektonische Monumente im klassischen Styl« zugeschnitten war, so Hofbauintendant Andreas Gärtner in der Einstellungsurkunde. Klenze widmete sich nach seiner Übersiedlung nach München mit größter Energie den zahlreichen neuen Bauaufgaben und forcierte seine Kompetenz insbesondere auf dem Gebiet des altgriechischen Architekturstils, den Ludwig für sein Skulpturenmuseum (Glyptothek) und für die Walhalla einforderte. Doch das genügte seinem Ehrgeiz keineswegs. Vielmehr arbeitete er geschickt darauf hin, den 74jährigen Andreas Gärtner im September 1818 als Hofbauintendant abzulösen. Neben dem höchsten Bauamt der Krone übernahm er vier Wochen später auch noch die höchste staatliche Bauposition: die Stelle des Oberbaurats am Oberbaukommissariat des Ministeriums des Inneren, auf die sich im Vorjahr sein mittlerweile erkrankter Rivale Fischer beworben hatte. Klenzes Machtfülle wurde 1829 noch durch den Vorsitz im Baukunstausschuss der Königlichen Akademie der Bildenden Künste und 1830 durch die Übernahme des Amtes des Vorstandes der neu gegründeten Obersten Baubehörde Bayerns erweitert, sodass er bis zu seiner Entpflichtung von diesem Amt 1843 nahezu das gesamte Baugeschehen in Bayern kontrollieren konnte. »Ist der Hofbauintendant zugleich auch der Vorstand der Obersten Baubehörde, so gibt er in jener Eigenschaft den Vorschlag zu einer Hofbaute, und in dieser Eigenschaft begutachtet und genehmigt er sie«, kritisierte der Abgeordnete Anton Mätzler 1831 diese Personalunion in der Ständeversammlung (Sitzungsprotokoll 1831 Nr. 48, 26.01.1831). Obwohl Klenze nach der Abdankung König Ludwigs I. im Zuge der Lola-Montez-Affäre und der 1848er-Unruhen die nicht-staatlichen Großprojekte in einem privaten Dienstverhältnis zu Ende brachte (und sich in harter Auseinandersetzung mit seinem Auftraggeber dafür zusätzlich honorieren ließ), erfolgte seine nominelle Entpflichtung vom Amt des Hofbauintendanten, das August von Voit kommissarisch führte, erst 1859 unter König Maximilian II.

MÜNCHNER KUNSTKÄMPFE

Klenze galt lange als uneingeschränkter Alleinherrscher auf dem Gebiet des bayerischen Bauwesens. Doch reichte seine Rolle des bestgehassten Mannes der Residenz nicht zu einer Koalition seiner Feinde, zumal es lange keinen ernst zu nehmenden Konkurrenten gab.

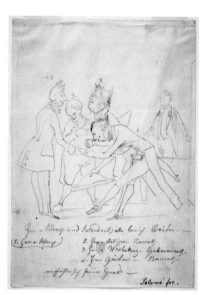

Anton Solomé: »Herr von Klenze wird Intendant aller königlichen Bauten« (Klenze, Carl Friedrich von Wiebeking, Jean Baptiste Métivier, Friedrich von Gärtner), Karikatur 1818

Nach dem frühen Tod Carl von Fischers 1820 war es vor allem Andreas Gärtners Sohn Friedrich von Gärtner, der Klenzes Monopolstellung herausforderte und Ende der 1820er Jahre tatsächlich viele große Bauaufträge beim Weiterbau der Ludwigstraße und in den neuen bayerischen Provinzen sowie den Schlossbau in Athen für Ludwigs Sohn, König Otto von Griechenland, übernahm (seit 1935 Sitz des Parlaments). Die meisten bayerischen Architekten und Baubeamten – etwa Jean Baptiste Métivier, Gustav Vorherr, Georg Friedrich Ziebland, August von Voit, Johann Ulrich Himbsel oder Johann Daniel Ohlmüller – sahen sich mehr oder weniger gezwungen, mit Klenze zusammenzuarbeiten und sich ihm unterzuordnen:»Ohlmüller hat ohnlängst an Klenze wie an den König mit Goldrandpapier und dem Titel Gnädigster Herr Baurat, hochwohlgeborener in sonders hochgeehrter Herr, Herr! geschrieben. Jetzt braucht Klenze kein Arschpapier mehr [...]«, entrüstete sich Friedrich Gärtner über den allgegenwärtigen Opportunismus (Gärtner an Johann Martin von Wagner, 28.09.1818). Noch gefährlicher als die Kritik der Baufachleute waren die Meinungen von gleichrangigen Kunstberatern und Künstlerkollegen wie Ludwigs römischem Kunstagenten, besagtem Bildhauer von Wagner, der 1827 dazu riet, die »Kunstdikatur Klenzes« zu beenden, den Klenze jedoch geschickt durch Aufträge in den Bau der Glyptothek, der Reithalle und der Walhalla einband, oder der »altdeutschen Bande« (wie sie Klenze nannte), die den Kronprinzen 1818 in Rom vom rechten Weg der Antike abbringen und im Geiste der Romantik zur mittelalterlichen Kunst bekehren wollte, was letztlich Klenzes Ende bedeutet hätte. Zu letzterer gehörten das Haupt der zum Katholizismus konvertierten Nazarener-Bruderschaft in Rom, der Maler Peter von Cornelius, und Ludwigs Leibarzt, der Jesuit Johann Nepomuk von Ringseis, nach Klenze ein »hinterlistiger, intriganter und leidenschaftlicher Partheymensch« (Klenze an Ludwig, 15.09.1826). Zu Feinden machte er sich auch den Maler und Galeriedirektor Johann Georg von Dillis und viele andere. Der König rügte Klenzes aggressive Ausfälle und seine Arroganz gegenüber den Kollegen:»Gewiß weiß ich Ihre Verdienste zu schätzen. Keinem Baumeister weder in der antiken Welt noch in unserer Zeit, wurden so viele ansehnliche Gebäude übertragen als Ihnen von mir, aber darum giebt (sic!) es doch auch noch andere ausgezeichnete, und dem größten Künstler wie dem größten Manne ziemt Bescheidenheit« (Ludwig an Klenze, 05.08.1839).

KLENZE UND LUDWIG

Die Gunst seines Gönners zu erhalten und doch seine persönliche Ehre zu wahren und in den Bauten seine eigenen Kunstüberzeugungen durchzusetzen, war Klenzes streitbares und diplomatisches Anliegen über ein halbes Jahrhundert. Davon kündet der einzigartig dichte Briefwechsel, den Hubert Glaser in einer dreiteiligen, insgesamt 9 Bände umfassenden und ausführlich kommentierten Ausgabe 2004 bis 2011 herausgegeben hat – ein unschätzbares Quellenwerk nicht nur zur Architektur- und Kunstgeschichte, sondern auch zur politischen Kulturgeschichte Bayerns (hier stets zitiert über die angegebenen Briefdaten). Den fast täglichen Austausch der ca. 1.600 pedantisch durchnummerierten Briefe mit Statements zu allen anstehenden Kunst- und Kulturangelegenheiten hat Klenze selbst mit dem eines Liebespaares verglichen. Aussagekräftig sind auch Klenzes geheime »Memorabilien«, die der Architekt als Rechtfertigungsschrift für die Nachwelt jeweils aus zeitlichem Abstand rückblickend fortgeschrieben hat. Er nannte die über mehrere Generationen gesperrten Aufzeichnungen »Farben an dem Bilde, welches sich die Nachwelt dereinst von König Ludwig machen wird«. Sie stellen ein Klenzes Rolle zwar beschönigendes, aber doch in seinen drastischen und zugleich differenzierten Schilderungen einzigartiges Zeugnis der Genese aller großen Bauprojekte dar, deren Baugestalt sich aus der teilweise scharfen Auseinandersetzung zwischen Auftraggeber und Baumeister ableiten lässt. Trotz beißender Kritik am zuweilen dilettantischen Kunstverständnis des Monarchen, der »schmetterlingsartig von einer architektonischen und artistischen

F. L. Catel: Kronprinz Ludwig und die Künstler in der Spanischen Weinschänke in Rom (1824)

Franz von Pocci: »Geheimer Rath von Klenze und Perikles oder schon wieder eine königliche Bestellung« (1860)

Blume auf die andere« flattere – »ein vollendetes Gebäude ist ihm nichts mehr als eine abgenossene Geliebte« (Memorabilien 1841) – bemüht sich Klenze, der außergewöhnlichen Persönlichkeit, die man nicht nach dem »Philistermaß messen« dürfe, gerecht zu werden (1846): »Durch große Bizarrerien schien doch überall ein bedeutender Wille, vieles Wissen, ein Hang zum Großen und Außerordentlichen hervor, welcher mein noch jugendliches Gemüt lebhaft anrührte« (1822).

Die genialische Kumpanei, die Ludwig mit seinen Künstlern pflegte, hat der Maler Franz Ludwig Catel in einem Auftragsbild der fröhlichen Runde in der Spanischen Weinschänke in Rom festgehalten. Es zeigt Klenze am Kopfende der Tafel, während Ludwig sich zurückwendend gerade eine neue Bouteile bestellt – im Uhrzeigersinn folgen Johann Martin von Wagner, der Maler Philipp Veit, stehend Leibarzt Ringseis, der Maler Julius Schnorr von Carolsfeld, Oberst Anton Freiherr von Gumpenberg, Catel selbst, Karl August Graf von Seinsheim und ganz vorn der dänische Bildhauer Bertel Thorvaldsen. Die betonte Liberalität dieser Szene kann nicht darüber hinwegtäuschen, dass Ludwig nach alter feudaler Manier über seine Künstler herrschte und Klenze in einem seiner Gedichte sogar vor dem Verlust seiner labilen Gunst warnte: »Schnelle endet die Neigung der Fürsten, Wie der Sonnenstrahl scheint und vergeht, Und in flüchtigem ewigem Wechsel Schweifet der Mächtigen wandelnde Gunst; Darum soll ihr keiner vertrauen, Sich nicht erheben in schwindelndem Wahn, Stürzen würde er, freudlos, verhöhnet [...]« (Ludwig I. 1829, S. 180).

Die andauernde Spannung zwischen der Rolle des abhängigen Hofbeamten und der selbstbewussten Freiheit des unabhängigen Künstlers und freien Bürgers bestimmte die Auseinandersetzung der ungleichen Partner, die Klenze wiederholt an den Rand eines Rücktritts brachte (wovon ihn dann angeblich seine kluge Frau abhielt). »Ich fühlte es und glaube es noch, daß ein tiefes Gefühl, ein erstes feuriges Wollen, in unserer Zeitperiode vielleicht keine Künstler mehr als den trefflichen Schinkel und mich dazu geeignet gemacht hätte, etwas Tiefes, Ernstes und Nationelles für Kunst und namentlich Architektur zu wirken, aber Sophokles sagt wahrlich mit vollem Rechte: ›Ein jeder der zu einem König geht, der wird, so frei er zu ihm kam, sein Knecht!‹ Und so hat der König Ludwig das Beste was in mir war [...] stets unterdrückt und in eine falsche Bahn gezwungen«, resümiert Klenze auf dem Höhepunkt ihres Zerwürfnisses (Memorabilien 1841). Ludwig hatte Klenzes Widerstand von Anfang an in das Ringen um die optimale Baulösung einkalkuliert: »Sie wissen, daß ich außerordentlich viel auf Sie halte, sind gleich meine Ansichten nicht immer mit den Ihren übereinstimmend, dieses macht aber nichts, im Gegentheil, so ist es besser« (Ludwig an Klenze, 02.11.1824). Über alle Gegensätze und Krisen hinweg hat sich letztlich diese »Männerfreundschaft«, wie sie der »Kasperl-Graf« Franz von Pocci noch 1860 in einer Karikatur festhielt, bewährt: Ex-König Ludwig trifft sich in der klassischen Rolle des Atheners Perikles mit dem Geheimrat von Klenze unter dem Motto »Schon wieder eine königliche Bestellung«.

KLENZE ALS EUROPÄER UND KOSMOPOLIT

Der ordensgeschmückte Frack des alten Herrn von Klenze auf der Pocci-Karikatur verweist auf seine internationale Rolle, die der Kunsthistoriker Franz von Reber in seiner Gedächtnisrede zum hundertsten Geburtstag Klenzes 1884 besonders hervorhob:»Von der Fülle der Jahre, des Glücks und des Unglücks nur wenig gebeugt aber wie verklärt [...] sah ich ihn einmal ins Zimmer treten. Er war im Begriff zu einem Hoffeste zu fahren und mit den Ordensinsignien halb Europas geschmückt [...]. Da war denn der große Mann leutselig genug, [...] uns die hervorragendsten seiner Auszeichnungen zu erklären, wobei es nicht an freudigen und stolzbewußten Rückblicken auf sein abgeschlossenes Leben fehlte« (Reber 1884, S. 147). Es war tatsächlich die internationale Anerkennung als Künstler und kultureller Botschafter Bayerns, die Ehrung durch die Fürsten und Regierungen Europas, die Mitgliedschaft in den bedeutendsten Akademien, seine umfassende klassische und moderne Bildung und sein weltgewandtes Auftreten, das Klenze eine so selbstbewusste Rolle gegenüber König Ludwig I. gestattete. Er war kein bayerischer Patriot oder deutscher Nationalist, sondern ein kosmopolitisch denkender Europäer. Klenze hat neben Jérôme Bonaparte, Max I. Joseph, Ludwig I. und Maximilian II. den Königen Friedrich Wilhelm III. und IV. von Preußen, Ernst August von Hannover, Louis Philippe und Kaiser Napoleon III. von Frankreich, Otto von Griechenland sowie dem russischen Zaren Nikolaus I. als Entwerfer, Gutachter und Berater gedient. 1836 und 1853 wurde er zu den Hearings der Kunst-Ausschüsse des Englischen Unterhauses und 1851 anlässlich der ersten Weltausstellung

Franz Hanfstaengl: Poträtfotografie Leo von Klenzes (1856)

nach London eingeladen. Bestens kannte er sich in Frankreich aus, dutzende Male bereiste er Italien und auch den Balkan, Spanien und Griechenland, wo er 1834 die Absetzung des Bayerischen Regentschaftsrates vollziehen musste, einen neuen Stadtplan für die Hauptstadt Athen und ein Königsschloss für Ludwigs Sohn Otto – seit 1832 König des modernen Hellas – entwarf und nicht zuletzt die ersten denkmalpflegerischen Maßnahmen auf der vom türkischen Militär geräumten Akropolis durchführte (S. 230ff.). Sechsmal trat Klenze zwischen 1839 und 1851 die weite Reise nach St. Petersburg an, um die Fertigstellung seines spektakulären Museumsbaus der Neuen Eremitage zu überwachen (S. 238ff.). Darüber hinaus war der »Polymechanos« – der »Alleskönner«, wie ihn Ludwig I. nannte – überaus vielseitig in seinen Ambitionen, nicht nur als Baukünstler, sondern auch als Maler, der sich an den Berliner Akademie-Ausstellungen beteiligte, als Kunstsammler, der an der Entstehung des Münchner Kunstvereins mitwirkte, als Einkäufer und Kunstagent für Ludwigs Museen und Sammlungen, als Kunsthistoriker, Bauforscher, Religionsphilosoph, Architekturtheoretiker und sogar als Heiratsvermittler und Diplomat.

Klenzes hinterlassene Schriften und seine nationale und internationale Korrespondenz mit führenden Köpfen der Zeit belegen einen geradezu faustischen

Drang nach einem universalen Wissen, das noch einmal in einem ganzheitlichen Zugriff zusammenführen und zusammenhalten sollte, was im Zuge der auseinanderbrechenden Weltsichten und sozialen Spannungen des 19. Jahrhunderts in Zersplitterung und Auflösung begriffen war: Wie an einen Notanker klammert sich Klenze in dem bekannten Fotoporträt Franz Hanfstaengls (1856) an ein griechisches Akroterion, das sein zentrales kunsttheoretisches Postulat der »Palingenesie«, eines in die Moderne fortgeschriebenen Neuhumanismus und Neuhellenismus, symbolisiert, den er der Stilkrise des Historismus entgegensetzen wollte.

DAS NEUE MÜNCHEN

Als überzeugter Vertreter einer zeitgemäßen Architektur, die sich sowohl an klassischen Leitbildern als auch an den Entwurfsmethoden französischer Provenienz orientierte und durchaus auch den technischen Fortschritt einkalkulierte, fiel es Klenze keineswegs leicht, über fast ein halbes Jahrhundert den wechselnden geschmacklichen Vorlieben seines Königs zu folgen. Ludwig schwärmte als Philhellene zwar für Geist und Formen des griechischen Altertums, konnte sich aber gleichermaßen für die römische Antike, frühchristliche, byzantinische und mittelalterliche Bauten bis hin zu den Renaissancepalästen in Florenz und Rom begeistern und bahnte auf diese Weise dem aufkommenden romantischen Eklektizismus und Historismus den Weg: »Erklärung Seiner Majestät, er wolle nun einmal von allen Stylen und Schönheiten architektonische aller Zeiten und Muster in München haben!!! Also, was ich so sehr bekämpft geschieht nun doch!!!«, klagte Klenze 1828 in seinen geheimen »Memorabilien« über das auf diese Weise allmählich entstehende Architekturmuseum an der Isar. Tatsächlich vermittelt das ludovizianische München dem Reisenden bis heute einen Vorgeschmack auf die epochalen Baumotive der mediterranen Welt und des Mittelalters – transformiert in die moderne bayerische Gegenwart: »Da und dort verschmelzten sich die alten Zierraten und Formen zu neuen Erfindungen, die verschiedenen Gliederungen und Verhältnisse stritten sich und verschwammen ineinander und lösten sich zu neuen Versuchen. Es schien, als ob die tausendjährige Steinwelt auf ein mächtiges Zauberwort in Fluß geraten, nach neuen Formen gerungen hätte und über dem Ringen in einer seltsamen Mischung wieder erstarrt wäre« – so charakterisierte Gottfried Keller 1855 in seinem Roman »Der grüne Heinrich« treffend den fast kulissenhaften Charakter des Neuen München. Mit dem viel zitierten (allerdings nur mündlich überlieferten) Ver-

Gottlieb Bodmer: Ludwig I. und seine Bauten (Widmungsblatt zum 10. Thronjubiläum 1835)

sprechen Ludwigs »Ich will aus München eine Stadt machen, die Teutschland so zur Ehre gereichen soll, dass keiner Teutschland kennt, wenn er nicht München gesehen hat« war mehr als eine Touristenattraktion gemeint. So stellte etwa Gottlieb Bodmer in einem Widmungsblatt anlässlich des zehnjährigem Thron-

Heinrich Adam: Das Neue München (1839)

Wilhelm von Kaulbach: Ludwig I. umgeben von Künstlern und Gelehrten.
Entwurf für die Wandmalereien an der Neuen Pinakothek (1848)

EINFÜHRUNG

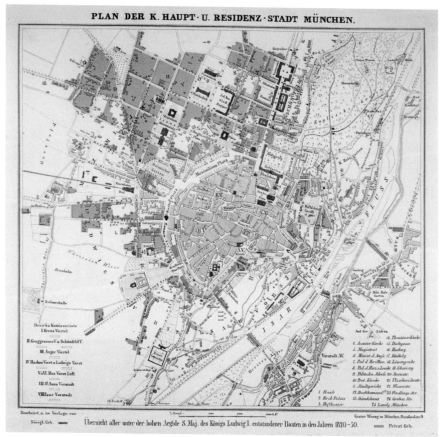

Gustav Weng: Plan der K. Haupt- und Residenz-Stadt München mit »Übersicht aller unter der hohen Ägide S. Maj. des Königs Ludwig I. entstandener Bauwerke in den Jahren 1820–50« (1850)

jubiläums 1835 das Neue München als planmäßige Idealstadt dar, über der die Walhalla als Symbol der nationalen Werte und Verdienste thront. In Heinrich Adams programmatischer Sammelvedute »Das Neue München« (1839), die ein Gegenstück zu seinen Ansichten des »Alten München« darstellt, wird hingegen die ganze stilistische Bandbreite der ludovizianischen Bauten gleichsam als historisches und künstlerisches Erbe des Abendlandes ausgebreitet: »Den gothiko-germanischen Kitzelnerv erweckte zuerst der Dom von Köln, den hellenischen der Poseidon-Tempel und den römischen das Colisäum, aber ebenso konnten andere Seitenzweige des architektonischen Nerven [...] in Thätigkeit gesetzt werden, welche später der Anblick dieses oder jenes Monuments auf das Auge des Königs machten«, kommentierte Klenze sarkastisch (Memorabilien 1841).

Die Kunstpolitik Ludwigs I., der über seine »Civilliste« (d. h. letztlich auf Staatskosten) die Rolle seines mäzenatischen Kunstkönigtums inszenierte, wurde enthusiastisch gefeiert, war aber bei kritischen Geistern von Anfang an auch heftig umstritten. Sogar die beteiligten Insider kommentierten sie bisweilen nicht ohne Ironie: Wilhelm von Kaulbachs monumentale Historienbilder zum Kunstregiment des Monarchen an den Fassaden der Neuen Pinakothek mit ihren satirischen Untertönen entstanden sogar in Ludwigs eigenem Auftrag nach der Abdankung 1848. Je nach Zeitgeist und Opportunität machte sich die (Kunst-)geschichtsschreibung sowohl die panegyrischen Lobeshymnen der Hofberichterstatter als auch die polemischen Urteile seiner politischen Gegner zu eigen. So resümiert etwa Winfried Nerdinger, dass Ludwig I. Steuergelder verschwendet habe, »um Bauten zu finanzieren, die alle direkt oder indirekt nur seinen Interessen dienten [...]. Die gesamte Kunstpolitik Ludwigs war auf seine Selbstverherrlichung und seinen Nachruhm gerichtet, zu ihrer Durchsetzung war er bereit, buchstäblich über Leichen zu gehen [...]. So hohl und verlogen wie das angebliche Mäzenatentum erweist sich auch die Legende von Ludwig dem Kunstschöpfer und Förderer der Künstler [...] Ludwigs Kunstpolitik basierte [...] auf Unterdrückung und Ausbeutung und zielte auf Beweihräucherung und Verewigung eines Despoten« (Nerdinger 1987). Zwar steht außer Frage, dass der König seine Herrschaft im Reich der Kunst oft rücksichtslos ausübte, dass sein Kunsturteil gelegentlich unsicher war und er sowohl »seine« Künstler als auch die Kommune und die Ständeversammlung hinsichtlich der Finanzierung immer wieder unter Druck setzte, um das gewaltige Auftragsvolumen noch zu seinen Lebzeiten zu realisieren. Doch diente seine enthusiastische Selbstverwirklichung durch spektakuläre Bauvorhaben, Kunstprojekte und öffentliche Sammlungen stets zugleich der idealistischen, dem gesellschaftlichen Allgemeinwohl verpflichteten Maxime: »Als Luxus darf die Kunst nicht betrachtet werden; in allem drückt sie sich aus, sie gehe über in's Leben, nur dann ist, was seyn soll« (Rede zur Grundsteinlegung der Neuen Pinakothek, des ersten Museums für zeitgenössische Kunst, 1846). Der Bildungsauftrag seiner Projekte zielte auf die Stärkung staatstragender Werte wie Religion, Geschichte und Kunst sowie patriotische Bindung an Vaterland und Dynastie, doch eröffnete das dadurch freigesetzte innovative Potenzial dem breiten Publikum eine weit über diese erklärten Absichten hinausreichende Rezeption und Identifikation. Künstler und Kunstindustrie verdanken Ludwig I. eine beispiellose Fülle von Aufträgen, Chancen, Herausforderungen und kreativen Anregungen. Selbst bei kritischer Betrachtung der finanziellen Opfer, die das »Neue München« den Bayern abverlangte, dürfte aus dem historischen Rückblick kaum zu bestreiten sein, welches immense künstlerische Kapital der kunstbesessene Monarch durch seine ehrgeizigen Ambitionen an München und Bayern gebunden hat, von dem Staat und Stadt bis heute profitieren. Eine platte Polarisierung von »Kunst« und »Hof« im Sinne eines Entweder-Oder wird der historischen Situation der Kunstproduktion in der ersten Hälfte des 19. Jahrhunderts in keiner Weise gerecht: Die Bauten, Kunstsammlungen und Auftragswerke dieser Epoche sind nur als Gemeinschaftsleistung des Kronprinzen bzw. Königs und der auf Ludwigs Wünsche und Vorgaben reagierenden Künstler, Kunstbeamten und Kunstgelehrten zu verstehen, deren Rang sich freilich am Grad ihrer kreativen Widerständigkeit und künstlerischen oder intellektuellen Autonomie messen lässt. Klenze mangelte es trotz seiner legendären Anpassungsfähigkeit letztlich daran nicht, wie die Vorstellung seiner Werke und ihrer Genese zeigen wird.

Literatur: Klenze (Memorabilien); Artistisches München (1836); Reber (1884); Reidelbach (1888); Pölnitz (1936); Bauer (1980a und 1980b); Büttner (1983); Buttlar (1986); Nerdinger (1987); Buttlar (1987); Traeger (1987/91), insb. S. 195–268; Büttner (1988); Buttlar (1999), S. 26–108; Büttner (2000); Buttlar (2000); Nerdinger (2000); Weidner (2000); Glaser (2002, 2003 und 2004 sowie 2004–2011); Putz (2012 und 2014)

KÖNIGSPLATZ

Entwürfe: ab 1808–1812 (Klenze ab 1815)

Ausführung: 1812–1862

Weitere beteiligte Künstler: Friedrich Ludwig von Sckell, Carl August Sckell, Carl von Fischer, Georg Friedrich Ziebland

Überformung: 1933–1935 durch Paul Ludwig Troost

Rückbau/Rekonstruktion: 1987

1 Glyptothek **2** Kunstausstellungsgebäude **3** Propyläen **4** Armeedenkmal
5 St. Bonifaz

Der Königsplatz gehört zu den bedeutendsten Platzschöpfungen des deutschen Klassizismus. Er ging zusammen mit dem kreisrunden Karolinenplatz und einem weiteren, weiter westlich gelegenen Rundplatz (dem Kronprinzenplatz, seit 1845 Stiglmaierplatz) aus der Generallinienplanung der Maxvorstadt durch den Hofgarten-Intendanten Friedrich Ludwig von Sckell und den Architekten Carl von Fischer zwischen 1808 und 1811 hervor. Dieser moderne Stadterweiterungsplan war im Auftrag der Baukommission des Innenministeriums unter Maximilian Graf von Montgelas infolge von Bayerns Erhebung zum Königreich in Angriff genommen worden und schloss mit einem großzügigen rechtwinkligen Straßenraster nach französischem Vorbild an die verwinkelte mittelalterliche Altstadt an.

Ab 1811 warf Kronprinz Ludwig im Zusammenhang mit ersten Ideen für seine Glyptothek (vgl. S. 29ff.) ein Auge auf die Grundstücke am Königsplatz, die er dann nach und nach erwarb. Fischer entwarf 1812 ein Skulpturenmuseum mit Kuppelhalle auf der Nordseite und ein Armeedenkmal mit einem Heldenfriedhof für die 12.000 während des Russlandfeldzuges an der Seite der napoleonischen Truppen gefallenen Bayern auf der Südseite. Als im Februar 1814 auf Ludwigs Initiative hin der Architekturwettbewerb der Kgl. Bayerischen Akademie der Künste für das Museum, die Walhalla und ein Invalidenhaus ausgeschrieben wurde, ging dieser Bauplatz in die Vorgaben zu Lage und Maßen der zukünftigen Glyptothek ein. Klenze bildete die Nordseite des Platzes erstmals 1815 in seinen Alternativansichten für die Glyptothek perspektivisch ab. Den von ihm angestrebten Charakter eines »städtischen Platzes«, der eine neue Stadtgrenze definieren sollte, erzielte er durch die Schließung der Lücken mit Gartenmauern und flankierenden Wohnbauten (vgl. S. 31).

Klenze entwickelte Fischers Bebauungsplan weiter, indem er 1817 dem Kronprinzen vorschlug, dass die drei geplanten, monumentalen Bauprojekte mit ihren imposanten antikischen Eingangsportiken die drei klassischen griechischen Säulenordnungen als »ein Bild des reinsten Hellenismus, in unsere Zeit verpflanzt« vereinigen sollten: Die ionische Glyptothek im Norden, die korinthische Basilika der Apostelkirche auf der gegenüberliegenden Südseite und das Stadttor der Propyläen, das damals zugleich auch als Armeedenkmal dienen sollte, in der altdorischen Ordnung auf der Westseite (vgl. S. 35ff.).

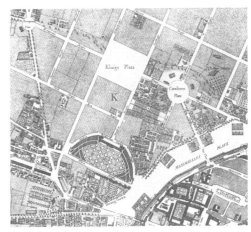

M. Rickauer, J. C. Schleich: Plan von München und Umgebung 1812 (Ausschnitt)

Klenzes Planung der Apostelkirche, deren skulpturale Ausstattung der dänische Bildhauer Bertel Thorvaldsen nach dem Vorbild der Kopenhagener Frauenkirche übernehmen sollte, schleppte sich bis etwa 1824 hin. Mittlerweile hatte Kronprinz Ludwig begonnen, für die frühchristliche Architektur Roms zu schwärmen und die jungen Architekten J. M. Knapp und Johann Gottfried Gutensohn mit einem Stipendium zu Bauaufnahmen der alten Basiliken nach Rom geschickt (das Werk erschien 1822–1827 in vier Heften). Die widersprüchlichen Wünsche Ludwigs, die Apostelkirche einerseits weitestgehend der Kubatur und dem Äußeren der »griechischen« Glyptothek anzupassen, sie aber andererseits stilistisch aus dem Vorbild der frühchristlichen und frühmittelalterlichen Basiliken Roms zu entwickeln, ließen sich letztlich nicht harmonisieren. Klenze verlor den Auftrag 1827/28 an Georg Friedrich Ziebland, der schließlich 1835 bis 1850 die auch im Inneren wunschgemäß altchristlich gestaltete Basilika St. Bonifaz, die auch die Grabstätte Ludwigs und seiner Gemahlin Therese aufnahm, vom Königsplatz an die Karlstraße abrückte (vgl. S. 154f.). Diese sich früh abzeichnende Niederlage war für Klenze eine der Triebfedern zur Abfassung seiner »Anwei-

Kunstausstellungsgebäude mit dahinter angrenzender Basilika (links), Propyläen und Glyptothek am Königsplatz

Franz von Pocci: Neue Nivelir Methode der Gebäude, Karikatur auf Klenze und die Glyptothek (um 1825)

sung zur Architectur des Christlichen Cultus« (1822/24 und ²1834), in der er mit seiner Autorität als höchster Bayerischer Baubeamter eine antikische Typologie des Kirchenbaues für ganz Bayern einforderte und auf theoretischem Wege die Vereinbarkeit dieses vermeintlich »heidnischen« Stiles mit dem Wesen und der Geschichte des Christentums nachzuweisen suchte (vgl. S. 174ff.).

An die Stelle der Apostelkirche trat – nach einem kurzen Zwischenspiel Friedrich von Gärtners mit einem Bibliotheksentwurf – ab 1830 das noch von Klenze selbst skizzierte Projekt eines Kunst- und Industrieausstellungsgebäudes, das sich weit besser als Pendant der Glyptothek eignete und an dem der gewünschte korinthische Monumentalportikus ebenso sinnfällig anzubringen war. Auch dieser Auftrag ging jedoch 1838 an Ziebland und entwickelte sich insofern problematisch, als dieser den Bau durch ein hohes Sockelgeschoss mit Freitreppe weit über die Traufhöhe der Glyptothek hinaushob und ein optisches Ungleichgewicht schuf. Damit unterstrich er die weitverbreitete Kritik, dass das Museum viel »zu niedrig« proportioniert sei. Der legendäre Graf Pocci griff die Kritik in einer Spottzeichnung auf, die Klenze mit der Sprechblase »... noch zu niedrig« auf dem Rohbau der versunkenen Glyptothek zeigt, die wie die berühmten Ruinen von Pompeji »erst ausgegraben werden müsse, um sie dem menschlichen Auge sichtbar zu machen« (Zeitschrift »Phoenix« 1835).

Klenze versuchte, den vermeintlichen ästhetischen Missstand 1823/24 durch die Platzregulierung zu korrigieren, indem er – nicht zuletzt aus Gründen besserer Entwässerung – die Platzmitte leicht absenkte. Noch spektakulärer war der Abriss der beiden auf der Ostseite schon fast vollendeten Palais Gampenrieder und Höch 1824, die den Platzraum architektonisch schließen sollten. Alle Klenze'schen Varianten der Platzgestaltung zeigten bis dato Wohnbauten in den freien Zwickeln zwischen den Monumenten, teilweise sogar zusätzliche Baukörper auf der westlichen und östlichen Platzseite. Die offene Platzgestalt variierte dabei zwischen einer längsrechteckigen Streckung (nach der Architekturtheorie Palladios von 1570 die »römische« Variante) und der angestrebten Annäherung an das Quadrat (das laut Palladio als »griechisch« galt). Sowohl die unbefriedigende städtebauliche Wirkung als auch die dürftige architektonische Gestaltung dieser Spekulanten-Architektur führten nach heftigen Ausfällen des Königs zur Abriss-Blamage und zur Aufgabe der bürgerlichen Beteiligung an dem Bebauungsplan.

Die drei am Königsplatz zwischen 1816 und 1862 ausgeführten öffentlichen Monumentalbauten waren nicht nur Teil einer sinnfälligen städtebaulichen Inszenierung des ludovizianischen Neuhellenismus, sondern auch der ludovizianischen Idee des modernen Kulturstaates nach den Befreiungskriegen. Ähnlich wie am Berliner Lustgarten, wo Karl Friedrich Schinkel seit 1815 mit seinen monumentalen Neubauten (Neue Wache, Schlossbrücke, Altes Museum, Überformung des Berliner Domes) Gegengewichte zur Herrschaftsarchitektur des barocken Schlossbaus schuf, um die staatstragenden Werte Preußens nach 1814 vor Augen zu führen, sollte auch Klenzes ursprüngliche Münchner Trias aus Kirche (Religion), Museum (Bildung und Kultur) und Stadttor (Denkmal des griechischen Befreiungskampfes im Bündnis mit der Monarchie) einen neuen Wertekanon definieren, zumal das den Gefallenen des deutschen Befreiungskrieges gewidmete Armeedenkmal am nahen Karolinenplatz (vgl. S. 42f.) in das Ensemble einbezogen war. Durch den Austausch der Kirche gegen das Kunstausstellungsgebäude wurde dann den Künsten, der Kunstindustrie und dem auf Gegenwart und Zukunft gerichteten Bildungsprozess ein höchster Rang zugemessen – ablesbar an der korinthischen Ordnung und am Giebelfeld, das die moderne Kunstblüte unter Ludwig I. (Porträtbüste zur Rechten) im Reiche der Bavaria (Mittelfigur) sowie einen sprichwörtlich aus der Asche aufsteigenden Phönix als Giebelakroter zeigt. Die Ikonologie des Denkmalensembles verweist im Sinne der damaligen Erinnerungspolitik gleich mehrfach auf den Tod derer, die in den beiden Befreiungskriegen gefallen waren – für die Freiheit und Unabhängigkeit der deutschen Staaten im Sinne einer »Kulturnation« (Thomas Nipperdey) im Armeedenkmal und für die Rückgewinnung der geistigen Wurzeln Europas durch die Befreiung Griechenlands von der muslimisch-türkischen Herrschaft an den Propyläen (vgl. S. 36ff.). Darin lebte der alte Topos vom (gerechten) Krieg als Voraussetzung für einen (verdienten) Frieden und die daraus erwachsende höchste Blüte der (christlichen und humanistischen) Kultur des »Abendlandes« (Glyptothek und Ausstellungsgebäude) auf.

Es ist kein Zufall, dass die Nationalsozialisten unter ganz anderen Vorzeichen an die Opfer- und Befreiungsideologie der Romantik anzuknüpfen suchten, als sie München zur »Hauptstadt der Bewegung« erklärten und den Königsplatz als »Akropolis Germaniae« vereinnahmten. Adolf Hitlers erster Leibarchitekt, Paul Ludwig Troost, überformte den begrünten Platz 1933 bis 1935 mit einem für Aufmärsche geeigneten monumentalen Granitplattenbelag und konturierte die Fläche durch umlaufende Begrenzungsmauern. Er schloss die Ostseite jenseits der heutigen Katharina-von-Bora-Straße mit den beiden palastartigen NSDAP-Parteibauten (jetzt Musikhochschule, Zentralinstitut für Kunstgeschichte, u. a.) und errichtete anstelle der noch von Carl von Fischer um

Giebel des Kunstausstellungsgebäudes nach dem Entwurf Ludwig von Schwanthalers

München - Hauptstadt der Bewegung / Königlicher Platz

Nationalsozialistische Umgestaltung des Königsplatzes, Postkarte nach einem
Aquarell (um 1936)

1810 konzipierten Eckhäuser an der Brienner Straße die beiden »Ehrentempel«
für die gefallenen »Märtyrer« der NS-Bewegung (Sprengung 1947, die Fundamente erhalten). Hier wurde bis 1945 das pathetische Totengedenken mit dem
Massenbekenntnis zum Opfertod für »Volk und Führer« inszeniert. Troost, vermutlich beraten vom ersten Klenze-Biographen, Hans Kiener, meinte, mit seiner neoklassizistischen »Germanischen Tektonik« direkt an Leo von Klenzes
Baugesinnung anzuknüpfen, hatte doch bereits Klenze selbst unter dem Einfluss der antisemitischen französischen Rassenideologie des Grafen Joseph Arthur de Gobineau Ende der 1850er Jahre seine »griechische« Bauweise gelegentlich als Ausdruck des »Arischen« bezeichnet.

Das überformte Denkmal-Ensemble am Königsplatz, der nach dem Krieg
zunächst hauptsächlich als Großparkplatz diente, löste in den späten 1960er
Jahren eine heftige Debatte
über den richtigen Umgang mit
dem zwiespältigen Erbe der nationalsozialistischen Denkmalschicht aus, die als historisches
Dokument des jüngsten Ge-
schehens ungemein aussagekräftig war. Während die bayerische Staatsregierung unter
Franz Josef Strauß 1980 an die
fatale Vorkriegsnutzung anknüpfte, indem sie demonstrativ die Massenvereidigung
der Rekruten der Bundeswehr
auf dem heroischen Granit des
Platzes einführte, wurden im

Großer Zapfenstreich der Bundeswehr
auf dem Königsplatz am 6. September 1980
(Foto: Guido Krzikowski)

Vorfeld des Wiederaufbaus der Glyptothek und der Olympischen Spiele zunehmend Forderungen nach einer mehr oder minder freien Rekonstruktion der ludovizianischen Platzanlage laut. Gegen die Argumente des Zeugniswertes obsiegte letztendlich die Chance, durch Rückbau diesem einzigartigen klassizistischen Ensemble seinen angemessenen Wirkungsraum zurückzugeben.

Literatur: Klassizismus (1980), S. 199–207; Glyptothek (1980), S. 107–121, S. 526–540; Bergmann (1980); Habel (1981); Fischer (1982); Königsplatz (1988); Lehmbruch (1995); Buttlar (1999), S. 132–139; Hildebrand (2000), S. 258–262; Rosenfeld (2004); Buttlar (2007); Grammbitter/Lauterbach (2009)

KÖNIGSPLATZ
GLYPTOTHEK

Entwürfe: ab 1811 (Klenze ab 1815)

Ausführung: 1816–1830
mit Johann Daniel Ohlmüller

Anbau: Assyrischer Pavillon im Innenhof 1863–1865 (Ausführung: Georg von Dollmann, Überreste 1967 abgerissen)

Zerstörung durch Spreng- und Brandbomben: 1944

Wiederaufbau: ab 1947, Innenausbau und Modernisierung: 1964–1972 durch Josef Wiedemann, Bauschmuck 1980–2007

Beteiligte Künstler: Peter von Cornelius, Ludwig von Schwanthaler, Johann Martin von Wagner, Johann Nepomuk Haller sowie Ernst Mayer, Johann Leeb, Joseph Lazzarini, Ludwig Schaller, Peter Schöpf, Ernst von Bandel, Arnold H. Lossow, Friedrich Brugger, Max von Widnmann

Die Münchner Glyptothek – ein Früh- und Hauptwerk Klenzes – stellt als einer der ersten freistehenden öffentlichen Museumsneubauten und in seiner zukunftsweisenden museologischen Konzeption einen Auftakt der modernen Museumsgeschichte dar: Ab 1830 konnte man sie an fünf Wochentagen bei freiem Eintritt besichtigen. Zwar waren seit der Renaissance Kunstkammern und fürstliche Sammlungen den Kunstkennern, Künstlern und adeligen Reisenden nach Anmeldung zugänglich, aber erst im Laufe des 18. Jahrhunderts wurden die Galerien im Zuge der Aufklärung als Bildungsanstalten für ein breiteres Publikum geöffnet. Noch waren die berühmtesten Sammlungen jedoch in den Galerietrakten der Schlösser oder in umgenutzten Palästen, Verwaltungs- und Nutzbauten – etwa ehemaligen Marställen – untergebracht.

Das Kunstmuseum als eigenständige Bauaufgabe entwickelte sich erst um die Wende zum 19. Jahrhundert – überraschenderweise in Deutschland: Zwar hatte die französische Nationalversammlung 1791 das Recht des Volkes am nationalen Kunstbesitz proklamiert und 1793 das Pariser Königsschloss, den Louvre, in das zentrale Kunstmuseum Frankreichs umgewandelt, doch blieben die spektaku-

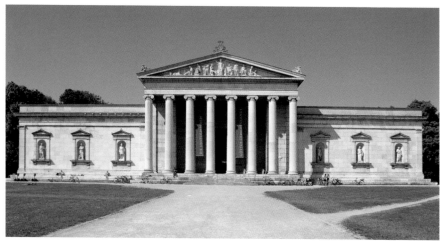

Glyptothek, Hauptfassade zum Königsplatz

lären Museumsentwürfe französischer Architekten der Revolutionszeit auf dem Papier. Es waren deutsche Fürsten wie König Friedrich Wilhelm III. von Preußen und Kronprinz Ludwig von Bayern, die – gedemütigt durch Napoleon, der auf seinen Kunstraubzügen seit 1806 auch viele deutsche Kunstschätze in den Louvre verschleppt hatte – die Rolle des öffentlichen Kunstmuseums für die Bildung der Staatsbürger und für die Entstehung eines nationalen Selbstbewusstseins in der Epoche der Befreiungskriege erkannten. Infolge des Sieges über Napoleon bei Waterloo und des Pariser Friedensschlusses 1815 kehrten die geraubten Kunstwerke allmählich in die Heimat zurück und bezogen schließlich zusammen mit den Neuerwerbungen neu errichtete Domizile: selbstständige, von der Sphäre des Hofes auch städtebaulich abgerückte Monumentalbauten wie Klenzes Glyptothek und Schinkels gleichzeitig eröffnetes Altes Museum am Berliner Lustgarten sowie wenig später die Alte Pinakothek (vgl. S. 125ff.), die allesamt den nachfolgenden Museumsbauboom des 19. Jahrhunderts beflügelten.

Der junge Patriot Ludwig träumte schon kurz nach der verheerenden Niederlage der Preußen gegen Napoleon bei Jena (1806), als Bayern noch offiziell mit Frankreich verbündet war, von seiner Walhalla als einer Ruhmeshalle aller »Teutschen« (vgl. S. 191ff.) und von einer vor allem der griechischen Kunst gewidmeten Skulpturengalerie: »Wir müssen auch in München haben, was zu Rom Museo heißt« (1808). Schon bevor er 1812 die Tempelskulpturen von Ägina ersteigerte, beauftragte er zunächst den in Petersburg tätigen Giacomo Quarenghi, danach den jungen Münchner Architekten Carl von Fischer mit ersten Entwürfen am Königsplatz. Fischer, erst kürzlich von einem Studienaufenthalt aus Paris zurückgekehrt, orientierte sich in seinen Vorschlägen 1812 jedoch allzu eng an französischen Idealplänen, während Ludwig doch gerade die auch in Bayern dominante französische Leitkultur überwinden wollte. Humanistisch erzogen, schwärmte er im Sinne Johann Joachim Winckelmanns vom idealen Griechentum (dem geistigen Land, das die Deutschen nach Hölderlin und Goethe »mit der Seele« suchten) und forderte 1814 im Ausschreibungstext des Akademie-Wettbewerbs nicht nur für seine Walhalla, sondern auch für die geplante Skulpturengalerie den »reinsten antiken Styl«.

Es gingen 1816 zwar mehrere Wettbewerbsentwürfe ein, doch erfüllte keiner Ludwigs Erwartungen. Auch Klenze blieb in seiner ersten Pariser Skizze französischen Bauideen verpflichtet. Vorsichtshalber arbeitete er aber dann für seinen Wettbewerbsentwurf drei Fassaden-Alternativen im »griechischen«, »römischen« und »italienischen Stil des 15. und 16. Jahrhunderts« aus. Erwartungsgemäß wählte Ludwig (an den kritischen Urteilen der Akademie-Jury vorbei) zur Weiterbearbeitung den »griechischen« Entwurf aus, denn er hatte Klenze schon 1815 in Paris als Privatarchitekten nach München verpflichtet und ihm den Auftrag vorab versprochen. Im Laufe der weiteren Planentwicklung, sogar noch nach der Grundsteinlegung am 23. April 1816 gab es allerdings diverse Auseinandersetzungen zwischen dem damals 29jährigen Bauherren und seinem zwei Jahre älteren Architekten darüber, was denn nun an diesem Gebäude eigentlich »griechisch« sei, denn tatsächlich stellt der Bau ein geniales *Mixtum compositum* aus diversen Elementen griechischer, römischer und neuzeitlicher Architektur dar.

Die Glyptothek ist ein einstöckiger Vierflügelbau, der sich – wie ein griechischer Tempel – auf einem dreistufigen Sockel (Krepis) erhebt und wie eine römische Atriumsvilla einen quadratischen Innenhof umschließt. Deren Rezeption in der Renaissance – etwa der für Herzog Federico II. Gonzaga von Giulio Romano um 1530 in Mantua errichtete »Palazzo del Té« und Andrea Palladios wenige Jahre jüngerer »Palazzo Thiene« in Vicenza – beeinflussten Klenzes Raum- und Grundrisskonzeption. Die südliche, zum Königsplatz gerichtete Hauptfassade ist – wie auch die Ost- und Westfassade – fensterlos. Sie wird durch einen mächtigen, achtsäuligen Portikus in der ionischen Ordnung hervorgehoben, dessen Giebel das Hauptgesims überragt und sich wie ein griechisches Tempeldach quer über den Südflügel schiebt. Nach dem Willen des Kronprinzen hätte dieser in die Tiefe gestaffelte Portikus die »Propyläen«, das berühmte Eingangstor zur Athener Akropolis aus dem 5. Jahrhundert v. Chr., nachahmen und dementsprechend zum Hof einen offen Durchgang bilden sollen. Klenze widerstrebte jedoch eine platte Kopie, zumal diese zugige »Windpotenz« als Museumseingang völlig unbrauchbar war und zu einem Museum nicht die schwere dorische Säulenordnung, sondern eher die elegante ionische passte. Klenze gelang es in zähen Diskussionen, Ludwigs Wunschmotiv der Propyläen auf das gleichnamige, an der Westseite des Platzes geplante Stadttor umzulenken (vgl. S. 36ff.) und die Säulen der Glyptothek ohne Kanneluren auszuführen, sodass sich die glatten Schäfte besser mit der kubischen Gestalt des Gebäudes verbinden. Sogar die Kapitelle setzte er gemäß seiner Theorie, dass man in der modernen Architektur gewissermaßen neugriechisch sprechen müsse, aus

Vorentwurf im »griechischen« Stil (1816)

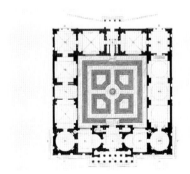

Grundriss aus Klenze (1830ff.)

Details des Athena-Polias-Tempels von Priene und des Athener Erechtheions neu zusammen. Griechisch wirken auch die aus Palmetten gebildeten Akrotere über dem Gebälk und die Giebelkomposition aus vollplastischen Figuren anstelle des bislang üblichen Giebelreliefs; nicht zu vergessen die mediterrane Anmutung des Untersberger Marmors, mit dem der Ziegelbau vollständig verkleidet ist. »Alles daran ist marmorplatt, marmorkühl, frisch, heiter antik, daß man bei warmen Sommertagen in ganz Deutschland nicht so classisch schwelgen kann als dort.« (Zeitung für die Elegante Welt Nr. 198,1833, S. 800.)

Die umlaufenden Figurennischen, die anstelle von Fenstern die Fassaden gliedern, musste Klenze ebenfalls gegen den Bauherrn erkämpfen, der sie zu Recht als »ungriechisch« empfand, weil Nische und Gewölbe ja erst durch die Römer in die Architekturgeschichte eingeführt worden waren. Alle Formen des römischen Gewölbebaus bestimmen die abwechslungsreiche Abfolge der Galerieräume im Inneren, die der Besucher als Rundgang im Uhrzeigersinn absolviert. Klenze verhöhnte den Vorschlag Johann Martin von Wagners, die Skulpturen didaktisch in ihrem mythologischen Zusammenhang (etwa nach der populären »Götterlehre« von Karl Philipp Moritz 1791) in kleinen Kabinetten aufzustellen, als »Menagerie, wo ein jeder Affe seinen eigenen Verschlag« haben würde. Stattdessen folgte er mit seiner großzügigen Raumfolge und seiner chronologischen Ausstellung der Idee Winckelmanns von der zyklischen Entwicklung der klassischen Kunst, die mit den Ägyptern (Ägyptischer Saal) einsetzte, sich in den archaischen Werken (Säle der »Inkunabeln« und der Ägineten) fortentwickelte und in der Klassik des 5. und späten 4. Jahrhunderts v. Chr. unter Perikles in Athen ihre höchste Blüte erreichte (drei Säle). Im Hellenismus und bei den Römern (Römersaal) begann nach dieser Lesart trotz hoher Meisterschaft schon der Verfall der Kunst bis zu ihrem Tiefpunkt im Mittelalter, um schließlich in der italienischen Renaissance und vor allem im Klassizismus der Gegenwart um 1800 aus griechischem Geist wiedergeboren zu werden (Saal der »Neueren«, also der zeitgenössischen Skulptur).

Diesen historischen Kreislauf illustriert auch das von den Meistern der Münchener Bildhauerschule bis 1862 realisierte Figurenprogramm, das Klenze ab 1816 mit dem Philosophen Friedrich W. J. Schelling als Prototyp einer Museumsikonographie entwickelte: In den Nischen der Hauptfassade setzt es zur Linken mit Vulcan, Prometheus und Dädalus, also dem zuständigen Gott der Schmiedekunst, dem sich emanzipierenden Menschen als dem gottgleich schaffenden Künstler und dem legendären Techniker und Erfinder aus frübarchaischer Zeit ein, gefolgt von Phidias als dem bedeutendsten aller klassischen Bildhauer sowie

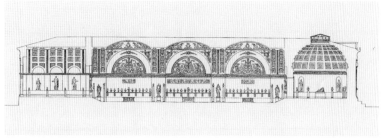

Schnitt durch den Ostflügel: Heroensaal, Römersaal, Saal der farbigen Bildwerke, aus Klenze (1830ff.)

L. von Klenze, J. M. von Wagner, L. von Schwanthaler und weitere Bildhauer der Münchner Schule: Athena beschützt alle Zweige der Bildhauerkunst (1822–1836)

Perikles und Kaiser Hadrian, dem ersten und letzten Kunstbeschützer in der antiken Welt. Im Giebelfeld ist nach Wagners Entwurf Athena Ergane dargestellt, die die verschiedenen Zweige der plastischen Künste – vom Figurenbildhauer über den Erzgießer bis zum Ornamentisten – beschützt. Auf der westlichen »Abendseite« finden wir die historischen Meister der Renaissance: Lorenzo Ghiberti, Donatello, den Nürnberger Peter Vischer d. Ä., Michelangelo, Benvenuto Cellini und Giovanni da Bologna, während auf der Ostseite – der aufgehenden Sonne und somit der Zukunft zugewandt – die Hauptvertreter der damaligen klassizistischen Moderne (teilweise noch zu Lebzeiten!) gefeiert wurden: Antonio Canova, Bertel Thorvaldsen, Pietro Tenerani, John Gibson, Ludwig Schwanthaler und der Berliner Christian Daniel Rauch.

Die (in der Grundform noch erhaltene) Folge der Säle war bis in den reich vergoldeten ornamentalen und emblematischen Schmuck der Deckenzone und die starke Farbgebung der Wände hinein auf den jeweiligen Stilcharakter der Epochen und ihrer Hauptexponate abgestimmt. Ludwig hatte seine Sammlung, die sich auf »ausgezeichnete Originale« beschränken sollte, über zwei Jahrzehnte zusammengebracht, wobei nicht nur der Bildhauer Wagner in Rom, sondern auch viele andere Kunstagenten, darunter Klenze selbst, die Ankäufe tätigten. Nur wenige der römischen Werke, denen der mit Flachkuppeln gedeckte »Römersaal« gewidmet war, stammten aus dem Antiquarium der Münchner Residenz und der Antikensammlung der Akademie. Klenze ging es im Gegensatz zu dem Kenner und Didaktiker Wagner darum, den Werken ein adäquates, festliches Ambiente zu verschaffen, das dem Publikum ein ihrer ursprünglichen Wirkung im Altertum adäquates »Kunsterlebnis« ermöglichen und eine übergreifende kunsthistorische Idee vermitteln sollte. Dafür sorgte die optimale Belichtung der Statuen durch Oberlicht in den Eckrotunden, während die hochgelegenen Lunettenfenster von der Hofseite eher spärlichen Lichteinfall gestatteten. Nach dem Vorbild der von Charles Percier und Pierre François Léonard Fontaine eingerichteten Antikensäle im Louvre wurden sie vor stark farbigen, von Saal zu Saal im Farb-

Blick vom Aeginetensaal zum Bacchussaal (Vorkriegszustand)

ton variierenden Wänden aus Kunstmarmor aufgestellt, von denen sich im Sinne der Kunsttheorie Winckelmanns ihre Konturen optimal abhoben.

Gelegentlich wurden die Bildwerke auch noch bei nächtlichen Festen des Hofes durch Fackelschein inszeniert, denn die Glyptothek war ursprünglich mehr als nur ein Museum: Der Rundgang durch die Kunstgeschichte wurde im rückwärtigen Nordflügel durch ein separates Eingangsfoyer für Ludwig und seine illustren Gäste unterbrochen, an das sich links und rechts die beiden von Peter Cornelius ausgemalten Festsäle anschlossen (Kriegsverlust), die mit einer schon in der Wettbewerbsausschreibung geforderten »Konditorey« im Keller verbunden waren, um die Empfänge gastronomisch zu versorgen. Das im Sinne der Kunstphilosophie Friedrich W. J. Schellings aufgefasste Thema der Cornelius-Fresken im »Göttersaal« und im »Heroensaal« war eine programmatische Allegorie der göttlichen und menschlichen Weltordnung und der Rolle der Kunst im Spannungsfeld der schöpferischen und zerstörenden Kräfte (Eros und Eris), was wiederum auf die Blüte der Kunst und Kultur im ludovizianischen Zeitalter nach den Befreiungskriegen verwies. Nach außen stellt sich die Rückfassade mit dem mittleren Portikus und den beiden palladianischen Fenstern in den Eckrisaliten der gesellschaftlichen Nutzung entsprechend als privates fürstliches Landhaus im Grünen dar.

Die Glyptothek mitsamt den Antikensammlungen war ein in sich geschlossenes Gesamtkunstwerk, das allerdings eine Erweiterung und museologische Entwicklung fast unmöglich machte. Als 1863 die neu erworbenen assyrischen Wandreliefs gezeigt werden sollten, musste Klenze im Atriumshof einen zusätzlichen Pavillon errichten. Die Zerstörung des Museums durch Brandbomben 1944, die die Innenräume fast vollständig vernichteten, stellte eine besondere Herausforderung dar. Zudem war erstaunlicherweise die üppige Farbigkeit – bis auf drei Aquarelle aus den 1930er Jahren – nicht zuverlässig dokumentiert.

Infolgedessen ist seit den 1950er Jahren über den Umgang mit der notgeschützten Ruine heftig diskutiert und eine getreue historische Rekonstruktion des Inneren dann ausgeschlossen worden, während der Außenbau bis 1959 denkmalgerecht restauriert werden konnte (Wiederherstellung und Ergänzung des plastischen Schmuckes 1980–2007). Im Zuge der Modernisierung wurde der Atriumshof entkernt und auf Erdgeschossniveau angehoben, die Hofwände erhielten raumhohe Verglasungen, um die Belichtung zu verbessern. Ansonsten wurden Klenzes Raumfolgen durch Josef Wiedemann von 1964 bis 1972 als Ziegelrohbau in ihren Gewölbeformen und Wandreliefs wiederhergestellt und zugleich einfühlsam modernisiert, was ihnen eine großartige »römische« und doch zeitgemäße Anmutung gibt, die unserer heutigen

Römersaal (Vorkriegszustand)

Sicht auf die antike Kunst und ihrer freien Aufstellung im Raum weit besser entspricht als die schon seit 1830 heftig kritisierte »überrauschende Pracht« Klenzes.

Römersaal nach dem Wiederaufbau (1964–1972)

GLYPTOTHEK

Vielleicht hätte diese Lösung sogar dem Bauherrn zugesagt, der 1858 an seinen Architekten schrieb:»Sie wissen, wie sehr die unbekleideten [Wände] der Glyptothek mir gefallen haben, so, daß ich bedauerte, daß sie nicht in diesem Zustand haben bleiben können.« (Ludwig an Klenze, 22.08.1858)

Literatur: Klenze/Schorn (1830); Klenze (1830ff.), Heft I; Fräßle (1971); Glyptothek (1980); Sieveking (1980); Wiedemann (1980); Wünsche (1980); Fischer (1982); Schwahn (1983); Wünsche (1985); Buttlar (1987); Vierneisel (1991); Buttlar (1992 und 1999), S. 110–132; Hildebrand (2000), S. 238–249; Dunkel (2000); Buttlar/Savoy (2012)

KÖNIGSPLATZ
PROPYLÄEN

Entwürfe: ab 1816

Ausführung: 1854–1862

Beteiligte Künstler:
Ludwig von Schwanthaler

Instandsetzungen: 1956/57,
1960er, 1980er Jahre, 1995–1997

Das Projekt eines – eher symbolischen – Stadttores auf der Ostseite des Königsplatzes beschäftigte Klenze fast während seiner gesamten Münchner Schaffenszeit. In den Auseinandersetzungen um den Eingangsportikus der Glyptothek war es ihm 1817 gelungen, die von Kronprinz Ludwig gewünschte Kopie des gleichnamigen Eingangstores zur Athener Akropolis auf das geplante Stadttor umzulenken. Das stark zerstörte Athener Vorbild (ca. 437-431 v. Chr.) mit seinem tiefen, sechssäuligen dorischen Portikus, der zur Durchfahrt verbreiterten mittleren Säulenstellung und den seitlich abgeknickten Nebenhallen war durch die Bauaufnahmen durch Julien-David Le Roys »Les plus beaux monuments de la

Propyläen, Ansicht von Osten

Grèce« (1758) und in James Stuarts und Nicholas Revetts »The Antiquities of Athens« (1787) recht genau bekannt und hatte schon den Entwurf von Carl Gotthard Langhans für das Brandenburger Tor in Berlin (1789–1793) geprägt, auf das Klenze den Kronprinzen ausdrücklich hinwies. Jedoch sind Klenzes frühe Vorschläge fast nur aus den Grundrissvarianten des Königsplatzes zu erahnen: Dort taucht um 1819 zunächst das Schema eines römischen Triumphbogens auf – handelte es sich doch bei der königlichen Einfahrt von Schloss Nymphenburg in die Stadt um eine *via regia*. Im rechten Winkel schlossen sich die zwei kleineren Torhallen an, die damals noch im Zuge einer neuen Stadtumgrenzung der strengen Kontrolle des Stadteingangs hätten dienen sollen. Etwa ab 1821 wird dann die Mitte zwischen den Flügelbauten von einem quadratischen Baukörper, einer Säulendurchfahrt nach dem Typus der Athener Propyläen, eingenommen.

Rekonstruktion der Athener Propyläen, aus Le Roy (1758, ²1770)

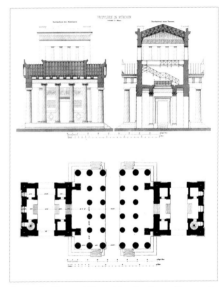

Die Verwirklichung dieses Plans rückte jedoch wegen der zahlreichen anderen Bauaktivitäten in die ferne Zukunft: Er werde wahrscheinlich erst nach Jahren ein Stadttor in Form einer römischen Triumphpforte (das spätere Siegestor an der Ludwigstraße 1843–1850 von Friedrich von Gärtner), ein anderes im Stil der Propyläen ausführen lassen, habe aber noch nicht beschlossen, durch wen, schrieb Ludwig im Sommer 1826 an Johann Martin von Wagner. Es leuchtet ein, dass Klenze, als ihm der König dann zwanzig Jahre später offiziell den Auftrag erteilte, in einer Reihe von Entwurfsvarianten auftragsgemäß den Propyläen-Entwurf mit flankierenden Pavillons durchspielte. Diese hatten jedoch mittlerweile ihre Funktion als Kontrollstationen der Stadtgrenze verloren, sodass das nun bereits in der Innenstadt gelegene Tor lediglich eine Denkmalfunktion übernehmen konnte. Darüber hinaus war Klenze überzeugt, dass »ein für die Gestalt einer hohen Felsenlokalität entworfenes Baudenkmal« sich nicht so einfach »auf eine ganz flache Ebene wie den Königsplatz versetzen« ließe. Infolgedessen entfernte er sich von der Athener Vorlage und gelangte zu einer Kombination der gewünschten Säulenhalle mit zwei seitlichen Pylonentürmen nach dem Vorbild des Athener Dipylon-Tores, die dem Monument eine größere Höhe und ein größeres Gewicht geben. Analog zu dem von Friedrich von Gärtner 1835 rekonstruierten mittelalterlichen Isartor im Osten der Stadt, das mit einem neuen Fresko an den Einzug Kaiser

Querschnitte und Grundriss der Propyläen, aus Allgemeine Bauzeitung, Tafelteil (1861)

Blick auf die Tektonik der Decke in der mittleren Torhalle

Polychrome Verzierung der ionischen Kapitelle und Unterzüge der mittleren Torhalle

Ludwigs des Bayern erinnerte und somit zum Denkmal des Aufstiegs der Wittelsbacher wurde, sollten die Propyläen im Westen ihren politischen Triumph in der Gegenwart verkünden: die Verbindung von Bayern und Griechenland nach dem Ende des griechischen Befreiungskampfes durch die Berufung von Ludwigs jüngerem Sohn Otto auf den Griechischen Thron 1833.

Doch . auch diesen Entwurf, für den in den Untersberger Marmorbrüchen schon das Material bereitgestellt wurde, stellte Ludwig nach seiner Abdankung infolge der März-Unruhen 1848 noch einmal zurück. Erst ein bestechendes Gemälde Klenzes (vgl. S. 40f.), das ihm den geradezu magischen Effekt des Bauwerks und seine unverzichtbare Wirkung am Königsplatz ausgerechnet am 18. Oktober 1848, dem 35. Jahrestag der Völkerschlacht, vor Augen führte, überzeugte Ludwig, das Bauwerk als persönliches, aus seiner Privatschatulle finanziertes Geschenk an die Stadt München doch noch zu verwirklichen. Für 1854 wurde der Baubeginn festgesetzt, am 18. August 1862 konnte der Torbau mit dem aufwendigen Skulpturenprogramm, das bereits zwischen 1846 und 1848 von Ludwig Schwanthaler entworfen worden war, feierlich übergeben werden. Seine politische Botschaft wurde jedoch schon wenige Wochen später dadurch obsolet, dass König Otto am 23. Oktober vom griechischen Thron verjagt und zur Emigration nach Bamberg gezwungen wurde.

Die beiden mächtigen, aufgrund der leichten Verjüngung und des abgerundeten Hohlkehlengesimses eher ägyptisch anmutenden Pylonentürme hat Klenze in ihrer tektonischen Gliederung durch ein Rahmengerüst aus Pfeilern über einer Füllwand der griechischen Bauweise angepasst. Zwei reich verzierte Turmportale sollten dem Lastverkehr stadteinwärts und stadtauswärts dienen, während die mittlere Durchfahrt den Reitern und Personenkutschen, schlussendlich den Fußgängern vorbehalten war. Die Säulenhalle selbst zeigt an den Schaufronten die kräftige dorische Säulenordnung, der Klenze auch noch eine starke Schwellung (Entasis) gab, während die innere Durchfahrt – genau wie einst die Athener Propyläen – aus 16 schlankeren ionischen Säulen gebildet wird, die eine unverstellte Durchsicht ermöglichen und das hölzerne Gebälk der Innendecke tragen. Im Inneren der auf diese Weise gebildeten Ehrenhalle verwirklichte Klenze eine zarte, zugleich aber stark farbige Fassung der griechischen Zierrate und Ornamente, jene viel diskutierte Polychromie (vgl. S. 258f.), die im zweiten Drittel des 19. Jahrhunderts die Vorstellung von der antiken Architektur grundlegend veränderte.

Auf den Innenwänden der Turmhalle sind in griechischer Schrift die 32 Namen griechischer Freiheitskämpfer, aber auch berühmter Philhellenen wie des Genfer Bankiers Jean Gabriel Eynard, des englischen Flottenadmirals Lord Thomas Cochrane und des englischen Dichters Lord Byron, der 1826 als Kommandeur von Freischärlertruppen bei Missolunghi verstarb, sowie der von Ludwig I. großzügig geförderten philhellenischen Vereinigungen »Philiki Hetairia«, »Ho Hieros Syllogos« und »Hoi Philhellines« eingelassen. Für in München verstorbene griechische Freiheitskämpfer schuf Klenze damals polychrome Grabmonumente auf dem Südfriedhof (vgl. S. 147ff.). Schwanthalers vier Reliefbänder an den Pylonen stellen die Befreiung Griechenlands von der türkisch-muslimischen Herrschaft im Unabhängigkeitskrieg 1821–1833 nicht als historische Erzählung, sondern in einer allgemeingültig-allegorischen Form als »Momente der Erhebung« und als »Land- und Seekämpfe« dar, beginnend mit der Versammlung und dem Schwur der Griechen an der Nordwestseite, gefolgt von einer Kampfszene zu Lande an der Südwestseite und zur See auf der gegenüberliegenden Südostseite sowie der Beendigung des Kampfes durch das Eingreifen der Schutzmächte auf der Nordostfassade. Der Westgiebel verbindet Kampfszenen in den Zwickeln mit der Gruppe zweier Siegesgöttinnen, die den Sieg zu Lande und zu Wasser verkörpern und sich der vor dem noch leeren Thron stehenden Allegorie Griechenlands zuwenden, die durch ihr gesenktes Schwert den Anbruch der Friedenszeit symbolisiert. Der dem Platz zugewendete Ostgiebel zeigt als Resultat der durch die Alliierten besiegelten Friedensordnung den thronenden König

Westgiebel nach dem Entwurf von Ludwig von Schwanthaler: Die Allegorie Griechenlands erwartet das Ende des Unabhängigkeitskrieges, Sieg und Frieden

PROPYLÄEN

Otto von Wittelsbach im altgriechischen Gewand, dem die Repräsentanten der Religion, der Wissenschaften und der Künste, des Handels, des Landbaus, der Architektur und des Schiffbaus huldigen – eine Allegorie des kulturellen und wirtschaftlichen Aufschwungs, den der junge Staat unter seiner Regentschaft dank internationaler Kredite genommen hatte.

Nach Zerstörungen im Zweiten Weltkrieg begannen 1952 erste Wiederherstellungsmaßnahmen unter der Leitung von Hans Döllgast, fortgesetzt durch eine umfangreichere Sanierung in den 1960er Jahren unter Erwin Schleich. Damals wurde im Inneren eine illusionistische Farbfassung der ursprünglich plastischen Kassettendecke angebracht, 1985 ersetzte das Landesamt für Denkmalpflege die meisten der heute aus konservatorischen Gründen im U-Bahnhof Königsplatz ausgestellten Giebelfiguren durch Kopien.

Literatur: Klenze (1861); Habel (1981); Heller (1985); Lehmbruch (1987); Buttlar (1999), S. 398–407; Hildebrand (2000), S. 297–303; Putz (2010)

KÖNIGSPLATZ
»PROPYLÄEN VON WESTEN«

Gemälde, Öl auf Leinwand, 1848
Münchner Stadtmuseum, Gemäldesammlung Nr. P 13682

Klenzes im Revolutionsjahr 1848 entstandenes Schaubild der Propyläen ist von so täuschender Illusionskraft, dass man kaum glauben möchte, dass der Grundstein des berühmten Bauwerks erst sechs Jahre später gelegt wurde. Tatsächlich hatte das Gemälde (ähnlich wie Klenzes »previews« der Walhalla und des Athener Königsschlosses, vgl. S. 200f., 232) die Funktion, den hinsichtlich der Bauausführung schwankenden und zudem im März des Jahres abgedankten König doch noch von der Notwendigkeit der Errichtung dieses Monumentes als Abschluss seines Königsplatzes zu überzeugen. Dass Ludwig ausgerechnet am 18. Oktober, dem 35. Jahrestag der Leipziger Völkerschlacht, zur Besichtigung des gerade vollendeten Gemäldes in Klenzes Wohnung eingeladen war, zeigt dessen psychologisches Geschick: waren doch alle monumentalen Bauaufträge Ludwigs I. letztlich gegen Frankreich und Napoleon gerichtete Manifestationen seines Patriotismus.

Abweichend von den zur Nachahmung empfohlenen Propyläen auf der Athener Akropolis verbindet diese Fassung des (nur mehr symbolischen) Münchner Stadttores die zentrale dorische Säulendurchfahrt mit zwei hohen Pylonentürmen nach Art befestigter antiker Stadttore und fasst so als überzeugende Dominante die niedrigeren Museumsbauten am Königsplatz zu einer Gruppe zusammen. Aber darüber hinaus setzt Klenze das Bauwerk im wahrsten Sinne des Wortes auch ins »rechte Licht«. Der Betrachter blickt, von Westen kommend mit den letzten Strahlen der Abendsonne, die die plastische Wirkung der Architektur steigert, auf das großartige, nach Ludwigs Wünschen entstandene klassizistische Platzensemble: linker Hand, im vollen Sonnenlicht, Klenzes jugendliches Meisterwerk, die Glyptothek, rechter Hand, im Schatten liegend, das (in Wirklichkeit merklich höhere) Kunstausstellungsgebäude seines Kontrahenten Georg Friedrich Ziebland (vgl. S. 26). In der Säulendurchsicht erscheint Klenzes

»Die Propyläen von Westen«. Gemälde (1848)

Armeedenkmal in Obeliskenform auf dem entfernten Karolinenplatz (vgl. S. 42), damals noch in frischer Goldbronze glänzend. Schließlich wird als Zielpunkt der Brienner Straße auch noch sein Hofgartentor (vgl. S. 48) sichtbar, das das ganze Ensemble im Vordergrund diskret mit dem Monarchen als Schöpfer des »Neuen München« verbindet: »Prachtvoll schien eben die Abendsonne« bestätigt Ludwig zwölf Jahre später den spektakulären Bildeffekt des Gemäldes, als er zum ersten Mal das vom Gerüst befreite Propyläentor passierte.

Wie bei Karl Friedrich Schinkel, dessen Werke und Gemälde Klenze kannte und bewunderte, geht die allegorische Dimension des Bildes über den diskreten Hinweis hinaus, dass seine Bauten im Licht erstrahlen, während die Konkurrenz ein Schattendasein fristet. Vielmehr sind die abziehenden Wolken und die Wiederkehr des Lichtes sinnbildlich auf die Überwindung der revolutionären Unwetter des Jahres 1848 und den über die abgebrochene Regentschaft Ludwigs hinaus fortdauernden Glanz der ludovizianischen Kunstschöpfungen zu beziehen, wie ihn der Monarch selbst in seinem Gedicht »Der Herrschaft Größe vor der Kunst verschwindet [...]. Wenn Reiche enden und wenn Throne stürzen« besungen hatte.

Literatur: Lieb/Hufnagl (1979); Bauer (1980); Heller (1986), S. 57ff.; Neues Hellas (1999), S. 595f.; Buttlar (1999), S. 404; Putz (2010)

»PROPYLÄEN VON WESTEN«

KÖNIGSPLATZ
ARMEEDENKMAL AM KAROLINENPLATZ

Entwürfe: ab 1812
(Klenze ab 1817)
Ausführung: 1828–1833

Der kreisförmige Karolinenplatz ist zusammen mit dem Königsplatz und dem Kronprinzenplatz (ab 1845 Stiglmaierplatz) aus dem Stadterweiterungsplan Friedrich Ludwig von Sckells und Carl von Fischers von 1808 bis 1811 für die Maxvorstadt hervorgegangen. Die Mitte des Platzes, für die anfänglich eine Fontäne geplant war, nimmt seit 1833 das Armeedenkmal Leo von Klenzes in Form eines monumentalen Bronze-Obelisken ein.

Ursprünglich war das Armeedenkmal schon im Winter 1812 als Heldenfriedhof und Gedenkhalle für die 30.000 auf Seiten Napoleons vor Moskau gefallenen bayerischen Offiziere und Soldaten geplant – ein entsprechender Entwurf für die Südseite des Königsplatzes stammt von Carl von Fischer. Dort tauchten bereits zwei Obelisken als Mittelpunkte der beiden Höfe auf, die in der Art italienischer *Campi santi* gedacht waren. Als Bayern kurz vor der Leipziger Völkerschlacht im August 1813 auf die Seite der Verbündeten überwechselte, schien diese Widmung problematisch und wenig später war auch der Standort überholt, an dem nun die Apostelkirche entstehen sollte. Die konventionelle, vom Kriegsministerium gewünschte Obeliskenform über einem mit Bukranien geschmückten Sockel entwarf Klenze 1818 für den neuen Odeonsplatz »vor dem Schwabingerthore«, wo das Denkmal als Auftakt der Ludwigstraße zusammen mit dem Odeon, dem Leuchtenberg-Palais und der geplanten protestantischen Kirche im Hintergrund eine eindrucksvolle städtebauliche Komposition nach französischem Vorbild ergeben hätte (vgl. S. 85):

»Die architektonische Poesie des Entwurfs liegt in dem Kontraste der einfachen riesenhaften Obeliskenform, welche rein und kräftig wie ein Kristall (der Natur Säule) dem Boden entsproßt, und [...] gleichsam einen focus von Architektur zum Hintergrunde hat, wo sich Palläste, Säulen, Tempel und Kuppel zusammendrängen«, schrieb Klenze dem Kronprinzen. Der 23 Meter hohe Obelisk sollte wegen des Mangels an geeignetem Material und aufgrund der immensen technischen Schwierigkeiten nicht aus Stein, sondern aus »aere capto« konstruiert werden, das heißt: aus in den Befreiungskriegen erbeuteten und zu Platten eingeschmolzenen französischen Bronze-Geschützen über einem Mauerkern. Doch

Armeedenkmal auf dem Karolinenplatz

Karolinenplatz, Ansicht aus »München im Bild« (München, 1909)

wurde das Projekt aus finanziellen Gründen noch einmal um ein Jahrzehnt und dann auch topographisch um einige hundert Meter auf den Karolinenplatz verschoben: ab 1829 erfolgte der Guss der Bronzeplatten in der Erzgießerei durch Johann Baptist Stiglmaier, finanziert aus der Privatschatulle des Königs. Freilich wanderte nun auch russisches, österreichisches und ausrangiertes bayerisches Kriegsgerät in den Schmelzofen. Das am 18. Oktober 1833, dem zwanzigsten Jahrestag der Leipziger Völkerschlacht, feierlich eingeweihte Denkmal ist nach Ludwigs selbstverfassten Inschriften noch immer den »dreyssigtausend Bayern, die im russischen Kriege den Tod fanden« gewidmet. Auf wundersame Weise wird ihr Opfer auf Seiten Napoleons aber nun auf die Befreiungskriege bezogen: »Auch sie starben für des Vaterlandes Befreyung« (was man nur so verstehen kann, dass Bayern sich letztlich erst infolge dieser Katastrophe der Allianz gegen Napoleon anschloss). So gesehen bekam die optische und ikonologische Beziehung des Armeedenkmals zum Königsplatz und zu den Propyläen als Denkmal des griechischen Befreiungskampfes einen hintergründigen Sinn (vgl. S. 27).

Literatur: Klassizismus (1980), S. 208, 243f.; Hildebrand (2000), S. 318–321

ERWEITERUNGS-BAUTEN
DER RESIDENZ MÜNCHEN

Entwürfe Klenzes: ab 1816

Ausführung: 1816 bis ca. 1848
(Ausstattung bis 1867)

Bauschmuck und Innen-
gestaltung: zahlreiche Künstler
der ludovizianischen Epoche

Zerstörung: Bombenangriffe
1943/44 (zahlreiche Totalverluste)

Wiederaufbau, teilweise
Rekonstruktionen: 1946–1980,
Fassadensanierung ab 2009

1 Hofgartenrandbebauung **2** Marstall **3** Festsaalbau **4** Allerheiligenhofkirche
5 Königsbau

Die Ende des 14. Jahrhunderts im Nordosten der Stadt und des heutigen Residenzkomplexes errichtete und Mitte des 18. Jahrhunderts abgebrochene »Neuveste« bildete den Kern der Residenz der Bayerischen Herzöge, Kurfürsten (seit
1623) und Könige (seit 1806). Im Norden schlossen sich seit etwa 1560 der zugehörige »Untere Hofgarten« und der ab 1613 ausgebaute »Obere Hofgarten« an.
Durch An- und Neubauten entwickelten sich vom spätmittelalterlichen Kern
neue Flügel- und Hofbauten nach Südwesten, die von der wachsenden Macht
und dem Repräsentationsbedürfnis der Regenten der Renaissance – am bekanntesten wohl Grottenhof und Festsaal des Antiquariums Albrechts V. aus dem letzten Drittel des 16. Jahrhunderts – und der Barockzeit (u. a. »Reiche Hofkapelle«)
kündeten. Unter dem ersten Kurfürsten Maximilian wurde von 1612 bis 1616 das
Nordostareal als regelmäßige, um den Kaiserhof gruppierte Vierflügelanlage ausgebaut. Im 18. Jahrhundert kamen im südlichen Bereich unter den Kurfürsten
Karl Albrecht und Max III. Joseph die »Reichen Zimmer«, die »Grüne Galerie«
und das nach seinem Architekten benannte »Cuvilliés-Theater« – Höhepunkte
der Raumkunst des Rokoko – hinzu.

Erfolglose Planungen, die unregelmäßige, aus heterogenen Baukörpern verschiedener Stilepoche zusammengewürfelte Schlossanlage durch ergänzende
Flügel und übergreifende Fassaden zu einer repräsentativen Einheit zu harmonisieren, lieferten François de Cuvilliés (1764-1766), Maximilian von Verschaffelt
(1799) und – möglicherweise anlässlich des Besuches des französischen Kaisers
in München 1809 – Carl von Fischer. Nur der Neubau des Königlichen Hof- und
Nationaltheaters wurde ab 1811 nach dessen Plänen begonnen. Die umfangreichen Erweiterungen des Residenzkomplexes blieben Klenze und seinem Patron,

Residenzkomplex mit (im Uhrzeigersinn) Ludwigstraße, Hofgarten, Reithalle, Nationaltheater und Max-Joseph-Platz von Südwesten

dem ab 1825 regierenden König Ludwig I., vorbehalten: »Klenze, mit dem Neubau des Schlosses ist es nichts, das will ich dem Louis überlassen, ich aber will
in meiner Ruhe bleiben«, schrieb ihm König Max I. Joseph 1821. Allerdings hatten die Planungen dafür schon bald nach Klenzes Berufung nach München 1816
eingesetzt – noch unter Ludwigs Ägide als Kronprinz.

Es ist das besondere Verdienst Klenzes, seine Entwürfe nicht punktuell, sondern stets in Zusammenhang mit einem größeren städtebaulichen Kontext
entwickelt zu haben, der den Anforderungen der rasanten Stadtentwicklung
Münchens in der ersten Hälfte des 19. Jahrhunderts gerecht wurde. Dabei ist
hervorzuheben, dass er sich von den Prämissen seiner Vorgänger verabschie-
dete, Homogenität durch gleichmäßige Fassaden oder einen Einheitsstil herstel-
len zu wollen. Das Publikum müsse begreifen, »in der Residenz nicht ein Ganzes,

Die Residenz nach
den Kriegszer-
störungen (Auf-
nahme 1946/47)

ERWEITERUNGSBAUTEN DER RESIDENZ MÜNCHEN

was ja nun einmal nach den bestehenden Umständen unmöglich ist, sondern ein Aggregat mehrerer, in sich abgeschloßener Bauwerke zu sehen«, schrieb er dem König 1832. Infolgedessen ist jeder seiner Neubauten individuell aufgefasst und der jeweiligen städtebaulichen Funktion entsprechend unterschiedlich gestaltet: So bildeten sich rund um den – bis dato noch immer wehrhaft ausgegrenzten – Residenzkomplex herum völlig verschiedene städtische Platzräume aus, die entsprechend der klassizistischen Stadtbautheorie Regelmäßigkeit und repräsentativen Anspruch mit Diversität des Raumes, der Baukörper und Fassadenbildungen verbinden, was ihnen einen »gewachsenen« und bodenständigen Charakter verleiht (vgl. S. 257f.).

Klenzes Ergänzungsbauten verdoppelten nahezu das Bauvolumen des alten Residenzkomplexes: Seine realisierten Planungen umfassen die neue Randbebauung des Hofgartens (1816–1842), den Komplex der Reithalle bzw. des Marstalles (1817–1822), den Festsaalbau (1832–1842), den Königsbau (1826–1835), den östlichen Apothekenflügel und die Allerheiligen-Hofkirche (1826–1837) sowie den Wiederaufbau des National- und Hoftheaters (1823–1825).

Nach den verheerenden Kriegszerstörungen wurde die Residenz zwischen 1946 und 2000 sukzessive wiederaufgebaut.

Literatur: Hederer (1964), S. 263–288; Zimmermann (1987b); Spensberger (1998); Buttlar (1999), S. 200–246; Klenze (2000); Faltlhauser (2006)

ERWEITERUNGSBAUTEN DER RESIDENZ MÜNCHEN
HOFGARTEN-RAND-BEBAUUNG

Planungsbeginn der Neufassung: 1815 (Klenze 1816–1861)

Bauausführung: 1816–1848

Mitwirkende Künstler: Franz Jakob Schwanthaler, Ernst Mayer, Johann Baptist Stiglmaier (plastischer Schmuck), diverse Peter-Cornelius-Schüler, Carl Rottmann, Christoph Friedrich Nilson, Peter von Heß (Malereien)

Teilzerstörung: 1943/44

Vereinfachter Wiederaufbau und Neugestaltung des Gartens: 1947–1957

In der Überformung des aus der Renaissancezeit stammenden und im 17. und 18. Jahrhundert prächtig ausgestalteten Hofgartenareals verbinden sich Klenzes Projekte für die nördliche Stadterweiterung vor dem Schwabinger Tor (vgl. S. 8off.) und für die Ergänzungen des Residenzkomplexes unter Max I. Joseph und Ludwig I. seit 1816. Seine vorausschauende Planung signalisierte nicht nur städtebaulich, sondern auch politisch gesehen die überfällige Öffnung des ursprünglich abgeschotteten Fürstensitzes zur Stadt und zur städtischen Zivilgesellschaft. Mit der Erneuerung der überkommenen Arkadenumgrenzung aus der Zeit des Kurfürsten Maximilian I. (1613–1617), die mit Hofgartentor und Bazargebäude zugleich die Baufluchten der neuen Straßen und Plätze aufnimmt, gelang Klenze die Integration seiner Neubauten in den historischen Bestand. Freilich musste

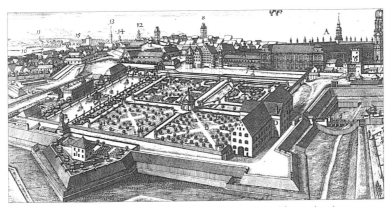

Michael Wening: Das Hofgartenareal mit Neuveste, neuem Residenztrakt, altem Schwabinger Tor, Turnierhaus, Arkaden und Bastionen sowie unterem Hofgarten mit Lusthaus (1701)

dafür vehement in die damals noch chaotisch anmutende Topographie eingegriffen werden, da die große Eckbastion vor dem alten Schwabinger Tor noch nicht ganz abgegraben war und auch Sckells Planung an dieser Stelle (1811–1815) kein wirklich überzeugendes Ordnungskonzept erkennen ließ. Außer den zum Teil bebauten Wallanlagen wurde 1822 auch das Turnierhaus mitsamt den zugehörigen Westarkaden und dem Verbindungsgang zur Residenz abgerissen und durch Neubauten ersetzt, um eine gradlinige Verbindungsachse vom Schwabinger Tor nach Norden – die neue Ludwigstraße – zu schaffen (vgl. S. 8off.).

Klenze betonte mit dem zwischen 1816 und 1818 errichteten Hofgartentor zunächst die von Nymphenburg über Königs- und Karolinenplatz führende Ost-West-Achse, die unter dem Namen Hofgartenstraße nördlich des alten Residenztraktes, der noch durch einen Wassergraben festungsartig abgegrenzt war, zum Lehel und zur Isar verlief. Die Übertunnelung des Festungsgrabens und umfangreiche Nivellierungsarbeiten waren erforderlich. Als Klenze im Sommer 1816 die Verantwortung für diesen Abschnitt des Generallinienplans übernahm, war bereits der Entwurf für einen bescheidenen Torbau nach dem Entwurf von Bauinspektor Franz Thurn genehmigt, den Klenze sogleich als »das Schlechteste, [...] was vielleicht je in München gebaut worden ist« attackierte und binnen einer Woche durch seinen eigenen und zweifellos sehr noblen Vorschlag eines geschlossenen hohen Mauerzuges mit Figurennischen, Arkaden und Torbau ersetzte. Dieser moderate, aber unübersehbar mit Trophäen und den Königlichen Insignien bekrönte Triumphbogen, der ursprünglich auf der Ostseite der Hofgartenstraße ein Pendant erhalten sollte, war schon als Vorfahrt zum später errichteten Festsaalbau der Residenz konzipiert (vgl. S. 52ff.). Ein formales Vorbild für das Tor konnte Klenze in Frankreich finden, etwa in einem Grand-Prix-Entwurf aus dem Jahre 1806 von Charles François Mazois für ein Portal eines botanischen Gartens, das von Figurennischen und von eisernen Staketenzäunen flankiert ist. Auf Bitten Kronprinz Ludwigs, der eine Öffnung zwischen Straßenraum und Garten favorisierte, hat Klenze zeitweilig auch eine solche Lösung durchgespielt, doch wurde am Ende sein erster Vorschlag, das Tor in den erneuerten maximilianischen Arkadentrakt einzubinden, realisiert. Klenzes Arkaden sind übrigens nicht mehr mit einem barocken Korbbogen, sondern im perfekten Halbkreisbogen gemauert. Eine enge Anlehnung an den historischen Bestand zeigt sich in Klenzes Vorschlag, die Stirnwand dieses überdachten »Spaziergangs« wieder – wie ursprünglich unter Kurfürst Maximilian I. – mit Fresken zu Themen der bayerischen und dynastischen Geschichte zu schmücken. Die von Peter-Cornelius-Schülern 1826–1829 ausgeführten Malereien dienten – nachdem der Hofgarten schon um 1780 für die Bevölkerung geöffnet worden war – nicht mehr der höfischen Repräsentation, sondern der volkstümlichen Verehrung der Dynastie und der didaktischen Vermittlung der wichtigsten Ereignisse der bayerischen Landesgeschichte. Den nordwestlichen Abschnitt malte Carl Rottmann 1830–1833 mit italienischen Landschaften aus, erläutert durch Verse des dichtenden Königs (heute im Residenzmuseum). Anstelle des abgerissenen Turnierhauses hatte Klenze 1825 das sogenannte ›Bazargebäude‹ (ein damals modernes Kaufhaus) in die Westarkaden integriert (vgl. S. 94ff.).

Hofgartentor von Westen nach der Renovierung (2014)

Hofgartentor von Osten, Ausschnitt aus Heinrich Adam »Das neue München« (1839)

Auch die gesamten, seit dem 18. Jahrhundert zweistöckig überbauten maximilianischen Arkaden an der 438 Meter langen Nordseite hat Klenze überformt und homogenisiert. Hier sollte ab 1838 der berühmte Auftrags-Zyklus griechischer Landschaften in antikischer Wachsmalereitechnik (Enkaustik) von Carl Rottmann in Klenzes pompejanisches Rahmenwerk eingesetzt werden, doch unterblieb dieser Schritt aus Angst vor Vandalismus. Lediglich in der oberen Zone wurden 39 Szenen aus dem Griechischen Befreiungskampf von Christoph Friedrich Nilson nach Entwürfen von Peter von Heß verwirklicht (der empfindliche Rottmann-Zyklus ist seit 1853 in der Neuen Pinakothek ausgestellt). Im Nordosten stoßen die Arkaden auf den ältesten Teil der Anlage, den bereits unter Herzog Albrecht V. im 16. Jahrhundert errichteten, etwas tiefer liegenden Renaissancetrakt, der an das Lusthaus im »Unteren Hofgarten« anschloss (im späteren 19. Jahrhundert durch das Kunstvereinsgebäude überbaut). Klenzes 1840 errichteter Wasserturm des Brunnhauses an der Galeriestraße stand noch bis 1952. Die im Zuge der Ausschachtung für den umstrittenen Bau der Bayerischen Staatskanzlei 1988 zutage getretenen und schon zum Abriss freigegebenen Arkaden wurden erst in letzter Minute in ihrer Bedeutung »wiederentdeckt« und konnten schließlich durch den Verzicht auf einen Teil des nordöstlichen Neubauflügels als freistehendes Denkmal gerettet werden.

Entwurf für die Dekoration der nördlichen Hofgartenarkaden mit Rottmanns Griechen-
landzyklus (1838, nicht verwirklicht)

Die Nordseite und die Ostseite der Hofgartenrandbebauung waren im Laufe
der Geschichte immer wieder Umbaumaßnahmen unterworfen. So wurde
der mittlere Abschnitt der Nordseite bereits 1779 bis 1783 unter Kurfürst Carl
Theodor durch Carl Albrecht von Lespilliez zur ersten öffentlichen Gemäldegalerie Bayerns ausgebaut, Vorgängerin der 1836 eröffneten Alten Pinakothek
(vgl. S. 125ff.). Im Zuge des anschließenden Rückbaus durch Klenze gewann der
Nordtrakt sein heutiges Aussehen. Giorgio de Chirico entdeckte 1905 die magi-
sche Ausstrahlung der auf einfachste kubische Formen reduzierten Klenze'schen
Hofgartenarkaden für seine *Pittura metafisica*. 1937 veranstalteten die Nationalsozialisten hier – in den damaligen Räumen des Archäologischen Instituts – die
berüchtigte Ausstellung »Entartete Kunst«.

Die Relikte des tiefer gelegenen Renaissancegartens mit den pavillonartigen
Lusthäusern und der Wasserkunst verfielen allmählich und wurden schließlich
zwischen 1801 und 1807 zugunsten eines Exerzierplatzes und eines monumentalen Kasernenbaus abgerissen. Immer wieder beschäftigte sich Klenze bis in die
1860er Jahre hinein mit Vorschlägen, den letztlich fragmentarisch gebliebenen
Hofgarten-Komplex auch noch auf der Ostseite zu schließen. Sein Plan von 1861
für einen östlichen Arkadengang mit einem integrierten kleineren Kasernen-
gebäude für das Königliche Leibregiment wurde jedoch nicht realisiert. Stattdessen entstand von 1900 bis 1905 nach Plänen von Ludwig von Mellinger anstelle der Hofgartenkaserne der monumentale, von einer Mittelkuppel bekrönte
Neubau des Bayerischen Armeemuseums und nach dem Ersten Weltkrieg als
Kontrapunkt unmittelbar davor von 1923 bis 1926 das »Grabmal des Unbekann-
ten Soldaten«. Weitreichende Pläne zur Neugestaltung im Dritten Reich wurden
glücklicherweise nicht ausgeführt. Nach den Kriegszerstörungen erfolgte zwischen 1946 und 1957 unter der Leitung von Rudolf Esterer der vereinfachte Wiederaufbau der Randbebauung (einschließlich einer an Rottmanns Landschafts-
zyklus erinnernden Ausmalung mit Grisaille-Malereien von Richard Seewald
1961) sowie die gänzliche Neugestaltung der Gartenanlage in Anlehnung an ihre

Die nördlichen Hofgartenarkaden

maximilianische Form nach Plänen Kurt Hentzens. Vom letzten Viertel des 18. Jahrhunderts bis 1945 war der »Obere Hofgarten« nämlich ein reiner Baumgarten gewesen, von Kurfürst Carl Theodor gleichmäßig mit fast 1.000 Linden und Kastanien bepflanzt. Davon blieben nur die umlaufenden Alleen übrig. Bei der »kritischen« Rekonstruktion der Nachkriegszeit wurden demnach erstmals die beiden komplementären Gestaltungsschichten des 17. und 19. Jahrhunderts zu einem neuen Erscheinungsbild verschmolzen. Die große Chance einer Einbeziehung auch des »Unteren Lustgartens« im Sinne einer Neuformulierung seiner ursprünglichen Topographie und Bedeutung wurde durch den überdimensionierten und auch formal inkompatiblen Neubau der Bayerischen Staatskanzlei (1988–1993 nach Plänen von Diethard J. Siegert und Reto Gansser) vertan.

Literatur: Hentzen (1959); Bauer (1980b); Klassizismus (1980), S. 147–152; Kolloquium (1987); Buttlar/Bierler-Rolly (1988); Thiele (1988); Buttlar (1999), S. 200–206; Hildebrand (2000), S. 303–309; Lemke u. a. (2007)

ERWEITERUNGSBAUTEN DER RESIDENZ MÜNCHEN
HOFREITSCHULE / MARSTALL

Planung: ab 1806 (Klenze ab 1817)

Bauausführung: 1820–1822/25

Mitwirkende Künstler: Johann Martin von Wagner, Ernst Mayer

Umnutzung: 1923–1940 Marstallmuseum

Zerstörung: 1943

Wiederaufbau: Reparatur der äußeren Hülle 1969–1970, Umbau des Inneren zum Werkstatttrakt, Kulissenmagazin und ab 1972 Theater im Marstall

Seit 1806 plante König Max I. Joseph, den bislang weitab in der Nähe des Alten Hofes untergebrachten Alten Marstall, die beim Schwabinger Tor gelegene Hofreitschule (ehemals Turnierhaus, vgl. S. 47, 82) und das dringend benötigte Pageriegebäude in einem neuen Marstallforum zu vereinigen. Die Vorplanungen von Klenzes Amtsvorgänger Hofbauintendant Andreas Gärtner (1807-1816), seinem Rivalen Carl von Fischer (1808) sowie von Giacomo Quarenghi (1811) und dem jungen Friedrich Gärtner (1816) gaben Klenze den Bauplatz und einige Ideen vor. Die neue Reithalle wurde auf der Ostseite der Residenz zwischen den Flügeln des maximilianischen Zeughauses, das nun als Stallgebäude fungierte, errichtet. Klenze musste sogar die von Andreas Gärtner kurz vor seiner Berufung bereits gesetzten Fundamente nutzen.

Hofreitschule, Hauptfassade am Marstallplatz

Seine Vision eines stattlichen, von den Pageriegebäuden und der Hofstall-meisterei gerahmten Forums blieb auf dem Papier, und auch die Halle selbst musste auf Einspruch des Oberstallmeisterstabes und des Finanzministeriums mehrfach umgeplant werden. Insbesondere musste Klenze ungewöhnlicher-weise den Haupteingang auf die Längsseite verlegen. Er hatte sich schon in seiner Jugendzeit mit dieser Bauaufgabe beschäftigt und später als Hofarchi-tekt König Jérômes von Westfalen 1809 auf der »Schönen Aussicht« in Kassel die (bald wieder abgerissenen) Marställe und eine, allerdings nur bis zur Funda-mentierung gediehene Reithalle errichtet. Motive aus diesen beiden frühen Pro-jekten übernahm er in seinen Münchner Entwurf: etwa die Relief-Tondi mit den vom Parthenon abgeschauten Pferdeköpfen, die (nicht realisierten) römischen Rossebändiger-Skulpturen als Eingangsmotiv zum geplanten Ehrenhof und die mit den Büsten besagter Rossebändiger (Dioskuren) bekrönten Kolossalsäulen. Die verkröpften römisch-dorischen Säulen mit Triglyphen-Metopen-Fries bil-den ein Triumphbogenmotiv, dessen Zwickelreliefs nach Klenzes Entwurf von J. M. von Wagner und E. Mayer ausgeführt wurden. Sie zeigen den Kampf der ge-sitteten Lapithen gegen die aus Menschenrumpf und Pferdeleib gebildeten Zen-tauren (ein mythisches Thema, das den Sieg der Zivilisation über die wilde Natur

Simon Mayr: Blick vom Dach des Na-tionaltheaters auf die neue Reithalle, das alte Zeughaus und die 1801–1807 errichtete Hofgarten-kaserne (1826)

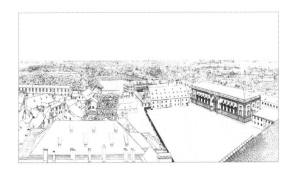

und damit die hohe Schule der Reitkunst und Dressur illustriert). Klenze allerdings erlaubte sich die Freiheit, die Kentauren in der Offensive zu zeigen, um bei einer Reitbahn das »Übergewicht des Pferdes und Reiters« hervorzuheben, wie er 1821 an den Bildhauer Wagner schrieb.

Die Längsseiten der Halle mit den übergroßen Rundbogenfenstern wurden sehr ähnlich wie im gleichzeitigen Entwurf Friedrich Gärtners als Pfeilerarkaden ausgebildet. Die beiden Abschnitte an den Stirnseiten sind als Risalite mit Eckrustizierungen in schöner Proportion abgesetzt. Das Innere zeigte über dem hohen Sockelbereich umlaufende toskanische Pilaster, eine hölzerne Kassettendecke mit Ornamentik und den königlichen Initialen sowie eine schlichte Rahmung der Rundbogenfenster, die mit nicht tragenden Konsolsteinen (ein damals von der Architekturkritik immer wieder bemängeltes Markenzeichen Klenzes) geschmückt sind. Insgesamt entstand ein nobler, aber auch aufwendiger palastartiger Bau, dessen hohe Kosten Klenze dem Finanzministerium gegenüber mit dem Hinweis, dass er zur Sphäre des Monarchen und des Hofes gehöre und als prächtiges Gegenstück der neu zu errichtenden Residenzfassade gesehen werden müsse, verteidigte.

Von 1969 bis 1970 wurde der kriegsbeschädigte Außenbau denkmalgerecht wiederhergestellt, während das Innere provisorisch in moderner Form als Kulissenmagazin, Theaterwerkstatt und Experimentierbühne ausgebaut wurde.

Literatur: Klassizismus (1980), S. 279f.; Voß (1987); Habel (1993); Buttlar (1999), S. 206–209; Hildebrand (2000), S. 315–318

ERWEITERUNGSBAUTEN DER RESIDENZ MÜNCHEN
FESTSAALBAU

Planung: 1816–1820

Ausführung: 1832–1842

Beteiligte Künstler: Ludwig von Schwanthaler, Ernst Mayer, Julius Schnorr von Carolsfeld, Moritz von Schwind, Johann Georg Hiltensperger sowie im Schlachtensaal Wilhelm von Kobell, Peter von Heß, Albrecht Adam, Carl Wilhelm von Heideck, Dietrich Monten, u. a.

Zerstörung: 1943/44

Wiederaufbau: 1947–1960 Umnutzung und Ausbau als Konzertsaal, Museums- und Akademietrakt unter Leitung von Rudolf Esterer

Dem Festsaalbau der Residenz, der sich mit seiner Nordfassade über 250 Meter längs der Hofgartenstraße erstreckt, ist von der Kunstkritik immer wieder Sprödigkeit, Langweiligkeit und Trockenheit vorgeworfen worden. Und doch gehört der schon 1820 vorgelegte, aber erst zwei Jahrzehnte später ausgeführte Entwurf zu Klenzes Glanzleistungen. Die Bauaufgabe war extrem schwierig, da die Nordseite des Residenzkomplexes im 18. Jahrhundert mit den Überresten der »Neu-

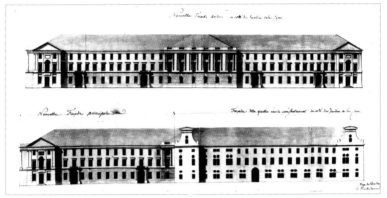

Maximilian von Verschaffelt: Entwurf für den Hofgartenflügel der Residenz (1799), unten mit dem zu verblendenden Kaisertrakt

veste«, dem Großen Hirschgang und dem Kaiserhoftrakt aus maximilianischer Zeit eine sehr zusammengestückelte Ansicht bot (vgl. S. 47). Schon François de Cuvilliés d. Ä. wollte die Baukörper (1764-1766) hinter einer einheitlichen Fassade zusammenfassen. 1799 legte Oberbaudirektor Maximilian von Verschaffelt umfangreiche Planungen vor, die einheitliche Fassaden für die Ostseite und die Hofgartenseite vorsahen: In seiner Planzeichnung zeigt er auch, auf welche Weise die neue Hofgarten-Fassade dem existierenden maximilianischen Nordwesttrakt vorgeblendet und durch einen Mittelrisalit mit einer Kolossalordnung zentriert werden sollte. Damit war Klenze die Grundstruktur seines Entwurfsvorschlages vorgegeben, die auch in seinem Stadtentwicklungsplan von 1816 (vgl. S. 8off.) bereits angedeutet ist.

Ausgehend von den Proportionen des maximilanischen Traktes hat Klenze Verschaffelts Stockwerkteilung in ein dezent rustiziertes Sockelgeschoss, ein Hauptgeschoss mit dominierenden Flachgiebeln und ein Mezzanin sowie die Vertikalgliederung des Mittelrisalits und der Seitenrisalite durch Kolossalsäulen

Erster Entwurf für den Festsaalbau (1820)

FESTSAALBAU

und Pilaster übernommen. Die überlange Fassade gliederte er jedoch wesentlich plastischer, indem er die Risalite als kubische Pavillons weiter in den Straßenraum hervortreten ließ. Zudem legte er eine neun Joche breite, doppelstöckige Arkadenloggia vor den Mittelrisalit – ein Motiv, das erstmals Carl von Fischer 1809 in seinem Entwurf für den Südflügel der Residenz am Max-Joseph-Platz vorgeschlagen hatte. Es leitet sich von der sogenannten ›Basilika‹ her, dem von Andrea Palladio Mitte des 16. Jahrhunderts umgebauten Kommunalpalast in Vicenza, und steht für Öffentlichkeit und Zugänglichkeit. Allerdings war im Erdgeschoss der Loggia, deren Mittelachse auf den Hofgartentempel ausgerichtet ist, nur die Durchfahrt zum Apothekenhof untergebracht, an dessen Ostseite man zum Prachttreppenhaus im Apothekenflügel gelangte. Im Obergeschoss enthielt die Loggia parallel zum Thronsaal eine großzügige überwölbte Terrasse, die den Blick auf den Hofgarten freigibt, aber auch einen idealen Rahmen bot, sich dem Volk zu zeigen. Über das Arkadenmotiv wird der Festsaalbau mit der kurz zuvor begonnenen Hofgartenrandbebauung verklammert.

Max I. Joseph überließ bekanntlich die Residenzneubauten seinem Sohn, der den Festsaalbau erst in Angriff nahm, als der Königsbau und die Allerheiligen-Hofkirche fast vollendet waren. Es ist bemerkenswert, dass der mittlerweile zwölf Jahre alte Entwurf (Grundsteinlegung am 18. Oktober 1832, dem 19. Jahrestag der Völkerschlacht) mit nur geringfügigen Änderungen verwirklicht wurde. So entfielen die Pilaster der Eckpavillons und der Mittelrisalit wurde um zwei Achsen verbreitert. Gesteigerte Bedeutung gewann der pompöse Altan durch die zehn nach Art des römischen Nervaforums verkröpften, völlig freistehenden ionischen Säulen, die über dem Gebälk die Attikafiguren tragen: Anstelle der ursprünglich vorgesehenen zehn bayerischen»Löwen-Pudeln« (so das kritische Mitglied der Baukommission Carl Wilhelm von Heideck) wurden nun zwischen zwei Ecklöwen die aufragenden Allegorien der acht bayerischen Kreise (von Ludwig von Schwanthaler) aufgestellt. In der Instrumentierung der Fassade griff Klenze also direkt auf die römische Antike zurück. Und das galt auch für das Innere der Loggia, in der er die antike Polychromie – ähnlich wie in den Hofgartenarkaden – in Form pompejanischer Grotesken-Malereien aufgriff, die dem rigiden Baukörper eine von innen aus strahlende Wärme verliehen. Trotz all dieser Hervorhebungen bleibt jedoch die Horizontale der Fassade weiterhin dominant, der Besucher erlebt den Monumentalbau im Vorbeischlendern – *en passant*, wie der englische Architekt Charles Robert Cockerell 1840 bewundernd in seinem Tagebuch vermerkte.

Schwieriger noch als im Königsbau gestaltete sich die Disposition der Gemächer im Inneren, weil sie zugleich als offizielle Prunkräume staatlich-monarchischer Repräsentation wie auch als museale, den touristischen Besuchern zugängliche Schauräume gedacht waren. Schon dass das festliche Haupttreppenhaus, das sich in Anlehnung an die napoleonische Louvretreppe von Charles Percier und Pierre François Léonard Fontaine als mit zwölf reich geschmückten Flachkuppeln überwölbter Säulensaal darstellte, im unscheinbaren östlichen Apothekenflügel und nicht im Mittelrisalit am Hofgarten lag, war befremdlich. Aber nur so konnte Klenze im nordwestlichen Erdgeschoss am Hofgarten die ununterbrochene Folge der sechs Odyssee-Säle unterbringen – als Schauräume (und nebenbei Gästewohnungen) ein Gegenstück zu den musealen Nibelungen-Sälen im Königsbau, für dessen Obergeschoss sie zunächst geplant waren. Die in Ludwigs Kunstschöpfungen häufig aufgerufene Analogie zwischen Germanen und Griechen sollte hier vor Augen geführt werden. 1836 begann die Ausführung der 62 Wandbilder nach Vorentwürfen Ludwig Michael Schwanthalers durch Johann

Der Festsaalbau, Fassade im Hofgarten (1832–1842)

Georg Hiltensperger, der hier bis um 1860 tätig war. Da die Raumausstattung einschließlich der Fußböden nie ganz vollendet wurde, blieben die Säle ungenutzt und dienten schließlich lange Zeit als Abstellräume, bis sie 1944 - kaum fotografisch dokumentiert - dem Bombenhagel zum Opfer fielen.

Auch im Hauptgeschoss kam es auf eine geschlossene Raumfolge an, die vom grün marmorierten Prachttreppenhaus durch drei Vorsäle in den zum Hofgarten gelegenen Ballsaal führte. Im pompejanischen Stil auf weiß-blauem Grund dekoriert, war er durch zwei von ionischen Säulen getragenen Galerien unterteilt, auf denen wiederum anmutige griechische Koren (von Ernst Mayer) die schwere Kassettendecke stützten. Klenze berichtet in seinen »Memorabilien«, es sei ihm streng befohlen worden, »daß der Cariatiden Naktes nicht zu deutlich durch die Gewandung durchscheine. Der König war hierin täglich ängstlicher und wollte diese Modelle selbst sehen, wo dann trotz aller Verhüllung das ›Unmoralische‹ der noch etwas deutlich sich zeigenden Brust gemildert werden musste«. Zur Rechten gelangte man in zwei kleinere Räume, in denen die berühmte Schönheitengalerie ausgestellt war (heute in Schloss Nymphenburg). Den dahinterliegenden Nordostpavillon nahm der Schlachtensaal (zugleich Bankettsaal) ein, in dem - analog zu den Siegen in den Türkenkriegen unter Kurfürst Max Emanuel Ende des 17. Jahrhunderts im Viktoriensaal des Schlosses Schleißheim - auf 14 Tafeln Bayerns Heldentaten in den Befreiungskriegen dargestellt waren (Wilhelm von Kobell, Peter von Heß, Albrecht Adam, Carl Wilhelm von Heideck und Dietrich Monten - heute in den Vorsälen des Königsbaus der Residenz ausgestellt).

Zur Linken gelangte man vom Ballsaal durch die drei sogenannten ›Kaisersäle‹ in den gewaltigen Thronsaal, der den gesamten Mittelrisalit einnahm.

FESTSAALBAU

Der Vorschlag, diese drei Empfangs- und Gesellschaftssäle mit Themen aus der Geschichte der drei prominentesten deutschen Kaiser des Mittelalters – Karl der Große, Friedrich I. Barbarossa und Rudolf von Habsburg – auszumalen, stammt nach eigener Aussage von Klenze, der hier (falls dies wirklich zutraf) gleichsam der »altdeutschen« Partei am Hofe den Wind aus den Segeln nahm. Julius Schnorr von Carolsfeld, der schon die Nibelungensäle begonnen hatte, bekam 1835 mit seinen Gehilfen auch diesen Auftrag und zog zusätzlich Moritz von Schwind für den berühmten Kinderfries im Habsburger Saal heran.

In scharfem Kontrast zu diesen drei eher düsteren Sälen mit den großformatigen Historienbildern (schon damals täglich für Besucher geöffnet) bildete der monumentale Thronsaal mit seinen 36 × 21 × 16 Metern (!) den Höhe- und Endpunkt der Enfilade (rückwärtig mit den maximilianischen Prunkräumen verbunden). Wie der »private« Thronsaal im Königsbau war er ganz in Weiß und Gold gehalten (vgl. S. 68). Zwei Reihen prächtiger korinthischer Säulen stützten die Galerien an den Längsseiten nach dem Typus der von Vitruv überlieferten an-

tiken Basilika-Säle. An der Westseite stand auf erhöhtem Podest der Thron (dessen Form einmal mehr dem des napoleonischen Kaiserthrones entsprach, allerdings unter einem Wittelsbachischen – nämlich quadratischen – Thronhimmel). Zwischen den Säulen wurden die zwölf auf Vorschlag Klenzes von Ludwig von Schwanthaler geschaffenen, überlebensgroßen und feuervergoldeten Statuen der Wittelsbacher-Herrscher – eine Ahnengalerie nach dem Vorbild des berühmten Grabmals Kaiser Maximlians I. in Innsbruck aus dem 16. Jahrhundert – aufgestellt.

Zar Nikolaus I. lobte den Thronsaal bei seinem Besuch 1841 als »schönsten Saal der Welt«, wie Klenze berichtet. Doch die auch für damalige Augen schon penetrant wirkende Prachtentfaltung und das bislang einmalige Ausmaß der historischen Legitimationsstrategien in den Prunkgemächern des Festsaalbaus waren keineswegs unumstritten und können rückblickend als Therapie gegen die Verunsicherung der Monarchie in den krisenhaften Zeiten der Revolution, der Restauration und des Vormärz verstan-

Haupttreppenhaus des Festsaalbaus im Apothekenflügel (Kriegsverlust)

den werden. Als 1943 auch der Festsaalbau in Flammen aufging, hielt sich angesichts der Verluste so vieler bedeutender Interieurs aus älteren Epochen die Trauer über dessen Zerstörung in Grenzen, denn das Urteil über die Innenarchitektur Klenzes war aus dem Blickwinkel der Nachkriegszeit noch fast so verständnislos wie in der Umbruchzeit zur Moderne um 1900, als der Kunsthistoriker Cornelius Gurlitt berichtete: »Ich denke noch mit Schrecken an den Tag, an dem ich mit einer Herde anderer Neugieriger durch diese Säle [des Festsaalbaus] getrieben wurde. Geblendet verweilt der Geist an den riesigen leeren Wänden, an dem sperrigen Schmucke, an den erschrecklich hässlichen Farben, an den protzigen Vergoldungen [...] Wie sollen wir Nachgeborenen Klenzes Ziele verstehen können, wenn wir sein Urteil so ganz und gar für verkehrt halten?« Zwar hätte man aus heutiger Sicht mit großem (um 1950 kaum darstellbarem) Aufwand auch diesen Flügel der Residenz als Raummuseum rekonstruieren können, jedoch ohne die fast gänzlich verlorenen Wandmalereien der Odyssee- und der Kaisersäle, die seinen besonderen Wert ausmachten. Da zudem das Residenzensemble nicht nur als Denkmal und Museum, sondern auch als lebendiges Kulturzentrum fungieren sollte, setzte sich beim Wiederaufbau der Residenz nach dem Krieg unter Leitung Rudolf Esterers der Gedanke an eine Umnutzung dieses Traktes durch. Der gewaltige Thronsaal im Mittelrisalit wurde durch einen dringend benötigten Konzertsaal ersetzt, der im Geist eines konservativen (noch an die Dreißigerjahre erinnernden) Neoklassizismus gestaltet ist. Wegen des dort ausgestellten Gobelinzyklus aus der Zeit

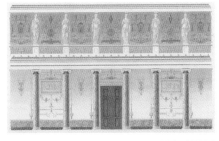

Ballsaal im Festsaalbau, Entwurf (1838) und Ausführung (Kriegsverlust)

Herzog Albrechts V. (um 1565) erhielt er zur Eröffnung 1953 den Namen »Herkulessaal«. Die ehemaligen Kaisersäle wurden zum neuen Haupttreppenhaus des Konzertsaales, die übrigen Räumlichkeiten des Hofgarten- und des Apothekenflügels fielen an die »Bayerische Akademie der Wissenschaften« und wurden 1959 in gemäßigt moderner Form ausgebaut, wobei insbesondere der Verlust des nur

Christian Ruben: Thronsaal im Festsaalbau (Kriegsverlust) um 1840

FESTSAALBAU

Herkulessaal
(1953) anstelle
des Thronsaals

mäßig beschädigten Klenze'schen Treppenhauses zu beklagen ist. Im südlichen
Risalit des Apothekenflügels, dem sogenannten ›Apothekenstock‹, war schon
1958 das ausgelagerte Cuvilliés-Theater rekonstruiert worden.

Literatur: Klenze (1842a); Vierte Festschrift (1959); Schleich (1978), S. 36–39; Klassizismus (1980), S. 142–146; Wasem (1981); Zimmermann (1987b); Spensberger (1998);
Buttlar (1999), S. 209–217; Hildebrand (2000), S. 290–297; Faltlhauser (2006), S. 121–129

ERWEITERUNGSBAUTEN
DER RESIDENZ MÜNCHEN

ALLER-HEILIGEN-HOFKIRCHE

Planungen: ab 1823

Bauausführung: 1826–1837

Mitwirkende Künstler: Heinrich von Heß

Zerstörung: 1944; weiterer Verfall in den
Nachkriegsjahrzehnten

Notsicherung: 1970 Überdachung durch
Hans Döllgast

Wiederaufbau: 1988 als Ziegelrohbau
und moderne Raumrekonstruktion,
ab 2000 Ausbau als multifunktionaler
kultureller Veranstaltungsraum durch
Josef Guggenbichler und Gabriele
Netzer-Guggenbichler

Eine zweite Hofkapelle (neben der »Reichen Kapelle« aus maximilianischer Zeit)
gehörte seit den Planungen Cuvilliés' und Verschaffelts (vgl. S. 44f.) zum Baupro-
gramm der neuen Residenzflügel auf der Ostseite. Kronprinz Ludwig verband
dieses Desiderat unter dem Einfluss seiner Nazarener-Freunde mit dem dringen-
den Wunsch, einen hochmittelalterlichen Bautypus und Baustil aufzugreifen: Er
hatte sich auf der Italienreise 1823 in die über und über mit Goldmosaiken ausge-
schmückte »Cappella Palatina« in Palermo - die damals 700 Jahre alte Palastka-
pelle des normannischen Königs Roger II. von Sizilien - verliebt: »Hier [wohnten]

in der Christnacht von 11–2 Uhr der Kronprinz und wir den geistlichen Verrichtungen bei, die Kirche war mit unzähligen Kerzen erhellt, und der Eindruck davon auf uns alle außerordentlich«, berichtet Ludwigs Leibarzt Johann Nepomuk Ringseis in seinen Erinnerungen (1886). Klenze, dem wegen seiner abweichenden Architekturauffassung damals gerade der Auftrag für die Apostelkirche am Königsplatz verlorenzugehen drohte (vgl. S. 25f.), versuchte sich zwar gegen diesen emotionalen Nachahmungswunsch zu wehren und wies darauf hin, »daß man das, was bei jenem Eindrucke die Erinnerung und die poetische Ansicht der Sache gethan, nicht wiedergeben und nicht anders und besser ersetzen könne als durch größere Schönheit und Reinheit der Form«, musste sich aber notgedrungen auf Ludwigs Vorgaben einlassen (Memorabilien I). Schon auf der Rückreise lenkte er Ludwigs Aufmerksamkeit auf die größere architektonische Klarheit der Raumformen von San Marco in Venedig, wo er auch ein Vorbild für die erforderlichen Emporen finden konnte. In seinem ersten Hauptentwurf – gleich nach Ludwigs Regierungsantritt 1826 – verband Klenze die geforderte byzantinisch-normannische Anmutung des Raumeindrucks mit der rigide ausformulierten Geometrie seines französischen Lehrers Jean-Nicolas-Louis Durand (vgl. S. 12). Dabei ersetzte er die basilikale Struktur der »Cappella Palatina« durch den Typus der Wandpfeilerkirche mit Emporen und den offenen hölzernen Dachstuhl im arabischen Muqarnas-Stil durch breite Tonnengurte und zwei gereihte Flachkuppeln. Strukturell weist die Allerheiligen-Hofkirche eine verblüffende Ähnlichkeit mit Karl Friedrich Schinkels (nicht realisiertem) »klassischen« Entwurf für die Friedrichswerdersche Kirche in Berlin auf, der soeben im 8. Heft von Schinkels »Architectonischen Entwürfen« publiziert worden war. Die Arkaden anstelle von Schinkels Kolonnaden und der der flächendeckenden Ausmalung von Heinrich von Heß (1830–1837) geschuldete »byzantinische« Raumcharakter (die Ausfüh-

Karl Friedrich Schinkel: »Klassischer« Entwurf für die Friedrichswerdersche Kirche in Berlin (1826)

Innenraumansicht der Allerheiligen-Hofkirche nach Leo von Klenze und Heinrich von Heß (1830–1837)

ALLERHEILIGEN-HOFKIRCHE

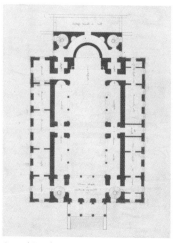

Grundriss des sogenannten
›Renaissanceentwurfes‹ (1827)

rung als Mosaik erwies sich als zu kostspielig) überdecken jedoch diese Verwandtschaft. Klenze hielt sich bei der Ausschmückung ganz an Ludwigs Vorgabe, den »steifen« byzantinischen Stil wiederzugeben, obwohl er in seinen Memorabilien angewidert von den »byzantinischen Kunstzerrbildern« sprach. Er schmückte die Apsiskalotte wie in Palermo mit einem strengen Pantokrator, darunter mit vier Heiligen, die sich dem in frontaler Haltung thronenden heiligen Ludwig zuwenden – eine allzu offenkundige Hommage an seinen Auftraggeber. Heß wählte dann für die Ausführung einen sehr viel freieren, dem Quattrocento angenäherten Stil, ohne die byzantinische Anmutung ganz preiszugeben, und ersetzte den heiligen Ludwig durch die Madonna und den Pantokrator durch die Heilige Dreieinigkeit.

Eine besondere Herausforderung für Klenze war die Frage, in welcher Form das Äußere der an der offenen Ostflanke des Residenzkomplexes dreiseitig freistehenden Hofkapelle gestaltet werden sollte, da die »Cappella Palatina« weitgehend in den »Palazzo Reale« eingebaut war und man nur auf zeitgleiche Vorbilder wie den Dom von Palermo zurückgreifen konnte. Der erste Schritt bestand darin, die ursprünglich geostete Kirche zu drehen, sodass nun nicht mehr der Eingang, sondern der Chorbereich an die Residenz anstieß und zum Marstallplatz hin eine Fassadenbildung möglich wurde. Wie der Grundriss von 1827 zeigt, wur-

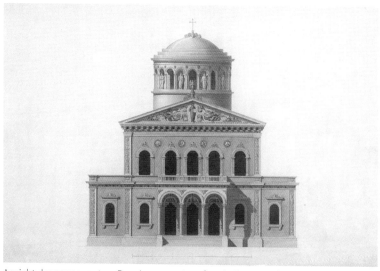

Ansicht des sogenannten ›Renaissanceentwurfs‹ mit Chorturm (1827)

den Sakristei und einstöckige, nur indirekt zugängliche Nebenräume beidseitig an Klenzes Wandpfeilerkirche angelagert und erweckten nach außen den unzutreffenden Eindruck einer Basilika. In seinem zugehörigen (nicht ausgeführten) Hauptentwurf näherte Klenze den altchristlich-frühmittelalterlichen Basilikatypus durch eine Vorhalle mit Säulenarkaden und eine feine Pilastergliederung der Frührenaissance an. Insbesondere fällt auf, dass die Apsis mit einem mächtigen Chorturm überfangen werden sollte, der – wie es Klenze in seiner »Anweisung zur Architectur des Christlichen Cultus« gefordert hatte – indirektes Oberlicht in den Altarbereich gelenkt hätte (ein Lichteffekt, der ähnlich in der »Cappella Palatina« anzutreffen ist, wo der Rundturm allerdings über der Vierung errichtet wurde). In den Arkadennischen des Turmschaftes sah Klenze Statuen der Heiligen vor, denen die Hofkapelle gewidmet war. Doch Ludwig lehnte verärgert über so viel Eigenmächtigkeit diesen Entwurf ab, da er »nun einmal in allen Stylen und Schönheiten architektonische aller Zeiten und Muster in München haben wolle«, wie Klenze schockiert in seinen Memorabilien berichtet.

Im Kampf um seine auf eigene Faust entwickelte »klassische« Lösung bemühte Klenze im Februar 1828 sogar mit Plänen, Erläuterungen und Anschreiben den preußischen Kronprinzen Friedrich Wilhelm (IV.) um Fürsprache, da »ich an dieser Composition sehr hing und es mir höchst schmerzlich war, dieselbe [...] nicht ausführen zu können«. Tatsächlich gelang es auf Friedrich Wilhelms Intervention im April 1828, König Ludwig in letzter Minute (eineinhalb Jahre nach der Grundsteinlegung!) wenigstens davon zu überzeugen, »diese elende Caprice eines sonst großsinnigen Fürsten umzudrehen und ihr eine Fassade zu geben – Aber eine Fassade wird das werden, daß Gott erbarme!« (Memorabilien). Der Ausführungsentwurf für eine »mittelalterliche« Fassade entwickelte sich dann im Laufe des Sommers 1828. Die klassischen Elemente des Renaissanceentwurfs waren nun nach dem Vorbild oberitalienischer Kirchen im »lombardischen« Stil des 12. und 13. Jahrhunderts durch romanische Rundbogenfenster, mit »Krabben« besetzte Bogenfriese, Pultdächer auf den vermeintlichen Seitenschiffen, gotische Fialen, vertikale Lisenen und eine Rosette im Zentrum des Obergadens ersetzt. Übrigens zeigt diese Fassade erstaunliche Parallelen zum Gotischen

Ausgeführte Fassade, Detail aus Heinrich Adam »Das neue München« (1839)

Ruine der Allerheiligen-Hofkirche, Blick nach Osten (vor 1970)

ALLERHEILIGEN-HOFKIRCHE

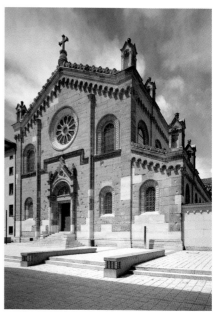

Das Innere nach dem Wiederaufbau (2008)   Die restaurierte Fassade (2005)

Haus in Wörlitz (1773–1813), das seinerseits an eine venezianische Kirchenfassade des Spätmittelalters anknüpfte. Ausgeführt wurde Klenzes Bau als Ziegelkonstruktion, ab 1829 mit einer Verkleidung aus Kelheimer Kalksteinquadern, deren saubere Fugung im Verbund mit der breiten Lagerung der Kubatur klassizistisch anmutet. Rückblickend erklärt Klenze in seinen »Memorabilien« auch dieses von ihm selbst als zwiespältig empfundene Bauwerk zum großen baukünstlerischen Erfolg:»Ich mußte meinen Entwurf oft modifizieren bis er, ich darf es sagen, byzantinisch-schlecht genug war, um vollen Beifall und Zustimmung zu erhalten. Nun escamottierte ich aber im Laufe des Baues dieses Schlechte nach und nach, ohne daß der König es merkte und behielt nur das Wesentliche bei, so ward erreicht was ihn und alle Welt jetzt entzückt.«

Die Allerheiligen-Hofkirche, die nach der Drehung des Hauptzugangs den Münchnern zugänglich war, war der erste bedeutende bayerische Kirchenbau nach der Säkularisierung. Als eines der frühen Beispiele des romantischen Historismus (parallel etwa zur eklektischen Neugotik von Schinkels Friedrichswerdersche Kirche in Berlin) signalisierte sie ihre spezielle sakrale Funktion über die Stilwahl sowohl am Äußeren als auch in dem damit nicht völlig kompatiblen Inneren, dessen großartiger Raumeindruck jedoch oft genug hervorgehoben wurde. Gleichwohl hatte ein Wiederaufbau nach den Zerstörungen 1944 zunächst keine Chance. Vielmehr wurde die Ruine dem selektiven Sanierungsplan Rudolf Esterers entsprechend auf die Abbruchliste gesetzt, und der Verfall der verbliebenen Innendekoration schritt über zwei Jahrzehnte rasant voran. Die westlichen Anräume wurden ab 1956 zugunsten eines Bürotraktes für das neue Residenztheater abgerissen. 1959 bis 1963 entstand ein Magazingebäude neben der Staatsoper, das die Kirchenruine zur Hinterhofbebauung degradierte. Erst 1970 wurde sie auf Betreiben von Hans Döllgast mit einem filigranen Notdach

überdeckt. 1988 begann dann die Wiederherstellung der ursprünglichen Raumstruktur mit Ziegelgewölben in Rohbauform - vergleichbar dem Wiederaufbau
der Glyptothek. Auch die Außenfassaden wurden nun instand gesetzt. Seit der
Jahrtausendwende erfolgte der Ausbau, einschließlich Infrastruktur, zu einem
multifunktionalen kulturellen Veranstaltungsraum.

Literatur: Haltrich (1983); Zimmermann (1987b), S. 416–420; Buttlar (1999), S. 232–242;
Hildebrand (2000), S. 381–386; Faltlhauser (2006), S. 254–260

ERWEITERUNGSBAUTEN DER RESIDENZ MÜNCHEN
KÖNIGSBAU

Entwürfe: ab 1809 (Klenze ab 1823)

Ausführung: 1826–1835

Beteiligte Künstler: Julius Schnorr von
Carolsfeld und Schüler (Nibelungensäle
1831–1867), Moritz von Schwind,
Wilhelm von Kaulbach, Johann Georg
Hiltensperger, Philipp von Foltz, Ernst
Förster, Eugen Napoleon Neureuther
u. a. (Dichterprogramm), Kunsttischler
Melchior Frank u. a.

Zerstörung: 1944/45

Wiederaufbau und Rekonstruktion: ab
1946, 1960–1980, Fassadensanierung
2009–2013

Der Königsbau der Münchner Residenz am Max-Joseph-Platz gehört zu Klenzes bekanntesten Werken, obwohl er keine »griechischen« Motive aufweist, sondern mit seinen eindrucksvollen Rustikamauern und Rundbogenfenstern auf
die Florentiner Frührenaissance zurückweist. Zwar handelt es sich nicht, wie
oft zu lesen, um eine getreue und in den Augen vieler zeitgenössischer Kritiker
missratene Kopie des »Palazzo Pitti«, sondern um die schöpferische Verschmel-

Königsbau am Max-Joseph-Platz mit dem Denkmal des ersten Königs von Bayern

Simon Mayr: Blick vom Dach des Nationaltheaters auf den freigeräumten Bauplatz des zukünftigen Königsbaus (1826)

zung dieses berühmten Palastes (in seiner endgültigen Gestalt des 16. Jahrhunderts) mit Motiven von Leon Battista Albertis »Palazzo Rucellai« aus der Mitte des 15. Jahrhunderts: Klenze disziplinierte die mächtige Buckelquaderfassade des »Palazzo Pitti« vor allem durch den feinen Fugenschnitt und die elegante Pilasterordnung nach Alberti und minderte die dominante Horizontale durch die zurückhaltende Vertikalgliederung.

Wie fast alle Bauprojekte Ludwigs hatte auch die Residenzerweiterung eine weiter zurückreichende Planungsgeschichte: Zuletzt hatte Carl von Fischer wohl auf Drängen von Minister Montgelas einen noblen Plan für die Südfassade mit einer dem Platz zugewendeten Doppelloggia in Anlehnung an die sogenannte ›Basilica‹ Palladios (den um 1555 umgebauten Kommunalpalast von Vicenza) entwickelt. Möglicherweise wurden die großen Schaupläne Kaiser Napoleon bei seinem München-Besuch 1809 gezeigt. Für den Kronprinzen stand 1818, als die Nazarener in Italien seine Begeisterung für die altdeutsche Kunst weckten, vor allem fest, dass die Prunkgemächer des zukünftigen Residenzflügels von Peter Cornelius mit der Saga des Nibelungen-Liedes, dem in der Romantik wiederentdeckten deutschen Nationalepos, ausgemalt werden sollten. Er machte 1823 in eigenhändigen Grundrissen allerhand Vorgaben für den zwangsläufig sehr schmalen Gebäuderiegel, der nach Abriss des alten Franziskanerklosters die unregelmäßigen Baukörper und Höfe der Residenz am Platz verblenden sollte. Vergeblich versuchte Klenze 1824 in mehreren Entwürfen, dem Kronprinzen die Anlehnung an römische Paläste der Hochrenaissance und des Barock, darunter Giuliano da Sangallos »Palazzo Farnese« und Gianlorenzo Berninis »Palazzo Barberini«, schmackhaft zu machen. Doch Ludwig beharrte auf dem Florentinischen Palaststil, den Klenze ihm zuvor selbst nahegebracht hatte, als er in den Auseinandersetzungen um die Bebauung der Ludwigstraße (vgl. S. 80ff.) argumentierte, dass es keine griechischen Vorbilder für mehrstöckige Wohnbauten gebe und ihn ersatzweise »auf die Schönheiten und Eigenthümlichkeiten des florentinischen Bautyps« aufmerksam machte. Auch Klenzes einflussreicher Gegenspieler Johann Nepomuk Ringseis schwärmte schon 1820: »Ein Florenz könnte auch bei uns in Deutschland sich bilden. Sollte bei uns dieser mächtige Baustil nicht anwendbar sein ...?« Gemeinsam mit Klenze besuchte Ludwig laut seiner Tagebucheintragung vom Oktober 1823 die Paläste Pitti (»ein behauener Fels kam er mir vor«), Rucellai und Strozzi (»klein an Umfang, groß aber durch seine Großartigkeit«). Klenze erschienen diese jedoch als Vorbilder für einen zeitgenössischen Königspalast ungeeignet: »Vergeblich suchte ich zu zeigen, daß dieser florentinische Republikstil [...] durchaus nicht für unser Klima passe [...], anderntheils dem klassischen Style widerstebte, welcher für das Innere [...] gewünscht war [...], es sollte nun einmal die architettura bugnata gemacht werden coute que coute.« Möglicherweise wurde er dann jedoch durch Karl Friedrich Schinkel, der auf der Rückreise aus Italien im November 1824 in München Station machte und sich Klenzes aktuelle Projekte zeigen ließ, ermuntert, sich auf eine Adaption des »Palazzo Pitti« einzulassen. Schinkel hatte diesen »großartigen Palazzo« vier Wochen zuvor besichtigt und in seinem Reisetagebuch sowie in einer Zeichnung festgehalten, wie man den Anblick dieser »festungsartigen Architektur« im klassischen Sinne modernisieren könne. Klenzes nach der Grundsteinlegung am 18. Juni 1826 (dem Jahrestag der Schlacht von Waterloo) noch einmal nachgebesserter Ausführungsentwurf verschmolz dann die Elemente der beiden Florentiner Paläste zu einer Synthese, die sowohl den städtebaulichen als auch den funktionalen Erfordernissen angepasst war. Allerdings hatte er keine Skrupel, dafür einige aus seiner Sicht »unbedeutende« ältere Bauteile der Residenz wie den Kopfbau der »Grünen Galerie« – ein Meisterwerk des Rokoko von François de Cuvilliés – abzubrechen.

Restaurierter bzw. rekonstruierter Salon der Königin mit Klenzes originaler Möblierung

KÖNIGSBAU

Städtebaulich war die Kubatur mit dem erhöhten Mittelteil besonders gut geeignet, sich den Baulinien der umgebenden Bürgerhäuser und dem im Wiederaufbau befindlichen Nationaltheater anzufügen und dennoch eine markante Eigenwirkung zu gewinnen. Klenzes Leistung liegt aber auch in der Erfüllung der mit diesem Bauwerk verbundenen, sehr heterogenen funktionalen Bedürfnisse und ästhetischen Ansprüche: Die monumentalen und bereits von vornherein museal konzipierten sechs »Prunkgemächer« der Nibelungensäle sind vom westlichen, an der Residenzstraße gelegenen Eingang aus separat erschlossen und nehmen auf der Platzseite die westliche Hälfte des Erdgeschosses ein. Wäh-

Nibelungensäle: Saal des Verrats

rend ihre räumlichen Vorbilder in der »Alt-Italiänischen Art«, etwa im »Palazzo Ducale« in Mantua, zu finden waren, wurden die Wandaufrisse speziell auf die großformatigen Fresken abgestimmt, nachdem Julius Schnorr von Carolsfeld 1827 gemeinsam mit seinen Schülern den Auftrag übernommen hatte (vollendet erst 1867). Die verbleibenden Gewölbe- und Restflächen wurden mit prunkvollen Ornamentformen gefüllt, die Fußböden nach italienischer Art als reiche Steinintarsien ausgeführt. Der östliche Flügel des Erdgeschosses enthielt hinter gleicher pompöser Fassade lediglich die Wirtschaftsräume (heute Residenzmuseum/Schatzkammer).

Im Hauptgeschoss (*piano nobile*) war – wie üblich – die fürstliche Wohnung als *appartement double* untergebracht, das von beiden Seiten aus erschlossen wird: Die Suite des Königs von Osten über die sogenannte ›Gelbe Treppe‹, die der Königin von Westen über die halbkreisförmige »Königin-Mutter-Treppe«. Die Empfangs- und Audienzräume sowie die beiden Thronsäle liegen dementsprechend im äußeren Bereich der spiegelbildlich aufeinander zulaufenden Raumfolgen, die über die ganze Fassadenlänge durch eine imposante Enfilade miteinander verbunden sind. Gegen alle Regeln sich steigernder barocker Repräsentation vereinigen sie sich in den intimsten Privatgemächern, den persönlichen Empfangs- und Ankleidezimmern des Königs und den Bibliotheks- und Schreibzimmern der Königin. Es gab in der »Königswohnung« also kein barockes Paradeschlafzimmer mehr und auch kein zeremonielles Prunktreppenhaus im Zentrum. Lediglich eine Funktionstreppe führt vom Haupteingang bis zum dritten Geschoss, in dem sich ein Billard- und Speisesaal für Festlichkeiten sowie der große Tanzsaal befanden (in dem Ludwig die halbe Nacht allein »walzte«, als er sein neues Schloss 1835 bezog).

Nicht nur die Nibelungensäle, sondern auch die überaus reich nach Klenzes Entwürfen ausgestatteten Gesellschaftsräume an der Platzseite waren in erster Linie Schauräume, die den Touristen von Anfang an nachmittags im Zuge von Schlossführungen gezeigt wurden (während die königliche Familie in den rückwärtigen Zimmern zu Mittag speiste). Gewohnt wurde nämlich in den sehr viel bescheidener dimensionierten und eher bürgerlich-wohnlich möblierten Privatzimmern, die sich auf der Rückseite den Residenzhöfen zuwandten. Auf dieser Seite hat der Königsbau sechs niedrigere Stockwerke die nach Art von Mezzaningeschossen an die Prunkräumen anschließen.

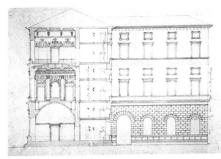

Querschnitt durch den Königsbau mit den dreistöckigen Prunkgemächern (links) und den sechs privaten Halbgeschossen (rechts) – im Anschluss die Hoffassade (um 1825)

Obwohl es Klenze »aus Haß gegen Alles französische« vom König untersagt worden war, sich an französischen Vorbildern zu orientieren, zeigen seine vielfältigen, eigens entworfenen Prunkmöbel, Lüster und festlichen Wanddekorationen vielerlei Anleihen am Empire-Stil der napoleonischen Stararchitekten Charles Percier und Pierre François Léonard Fontaine aus deren Stichwerk »Recueil de décorations intérieurs« (1812). So sind beispielsweise die vollständig vergoldeten Wände im Thronsaal der Königin mit einem stuckierten Netzwerk arabeskenhafter, möglicherweise von der gerade wiederentdeckten Alhambra inspirierter Rankenornamentik überzogen, in die in steter Wiederholung die Initialen Ludwigs und Thereses eingewoben sind – eine Idee, die auf Napoleons Thronsaal im Tuilerienschloss zurückgeht. Allerdings fällt immer wieder Klenzes Rückgriff auf spezifisch griechische Ornamentfomen wie Palmette oder Mäander auf. Den Salon der Königin und das kleine Empfangszimmer Ludwigs dekorierte Klenze mit stark farbigen pompejanischen, damals als griechische Erfindung geltenden Groteskenmalereien und den durchgehend weiß-gold gehaltenen Thronsaal des Königs mit monumentalen korinthischen Pilastern und klassizistischen Wandreliefs Ludwig von Schwanthalers. Das in der antiken Wachsmalereitechnik (Enkaustik) ausgeführte Bild- und Bildungsprogramm bezog sich nach Klenzes Anregung in der Königssuite auf die Blüte der altgriechischen, in der Königinnensuite auf die damals noch fast zeitgenössische Klassik der deutschen Dichter. In seinen (anonymen) Beschreibungen in der »Allgemeinen Bauzeitung« (1837) hat Klenze aber nicht zuletzt auch die bautechnologischen Herausforderungen des Königsbaus hervorgehoben, etwa die neuartige Feuchtigkeitsisolierung der Fundamente, die im Kellergeschoss installierte Warmluftzentralheizung und die schlüssige Verbindung des Kernbaus aus Ziegelmauerwerk mit der vorgeblendeten Sandsteinquaderhaut.

Nach dem Ende der Monarchie wurde der Königsbau mit seinen einzigartigen, vollständig erhaltenen Interieurs im Mai 1920 als Teil des Residenzmuseums erneut dem Publikum geöffnet. Bei den Luftangriffen im Mai 1944 sind – mit Ausnahme der Nibelungensäle – die Innenräume mitsamt den wandfesten Dekorationen durch Brandbomben fast vollständig vernichtet worden. Die stark beschädigten und zudem verwitterten Fassaden wurden bald nach Kriegsende repariert. Da die bewegliche Ausstattung rechtzeitig evakuiert worden war, entschloss man sich nach anfänglichem Zögern, die Prunkräume der Königswohnung fast vollständig zu rekonstruieren und somit auch Klenzes Gesamtkunstwerk als Raumkunstmuseum wieder erlebbar zu machen (1980 eröffnet). Für

Restaurierter bzw. rekonstruierter Thronsaal

diese Glanzleistung der Restauratoren standen neben Originalplänen, Fotos, Beschreibungen und Restbefunden auch die detailgetreuen Aquarell-Ansichten aus der Mitte des 19. Jahrhunderts, unter anderem aus dem »Wittelsbacher Album«, zur Verfügung. Die nicht wiederherstellbaren Räumlichkeiten, etwa die Festsäle des dritten Geschosses, wurden 1972 als Sitz der »Bayerischen Akademie der Schönen Künste« in modernisierter Form ausgebaut.

Eine Sanierung der in der Nachkriegszeit mit Beton ergänzten Sandsteinfassade wurde 2009-2013 durchgeführt – der museale Ausbau soll 2018 abgeschlossen sein.

Literatur: Klenze (1837/39); Schäfer (1980); Wasem (1981); Hoyer (1992/97); Möbel der Residenz (1997); Spensberger (1998); Buttlar (1999), S. 217–232; Hildebrand (2000), S. 369–377; Hölscher (2002); Faltlhauser (2002), S. 114–127, S. 241–246; Marr (2013)

MAX-JOSEPH-PLATZ

Planung: ab 1809 (Klenze ab 1823)

Bauausführung: 1823–1835

Zerstörung: 1943/44

Wiederaufbau: ab 1946; Unterbauung durch eine Tiefgarage mit Einfahrtsschnecke: 1961–1963

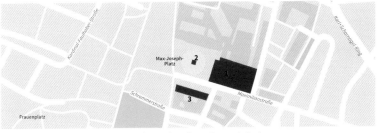

1 Nationaltheater   **2** Max-Joseph-Denkmal   **3** Postgebäude

Carl von Fischers Planungen an der Südflanke der Residenz umfassten drei Projekte: erstens einen neuen Residenzflügel mit einer zentralen doppelstöckigen Arkadenloggia, der auf dem Grundstück des ab 1802 abgerissenen Franziskanerklosters entstehen und die Altbauten der Residenz abschirmen sollte (vgl. S. 64); zweitens eine neue, von korinthischen Säulen beherrschte Fassade für das aus der Rokokozeit stammende »Palais Törring-Jettenberg« auf der gegenüberliegenden Seite und drittens den breit gelagerten Neubau des Hof- und Nationaltheaters, der die gesamte Westseite des Platzes schließen sollte (an eine repräsentative Ost-West-Achse war damals noch nicht gedacht). Einzig das Nationaltheater wurde 1811 bis 1818 nach Fischers Entwurf errichtet, jedoch ohne die Flügelbauten, auf die auch beim Wiederaufbau unter Klenzes Leitung nach dem Brand zwischen 1823 und 1825 verzichtet wurde. Durch den (von Schinkels Berliner Schauspielhaus übernommenen) Doppelgiebel des Opernhauses betonte Klenze stattdessen die axiale West-Ost-Ausrichtung des Platzes, der sich adäquat nur vom westlichen Platzrand erschließt.

Nachdem er im gleichen Jahr die Bauaufgabe des südlichen Residenzflügels übernommen hatte, trug Klenze dieser Konzeption in allen Entwurfsvarianten Rechnung: Sein Königsbau (vgl. S. 63ff.) behauptet sich zwar durch die mächtige, hohe und langgestreckte Gestalt und seine architektonischen Würdeformen, aber der Platz ist städtebaulich nicht auf dessen Fassade ausgerichtet, die eher als rahmende nördliche Platzwand wahrgenommen wird. Aus dem Blickwinkel der Altstadtstraßen und von der Loggia des gegenüberliegenden »Törring-Palais«, von Klenze als Postgebäude ausgebaut, war der Königsbau immer nur ausschnitthaft oder in Überschneidung zu sehen, als Ganzes nur in perspektivischer Verkürzung (alle Frontalansichten, ob als Vedute, Stahlstich oder Fotografie erweisen sich bei näherem Hinsehen als visuelle Manipulation). Auch die ab 1834 dem »Törring-Palais« vorgeblendete und merklich kürzere Loggia des neuen Postgebäudes (vgl. S. 77ff.) ist eher auf Schräg- als auf Frontalsicht angelegt. Da Klenze, im Gegensatz zu Fischer, die rahmenden Gebäude nicht durch einen abstrakt klassizistischen Einheitsstil oder ein streng geometrisches Re-

glement aufeinander bezog, sondern diese in der Kubatur und auch stilistisch als individuelle Solitäre auffasste, gewann sein Platzraum den bodenständigen Charakter des scheinbar Gewachsenen.

Homogenität wird – wie bei allen Klenze'schen Stadtplätzen – durch die Fokussierung der Baukörper und Fassaden auf ein zentrales Denkmal gewährleistet: in diesem Falle auf das seit 1820 geplante und 1835 feierlich eingeweihte Denkmal des ersten bayerischen Königs und Verfassungsgebers, Max I. Joseph (vgl. S. 74ff.). Es steht nicht – wie König Ludwig es nach dem Vorbild der regelmäßigen französischen Königsplätze gewünscht hätte – genau im Mittelpunkt des Platzes, sondern lediglich im Schnittpunkt der Achsen von Nationaltheater und Königsbau, seit 1846 umgeben von zunächst sechs monumentalen gußeisernen Kandelabern (schon in einem der ersten Entwürfe Klenzes von 1823/24 finden sich vier freistehende Kandelaber). Sie gehen auf den Entwurf Friedrich von Gärtners zurück und wurden nach Anselm Sickingers Modell von der Firma Maffei gegossen (wohl im Zuge der Elektrifizierung auf acht erweitert, Nachgüsse von Buderus Guss). Zur ästhetischen Geschlossenheit der Anlage trug auch die kreisförmige, leicht zur Mitte hin aufgewölbte Pflasterung (1838) bei, die mit ihrem ursprünglichen Strahlenmotiv auf das berühmte »Ovato« Michelangelos – die allerdings ovale Platzmodellierung für das antike Reiterstandbild des Kaisers Marc Aurel auf dem Kapitol in Rom – zurückgeht, mit dem sich ja auch der Segensgestus des bayerischen Königs verbinden lässt (vgl. S. 75).

Klenzes Prinzip eines durch irreguläre Form- und kontrastierende Farbgebung »malerisch« verstandenen Städtebaus (vgl. S. 258ff.) stieß damals vielfach noch auf Unverständnis, wie die kritischen Notizen des englischen Architekten Charles Robert Cockerell um 1840 belegen: »Der totale Unterschied im Farbsystem des Theaters und des Postgebäudes offenbart den experimentellen Charakter und die Unsicherheit sowie den Mangel an Prinzipien heute. Diese Mannigfaltigkeit und Verschiedenheit in Stil und Charakter der drei Bauten auf den Platzseiten ist unangenehm und hat etwas Kapriziöses.« Die Anlage der ab 1850 geplanten und in den folgenden Jahrzehnten realisierten Maximilianstraße mit ihren Prachtbauten hat Klenzes städtebauliches Konzept verunklärt, indem es dem bis dato geschlossenen klassizistischen Saalplatz durch die starke Sogwirkung des Fernblickes auf das »Maximilianeum« einen Durchgangscharakter gab. Ungünstig wirkte sich seit 1963 auch die dem Nationaltheater zugeordnete Unterbauung des gesamten Platzes mit einer Tiefgarage aus, deren Einfahrt in Form einer Schneckenrampe, trotz aller Bemühung um Zurückhaltung, das historische Platzbild empfindlich stört. Zudem wurde bei dieser Gelegenheit die Größe des Rondells reduziert und die Textur der Pflasterung durch einen Belag mit Kieselsteinen modernisiert.

Literatur: Eschenburg (1977); Hemmeter (1996); Buttlar (1999), S. 242–246; Denkmaltopographie (2009), Bd. 2, S. 638f.; Höppl (2009)

MAX-JOSEPH-PLATZ
NATIONAL-THEATER

Planung und Ausführung: Carl von Fischer 1811–1818

Zerstörung durch Brand: 1823

Wiederaufbau und Modernisierung sowie erste Restaurierung des Neubaus: Leo von Klenze 1823–1825, 1855

Mitwirkende Künstler: Ludwig von Schwanthaler, Johann Georg Hiltensperger, Christoph Friedrich Nilson u. a.

Zerstörung durch Brandbomben: 1943

Wiederaufbau: relativ getreue Rekonstruktion 1955–1963 durch Gerhard Graubner, Karl Fischer

Das zum Residenzkomplex zählende Hof- und Nationaltheater am Max-Joseph-Platz gehörte in seiner ursprünglichen Fassung zu den Hauptwerken Carl von Fischers. In der Ägide des Grafen Montgelas hatte Fischer für die nunmehr

Carl von Fischer / Leo von Klenze / Gerhard Graubner / Karl Fischer: Nationaltheater nach dem Wiederaufbau 1955–1963

Königliche Haupt- und Residenzstadt einen repräsentativen Staatsbau für Schauspiel und Oper geschaffen, der nach dem Willen von König Max I. Joseph zugleich das intime und völlig veraltete Rokoko-Hoftheater François de Cuvilliés' und das bürgerliche Residenztheater am Salvatorplatz ablöste. Zwar nahm die prunkvolle Königsloge die Mitte des Zuschauerraums ein, doch hatte die Funktion des Theaters sich ähnlich wie in Berlin deutlich in Richtung auf eine bürgerliche Bildungsanstalt (für mehr als 2.000 Zuschauer!) verschoben. Fischer war deshalb vorgeschrieben worden, nach dem Vorbild des Pariser Odéon-Theaters aus dem späten 18. Jahrhundert, das er während seines Pariser Studienaufenthaltes zwischen 1806 und 1808 untersucht hatte, die Kreisform des Rangtheaters zu wählen, die auch Friedrich Gilly und Schinkel damals für die Reform des Berliner Schauspielhauses propagierten. Am Äußeren setzte er eine kolossale korinthische Ordnung in den acht Portikussäulen und den Eckpilastern ein, im Inneren stattete er Vestibül und Auditorium im überaus fürstlichen, wenn auch relativ strengen Glanz des Empire-Stiles aus.

Die festliche Eröffnung des Theaters am 12. Oktober 1818 geriet zu einem demonstrativen Triumph Fischers, der sich indirekt gegen den unbeliebten Neuankömmling Klenze richtete. Klenze seinerseits hatte zur Beschleunigung seiner eigenen Bauvorhaben die Ausführung der geplanten Seitenflügel und des Portikus verhindert und verunglimpfte obendrein in der anonymen Schmähschrift »Einige Worte über das neue Hoftheater in München« (1818) den Neubau als »architektonisches Durcheinander« und »ungediegenen Flitterstaat«. Ausgerechnet in Klenzes Verantwortung als Hofbauintendant fiel drei Jahre nach dem frühen Tod Fischers die Vollendung und dann auch der komplette Wiederaufbau des Theaters nach der verheerenden Brandkatastrophe vom 14. Januar 1823, die das Bauwerk fast völlig vernichtet hatte, sodass der Kronprinz schon von einer Gemäldegalerie oder Bibliothek auf diesem Bauplatz träumte. Klenze wurde jedoch stattdessen vom Münchner Magistrat, der großenteils den Wiederaufbau finanzierte, und vom König selbst gezwungen, dieses – wie Klenze schreibt – »architektonische Palladium des Münchner Publikums« originalgetreu nach Fischers Plänen zu rekonstruieren.

Im Hinblick auf die Brandsicherheit, aber auch aus städtebaulichen Gründen plädierte Klenze für die völlige Freistellung des Baukörpers und empfahl – zum Glück vergeblich – das direkt benachbarte, an der Stelle des modernen Resi-

Carl von Fischer: Entwurf für das Nationaltheater mit den nicht verwirklichten Flügelbauten (1809)

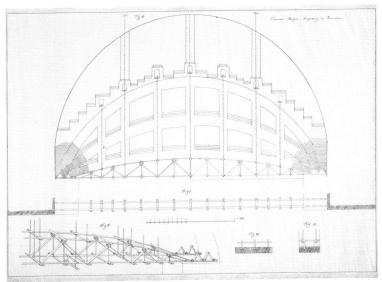

»Eisernes Bogengespreng im Proscenio«, Details für eine geplante Veröffentlichung (1823)

denztheaters gelegene Cuvilliés-Theater abzureißen (dieses wurde bekanntlich nach dem Zweiten Weltkrieg etwas versetzt aus den ausgelagerten Originalbauteilen neu errichtet; im Zuge des Baues der Maximilianstraße ergänzte Friedrich Bürklein 1856 die bis dahin glatte Südfassade des Opernhauses). Zu Klenzes Verdiensten gehörte seine Aufgeschlossenheit gegenüber einer hochmodernen, brandsichereren Eisenkonstruktion über dem Proszenium in Form eines steinumantelten eisernen ›Bogensehnenträgers‹ von mehr als 15 Metern Spannweite, dessen Entwurf letztlich auf Vorschläge von Baurat Franz Thurn und des Mechanikers Manhard zurückging.

Auch wenn sich Klenze im Inneren und Äußeren weitgehend an das Erscheinungsbild des Fischerbaus halten musste, gelang ihm mit Rücksicht auf seine neue Platzgestaltung eine überzeugende städtebauliche Verbesserung. Er lehnte es ab, Fischers relativ flaches Walmdach über dem Zuschauerraum zu erneuern und verdoppelte stattdessen in Anlehnung an Schinkels 1821 eröffnetes Schauspielhaus am Berliner Gendarmenmarkt das Giebelmotiv. Optisch hat der Bau durch den Doppelgiebel Höhe und Dominanz am Platz gewonnen, der nun eindeutig in ost-westlicher Richtung ausgerichtet ist. Auf Wunsch Ludwigs I. wurden die beiden Giebelfelder 1836 von Johann Georg Hiltensperger und Christoph Friedrich Nilson durch eine polychrome Bemalung in enkaustischer Wachsfarbentechnik nach Entwürfen Ludwig von Schwanthalers geschmückt, und auch die Architekturglieder erhielten damals eine dezente farbige Fassung. Schon 1894 mussten die verblassten Farben der Giebel durch eine witterungsbeständige Mosaikfassung ersetzt werden.

Ein zweites Mal wurde das Nationaltheater bei den Luftangriffen im Oktober 1943 bis auf die Grundmauern vernichtet, und ein zweites Mal entschlossen sich die Stadt München und der Freistaat Bayern nach kontroversen Diskussionen zwischen 1958 und 1963 zu einem historisch relativ getreuen Wiederaufbau unter

NATIONALTHEATER

der Leitung von Gerhard Graubner und Karl Fischer. 1964 bis 1972 wurde auch der zerstörte untere Mosaikgiebel des Apoll mit den Musen durch eine plastische Figurengruppe des Münchner Akademieprofessors Georg Brenninger ersetzt.

Literatur: Klenze (1841); Springorum-Kleiner (1936/82); Wankmüller (1956); Hederer (1964), S. 243–249; Festliche Oper (1964); Klassizismus (1980), S. 252–278; Hufnagl (1983); Buttlar (1999), S. 242f.; Hildebrand (2000), S. 357–360; Lorenz (2000)

MAX-JOSEPH-PLATZ
MAX-JOSEPH-DENKMAL

Vorplanungen: Erste Entwürfe Johann Martin von Wagners und Leo von Klenzes 1820–1823

Grundsteinlegung: 1824

Ausführung: 1826–1835

Künstler: Christian Daniel Rauch mit Schülern, Johann Baptist Stiglmaier als Gießer

Restaurierung: 1996

Das Max-Joseph-Denkmal gilt zu Recht als eines der bedeutendsten Herrscher-Denkmäler des 19. Jahrhunderts. Seit 1820 war die Aufstellung einer Statue des regierenden Königs als Geschenk des bayerischen Volkes durch die Stadt München geplant. Der Münchner Magistrat stellte die finanziellen Mittel und lobte anlässlich des zweiten Jahrestages der Verfassungsgebung (1818) den Auftrag aus, den beliebten Monarchen als *Pater Patriae* und Friedensfürsten im Bezug auf die junge konstitutionelle Monarchie darzustellen. Die künstlerische Konzeption lag jedoch von Anfang an bei Kronprinz Ludwig und dem für alle städtebaulichen und architektonischen Belange zuständigen Leo von Klenze, der die Königsstatue zunächst mit einem Prachtbrunnen an der Residenzstraße, gleichsam als Gegengewicht zum Nationaltheater, verbinden wollte. Während der gemeinsamen Italienreise Ludwigs und seiner Künstler 1823/24 (vgl. S. 17) entstanden in Rom Johann Martin von Wagners erste Skizzen des thronenden Monarchen im antikischen Habitus mit Toga, Lorbeerkranz und dem segnenden Grußgestus. Klenze entwarf für diese Sitzfigur in mehreren Varianten zunächst einen von vier Karyatiden flankierten, quadratischen Sockel, der die Plinthe mit dem Thronsessel trägt. Doch sprach sich der alte König in der ihm eigenen, drastischen Ausdrucksweise gegen die Sitzstellung aus: er wolle »nicht auf dem Cacatojo sitzend« verewigt werden! (Memorabilien). Klenze musste nun eine Standfigur entwerfen, deren allzu steil aufragende Proportion er durch einen Kranz liegender Löwen auszubalancieren versuchte. Noch in Anwesenheit Max I. Josephs wurde anlässlich des 25jährigen Thronjubiläums 1824 in einem pompösen Festakt der Grundstein für dieses Standbild auf dem Max-Joseph-Platz gelegt.

Gleich nach dem Tod seines Vaters im Oktober 1825 kehrte Ludwig I. jedoch zu seiner Ursprungsidee des thronenden Königs zurück, die Klenze in einem neuen Entwurf weiterentwickelte, indem er die Karyatiden durch vier sitzende Löwen austauschte und zusätzlich vier freistehende Kandelaber vor die Ecken gruppierte. Dies war der Ausgangspunkt für den 1826 beauftragten Star der Berliner Bildhauerschule, Christian Daniel Rauch, den Ludwig allen einheimischen Künstlern vorzog und langfristig an Bayern zu binden hoffte. Rauchs erster Bozzetto folgt zwar Klenzes Vorschlag, ist aber um ein Reliefband erweitert, das die Plinthe, die nun nach des Königs Tod dem Typus eines Sarkophages angenähert ist, umlaufend schmückt. Es zeigt auf den Stirnseiten die Widmungstafel und die Übergabe der Verfassung, an den Längsseiten die Förderung der Wissenschaften, Industrie und Landwirtschaft beziehungsweise die Freiheit der Religionsausübung und die Förderung der Künste. Die allegorischen Figuren fasste Rauch als historische Personifikationen noch lebender Persönlichkeiten auf: So wird die Förderung der Künste durch Rauch selbst (Bildhauerei), Peter Cornelius (Malerei) und Leo von Klenze (Architektur) dargestellt. Aus Rauchs Tagebüchern wissen wir, dass er gemeinsam mit seinem Schü-

Christian Daniel Rauch: Denkmal König Max I. Joseph nach Ideen von Klenze und Wagner

ler Friedrich Drake (später Schöpfer der »Viktoria« auf der Berliner Siegessäule) für die Modellierung des trefflichen Porträts Klenzes, der Rauch am 3. Dezember 1833 im Berliner Atelier aufsuchte, genau 29 ½ Minuten brauchte! Rauch hatte auch erkannt, dass die Breitseite durch den großen Abstand der Löwen zu weit auseinandergezogen wirkte. Die rettende Idee steuerte sein Freund

Entwurf als thronender König (1825)

Klenzes Entwurf als Standfigur (1824)

Die Freiheit der Religionsausübung und die Förderung der Künste
(Rauch, Cornelius, Klenze)

Karl Friedrich Schinkel bei, indem er vorschlug, in der Mitte zwei Standfiguren – eine »Bavaria« auf der Nordseite und eine »Felicitas Publica« (das öffentliche Wohl) auf der Südseite – einzusetzen.

Die Sitzfigur Max I. Josephs verbindet die großartige Charakterstudie des aus
der pfälzischen Linie stammenden Wittelsbachers mit dem antikischen Herr-
schafts- und Segensmotiv des thronenden Königs, wie es nicht zuletzt durch
berühmte Sitzstatuen der Päpste überliefert war: Den sogenannten ›Kostüm-
streit‹ jener Jahre (sollen die Dargestellten im zeitgenössisch modernen oder im
zeitlos antikischen Gewand abgebildet werden?) löste Rauch – wie wenig später auch in seinem Berliner Reiterdenkmal Friedrichs des Großen Unter den
Linden – dahingehend auf, dass
er den König bis in die Details
der Kleidung in realistischem
Habitus porträtierte, den über-
geworfenen Königsmantel jedoch zu einer klassischen römischen Pathosformel steigerte.
Der Bronzeguss des Denkmals
erfolgte 1833 unter der Leitung
von Johann Baptist Stiglmaier
in der 1822 von Klenze errichteten Königlichen Erzgießerei
zwischen Nymphenburger und
Dachauer Straße. Nachdem der
erste Gussversuch 1832 miss-
lungen war, stellte die erfolgrei-
che Fertigstellung des monumentalen Max-Joseph-Denkmals das erste Meisterwerk der gezielt wiederbelebten Handwerkstechnik des großen Bronzegusses in
Bayern dar (die Bruchstücke des im Weltkrieg beschädigten Gipsmodells wurden 1996 als Installation des Künstlers Erich Lindenberg in das Treppenhaus der
»Alten Münze«, heute Landesamt für Denkmalpflege, integriert).

Klenzes nur schwer abgrenzbarer Anteil an diesem Werk (er unterschlug die
Rolle Wagners bei der Konzeption der Sitzstatue) führte schon vor der Aufstellung zu einem Eklat, da am Sockel die Signaturen des Bildhauers (er hat es mo-
delliert) und des Gießers (er hat es gegossen) vorgesehen waren, »ohne meiner
auch nur mit einer Silbe Erwähnung zu tun«. Er habe versäumt, dem Münchner
Magistrat offiziell mitzuteilen, »daß dieser Entwurf von mir sei« (Memorabilien).
Der geschickte Klenze setzte tatsächlich durch, dass sein Name in einer durch-

Nordseite des Sockels mit Allegorie der Bavaria

aus doppeldeutigen Formulierung an erster Stelle genannt wurde: »Leo Klenze Archit. Invenit« (wobei sich die Abkürzung entweder als Akkusativ lesen lässt – er habe die Architektur des Denkmals erfunden – oder aber als Nominativ – er, der Architekt Leo von Klenze, habe alles erfunden).

Literatur: Eschenburg (1977); Hemmeter (1996); Simson (1996), S. 336–244; Klenze (2000), S. 513f; Höppl (2009)

MAX-JOSEPH-PLATZ
POST-GEBÄUDE

Planung: 1833

Ausführung: 1834–1838

Mitwirkende Künstler: Johann Daniel Ohlmüller, Johann Georg Hiltensperger

Zerstörung: 1944; weiterer Teilabriss des Altbaus 1956

Wiederaufbau: 1947–1956; Neubau 2009–2012 (Hilmer & Sattler und Albrecht)

Restaurierung: 1978, 1994

Ursprünglich beauftragte Herzog Maximilian in Bayern aus der Wittelsbacher Nebenlinie Pfalz-Birkenfeld-Gelnhausen (Schwiegersohn König Maximilian I. Josephs und Vater der späteren österreichischen Kaiserin »Sissi«) Klenze damit, das Rokoko-Palais Törring-Jettenbach auf der Südseite des Platzes zu seinem Stadtpalais umzubauen; stattdessen ließ er dann von 1828 bis 1831 das Herzog-Max-Palais an der Ludwigstraße durch Klenze errichten. 1833 übernahm nach langem Zureden die Generalpostadministration das Törring-Palais und ließ nach Abriss der nördlichen Nebenfassade den Altbau mit einem nur wenige

Franz Hablitschek: Ansicht des Hauptpostgebäudes (um 1850)

POSTGEBÄUDE

Nationaltheater und Palais an der Oper – ehem. Törringpalais / Hauptpostgebäude –
am Max-Joseph-Platz

Meter breiten Neubauflügel verblenden. Klenze, dem ja eine abgrundtiefe Antipathie gegen Barock und Rokoko nachgesagt wird, gelang es überraschenderweise, die 1747 bis 1754 entstandene Prachtfassade von Ignaz Anton Gunetzrhainer an der Residenzstraße mit seiner monumentalen Loggien-Architektur am Max-Joseph-Platz nahtlos und harmonisch zu verbinden. Erst 1956 wurde diese beschädigte, aber noch rettbare Rokokofassade zugunsten einer mediokren Neubaulösung abgerissen.

Bei dem Bauvorhaben ging es fast ausschließlich um eine stadtgestalterische Fassadenlösung (vgl. S. 70). Wie vorauszusehen war, gab es erheblichen Streit um die Finanzierung dieser Stadtverschönerung durch eine staatliche Institution wie die Post, zumal deren funktionale Bedürfnisse eher suboptimal bedient wurden. Die Überschreitung der Baukosten um fast einhundert Prozent trug Klenze, seinem Bauleiter Joseph Daniel Ohlmüller und dem verantwortlichen Generalpostadministrator Lippe 1835 eine harte Rüge König Ludwigs ein. Doch war es Ludwig selbst gewesen, der Klenzes Vorschlag, als *point de vue* aus seiner neuen Königswohnung auf der Südseite des Max-Joseph-Platzes eine modernisierte Nachbildung des berühmten Findelhauses (»Ospedale degli Innocenti«, um 1420) von Filippo Brunelleschi in Florenz zu errichten, begierig aufgegriffen hatte. Der König schritt sogar nachts bei Mondschein den Platz ab, um zu sehen »wie weit der Törring-Palast vorzubauen sey, damit derselbe nicht entfernter zum Theater stehe als der Königsbau« (Tagebücher Ludwigs 04.05.1833). Die schöne Wirkung der Arkadenloggia als Folie für das Max-Joseph-Denkmal war mit der Florentiner Situation an der Piazza Santissima Annunziata durchaus vergleichbar, wo seit 1608 das Reiterstandbild Ferdinand Großherzogs von Toskana aufgestellt war. Freilich modifizierte Klenze das Vorbild, indem er anstelle der elf breiten Arkaden des Findelhauses dreizehn wesentlich steiler proportionierte Bogenstellungen einsetzte, die beiden Seitenrisalite durch eine Rustizierung stärker von der Loggia abhob, die Fenster des Obergeschosses mit Rundbögen anglich und die festliche komposite Säulenordnung gegen die strenge toskanische vertauschte (was nach dem *decorum* schon die bescheidenere Bauaufgabe eines Hauptpostamtes erforderte). Insbesondere aber zeichnet sich der Bau durch die erste umfassende Anwendung der antiken Polychromie aus, die die Feinornamentik und die von Johann Georg Hiltensperger gemalten Rossebändiger vor pompejanisch rotem Grund hervortreten lässt. Hier überzeugte die Farbanwendung in der Architektur (vgl. S. 258f.) sogar den kritischen Londoner Architekten Charles Robert Cockerell bei seinem Besuch 1840: »[...] im Postgebäude wird eine glückliche Wirkung erreicht, denn die auf dünnen Säulen aufruhenden Archivolten, die die Loggia bilden, werden durch die rote Farbe stark hervorgehoben und ebenso durch den Dekor auf der Stirnwand, der

Detail der polychromen Loggia nach der jüngsten Restaurierung

die Säulen wunderbar und mit einem warmen und angenehmen Effekt hervortreten lässt« (Reisetagebücher, Übersetzung des Autors).

Das 1944 erheblich zerstörte Gebäude wurde 1956 – nach Abriss der westlichen Rokokofassade – durch einen Neubau ersetzt, in den Klenzes reparierte Loggia integriert wurde. 1977 wurden die Hiltensperger-Fresken wiederhergestellt und 1994 erfolgte eine weitere Restaurierung der Polychromie in ihrer ursprünglichen Farbfassung. Nach dem endgültigen Auszug der Post 2004 erfolgte zwischen 2009 und 2012 der Um- und Neubau der »Residenzpost« zum Luxusquartier »Palais an der Oper« mit Läden, Gastronomie, Wohnungen und Büros.

Literatur: Bell (1979); Buttlar (1985b); Zimmermann (1987a); Buttlar (1999), S. 245f.; Hildebrand (2000), S. 428–431

LUDWIG-STRASSE

Vorplanung: ab ca. 1807 (Klenze ab 1816)

Ausführung: 1817–1852

Beteiligte Künstler: Friedrich von Gärtner, diverse Bauunternehmer

Zerstörungen: Abrisse und Ersatzbauten 1937–1941, schwere Kriegsschäden 1943–1945

Wiederaufbau und Restaurierungen: 1946–2014

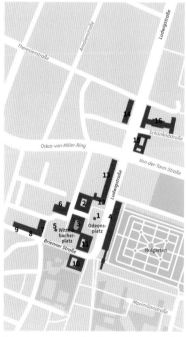 

1 Ludwigsdenkmal   **2** Leuchtenberg-Palais   **3** Odeon   **4** Bazargebäude mit Hofgartentor und Arkaden   **5** Denkmal Kurfürst Maximilian I.   **6** Ludwig-Ferdinand-Palais   **7** Arco-Palais   **8** Brienner Staße 10   **9** Brienner Staße 12   **10** Moy-Palais   **11** Odeonsplatz 1+2   **12** Odeonsplatz 5 / Ludwigstraße 1   **13** Ludwigstraße 3/5/7/9/11   **14** Ludwigstraße 15–19   **15** Ludwigstraße 6–10   **16** Ehem. Kriegsministerium

Rechts: M. Rickauer, J. C. Schleich: Plan von München und Umgebung, 1812 (Ausschnitt) mit eingezeichnetem Durchbruch der späteren Ludwigstraße

Die seit 1822 so benannte Ludwigstraße ist trotz gravierender Substanzverluste noch immer die homogenste und eindrucksvollste Prachtstraße der klassizistischen Epoche in Deutschland. Sie ging letztlich ab 1807 aus den Vorplanungen zur Stadterweiterung hervor, als der damalige Hofbauintendant Andreas Gärtner erstmals Neubauentwürfe für das baufällige mittelalterliche Schwabinger Tor mit einer schnurgeraden »neuen Strassenanlage nach Schwabing« verbinden wollte. Auch Hofgarten-Intendant Friedrich Ludwig von Sckell, der von 1811 bis 1815 für den Generalplanabschnitt vor dem Schwabinger Tor zuständig war, sah eine repräsentative vierreihige Allee in Richtung des Dorfes Schwabing vor, doch gelang ihm noch keine überzeugende architektonisch-städtebauliche Neuordnung des damals chaotisch wirkenden Bereichs: die »wild« bebaute maximilianische Wallbastion war noch nicht eingeebnet, und das Turnier- und Reithaus aus dem 17. Jahrhundert stand einer großzügigen Achsenplanung im Wege, sodass Sckells Allee mit einem Versatz nach Westen erst am nördlichen Hofgartenende ansetzen konnte.

Klenze übernahm gleich nach seiner Ankunft 1816 den ihm zunächst unbedeutend erscheinenden Planungsabschnitt der Schönfeld-Vorstadt und der Anlagen vor dem Schwabinger Tor, erkannte aber schnell das außerordentliche Potential der städtebaulichen Aufgabe. Schon sein erster Plan, der noch den Bestand andeutet, legt kühne und monumentale bauliche und räumliche Strukturen fest: Alle barocken Relikte werden rigoros eingeebnet (im Frühjahr 1817 wurden das Schwabinger Tor und das Kobell'sche Haus auf dem Wall abgerissen und der Hofgartengraben überdeckt). Eine breite, als Platzraum an der Einmündung von Theatiner- und Residenzstraße anhebende Achse weist nach Norden und schneidet sich mit der von Nymphenburg über den Königsplatz nach Osten verlaufenden Königsstraße (später Brienner Straße), die sich dann längs des Hofgartens und der Nordseite der Residenz als Hofgartenstraße fortsetzt. An den Einmündungen in den Platz sind Triumphtore vorgesehen. Das Turnierhaus will Klenze abreißen (so geschehen 1825); er plant an dieser Stelle einen schmalen, langgestreckten Bau vor den erneuerten maximilianischen Hofgartenarkaden: die von Kronprinz Ludwig zunächst hier gewünschte neue Gemäldegalerie (vgl. S. 126). Schließlich entstand an dieser Stelle seit 1826 das Bazargebäude als modernes Kaufhaus (vgl. S. 94). Die großzügige, in Querrichtung gegenüberliegende Platzanlage (der spätere Odeonsplatz) wird eingerahmt von symmetrischen Baukörpern und sollte im Westen in einem exedraförmigen Flügelbau enden, dessen Mitte ein monumentaler Triumphbogen mit drei Durchfahrten einnahm. Klenze schwebte, wie er in seinem Mémoire erläutert, eine Abfolge bedeutender »Architektonischer Bilder« vor. Erst auf der Höhe der späteren Von-der-Tann-Straße schwenkte seine geplante Prachtachse (wegen des Baubestandes der Schönfeld-Vorstadt) nach Westen, um nach wenigen Metern wieder nordwärts abzuknicken. Am 2. Februar 1817 (»am selben Tage, wo Montgelas abgesetzt ward«) genehmigte das Innenministerium Klenzes neues urbanistisches Konzept, das mit seiner geschlossenen Blockrandbebauung der unter Minister Montgelas eingeführten Gartenstadtidee Friedrich Ludwig von Sckells

Ludwigstraße und Odeonsplatz, Blick von der Feldherrnhalle nach Norden

Domenico Quaglio: Vor dem Schwabinger Tor: Wall, Haus Kobell, Turnierhaus,
Café Tambosi vor dem Abriss und rechts die neue Hofgartenmauer (Ölgemälde, 1822)

und Carl von Fischers diametral entgegengesetzt war: Klenze wollte so verhindern, dass sich München bis Schleißheim »hindorfen« würde, wie er dem König
später erläuterte.

Als die Ludwigstraße ab 1817 nach diversen Planänderungen (insbesondere
bezüglich des Abschnittes Odeonsplatz) Schritt für Schritt realisiert wurde, fiel
Klenze der gesamte südliche Abschnitt zu, der in der nun ungebrochenen Achsenführung und stadträumlichen Vernetzung mit dem großzügigen Raster der
Maxvorstadt, dem Hofgartenareal und der Residenz eine immer größere Klarheit gewann. Dabei standen der Realisierung angesichts der kleinteiligen Eigen-
tumsverhältnisse nicht nur die üblichen Probleme einer Flurbereinigung entgegen, sondern auch die Krise des absolutistischen Immediatbausystems, wie
es noch im 18. Jahrhundert praktiziert worden war: Private Investoren sollten
eine Prachtstraße bauen, sich aber dabei (bis hin zu den Anstrichfarben) dem
königlichen beziehungsweise kronprinzlichen Gestaltungswillen unterwerfen
(vgl. S. 259). Die einstmals gängige Abfolge von Enteignung, Entschädigung,
Neuplanung und Wiederverkauf musste nun im Auftrage Ludwigs diskret privat-
wirtschaftlich durch Kauf und Verkauf abgewickelt werden und erwies sich als
außerordentlich schwierig. Klenze verhandelte anfänglich als geheimer Agent
Ludwigs selbst über die Grundstücksankäufe. Er konnte dabei seine Erfahrungen einbringen, die er um 1810 durch die – allerdings gescheiterte – Planung der
Rue Elisa in Kassel unter König Jérôme Bonaparte gesammelt hatte.

Ludwigs Visionen einer »griechischen« Wohnarchitektur waren sehr vage und
seine Ansprüche an die Grandezza der neuen Wohnpaläste (zumeist Miethäuser) angesichts der potentiellen Münchner Bauherrn reichlich überzogen. So
musste ihn sein Architekt belehren, dass »die antiken Götter nicht in Stockwerken übereinander wohnten« (mithin kein »griechischer« Stil angebracht sei) und
ihm stattdessen neben den klassischen, an Palästen der Renaissance und des
Barock in Rom orientierten Vorbildern einen bescheidenen Rundbogenstil, der
sich vom Florentiner Palaststil der Frührenaissance ableitete, schmackhaft machen. Wenn Ludwig forderte: »Die Fenster weit auseinander, Klenze!«, konnte

dieser nur auf die Beschränkung der Mittel und damit des Bauvolumens hinweisen: München sei nun einmal nicht Rom, und Bauherren wie der Unternehmer Röschenauer oder der Schlosser Korbinian Mayer seien nun einmal keine Farnese oder Pitti. Im Übrigen beschränkte sich Klenze auf die Fassadengestaltung und überließ mit wenigen Ausnahmen den Innenausbau und die Ausstattung den Bauherren, Maurermeistern und Kunsthandwerkern.

Zwar war Klenze mit dem Odeonsplatz ab 1817 ein höchst repräsentativer Auftakt gelungen, und das (1937 zerstörte) Palais des Herzogs Max in Bayern folgte noch einmal 1827 diesem fürstlichen Maßstab, doch geriet der private Wohnbau aufgrund der zahlreichen Auflagen bald ins Stocken, sodass Ludwig I. auf eine Vollendung der Straße durch monumentale Staatsbauten drängte. Klenzes Kriegsministerium (1822–1830) war das erste Beispiel dieser Strategie. Die nächsten Bauaufträge und mithin der gesamte nördliche Bauabschnitt mit der Staatsbibliothek (1832–1839), dem gegenüberliegenden Blinden-Institut (1833–1835), dem Salinengebäude (1838–1843), der Ludwigskirche (1829–1844) und der Universität (1835–1840) gingen jedoch an seinen Rivalen Friedrich von Gärtner, der mit dem Siegestor (1843–1852) und der Feldherrnhalle (1841–1844) auch die beiden Kopfbauten errichten konnte, die der Prachtstraße letztendlich den Charakter eines langstreckten Saalplatzes verleihen.

Beide rivalisierenden Architekten teilten über alle Gegensätze hinweg die Auffassung eines romantisch-klassizistischen Städtebaus, der die übergreifende stadträumliche Ordnung mit der individuellen – als Summe im Stadtbild fast »malerischen« – Wirkung der Einzelbauten verbindet, deren Gestaltung aus dem Fundus der Architekturgeschichte jeder Uniformität vorbaut. Niemand hat den ästhetischen Charakter der Ludwigstraße besser erfasst als Gottfried Keller in der ersten Fassung des »Grünen Heinrich« 1855, wo es heißt: »Da und dort verschmelzten sich die alten Zierraten und Formen zu neuen Erfindungen, die verschiedenen Gliederungen und Verhältnisse stritten sich und verschwammen ineinander und lösten sich wieder zu neuen Versuchen. Es schien, als ob die tausendjährige Steinwelt auf ein mächtiges Zauberwort in Fluß geraten, nach neuen Formen gerungen hätte und über das Ringen in einer seltsamen Mischung wieder erstarrt wäre.« Gerade die Individualisierung und Zierlichkeit der Wohnbau-Fassaden provozierte die Eingriffe in der NS-Zeit, als man die Feldherrnhalle zum nationalsozialistischen Gedenkort ausbaute und aus der Sehnsucht nach gesteigerter Monumentalität die Ludwigstraße »sich im Schein der tausend Fackeln aus dem Kreuzweg der Bewegung zur Via triumphalis des Neuen Reiches« weitete, wie Henri Nannen 1937 begeistert verkündete. So wurde 1937 Klenzes kostbares Herzog-Max-Palais (1827–1831) abgerissen, um einer kaltmonumentalen Nachempfindung für ein Bankgebäude Platz zu machen, und auf der Ostseite zwischen Galerie- und Von-der-Tann-Straße fielen Klenzes bereits erwähnte Kleinpaläste für Röschenauer und Mayer einem weiteren nationalsozialistischen Großbau zum Opfer (Zentral-Landesministerium, heute Bayerisches Landwirtschaftsministerium). Die Bombenangriffe 1943/44 brachten dann so umfangreiche Zerstörungen mit sich, dass heute kein einziger der reparierten und äußerlich rekonstruierten Klenzebauten im Inneren noch ein originales Interieur aufweist.

Literatur: Hederer (1942); Wanetschek (1971); Lehmbruch (1980); Zimmermann (1984), S. 70–102; Lehmbruch (1987b und c); Buttlar (1988); Buttlar (1999), S. 165–169; Hildebrand (2000), S. 271–277; zu Einzelbauten verstreut: Denkmaltopographie (2009), Bd. 2, S. 490–505

LUDWIGSTRASSE
ODEONS-
PLATZ UND
LUDWIGS-
DENKMAL

Planung: ab 1816

Ausführung: 1817–1828 / 1856–1862

Beteiligte Künstler: Max von Widnmann

Zerstörung: 1943–1945

Wiederaufbau: 1946–2007

Ehem. Odeon, Ludwig-Ferdinand-Palais, ehem. Leuchtenberg-Palais, Ludwigsdenkmal
(Zustand vor 2008)

Der Odeonsplatz bildet - einmal abgesehen von der von Friedrich Gärtner erst
1841–1844 errichteten Feldherrnhalle - den repräsentativen Auftakt zur Ludwigstraße. Seinen ersten Entwurf vom Juli 1816 hatte Klenze schon im folgenden
Jahr dahingehend verbessert, dass die pathetische nach Westen abschließende
Exedra mit dem Triumphtor entfiel. Stattdessen erhielt der Platz die Form eines
zur Ludwigstraße offenen Rechtecks, dessen Mitte durch eine freie Durchsicht
auf ein Prachtgebäude betont werden sollte. In seiner schönen, dem Kronprinzen
zum 32. Geburtstag gewidmeten Aquarellansicht von 1818 war dies zunächst ein
an das römische Pantheon erinnernder christlicher Tempel - mit einem sechssäuligen römisch-dorischen Portikus und einer Kuppel -, der wie das Vorbild
durch ein Opaion beleuchtet werden sollte: die seit langem benötigte evangelische Pfarrkirche St. Matthäus (Königin Friederike Karoline war Protestantin
und die Gleichberechtigung der Konfessionen in der Verfassung von 1818 garan-
tiert). Rechts und links rahmen zwei Paläste, die bereits bis ins Detail dem ausgeführten Leuchtenberg-Palais (1817-1821) und dem Odeon (1825-1828) gleichen,
diese Perspektive, deren eindrucksvoller Vordergrund durch einen monumentalen Obelisken gebildet wird: das Armeedenkmal zu Ehren der auf Seiten Napoleons auf dem Russlandfeldzug 1812 gefallenen Bayern. »Die architektonische
Poesie des Entwurfs liegt in dem Kontraste der einfachen riesenhaften Obeliskenform, welche rein und kräftig wie ein Kristall (der Natur Säule) dem Boden
entsproßt, und namentlich auf dem gewählten Standpunkte (doch auch auf den
anderen drei Seiten) gleichsam einen focus von Architektur zum Hintergrunde

hat, wo sich Palläste, Säulen, Tempel und Kuppel zusammendrängen«, erläuterte Klenze dem Kronprinzen. Die Anregung für eine solche städtebauliche Komposition konnte Klenze einmal mehr französischen Grand-Prix-Entwürfen wie etwa Jean-François-Joseph Lecointes Neugestaltung des Pont Neuf (1809) entnehmen. Wie man aus Grundrissplänen rekonstruieren kann, war der Obelisk inmitten der Achse der Ludwigstraße geplant, sodass er auch aus der Blickrichtung stadtauswärts und stadteinwärts einen imposanten Blickfang gebildet hätte (er wurde stattdessen 1833 auf dem Karolinenplatz realisiert, vgl. S. 40f.). Ein Alternativentwurf von 1819 zeigt die Kirche in Form eines Saalbaus mit einem palladianischen Glockenturm über der Portalachse.

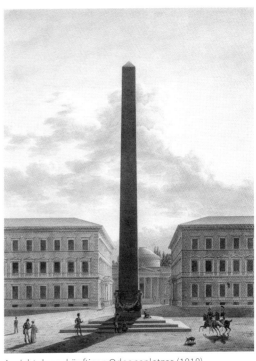

Ansicht des zukünftigen Odeonsplatzes (1818)

Doch wurde am Ende auf Bitten der protestantischen Gemeinde das Kirchenprojekt von Oberbaurat Johann Nepomuk Pertsch übernommen und 1833 im Bereich Karlsplatz/Sonnenstrasse fertiggestellt (1938 auf Anweisung Hitlers abgerissen). So musste ab 1823 der prächtig aufgeschmückte Risalit an der Schmalseite des ursprünglich für den Silberdrahtfabrikanten Karl Anton Vogel errichteten Palais an der Fürstenstraße (später Ludwig-Ferdinand- bzw. Alfons-Palais), dessen Hauptfassade auf den Wittelsbacherplatz ausgerichtet ist (vgl. S. 100ff.), die Funktion einer bedeutsamen Schauwand im Hintergrund übernehmen. Im Obergeschoss der Fürstenstraße 1 befand sich bis 1859 Klenzes herrschaftliche

Gustav Kraus: Odeonsplatz im Bau (1825)

Carl August Lebschée: Blick Richtung Odeonsplatz und Bazargebäude mit geplantem Armeedenkmal (1831)

Privatwohnung mit Blick auf das Bazargebäude (vgl. S. 94ff.). Mit seinem vortretenden Mittelrisalit schließt dieser Bau den Odeonsplatz seit 1826 würdig nach Osten.

Klenzes städtebauliches Credo, in der Stadterweiterung keine freistehenden Solitäre zu erlauben, sondern stattdessen die Platz- und Straßenfronten als Blockrandbebauung zu schließen, brachte von Anbeginn Schwierigkeiten beim unmittelbaren Anschluss der ungleichen Häuserfassaden mit sich. Das zeigt beispielhaft die problematische Ecklösung des Leuchtenberg-Palais und des anschließenden Doppelhauses Lampel und Kobell mit ihren unterschiedlichen Stockwerks- und Traufhöhen an der Nordwestecke des Platzes: »Der Pallast des Herzogs von Leuchtenberg ist so in die Ecke gestellt, daß die Bewohner der Kobell'schen Gebäude den Königlichen Hoheiten bequem in die Fenster sehen können«, hieß es in der kritischen Zeitschrift »Der Freymüthige für Europa«. Und ähnlich verhielt es sich mit den Palais am Odeonsplatz 1 und 2 auf der Südwestseite. Klenze behauptete in seinem »Memorabilien« zwar rückblickend, er habe

»Ecklösung« Leuchtenberg-Palais und Haus Lampel

den Herzog von Leuchtenberg vergeblich gedrängt, seinen Palast freistehend in die Platzmitte setzen zu dürfen, doch ist dies wenig glaubhaft, denn dann wäre seine »poetische Idee« eines eindrucksvollen Platzbildes gänzlich verstellt worden. Es ging ihm und dem Kronprinzen in erster Linie um diesen städtebaulichen Effekt, und so dauerte es nach der Vollendung des Leuchtenberg-Palais ganze vier Jahre, bis eine Nutzung für das symmetrisch gestaltete Pendant als Konzertsaal gefunden war – eine Funktion, die mit dem Äußeren des Gebäudes nicht das Geringste zu tun hatte (vgl. S. 90ff.).

Ebenso schwierig war es, nach 1833 einen Ersatz für den Obelisken zu finden, der dem Odeonsplatz einen visuellen Fluchtpunkt aus allen Blickrichtungen bieten konnte. Zunächst wurden 1849 mit Bezug auf das Odeon die Standbilder zweier berühmter bayerischer Hofkomponisten der Renaissance- und Barockzeit (Orlando di Lasso und Christoph Willibald Gluck, vgl. S. 111) aufgestellt, die jedoch kaum eine städtebauliche Wirkung entfalten konnten (heute auf dem Promenadenplatz). 1856 schlug dann der Erzgießer Ferdinand von Miller anlässlich des 70. Geburtstags Ludwigs dem Münchner Magistrat vor, die lang gehegte Idee der Münchner Künstlerschaft zu ver-

Klenzes Entwurf für das Denkmal Ludwigs I. (1856)

wirklichen, ihrem mittlerweile abgedankten Monarchen ein Denkmal zu setzen (Ludwig hatte derartige Vorschläge früher stets abgelehnt, beteiligte sich aber nun intensiv an der Inszenierung seines Nachruhms). Klenze wählte einen Entwurf aus dem Nachlass des 1848 verstorbenen Ludwig von Schwanthaler für ein (nicht realisiertes) Denkmal König Stephans von Ungarn zur Vorlage und schlug in seinem Gesamtentwurf vor, dass die beiden begleitenden Pagen auf den Tafeln die Devise Ludwigs »Gerecht« und »Beharrlich« vorwegtragen sollten. Ludwig entschied sich 1857 für die Ausführung durch den Bildhauer Max von Widmann. Am 19. Februar 1862 wurde das Standbild in feierlicher Prozession von der Erzgießerei an der Nymphenburger Straße durch das bei diesem Anlass feierlich eröffnete Propyläen-Tor zu seinem Standort auf dem Odeonsplatz gefahren, wo es seither einen städtebaulichen und ikonographischen Fokus der neuen Prachtstraße verkörpert.

Literatur: Nannen (1937); Hederer (1942); Hederer (1964); Klassizismus (1980), S. 156–168; Zimmermann (1984); Buttlar (1999), S. 175–188; Hildebrand (2000), S. 326–330

LUDWIGSTRASSE
LEUCHTEN-BERG-PALAIS / BAYERISCHES FINANZ-MINISTERIUM

Planung: ab 1816

Ausführung: 1817–1821

Beteiligte Künstler: Jean Baptiste Métivier, Bertel Thorvaldsen

Zerstörung: 1943/44; Abriss der Ruine 1961

Stahlbetonskelett-Neubau mit Rekonstruktion der Außenfassaden: 1963–1966 (Franz Simm / Landbauamt München)

Das Leuchtenberg-Palais war Klenzes erster fertiggestellter Großbau in München und maßstabsetzender Auftakt zum Odeonsplatz und zur Ludwigstraße. Es gilt als das früheste Beispiel der »Neurenaissance« in Deutschland: Zwar bezog sich Klenze in der Tat auf römische Paläste der Hochrenaissance, deren purifizierte Auf- und Grundrisse er in der bekannten Publikation der Pariser Architekten Charles Percier und Pierre François Léonard Fontaine »Palais, Maisons et autres édifices modernes dessinés à Rome« (1798) finden konnte und die er selbstverständlich auch aus eigener Anschauung kannte, doch definierte er seine entsprechenden Entwürfe bewusst als moderne Fortsetzung der klassischen Typologie und Formgebung, indem er die Absicht eines förmlichen Rückgriffs aus dem Geist des Historismus vehement leugnete.

Bauherr war der damals 36jährige Stiefsohn Kaiser Napoleons und Vizekönig von Italien, Eugène de Beauharnais, der im Zuge der dynastischen Familienpolitik zur Besiegelung der Souveränität des neuen Königreiches Bayern 1806 mit Prinzessin Auguste Amalie von Bayern, Tochter König Max I. Josephs und Schwester Ludwigs I., verheiratet worden war. Als Herzog von Leuchtenberg, Prinz von Eichstätt und »Königliche Hoheit« stand er seit der Einbürgerung 1817 im Protokoll gleich hinter dem Thronfolger, der ihn als Rivalen fürchtete und bekanntlich eine tiefe Antipathie gegen Napoleon und die französische Partei am Münchner Hofe hegte. Nachdem Beauharnais nach der Völkerschlacht 1814

Leuchtenberg-Palais (Neubau Finanzministerium), Ansicht vom Odeonsplatz

Zuflucht bei seinem Schwiegervater gesucht hatte und nun einer standesgemäßen Behausung in München bedurfte, befand sich Kronprinz Ludwig in einer Zwickmühle und warnte Klenze: »Ich will und will und will nicht, daß sich mein Schwager der Franzose hier niederläßt und anbauet.« Er verhinderte wohl gezielt 1816 ein erstes Bauprojekt Klenzes für Beauharnais an der Brienner Straße (früher Königstraße) nahe dem Königsplatz. Andererseits war ihm der vermögende Bauherr für seine städtebaulichen Ambitionen am geplanten Odeonsplatz höchst willkommen: Im März 1817 erwarb Beauharnais vom Kronprinzen (der über Klenze heimlich die Grundstücke am Platz aufgekauft hatte) das ehemals Kobell'sche Grundstück an der Nordwestecke, und schon im Oktober wurde der Bau begonnen (vgl. S. 85). In Form der repräsentativen klassischen Fassaden wird nur der Hauptbaukörper sichtbar, nach Nordosten war jedoch das insgesamt um drei Binnenhöfe gestaffelte Bauvolumen in einem niedrigeren Wirtschaftstrakt mehr als verdoppelt. Der Fassadenaufriss folgt typologisch den römischen Vorbildern mit rustizierter Eckbetonung, namentlich dem »Palazzo Farnese«. Über einem flachen, ebenfalls rustizierten Sockelgeschoss erhebt sich ein hohes Erdgeschoss, darüber der durch Ädikulen mit Dreicksgiebeln ausgezeichnete Piano nobile mit den Prunkräumen, den Abschluss bildet ein in der Höhe reduziertes zweites Wohngeschoss. Die Stockwerke werden durch Fenster- und Sohlbankgesimse, die die Horizontale betonen, deutlich getrennt. Dabei sind die Fassaden nach den rationalistischen Normen der Architekturlehre Durands (vgl. S. 12f.) durchkalkuliert, so nehmen beispielsweise die Fensterhöhen von unten nach oben im Verhältnis von 7:6:5 kontinuierlich ab und verstärken auf diese Weise die höhenperspektivische Wirkung. Die spannungsvolle Plastizität des römischen Vorbildes ist in einem engmaschigen Raster zum eleganten filigranen Oberflächendekor transformiert worden. Der farbige Putz (zuerst graugrün, seit etwa 1840 in verschiedenen Gelb-Ocker-Tönen) und die hell abstechende Stuckornamentik beleben das Erscheinungsbild und verankern das Palais in der bayerischen Tradition des 17. und 18. Jahrhunderts. Diskret verweisen andererseits die Adlerkapitelle der Ädikulen auf die kaiserliche französische Verwandtschaft des Bauherrn und die Waffentrophäen der Portalreliefs auf seine militärische Glorie. Das in einem zweiten Entwurfsschritt hinzugefügte, als Kolonnadenmotiv von römischen Palästen nach Percier/Fontaine (1798, Taf. 16), übernommene Hauptportal liegt überraschenderweise an der schmalen, elfachsigen Südfront, während die dreizehn Achsen breite Ostfassade ursprünglich keinerlei Mittenbetonung aufwies.

Dem kleinen Hofstaat angemessen war das Innere (insgesamt etwa 250 Räume) teilweise höchst prunkvoll ausgestattet, obwohl die Raumdisposition – wie häufig bei Klenze – den herkömmlichen Konventionen der Repräsentation kaum entsprach: Wegen der noch immer unsicheren politischen Verhältnisse sollte nämlich im Falle einer neuerlichen Emigration das »Hôtel« Beauharnais leicht unterteilbar und vermietbar sein (Iris Linnenkamp hat versuchsweise sieben großzügige Stadtwohnungen im Grundrisspotenzial ausgemacht). Ähnlich wie beim Königsbau der Residenz waren hinter der Schauseite des Erdgeschosses zum Wittelsbacher Platz die Küche und die Wirtschaftsräume untergebracht, auf der Seite des Odeonsplatzes Personalräume und die doppelstöckige Hauskapelle. Über das rechter Hand der Durchfahrt gelegene Haupttreppenhaus gelangte man zu den Gesellschaftsräumen des Hauptgeschosses: nach Süden zwei Vorzimmer, kleiner Speisesaal, großer und kleiner Salon, im Nordwestflügel Ballsaal und großer Speisesaal mit Buffetzimmer sowie ein Theatersaal im Obergeschoss des nach Norden anschließenden Wirtschaftsflügels. Auf der gegenüberliegenden Südostecke und im Ostflügel zum Odeonsplatz hin lagen die Appartements der Prinzessin Auguste Amalie und des Herzogs, die Bibliothek und – längs der Brandmauer des Lampel'schen Hauses – die Bildergalerie, die vom Hof her sowie durch moderne Oberlichter beleuchtet wurde und auch einen separaten Eingang besaß, da sie schon ab 1822 für die Öffentlichkeit zugänglich war. Auch gab es einen Erinnerungsraum, in dem »Reliquien« zum Andenken an den im Mai 1821 in der Verbannung auf der Insel

Adlerkapitell für die Fensterädikulen (1817)

St. Helena verstorbenen Napoleon gezeigt wurden. Das zweite Geschoss enthielt mehrere in sich geschlossene Appartementwohnungen für die fürstlichen Kinder und Gäste. Die Bediensteten waren in Kammern in einem eingeschobenen Mezzanin und im Dachgeschoss untergebracht. Um die im finalen Entwurf verlängerten Wirtschaftshöfe im Norden gruppierten sich Zeugkammern, Wagenremisen und Pferdeställe. Die reiche, nur lückenhaft dokumentierte Ausstattung (»derart mit Verzierungen überladen, dass man darin zu ersticken meint«, wie Eugènes Schwiegermutter Königin Karoline 1821 kritisch anmerkte) ging auf Spät-Empire-Vorlagen Klenzes und seines langjährigen treuen Mitarbeiters und Kollegen Jean Baptiste Métivier zurück, der den Meister 1836 als Hausarchitekt der Familie Leuchtenberg ablöste (vgl. S. 162ff.). Prominenteste Ausstattungsstücke waren die Kopie des von Bertel Thorvaldsen 1812 im Auftrag Napoleons für den Quirinalspalast als Allegorie auf dessen Einzug in Rom angefertigten Alexanderfrieses, die im Speisesaal angebracht wurde, sowie Thorvaldsens Mänadenreliefs

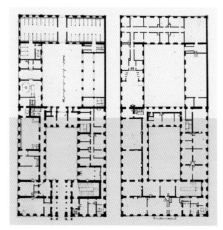

Grundrisse des Erd- und Obergeschosses (Zwischenentwurf vor 1820) mit Markierung des Hauptbaukörpers

im Ballsaal. Thorvaldsen schuf in Kooperation mit Klenze auch das Grabmal des schon 1824 verstorbenen Herzogs in der Münchner Michaelskirche (vgl. S. 151ff.).

1943/44 wurde das Palais durch Brandbomben zerstört. Die massiven Außenmauern mit innenseitigen Überresten der Wanddekorationen standen jedoch noch 18 Jahre als ungeschützte Ruine und wurden, nachdem das Gebäude 1957 im Zuge einer Versteigerung von der Wittelsbacher Hausverwaltung an den Freistaat Bayern übergangen war, aufgrund des fortgeschrittenen Verfalls schließlich 1961 abgerissen. 1963 bis 1966 entstand unter Leitung des Landbauamtes München eine exakte Rekonstruktion der historischen Gebäudehülle des Hauptbaukörpers mit modernem Innenleben für das Bayerische Finanzministerium (der Nordflügel wurde planiert und 1978 modern überbaut). Einzig für den Portalvorbau des ehemaligen Eingangs auf der Südseite sind geborgene Fragmente des Altbaus wiederverwendet worden. Der Haupteingang des Ministeriums ist allerdings zum Odeonsplatz verlegt und erhielt ein rustiziertes Rundbogenportal, analog zu dem des Odeons.

Literatur: Hederer (1964), S. 210f.; Klassizismus (1980), S. 159–162; Haller/Lehmbruch (1987); Linnenkamp (1992); Buttlar (1999), S. 169–175; Hildebrand (2000), S. 265f., S. 311ff.

LUDWIGSTRASSE
ODEON / BAYERISCHES INNEN- MINISTERIUM

Planung: ab 1817

Ausführung: 1826–1828, Ausstattungsdetails bis 1839

Beteiligte Künstler: Johannes Leeb, Peter von Cornelius, Wilhelm von Kaulbach, Adam Eberle, Hermann Anschütz

Zerstörung: 1943/44

Wiederaufbau: 1951–1954 als Bayerisches Innenministerium; 2003–2006 Überdachung des Innenhofes durch Ackermann-Architekten

Als Klenze 1818 dem Kronprinzen zum Geburtstag sein eindrucksvolles Aquarell des geplanten Odeonsplatzes (vgl. S. 85) präsentierte, meinte er vom südlichen »Pendant« des bereits im Bau befindlichen Leuchtenberg-Palais: »[...] die Bestimmung weiß ich noch nicht, aber diese Art von Composition wünschte ich sehr«. Allerdings war es schwierig, ja am Ende unmöglich, einen Bauherrn zu finden, der es mit Eugène de Beauharnais aufnehmen und ein Privatpalais in dieser Größenordnung finanzieren konnte. 1822 versuchte Ludwig das Bauvorhaben der Bayerischen Armee aufzuzwingen: »Wenn Sie nicht sicher sind, dass die Wiederholung des Leuchtenbergischen Hauses demselben gegenüber von Privaten aufgeführt wird, so [...] reden Sie mit dem Armeeminister, daß es für sein Department geschehe«, riet er Klenze. Doch erst 1825 fand sich eine öffentliche Nutzung, die zwar dem hohen Anspruch des Ortes gerecht wurde, der vorgegebenen Hülle aber funktional in keiner Weise entsprach: nämlich die eines dringend benötigten Konzertsaales. Der war zuvor im Seitenflügel des Fischer'schen Nationaltheaters (vgl. S. 72) geplant gewesen, an dieser Stelle beim Wiederaufbau nach dem Brand 1823 aber endgültig aufgegeben worden. 1818 war auch der bislang genutzte Saal im Redoutenhaus an der Prannerstraße verloren gegangen, das Klenze zum Ständehaus umgebaut hatte. 1824 scheiterte zudem eine bürgerschaftliche Initiative zur Errichtung eines Konzerthauses am Maximiliansplatz. So erschien die Nutzungsidee geradezu als Rettung des Platzprojektes.

Die fast postmodern anmutende Aufgabe Klenzes bestand darin, einen ganz nach innen gerichteten, akustisch geeigneten Großraum für etwa 1.400 mehr oder weniger »bürgerliche« Zuhörer in einen mehrstöckigen, nach allen Seiten durch eng gesetzte Fenster geöffneten Palastbau zu integrieren, dessen Architektursprache eigentlich vom herrschaftlichen Wohnen handelte. Sogar die provokanten napoleonischen Embleme der Adlerkapitelle an den Fensterädikulen (vgl. S. 89) waren um der lieben Symmetrie willen ohne Rücksicht auf die Funktion des Hauses zu verdoppeln; und das alles für ein Drittel der Bausumme, die das Leuchtenberg-Palais gekostet hatte! Klenze löste die undankbare Aufgabe – bis auf einige gravierende funktionale Mängel – mit Bravour und in kürzester Zeit. Er konsultierte 1826 seinen erfahrenen Berliner Kollegen Karl Friedrich

Bayerisches Innenministerium (ehem. Odeon), Ansicht vom Odeonsplatz

Schinkel zu Fragen der Akustik, des Materials und der geeignetsten Raumform. Nachdem die Akademie seinem Entwurf zugestimmt hatte, schloss er einen Vertrag mit dem Bauunternehmer Johann Ulrich Himbsel ab, der das Odeon als Konzert- und Ballhaus in der Rekordzeit von 22 Monaten fertigstellte.

Klenze legte einen zweigeschossigen Saal auf Höhe des Piano nobile in die Mitte des kubischen Gebäudes, sodass er auf den drei Schauseiten von den lichtdurchfluteten Umgängen der Foyers und Buffetzimmer erschlossen werden konnte. Den Grundriss des von den antiken Odeen abgeleiteten Saaltypus übernahm er aus dem ersten Band des Lehrbuches von Durand (1802/05): Bis auf die rückwärtig geschlossene Orchester-Exedra war der langgestreckte Musiksaal im Parkett und im Rang allseitig von dorischen beziehungsweise ionischen Säulenkolonnaden umgeben (was Schinkel akustisch für besonders vorteilhaft hielt, da sich der Schall hinreichend breche). Sie waren ebenso wie die Exedra mit goldgelbem und hellgrauem Stuckmarmor verkleidet, die Wände besaßen eine purpurfarbene Sockelzone, die Kapitelle waren teilvergoldet, die Deckenkonstruktion mit starkfarbigen Arabesken verziert. In den Rundnischen vor pompejanisch rotem Fond wurden die von Johannes Leeb geschaffenen Büsten bedeutender Komponisten aufgestellt: Die »Klassiker« Händel (†1759), Gluck (†1787), Mozart († 1791), Cimarosa (†1801) und Haydn († 1809), die heute vergessenen »Modernen« Georg Joseph Vogler († 1814), Étienne-Nicolas Méhul († 1817), Peter von Winter († 1825) sowie Carl Maria von Weber († 1826) und der jüngst verstorbene Beethoven († 1827). In den drei Deckenspiegeln waren Fresken von Peter von Cornelius und seinen Schülern ausgeführt, die in mythologischen Szenen die Wirkung der Tonkunst thematisierten. Der prächtige Saal wurde über Dachlaternen durch Oberlicht erhellt.

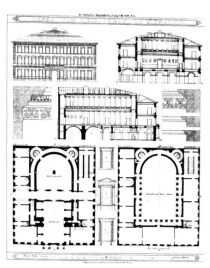

Aufriss, Schnitte und Grundrisse des Odeons aus dem »Monatsblatt für Bauwesen« (1828)

Innenraum des Odeons (um 1930)

Im Erdgeschoss hatte Klenze von Osten nach Westen eine Kutschendurchfahrt quer durch das Gebäude gelegt, von der man in das Haupttreppenhaus und über die rückwärtigen Spindeltreppen separat auf die Galerie gelangte. Dementsprechend besaßen die Fassaden zum Wittelsbacher- und zum Odeonplatz jeweils ein großes, mittiges Rundbogenportal (beim Neubau 1963 auch am Leuchtenberg-Palais übernommen). Der schwerwiegendste Planungsfehler, den auch die Akademie übersah, war, dass es für die Fußgänger keinen eigenständigen Eingang gab, denn das vermeintliche Hauptpor-

Überglaster Innenhof des Innenministeriums mit Fragmenten des ehem. Odeons

tal auf der Nordseite, gegenüber vom Leuchtenberg-Palais, war nur eine blinde Attrappe aus Gründen der Symmetrie. So drängten sich Pferde, Kutschen und Gäste durch dieselbe schmale Schneise: ein regelrechter Bauskandal! Die von König Ludwig vorgeschlagene Öffnung des Scheinportals auf der nördlichen Schmalseite war nicht möglich, denn dahinter befand sich der abgeschlossene große Speise- und Billardsaal, der nicht mit den Treppenhäusern verbunden war. So musste Klenze nach dem ersten Sturm der Entrüstung auf den Langseiten die zwei Fensterachsen neben den Durchfahrtportalen herausbrechen und zu Eingängen umfunktionieren. Klenzes Intimfeind Gärtner sparte nicht an Hohn und entrüstete sich: »Dieselbe Treppe, die zu dem Speisezimmer führt, ist die, worauf die Kellner die Speisen tragen müssen und in deren Mitte die Eingänge zu den Scheißhäusern sind«, doch musste sogar er zugeben, »daß der Saal wirklich viel Schönes hat«. Vor allem hatte das bis 1942 bespielte Odeon eine herausragende Akustik. Die Bauaufgabe des öffentlichen Konzertsaales war erst in der ersten Hälfte des 19. Jahrhunderts aufgekommen und spiegelte – abgekoppelt von jeder höfischen Repräsentation – die neue gesellschaftliche und ästhetische Funktion der Musik in der bürgerlichen Bildungswelt: Ein Jahr vor dem Odeon war das Gebäude der Berliner Musikakademie nach dem Entwurf von Schinkel und Carl Theodor Ottmer hinter der Neuen Wache eröffnet worden, das berühmte Wiener Musikvereinsgebäude von Theophil Hansen folgte erst 1870.

Bei den Bombenangriffen 1943/44 stark zerstört, erfolgte der Wiederaufbau nach intensiven Diskussionen über eine Vollrekonstruktion als Konzertsaal zu neuer Nutzung als Bayerisches Innenministerium durch Josef Wiedemann zwischen 1951 und 1954 (parallel entstand der Herkulessaal im Festsaalbau der Residenz, vgl. S. 57f.). Der ehemalige Konzertsaal bildete, gekennzeichnet durch die Raumform und wenige Säulenfragmente des Originals, ein halbes Jahrhundert lang einen offenen, aber »verfremdeten« Innenhof (da Erd- und Hauptgeschoss zusammengezogen sind, während das Galeriegeschoss fehlt). 2007 wurde der Hof von Ackermann-Architekten durch eine elegante Gitterglasschale überdeckt und somit als Ort und Veranstaltungsraum nutzbar gemacht.

Literatur: Habel (1967); Lehmbruch (1987c); Buttlar (1999), S. 178–182; Hildebrand (2000), S. 330–333

LUDWIGSTRASSE
BAZAR-GEBÄUDE

Planung und Ausführung: 1823–1826

Aufstockung der Eckpavillons: 1854–1856 durch Eduard Riedel

Zerstörung: 1943/44

Wiederaufbau: 1951–1956, Renovierungen: 1972, 2011

Anstelle des 1825 abgerissenen maximilianischen Turnier- und Reithauses (vgl. S. 82) plante Kronprinz Ludwig seit längerem zunächst eine neue Gemäldegalerie, da die Alte Hofgartengalerie an den Nordarkaden der Anlage aus dem 18. Jahrhundert mittlerweile zu klein geworden war. Er hoffte damit auch, seine neue Prachtstraße auf der Ostseite mit einer langen Schaufassade schließen zu können. Im Generalplan zur Ludwigstraße von 1816 hat Klenze einen solchen, allerdings sehr schmalen Baukörper mit Mittelrisalit vor die erneuerten Hofgartenarkaden gelegt (glücklicherweise fand sich bald ein geeigneterer Bauplatz für die Alte Pinakothek). An deren Stelle trat ab 1823 das Projekt des Bazargebäudes – eine Idee, die offenbar von Klenze selbst ausging.

1825 übernahmen Klenzes Kollege Baurat Johann Ulrich Himbsel als ausführender Bauunternehmer (der auch das gegenüberliegende Odeon realisierte) und der mit Klenze befreundete Königliche Bayerische Hofbankier Freiherr Simon von Eichthal (Simon Aron Seligmann, Mitbegründer der Bayerischen Hypotheken- und Wechselbank, 1814 von König Max I. Joseph geadelt und 1816 konvertiert) als Investor das Bauprojekt für das Ladengebäude. Der Vertrag sah vor, dass ihnen gegen Abriss des Turnierhauses, der Arkaden und des Caféhauses Tambosi der Baugrund unentgeltlich überlassen und ein Zuschuss von 20.000 Talern nach Fertigstellung des Neubaus ausgezahlt werden sollte. Dessen Dimensionen waren einmal mehr durch die städtebauliche Gesamtplanung vorgegeben: Bei größtmöglicher Länge sollte er nur eine geringe Tiefe aufweisen, um die

Bazargebäude am Odeonsplatz

Perspektive der Ludwigstraße nicht zu verstellen; in seiner Höhe musste er sich den gegenüberliegenden Palais am Odeonsplatz diskret unterordnen, um den freiräumlichen Zusammenhang mit dem Hofgarten und der Residenz erahnen zu lassen; und doch sollte seine plastische Gestaltung durch einen Mittelrisalit auf das räumliche Gefüge des Platzes antworten, den er gleichsam als vierte »Wand« schließt (vgl. S. 85). Die Architektursprache hatte sich – im Gegensatz zu der des Odeonsplatzes mit ihren »klassischen« Renaissance-Elementen – dem vorherrschenden Rundbogenmotiv der Hofgartenarkaden anzupassen; all dies und noch mehr leistet Klenzes Entwurf, der auf den ersten Blick eher nüchtern und zweckrational im Geiste Durands wirkt, aber auf den zweiten überrascht:

ein wenig nämlich lassen die Gruppierung der Fenster des Mittelpavillons an die offenen Loggien venezianischer Paläste der Spätgotik und die für Klenze typischen (nichttragenden) Schlusssteine über den Rundbögen an deren zugespitzte »sarazenische« Bogenfenster denken: Damit gewinnt der Bau ein leicht orientalisches Flair, das auch bei dem damaligen Modebegriff des »Bazars« mitschwingt. Die aus den orientalischen Bazaren geläufige additive Gruppierung von Verkaufsständen

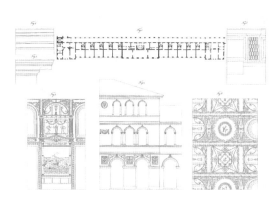

Grundriss und Details aus Klenze (1830ff.)

in teilweise überdachten Straßenzügen entwickelte sich in London und Paris seit dem 18. Jahrhundert zur geordneten Reihung von Einzelläden in Passagen weiter, die zumeist mit innovativen Glas-Eisenkonstruktionen überdeckt waren. Das Münchner Bazargebäude schließt jedoch eher an eine bodenständige südeuropäische Tradition an, die nicht zuletzt auch in München in Form öffentlicher Laubengänge mit dahinter liegenden Privatgeschäften verbreitet war. Allerdings fasst Klenze – ähnlich wie Schinkel und dessen Mitarbeiter Georg Heinrich Bürde im gleichzeitigen (nicht verwirklichten) Projekt eines Kaufhauses Unter den Linden – die einzelnen Boutiquen zu einem Großbaukörper zusammen. Der Münchner Bazar war zur Versorgung des neuen Wohnviertels um Odeonsplatz, Ludwigstraße und Schönfeld-Vorstadt eine höchst willkommene infrastrukturelle Bereicherung.

Der Grundriss zeigt die gleichmäßige Reihung der Läden, die jeweils aus einem Verkaufsraum, einem Büro, einem Klosett und einer Wendeltreppe bestanden, die in Kleinwohnungen und Lagerräume des Obergeschosses führen. Auf der Straßenseite waren die Bogenfenster als Schaufenster weit nach unten gezogen, auf der Hofgartenseite spendeten kleinere Erdgeschossfenster Licht, während die Obergeschossfenster in gleichmäßigem Format durchliefen. Im Mittelpavillon waren großzügigere Verkaufsräume mit einem aufwendigen Treppenhaus verbunden. Im südlichen Eckpavillon fand das alte Traditionscafé Tambosi eine neue Bleibe, im nördlichen residierte ab 1836 der Münchner Kunstverein, in dem Klenze eine prominente Rolle spielte.

Südostansicht des Bazars mit den westlichen Hofgartenarkaden

1854 wurden die beiden Eckpavillons durch Klenzes Kollegen, Hofbauinspektor Eduard Riedel (1872 einer seiner späteren Nachfolger in der Hofbauintendanz), aufgestockt, um ihm mehr Nutzfläche und Gewicht zu geben; übrigens ganz im Sinne des Meisters, der – angesichts des monumentalen Maßstabs der oberen Ludwigstraße – begrüßte, dass man seinen ursprünglichen Vorschlag mit drei Stockwerken nun doch noch aufgriff, wodurch der Bau sehr gewonnen habe. Nach den schweren Kriegszerstörungen wurde das Bazargebäude zwischen 1951 und 1956 im Äußeren getreu wiederaufgebaut, während das Innere, beispielsweise durch den Einbau des »Filmcasinos« (geschlossen 2011) umgenutzt und modernisiert wurde (im Zuge der letzten Modernisierung störende Vermehrung der Dachgauben).

Literatur: Klenze (1830ff.); Klassizismus (1980), S. 152–155; Buttlar (1999), S. 182f.; Hildebrand (2000), S. 364ff.

WITTELS-BACHERPLATZ
UND
DENKMAL KURFÜRST MAXIMLIAN I.

Planung und Ausführung: 1823–1839

Beteiligte Künstler: Bertel Thorvaldsen, Reiterstandbild 1836/37

Zerstörung: Kriegsschäden 1943/44

Wiederaufbau: ab 1946 (siehe Einzelgebäude)

Eng mit dem Odeonsplatz verzahnt ist der westlich benachbarte Wittelsbacherplatz, der dem gleichen, aber mittlerweile fortentwickelten städtebaulichen Konzept folgt: Ein Saalplatz, dessen Seiten in diesem Fall allerdings durch Solitärbauten geschlossen werden (sodass das direkte Aneinanderstoßen ungleicher Baukörper vermieden wird), öffnet sich auf der Südseite in ganzer Breite zur Brienner Straße (damals Königstrasse) und ist auf ein Herrscherdenkmal fokussiert. Die Inszenierung des Weges hat Klenze dabei stets mitgedacht: Von Schloss Nymphenburg über den Königs- und Karolinenplatz kommend präsentiert sich der Wittelsbacherplatz *en passant* als eines der eindrucksvollsten Architekturbilder der ludovizianischen Epoche, bevor man die Ludwigstraße kreuzt und durch das Hofgartentor zum Festsaalbau der Residenz gelangt.

Die an mediterrane Stadtstrukturen erinnernde Abfolge der beiden Plätze konnte sich erst ungestört entwickeln, nachdem das Projekt der protestantischen Matthäuskirche, die 1818 die Schauseite des Odeonsplatzes bilden sollte, dann aber auf die dahinterliegende Platzfläche verschoben wurde, 1823 zugunsten ihres neuen Standortes am Stachus aufgegeben worden war (vgl. S. 85). Die Nordseite des Platzes sollte stattdessen ab 1823 ein herrschaftliches Wohnhaus – das

Wittelsbacherplatz, von der Brienner Straße gesehen

Gustav Kraus: Wittelsbacherplatz mit Truppenparade (1833)

nach seinem späteren Besitzer ab 1878 so benannte Ludwig-Ferdinand-Palais – einnehmen, das die schmalere Hauptschauseite zum Odeonsplatz, die Breitseite zum Wittelsbacherplatz richtet (vgl. S. 100). Die Ostflanke wurde seit 1828 durch die Rückfront des Odeons gebildet, an das südlich Klenzes ehemaliges Palais Méjan bis zur Brienner Straße anschloss. Auch die Westseite nimmt seit 1824 ein von Klenze entworfenes herrschaftliches Palais ein, das seit 1833 nach seinem Besitzer Arco-Palais heißt (vgl. S. 102 f.).

Klenze hat sich nach allen schwierigen Erfahrungen mit dem Odeonsplatz bewusst vom akademischen Symmetriezwang befreit: Jedes der neuen Bauwerke am Wittelsbacherplatz ist in seiner Kubatur, Gestaltung und Farbigkeit völlig autonom aufgefasst, was der gewachsenen und malerischen Struktur der antiken griechischen Polis entsprach: »Welche angenehmen und erhabenen Emotionen erwecken die Beschreibungen der öffentlichen Plätze der Alten, trotz der dort herrschenden Unklarheit«, schwärmte schon Durand in seinem Lehrbuch (1802/05). Nach der idealistischen Auffassung des Kunstgelehrten Johann Joachim Winckelmann in seiner »Geschichte der Kunst des Altertums« (1764) war diese Individualisierung Ausdruck des demokratischen Prinzips und des Freiheitsstrebens der bürgerlichen Zivilgesellschaft, insbesondere im Athener Stadtstaat zur Zeit des Perikles. Das Aufgreifen solcher städtebaulichen Leitideen durch Klenze entsprach ästhetisch der politischen und gesellschaftlichen Entwicklung des Bayerischen Verfassungsstaates, doch wurde der bürgerlichen Entfaltung ebenso unmissverständlich die Inszenierung noch immer hierarchisch regulierter Stadträume und Stadtbilder entgegengesetzt, die im Geiste der Restauration auf staatstragende dynastische Monumente und Werte bezogen waren: in diesem Falle auf das Reiterstandbild des ersten bayerischen Kurfürsten Maximilians I. (1573-1651) von Bertel Thorvaldsen. Es stand damals axial zum Ludwig-Ferdinand-Palais im Hintergrund (das erst später um drei Achsen verbreitert wurde). Die Aufstellung wich aber dennoch vom streng zentralisierten Typus der französischen Königsplätze ab, in dem sich programmatisch der Herrschaftsanspruch des Fürsten als geometrischer und ideeller Mittelpunkt manifestiert hatte. Stattdessen wurden Standort und (extreme) Höhe des von Klenze entworfenen Sockels aus verschiedenen Blickwinkeln so auf die Architekturkulisse berechnet, dass der Reiter die Vielfalt der auseinanderstrebenden Formen und Räume auf sich konzentrierte, was insbesondere aus der Schrägsicht der »scena per angolo« deutlich wird. Ohne diesen skulpturalen Fokus verliert der Platz viel von seiner Konsistenz, wie die Ansicht vor Aufstellung des Denkmals aus dem Jahre 1833 zeigt.

Bertel Thorvaldsen: Reiterstandbild Kurfürst Maximilians I.

Kurfürst Maximilian I., der die Stände stark einschränkte, gilt als Begründer des Absolutismus im Land, der gleichwohl durch seine Reformen Bayern wirtschaftlich und verwaltungsrechtlich voranbrachte und darüber hinaus außenpolitisch als Mitbegründer der Katholischen Liga im Dreißigjährigen Krieg neben dem Kaiser eine zentrale Machtposition erkämpfte. Klenze führte mit dem Dänen Thorvaldsen, der in Rom zum engen Kreis des Kronprinzen gehört hatte (vgl. S. 17) und den Ludwig (ähnlich wie zuvor Rauch) unbedingt nach München zu berufen hoffte, ab 1830 die Verhandlungen über die Gestaltung: Erstmals war der überzeugte Klassizist gezwungen, ein historisch-romantisches Porträt zu schaffen. 1839 wurde das von Stiglmaier gegossene Denkmal feierlich enthüllt. Der Reiter – im historischen Kostüm und dennoch im Sinne des antiken Typus nach dem Marc Aurel auf dem Kapitol in Rom idealisiert – verbindet die Segensgeste des Imperators und den kraftvoll-aggressiven Herrschergestus des Vorwärtsweisens. Mit einer gewissen Lässigkeit dirigiert Maximilian das edle Ross, auch wenn sich die Kritiker über die Zierlichkeit und die falsche Schrittstellung des Pferdes mokierten. Klenzes schmuckloser kubischer Marmorsockel bildet dazu einen extremen Gegensatz, der die Lebendigkeit der Gruppe umso stärker hervortreten lässt.

Die kriegsbeschädigten Randbauten wurden seit den 1950er Jahren wiederhergestellt. 1977 erhielt der Platz eine neue Pflasterung und eine Bepflanzung mit Bäumen im Kugelschnitt.

Literatur: Vomm (1977); Wünsche (1992); Buttlar (1999), S. 184f.; Hildebrand (2000), S. 366f.; Denkmaltopographie (2009), S. 123ff.

WITTELSBACHERPLATZ
LUDWIG-
FERDINAND-
PALAIS

Entwurf: ab 1822

Ausführung: 1825/26

Umbauten: 1850, 1878, um 1900, 1978

Zerstörung: 1943/44 vollständig
ausgebrannt

Wiederaufbau: um 1950

Neugestaltung des Inneren: 1974 durch
Hans Hollein, Sanierung und neue
Farbfassung 2010–2014

Das sogenannte ›Ludwig-Ferdinand-Palais‹ hat nicht nur mehrfach den Namen
und Besitzer gewechselt, sondern wurde auch etliche Male umgebaut. Nachdem
das 1818 von Klenze für diesen Bauplatz vorgeschlagene Projekt der protestantischen Matthäuskirche gescheitert war (vgl. S. 85), erschien auf seinem neuen
städtebaulichen Plan von 1822 bereits der Grundriss für ein großbürgerliches
Palais mit einem auffälligen, zum Odeonsplatz gerichteten Risalit. Dieser sollte
als zwischen Leuchtenberg-Palais und (zukünftigem) Odeon liegende Schauwand die Kirchenfassade ersetzen und die eindrucksvolle Architekturkompo-
sition würdig abschließen (vgl. S. 84). 1824 erwarb der Gold- und Silberdraht-
Fabrikant Karl Anton Vogel als Investor das Grundstück und erhielt im Juni 1825
die Baugenehmigung mit der Auflage, dass sich »in der Mitte zu ebener Erde ein
Vorsprung mit einer Einfahrt [befinde], in der Haupt Etage aber über demselben ein Sallon, aus welchem man auf einen an der Facade angebrachten Bal-
con und in die an den Sallon beyderseits anstoßenden Nebenzimmer gelange«
(damit war bereits Klenzes prächtige Privatwohnung beschrieben, die er von 1826
bis 1859 bewohnte). Doch wechselte der Rohbau 1826 erneut den Eigentümer:

Siemens-Hauptverwaltung (ehem. Ludwig-Ferdinand-Palais, Zustand nach 2012)

Hauptfassade mit Eingang vom Odeonsplatz

Er ging an den Maurermeister Franz Xaver Widmann, der wohl auch die Grundrisse geplant und den Bau ausgeführt hatte, wobei allerdings die von Klenze entworfene Front zum Wittelsbacherplatz von zwölf auf neun Achsen verkürzt werden musste, weil das benachbarte Wohnhaus aus dem 18. Jahrhundert noch im Wege stand (vgl. S. 97). Erst nach dessen Abriss konnte Widmann 1850 nach Westen die fehlenden drei Achsen anfügen (was zur Folge hatte, dass das Reiterstandbild Maximilians I. von 1839 nun nicht mehr in der Symmetrieachse des Gebäudes stand). 1878 wurde das Palais von Prinz Ludwig Ferdinand von Bayern, von dem es seinen Namen erhielt, erworben und für seine Zwecke im Inneren umgebaut.

Charakteristisch für Klenzes Bau war, dass er an der repräsentativen Breitseite zum Wittelsbacherplatz keine Eingänge und keinerlei Hervorhebung der Mitte aufwies. Stattdessen gliederte sich die von schmalen Eckrustizierungen gerahmte Front horizontal in fünf Stockwerke mit unterschiedlichen Höhen und Fensterformaten: Über einem Souterrain mit schmalen Kellerluken folgt ein Erdgeschoss mit Rundbogenfenstern, die mit Flachgiebeln abgeschlossen sind. Darüber läuft – wie an manchem Renaissancepalazzo – ein eingeschobenes Mezzaningeschoss mit quadratischen Fenstern durch. Über einem Gurtgesims setzt dann der Piano nobile an, dessen Fenster weitgehend denen des Erdgeschosses entsprechen. Darüber erstreckt sich ein weiteres Wohngeschoss, dessen Fensterbögen mit Schlusssteinen in Form von Konsolen abschließen, die ausnahmsweise (denn Klenze verwendet sie zumeist nur dekorativ) zumindest optisch das Kranzgesims stützen. Das höchst eigentümliche Phänomen, dass ein zum Platz gelegener Palazzo keinen Eingang aufweist, wurde erst in jüngster Zeit korrigiert. Um 1900 erhielt das Palais einen breiten Balkon – die vorgelagerte Freitreppe mit den Eingangsportalen entstand sogar erst 1968 im Auftrag der Firma Siemens, die das Gebäude seit 1949 als Münchner Hauptverwaltung nutzt und 1974 erworben hat.

Der Grundriss zeigt, dass das Palais mit der (damaligen) Postadresse Fürstenstraße 1 von Osten durch die Durchfahrt erschlossen wurde, an deren Ende sich rechter Hand das Haupttreppenhaus befand. Die Hauptfassade an der östlichen Schmalseite zum Odeonsplatz hat in der plastischen Wirkung des Risalits mit seiner ungebrochenen Streifenrustika, den durchlaufenden, als Pfeilerarkade interpretierten Rundbogenfenstern, der monumentalen Konsole über dem Portalbogen und dem eleganten schmiedeeisernen Gitter ein für Klenze untypisches »barockes« Pathos. Das Äußere wechselte mehrfach den für die Gesamterscheinung ungemein wichtigen Farbton. In den letzten Jahrzehnten nach dem modernen Innenausbau durch Hans Hollein (um 1980) war es in einem kräftigen Rosé angestrichen, das mit seinen weiß abgesetzten Zierelementen an Haus- und Kirchenfassaden des 18. Jahrhunderts erinnerte. Die jüngste Neufassung nach 2010 hellte diesen Farbton – Bildquellen des mittleren 19. Jahrhunderts ent-

LUDWIG-FERDINAND-PALAIS

sprechend – in ein gebrochenes Weiß auf, das den moderner wirkenden klassizistischen Charakter des Hauses stärkt. Diese Maßnahme erweist sich gleichermaßen als eine vom Lokalkolorit Abschied nehmende Imagekorrektur, die das historische Bauwerk neuerdings zum repräsentativen Appendix des gewaltigen, mehrere Blöcke übergreifenden Neubaus der Siemens-Konzernzentrale macht, die seit 2013 nach Plänen des dänischen Architekten Henning Larsen entstand.

Literatur: Klassizismus (1980), S. 173f.; Davey (1981); Buttlar (1999), S. 183f.; Hildebrand (2000), S. 366f.; Denkmaltopographie (2009), S. 1242

WITTELSBACHERPLATZ
ARCO-PALAIS

Planung: 1824

Ausführung: 1824/25

Zerstörung: 1944, späterer Abriss der Ruine

Wiederaufbau: vereinfachte Rekonstruktion unter Verwendung des Portals 1959/60 durch Georg Hellmuth Winkler und Claus Winkler

Das 1824/25 als Investitionsprojekt des Zimmermeisters Franz Xaver Gampenrieder mit dem Baumeister Rudolf Röschenauer errichtete Wohnpalais beherrscht die Westseite des Wittelsbacherplatzes (vgl. S. 98). Erzherzogin Maria Leopoldine von Österreich-Este (sie war die Witwe des Kurfürsten Carl Theodor) schenkte es 1833 ihrem damals 22jährigen Sohn aus zweiter Ehe, dem Königlichen Kämmerer Graf Maximilian Joseph von Arco-Zinneberg, und seiner gleichaltrigen Gemahlin, Gräfin Leopoldine von Waldburg-Zeil, zur Hochzeit. Die Arcos lebten dort mit ihren 13 Kindern. Wiederum gehen auf Klenze nur die Fassaden des dreiseitig freistehenden Gebäudes zurück, während Gampenrieder den Innenausbau bestimmte, der jedoch mit seinem überkuppelten Festsaal, dem großzügigen Entrée und den Stallungen und Remisen im rückwärtigen Hof von vornherein auf eine herrschaftliche Haushaltung berechnet war: Anders als im Falle des Ludwig-Ferdinand-Palais (vgl. S. 100f.) folgt der Aufriss mit seinen drei Stockwerken dem traditionellen Schema eines barocken Stadtpalastes, dessen dreiachsiger Mittelrisalit durch Rustizierung der Ecken betont wird. Das Säulenportal, das dekorative »Palladio-Motiv« des von Doppelpilastern gestützten Bogens im Piano nobile, die flankie-

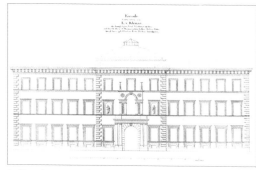

Aufriss des Arco Palais, aus Joseph Unger: Risse von Privatgebäuden ... (1829ff.)

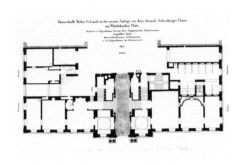

Grundriss, aus Joseph Unger: Risse von Privatgebäuden ... (1829ff.)

renden Figurennischen und vor allem die elegante Flach-kuppel mit der Glas-Eisen-Laterne, die den Bau be-krönte, demonstrieren den auf eine hochrangige, aber eher konservative Klientele abgestimmten Charakter des Prachtbaus.

Nach der Zerstörung durch Brandbomben wurde die Ruine Anfang der 1950er Jahre bis auf die Grundmau-ern abgetragen und 1959/60 nach Plänen des Architekten Georg Hellmuth Winkler ein moderner Geschäfts- und Wohnbau mit rekonst-ruierten Fassaden errichtet. Dabei ist bedauerlicher-, aber auch verständlicher-weise die nicht mehr benötigte Kuppel weggelassen und das (leider allzu hohe) Walmdach mit elf Gauben versehen worden. Im Erdgeschoss hat das Herunter-ziehen der Fenster zugunsten einer Schaufensterzone – den noch von Gampen-rieder eingerichteten Läden an der Südfassade zur Brienner Straße folgend – die vormals behäbig lagernden Proportionen durch Betonung der Vertikalen nicht unvorteilhaft gestrafft.

Literatur: Klassizismus (1980), S. 175; Wolter (1991), S. 142–149; Buttlar (1999), S. 184f.; Hildebrand (2000), S. 379; Denkmaltopographie (2009), S. 1241f.

Hauptfassade des Arco-Palais nach dem Wiederaufbau

ARCO-PALAIS

WOHNHÄUSER VOR DEM SCHWABINGER TOR UND IN DER BRIENNER STRASSE

Mit der Übernahme des Planungsabschnittes vor dem Schwabinger Tor 1816 war Klenzes Privileg verbunden, sämtliche Fassaden und Pläne zu entwerfen, obwohl de facto, bis auf wenige Ausnahmen, die innere Aufteilung und Ausstattung von den Bauunternehmern und Maurermeistern übernommen wurde. Klenze wurde mehr oder minder zum Fassadenarchitekten, was seinem theoretischen Anspruch an ein »organisch« geschaffenes Werk widersprach. Die Aufgabe, monumentale Wohnpaläste für das gehobene Bürgertum an der Brienner Straße und Ludwigstraße zu errichten, die mit den Palais am Odeonsplatz und am Wittelsbacherplatz mithalten konnten, war nicht leicht zu erfüllen und führte immer wieder zu Auseinandersetzungen zwischen Kronprinz bzw. König Ludwig und seinem Architekten. Ludwig ging es stets um die monumentale Erscheinung »seiner« Prachtstraßen. Doch die Mittel der Investoren, darunter führende Bauunternehmer der Stadt, waren begrenzt, und nicht zuletzt auch die Zahl der Bauwilligen und potenziellen Mieter. So wurde der Privatbau im nördlichen Abschnitt der nun von Friedrich von Gärtner fortgeplanten Ludwigstraße ab etwa 1830 aufgegeben. Die herrschaftlichen Wohnbauten dienten oft als Spekulationsobjekte, die erst nach Fertigstellung auf den Immobilienmarkt kamen, relativ häufig den Besitzer wechselten und vielfach nicht von den Bauherren bewohnt wurden, sondern als Miethäuser fungierten. Sogar Klenze selbst trat als Bauherr und Investor auf, nachdem König Max I. Joseph ihm 1824 für seine Verdienste um die Münchner Stadtentwicklung ein Grundstück im vordersten Abschnitt der Brienner Straße im Wert von 6.800 Gulden geschenkt hatte. In diesem Falle entwarf Klenze, der das Haus nie selbst bewohnte, einen besonders schönen kleinen »florentiner« Palazzo im Rundbogenstil und legte auch eigenhändig die Grundrisse fest (damals Nr. 49; zerstört und durch Neubauten ersetzt). Wiederholt behalf er sich damit, zwei unterschiedlich ausgebaute Häuser hinter einer homogenen und relativ großzügigen Palastfassade zu verstecken. Alle Fassaden wurden von Ludwig und von der Baukommission begutachtet und unterlagen strengen Regeln im Hinblick auf individuelle Veränderungen bis hin zur Farbskala der Anstriche (vgl. S. 259). Häufig bemängelte Kronprinz Ludwig die geringen Geschosshöhen und Dichte der Fensteröffnungen: »Die Fenster weiter auseinander lieber Klenze, ohne welche auch das Große nicht großartig, wodurch aber selbst das Kleine so erscheint. Es kann und soll auch bei uns an Bürgerhäusern angewendet werden« (Memorabilien). Immer wieder gab ihm der Kronprinz gute Ratschläge, wie der Variantenreichtum der Fassaden gesteigert werden könnte. Stilistisch bediente Klenze sich für die Fassaden aus den Stichwerken der französischen (ihm persönlich bekannten) Stararchitekten Charles Percier und Pierre Léonard-François Fontaine zur Palastarchitektur Roms (Percier/Fontaine 1798) und seines ehemaligen Kasseler Kollegen, des Percier-Schülers Auguste Henri Victor Grandjean de Montigny, über die Renaissancearchitektur der Toskana (Grandjean 1806ff.), wobei er Elemente und Motive variierte, neu kombinierte und zu modernen, klassizistisch durchrationalisierten Fassadenbildern verschmolz.

Von den neun Klenze-Bauten an der Brienner Straße haben nur zwei die Zeitläufe als Teilrekonstruktionen überlebt, die übrigen wurden schon um 1900 oder

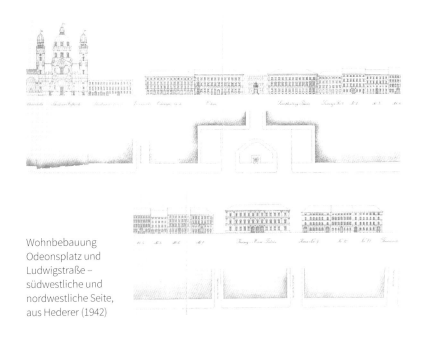

Wohnbebauung
Odeonsplatz und
Ludwigstraße –
südwestliche und
nordwestliche Seite,
aus Hederer (1942)

aber nach den Kriegszerstörungen 1943/44 durch Neubauten ersetzt. Auch in
der Ludwigstraße sind bereits während des nationalsozialistischen Umbaus zur
»Hauptstadt der Bewegung« mehrere Bauten Klenzes abgerissen worden, allen
voran das auch durch seine Interieurs überaus wertvolle Herzog-Max-Palais, das
1937 einem (erst 1951 vollendeten!) Bankgebäude weichen musste. Die Häuser
Nr. 28–30 und 31 (Mayer, Röschenauer) auf der Ostseite der Ludwigstraße zwischen Galerie- und späterer Von-der-Tann-Straße fielen 1938 einem NS-Großbau
(Zentral-Landesministerium, heute Bayerisches Landwirtschaftsministerium)
zum Opfer. Die Verbreiterungen der ehemaligen Frühlingsstraße / Von-der-
Tann-Straße (1936/37) und ihr Ausbau zum Altstadtring (1968-1972) brachten
abermals Verluste an Klenze'scher Bausubstanz mit sich. Die heute noch erleb-
baren Klenze-Fassaden sind nur zum kleineren Teil reparierte Originale, zum
größeren rekonstruierte und in diversen Details nachteilig veränderte Nachbau-
ten. Kein zeitgenössisches Interieur ist erhalten.

Literatur: Hederer (1942); Zimmermann (1984), S. 70–97 und (1987), S. 94–104; Buttlar
(1999), S. 188–194; Hildebrand (2000); Denkmaltopographie (2009), S. 133–137

WOHNHÄUSER
BRIENNER STRASSE 10

Planung und Ausführung: 1824/25

Beteiligte Künstler und Partner:
Rudolf Röschenauer

Zerstörung: 1944

Wiederaufbau: 1950er Jahre

Das Doppelhaus Brienner Straße 10, dessen Fassade Klenze 1824 für den königlichen Oberrechnungsrat Johann von Greiner entwarf, liegt im Bereich des ehemaligen Gartens des Vorbesitzers dieses Grundstücks, Graf Rechberg. Bis 1822 war der vom Finanzministerium bereits erworbene Rechberg-Garten als Bauplatz für die Alte Pinakothek vorgesehen (vgl. S. 126). Als das ›Projekt Gemäldegalerie‹ in den freien Baublock an der Barer Straße verschoben wurde, konnten die Grundstücke, vermittelt durch Klenze, mit hohem Gewinn an private Interessenten verkauft werden. Das Haus wurde durch den Bauunternehmer Rudolf Röschenauer errichtet. Der Eindruck eines großzügigen, elfachsigen Stadtpalais geht auf die geschickte Verbindung zweier separater Mietshäuser zurück, die Klenze jeweils über Tordurchfahrten in den seitlichen Risaliten erschloss. Im hinteren Bereich wurden die spiegelbildlich angeordneten Räume durch ovale, auf Palladio zurückgehende Spindeltreppen zugänglich. Das rustizierte Erdgeschoss war ursprünglich durch Rundbogenfenster belichtet, darüber befanden sich zwei Wohngeschosse mit Flachgiebeln und ein Mezzanin, dessen Fensterluken zwischen mächtige, das Dachgesims optisch tragende Voluten gesetzt waren. Die Seitenrisalite sind durch Rustika-Bänderung und jeweils einen Dreiecksgibel im Piano nobile abgehoben – einen solchen Variantenreichtum in Verbindung mit einer großzügigen Wirkung hatte der Kronprinz immer wieder für die neuen Wohnbauten gefordert und 1823 eigenhändig in einem Brief an Klenze skizziert.

Briennerstraße 10, Neubau

Nach den Kriegszerstörungen entstand an gleicher Stelle ein Neubau mit modernem Innenleben, aber auch erheblich veränderter Fassade: das Erdgeschoss wurde durch ein Zwischengeschoss aufgestockt, die Fenster sind als Schaufenster auf Bodenhöhe herabgezogen, die Konsolen unter dem Abschlussgesims eliminiert und das Walmdach ist mit Gauben versehen worden. Die Florentiner Rustika des Erdgeschosses wurde dabei durch eine toskanische Säulenarkade ersetzt, die – für einen Klenzebau völlig absurd – ein mittiges Säulenportal im Stil des 17. Jahrhunderts mit barockem Sprenggiebel rahmt. Immerhin erinnert das neue Haus noch an seinen Vorgängerbau und bildet mit seinen Nachbarn, dem Palais Almeida von Jean Baptiste Métivier, dem »Eichthal-Palais« von Klenze (vgl. Nr. 12) und dem Arco-Palais einen »historischen« Block.

Literatur: Zimmermann (1984), S. 74; Hildebrand (2000), S. 378; Denkmaltopographie (2009), S. 135

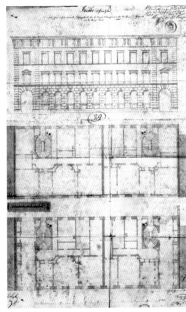

Aufriss und Grundrisse mit Genehmigung der Lokalbaukommission

WOHNHÄUSER
BRIENNER STRASSE 12 /
SOGENANNTES
EICHTHAL-PALAIS

Planung und Ausführung: 1824/25

Beteiligte Partner und Künstler: Maurermeister Franz Gießl

Umbau Erdgeschoß: ca. 1912

Zerstörung: 1944

Wiederaufbau: 1951 durch Georg Hellmuth Winkler; erneuter Umbau: 2014/15

Die Fassade des westlich an das Haus Greiner anschließenden, ebenfalls elfachsigen Palais, das die Kaufleute Gebrüder Riezler 1824 auf dem frei gewordenen Rechberg'schen Gartengrundstück errichten ließen, gehört zu den eindrucksvollsten und monumentalsten unter Klenzes Wohnbauten. Es galt dem Reiseschriftsteller Carl Julius Weber in seinen »Briefen eines in Deutschland reisenden Deutschen« (1828) sogar »als eines der schönsten Gebäude Münchens«. Die Rustizierung des vierstöckigen im Florentiner Palaststil der Frührenaissance gehaltenen Gebäudes, den Klenze zuerst mit dem Haus Röschenauer und dem Haus Schröfl (vgl. S. 115f.) an der Ludwigstraße erprobte, ist in Putz ausgeführt und entfaltet durch seine kunstvolle Fugung eine bestechende graphische Wirkung. So wechseln – wie beim Königsbau der Residenz aus dem gleichen Entwurfsjahr (vgl. S. 63ff.) – breitere und schmalere Steinlagen und leiten nahtlos in

die leicht angespitzten Rustikabögen oberhalb der Rundbogenfenstern über. Ein breiter Terrakottafries mit einem reichen »griechischen« Palmettendekor unterteilt die Fassade in zwei nahezu gleichwertige Hälften, im Erdgeschoss liefen ursprünglich ebenfalls schlichte Rundbogenfenster beidseitig des Portals durch. Darüber ist ein Mezzaningeschoss mit Fenstern eingespannt, die mit leichten Segmentbögen abschließen und deren Schlusssteine als Konsolen für den Fries fungieren. Zwei Reihen von Rundbogenfenstern markieren die Obergeschosse, deren erstes unmerklich erhöht ist und somit noch die Funktion eines Piano nobile andeutet. Seitlich ist die Fassade durch Lisenen gefasst. Anders als in den meisten Wohnhäusern Klenzes ist das Verhältnis von Wand und Fenster so ausgewogen, dass sich bei aller Eleganz der Eindruck des Massiven und Monumentalen einstellt.

Einer der späteren Besitzer war der mit Klenze eng befreundete Königliche Bankier Simon von Eichthal, der 1835 die »Bayerische Hypotheken- und Wechselbank« begründete, zu deren Eigentümern auch der Bauherr Riezler gehörte. 1854 ging das Anwesen in den Besitz seines Sohnes Karl von Eichthal über, 1880 dann an dessen Erben, darunter die wegen ihrer Schönheit legendäre Tochter Irene, die der Schweizer Maler Albert von Keller nach London entführte und dort gegen den Willen des Vaters ehelichte († 1907). Ab 1913 war das Haus dann Standort der Avantgarde-Kunstgalerie Caspari. Zu diesem Zweck wurde – wie bei den meisten Bauten an der oberen Brienner Straße – das Erdgeschoss umgebaut, in diesem Fall nicht für Läden, sondern für große Ausstellungssäle. Dabei sind die Rundbogenfenster verbreitert und als Schaufenster bis auf den Sockel heruntergezogen worden. In die beiden Außenachsen und beidseitig der hohen, mittleren Durchfahrt hat man mit Flachgiebeln überdeckte Portale und darüber jeweils dekorative Rundfenster (Oculi) eingefügt. Sie gruppieren sich auf der Mittelachse zu einem Palladio-Motiv.

Nach den Kriegszerstörungen wurde die noch einigermaßen erhaltene Fassade durch den auf diese Aufgabe spezialisierten Architekten Georg Hellmuth Winkler repariert und zum Geschäftshaus »Deutscher Ring Lebenversicherung« modern hinterbaut (Restaurierung 1986). 2013/14 ist das repräsentative Anwesen im Auftrag der aktuellen Eigentümerin Julia Oetker erneut umgebaut worden, diesmal zum exklusiven »Brienner Hof« mit 5.000 Quadratmetern Büro- und 2.000 Quadratmetern Ladenfläche. Dabei wurde die plastische Wirkung der Fassade durch einen gleichmäßig hellen Anstrich allzu stark reduziert.

Literatur: Hildebrand (2000), S. 378; Denkmaltopographie (2009), S. 136f.; Reiser (2009), S. 97ff.

WOHNHÄUSER
MOY-PALAIS

Entwurf: 1817–1819

Ausführung: 1824

Beteiligte Partner und Künstler:
Baumeister Joseph Höchl

Zerstörung: 1944

Wiederaufbau: 1949–1954

Die Dimensionen des ersten Klenzebaus vor dem ehemaligen Schwabinger Tor, der den Auftakt zur Ludwigstraße bildet, waren nach Ministerialentscheidung vom 17. Juni 1817 durch die seines südlichen Pendants, des barocken Theatinerklosters, und durch die Gesimshöhe der Theatinerkirchtürme vorgegeben. Dem-

Theatinerkirche mit Doppelhaus (Moy-Palais)

nach waren hier maximal zweieinhalb Geschosse erlaubt, um einen Übergang zur Traufhöhe am Odeonsplatz zu ermöglichen. Dafür besaß das Gebäude von Anfang an ein extrem hohes Dach mit zwei Reihen von Dachgauben. Klenze gelang es somit durch geschickte Anpassung der Proportionen, Formen und Farben, einen harmonischen Übergang zwischen Altstadt und klassizistischer Neustadt herzustellen. Die hier ursprünglich verlaufende Stadtmauer war 1816/17 abgetragen und der Stadtgraben überdeckt worden. Klenze legte zwei Baugrundstücke und Bauaufträge in einem Doppeleckhaus zusammen, dem er an der Theatiner- und an der Brienner Straße einheitliche Palastfassaden geben konnte. Das südliche Haus an der Theatinerkirche gehörte dem Juwelenhändler Franz Xaver Trautmann, das Eckhaus bis 1830 dem »Schönfärber« Anton Gsellhofer. Heute ist es nach der Eigentümerfamilie der Grafen Moy de Sons, die es seit 1893 besitzt, als Moy-Palais bekannt. Ein erster Fassadenentwurf Klenzes zeigt die enge Anlehnung an das 1817 entworfene Leuchtenberg-Palais mit einem – hier allerdings rustizierten – Sockelgeschoss, einem mit Dreiecksgiebeln und Ädikulen ausgezeichneten Piano nobile und einem deutlich niedrigeren Obergeschoss, das wie sein Vorbild Flachgiebel aufweist und mit einem Kranzgesims abgeschlossen wird. Die hohe Rundbogendurchfahrt war als einziger Zugang mit einem Säulenportal und Balkon hervorgehoben, die jedoch in der Ausführung entfielen. Stattdessen sind dem Doppelhauscharakter entsprechend zwei zurückhaltende Bogenportale eingesetzt worden. Die Innenaufteilung und zum Teil späthistoristische Innenausstattung ist offensichtlich nicht dokumentiert.

Anfang des 20. Jahrhunderts wurden im Erdgeschoss der Südhälfte Geschäfte mit durchlaufenden Arkaden eingebaut. Der im Dezember 1944 schwer beschädigte Baukomplex ist ab 1949 von Georg Hellmuth Winkler wiederaufgebaut und das Moy-Palais mit einer übereck laufenden Arkadenzone dem Südflügel angeglichen worden. Dabei erhielt der durch zwei Passagen erschlossene Innenhof eine analoge historische Gestaltung sowie einen Brunnen. 1999/2000 erfolgten eine Restaurierung sowie ein Dachausbau.

Literatur: Hildebrand (2000), S. 310; Denkmaltopographie (2009), S. 133f.

WOHNHÄUSER
ODEONS-PLATZ 1 & 2

Planung: 1823

Ausführung: 1824, 1828

Beteiligte Künstler und Partner: Jean Baptiste Métivier, Rudolf Röschenauer

Zerstörung: 1944

Wiederaufbau: 1951/52

Auf der Südseite des Odeonsplatzes zog sich die Bebauung länger hin als auf der Nordseite, wo fast gleichzeitig mit dem Leuchtenberg-Palais bis 1821 das Doppelhaus Lampel-Kobell entstanden war (vgl. S. 112f.). 1823 berichtet Klenze dem Kronprinzen erleichtert, dass er für das Pendant des Kobell'schen Grundstückes auf der Südseite als Bauherrn den Grafen Étienne Pierre Méjan, Sekretär des ehemaligen italienischen Vizekönigs Eugène de Beauharnais in Mailand (mittlerweile Herzog von Leuchtenberg), dem er 1816 an den Münchner Hof gefolgt war, gewonnen habe. Tatsächlich wurde Méjan Bauherr und Eigentümer des herrschaftlichen Wohnhauses, das sich nach dem Fassadenentwurf Klenzes südlich an die Rückseite des Odeons anschloss und somit die Südostseite des Wittelsbacherplatzes vervollständigte. Die siebenachsige Eingangsseite lag jedoch an der Brienner Straße, damals Nr. 48, heute Wittelsbacher Platz 6. Grundrissgestaltung und Innenausstattung stammten von Jean Baptiste Métivier. Die Ruine des 1902 umgebauten und 1944 zerstörten Palais wurde 1950 abgerissen und durch einen sich als moderne Nachempfindung verstehenden Neubau von Josef Wiedemann ersetzt.

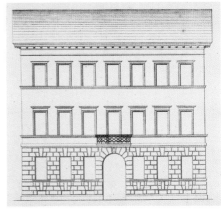

Ehem. Méjan-Palais (Kriegsverlust), Fassade an der Brienner Straße (1825)

Zum Odeonsplatz ausgerichtet entstand dann erst 1828 ein von dem Bauunternehmer Rudolf Röschenauer für den königlichen Schlossermeister und Investor Korbinian Mayer errichtetes Doppelhaus, dessen Langseite mit vierzehn Fensterachsen an die Ludwigstraße angrenzt, während die Süd- und Nordfassade mit elf Achsen an der Brienner Straße und am Odeonsplatz liegen, von dem aus auch die Erschließung über zwei Torbogen erfolgte. Das Doppelhaus stößt direkt an das Odeon und verdeutlicht – wie die zehn Jahre zuvor erbauten Häuser Lampel-Kobell auf der gegenüberliegenden Seite – den Einsatz der gleichen, aus der italienischen Hochrenaissance entwickelten Architektursprache bei einer dichteren Ausnutzung der Kubatur in vier Stockwerken. Ein frühes Foto um 1855 belegt, dass das Erdgeschoss an der Ludwigstrasse bereits Markisen aufwies und als Ladengeschoss genutzt wurde. Anfang des 20. Jahrhunderts dürften die Schaufenster jedoch ähnlich wie am südlich benachbarten Moy-Palais zu durchlaufenden Arkaden erweitert worden sein. Bemerkenswert erscheint, dass

Blick auf Feldherrnhalle und Odeonsplatz 1 und 2 (um 1855)

wie beim Haus Kobell die Ecken durch Rustizierung hervorgehoben und die fast quadratischen Fenster des obersten Mezzaningeschosses nach dem Vorbild des Hauses Kobell durch Pilaster abgeteilt sind. Der Wiederaufbau erfolgte 1951/52 durch Theo Lechner.

Literatur: Zimmermann (1984), S. 80ff.; Hildebrand (2000), S. 356, S. 409; Denkmaltopographie München (2009), S. 725, S. 1243

WOHNHÄUSER
ODEONS-PLATZ 5 / LUDWIG-STRASSE 1
LAMPEL-KOBELL

Entwurf: 1817

Ausführung: 1817/18

Beteiligte Partner:
Maurermeister Joseph Höchl

Umbau: 1912 für die Bayerische Notenbank durch Karl Stöhr

Wiederaufbau: Anfang der 1960er Jahre

Gleichzeitig mit dem Leuchtenberg-Palais (vgl. S. 87ff.) erfolgte 1817–1821 der Bau der Doppelhäuser an der Nordostecke des zukünftigen Odeonsplatzes hinter einer gemeinsamen Palastfassade, die auch den Auftakt zur Ludwigstraße bildete. Das gesamte Areal hatte zuvor dem Ministerialrat des Inneren, Franz von Kobell gehört (1780–1850; nicht zu verwechseln mit seinem Sohn, dem gleichnamigen Mineralogen und Schriftsteller oder seinem Onkel, dem Maler). Kobell, der mit einer kleinteiligen Parzellierung drohte, verkaufte den Grundbesitz nach langwierigen Geheimverhandlungen zu Höchstpreisen über Klenze an Kronprinz Ludwig für sein Stadterweiterungsprojekt. Nach der erfolgten Gesamtplanung Klenzes war ein Rückkauf im Vertrag vorgesehen. Die Parzellen Odeonsplatz 5 und Ludwigstraße 1 bis 4 veräußerte Kobell bis auf das ihm selbst vorbehaltene Eckgrundstück an der Ludwigstraße noch einmal gewinnbringend an weitere Bauwillige.

Das herrschaftliche Haus Kobell, das durch ein mittiges Rundbogenportal von der Ludwigstraße aus erschlossen wird, besaß zum Odeonsplatz aus Symmetriegründen ein Scheinportal, um mit dem anschließenden Haus des Königlichen Rates von Lampel, das direkt an das Leuchtenberg-Palais anstößt, einen monumentalen Stadtpalast vorzutäuschen (vgl. S. 86), der allerdings statt drei Stockwerken vier Geschosse aufweist. Die edle Symmetrie der Fassade und die

Haus Kobell

feine Gliederung der Geschosse definierten den Standard für die geplante Prachtstraße. Klenze entwarf in diesem Falle auch die Grundrisse und berichtcte dem Kronprinzen Ludwig im September 1817 stolz, wie er das Problem gelöst habe, die hohe Stillage des Leuchtenberg-Palais mit bescheideneren großbürgerlichen Wohnverhältnissen zu verbinden: »Ich habe zu beiden Pläne und Fassaden gemacht. Letztere sind zwar keine Pallastähnliche, aber doch viel reicher, als alles der Art, was seit langer Zeit in München gemacht worden«. Nach der Zerstörung 1943/44 wurde der Odeonsplatz 5 in den frühen 1960er Jahren über einer völlig neuen Raumaufteilung neu errichtet, das teilerhaltene Kobell'sche Haus Ludwigstraße 1 wurde ebenfalls wiederhergestellt, wobei die Rundbogenportale zum

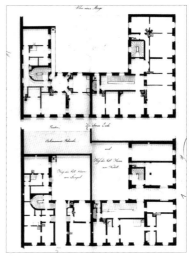

Grundrisse Haus Lampel und Kobell (1817), rechts die Ludwigstrasse

Odeonsplatz durch Fenster ersetzt wurden. Das Doppelhaus ist dabei in das Finanzministerium integriert worden, das damals im neu errichteten Leuchtenberg-Palais untergebracht wurde.

Literatur: Hederer (1942), S. 29ff.; Klassizismus (1980), S. 165; Hildebrand (2000), S. 309f.; Denkmaltopographie (2009), S. 497f.

WOHNHÄUSER
LUDWIG-STRASSE 3
MÉTIVIER

Entwurf und Ausführung: 1825/26

Beteiligte Künstler: Jean Baptiste Métivier

Umbauten: 1862, 1912

Zerstörung: 1943/44

Wiederaufbau: Anfang 1960er Jahre

Klenzes enger Mitarbeiter, Hofdekorateur und Baurat Jean Baptiste Métivier, erwarb das Grundstück von seinem Nachbarn, Ministerialrat Franz von Kobell, und plante hier sein Wohnhaus. Trotz seiner großen Erfahrung als Architekt musste er in diesem Falle den Entwurf der Fassade seinem Vorgesetzten überlassen. Klenze schloss hier wiederum an den römischen Palaststil an: Über einem dezent rustizierten Erdgeschoss erheben sich zwei gleichwertige Wohngeschosse mit fein ausgearbeiteten Flachgiebeln, unter dem abschließenden Kranzgesims folgt noch ein Mezzanin. Auffällig war die ursprünglich mit dem Rundbogen des Eingangs verknüpfte Würdeform des zentralen Säulenportals mit Balkon. Beidseitig wurden zwei Läden genehmigt – ein Zugeständnis an die Rentabilität, das

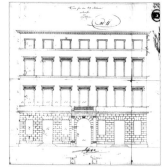

Haus Métivier nach Wiederaufbau, Fassadenriss (1825)

allerdings keine Schule machen sollte, da es sehr bald »eine völlige Um- und Miß-
gestaltung der Straße herbeiführen würde« (Klenze). Stattdessen sollte ja mittlerweile das vor den Hofgartenarkaden errichtete Bazargebäude Ladengeschäfte
aufnehmen. Métiviers Nachbesitzer ließ 1862 die Ladentüren zu Fenstern zu-
rückbauen. 1912 wurde das Haus zusammen mit dem benachbarten Haus Kobell
für die »Bayerische Notenbank« modernisiert. Bei der Rekonstruktion des stark
zerstörten Baus für die Nutzung des Finanzministeriums verzichtete man dann
Anfang der 1960er Jahre auf das Säulenportal mit dem Balkon und verschob den
Eingang um eine Achse nach Norden, sodass die klassische Symmetrie des Fas-
sadenbildes, die dem Haus Métivier etwas von der allseits erwünschten Monumentalität verliehen hatte, zerstört wurde.

Literatur: Schleich (1978), S. 30f.; Klassizismus (1980), S. 166; Prusseit (1990);
Hildebrand (2000), S. 389; Denkmaltopographie (2009), S. 499f.

WOHNHÄUSER
LUDWIG-STRASSE 5
GAMPENRIEDER

Planung und Realisierung: 1821/22

Zerstörung: 1943/44

Wiederaufbau: frühe 1960er Jahre

Berühmt geworden ist Klenzes zunächst abschätzig klingender Kommentar an
den Kronprinzen, er plane jetzt für ein »Schneiderchen [...], das gesonnen ist [...]
ein Haus für sein Bedürfnis zu bauen«. Ludwig antwortete: »Sie schreiben einem
Schneiderchen wäre dieser Hausentwurf gemacht, dafür ist er sehr stattlich.«
Tatsächlich zeigt das gediegene siebenachsige Haus, das Klenze 1821 für den königlichen »Kleidermacher« und Schneidermeister Joseph Gampenrieder errichtete, beispielhaft die eher »klassizistische« Version des römischen Kleinpalastes.
Der Stil ist streng und die Proportionierung von Wand und Fensteröffnungen
erstaunlich spannungsvoll und harmonisch. In diesem Falle ist das Mezzaningeschoss mit dem Erdgeschoss verknüpft, während die beiden oberen Wohngeschosse gemeinsam durch einen kräftigen antikisierenden Masken- und Ranken-

fries abgeteilt sind. Die Erdgeschossfenster sitzen auf einer durch Konsolen betonten und mit den Kellerluken verbundenen Sohlbankzone, im Piano nobile verwendet Klenze elegante, von Konsolen gestützte Flachgiebel. Die Mittelachse wurde hier ursprünglich durch einen Balkon mit einem schmiedeeisernen Gitter betont. Die Erschließung erfolgte linker Hand im hinteren Bereich der Tordurchfahrt über eine ovale, an Palladio erinnernde Wendeltreppe.

Haus Gampenrieder

Beim Wiederaufbau des Hauses, das in den frühen 1960er Jahren ebenfalls dem Finanzministerium zugeschlagen wurde, entfiel der Balkon, und das oben abschließende Traufgesims wurde – sicherlich aus Kostengründen – durch ein phantasiearmes Konsolgesims ersetzt. Zu Recht verweist Erwin Schleich in seinem Buch über die »Zweite Zerstörung Münchens« (1978) darauf, dass die Verluste solcher subtilen dekorativen Details die architektonische Qualität spürbar reduziert haben.

Literatur: Klassizismus (1980), S. 167; Hildebrand (2000), S. 344; Denkmaltopographie (2009), S. 500

WOHNHÄUSER
LUDWIG-STRASSE 7
SCHRÖFL II

Planung und Errichtung: 1823

Beteiligte Partner: Rudolf Röschenauer

Teilzerstörung: 1943/44

Wiederaufbau: frühe 1960er Jahre

Um den Variantenreichtum der Privatbauten an der Ludwigstraße im Sinne eines »gewachsenen« malerischen Stadtbildes zu steigern, wurde Klenzes erster, dem benachbarten Haus Nr. 5 eng verwandter Entwurf im »römischen« Stil durch einen in der »toscanischen« Bauart des 15. Jahrhunderts ersetzt: Eine durchgehend rustizierte Fassade mit dominanten Rundbogenfenstern in den drei Hauptgeschossen sowie einem abschließenden Mezzanin mit Rechteckfenstern wurde nach Klenzes Entwurf durch den Bauunternehmer Rudolf Röschenauer für den Cafetier Friedrich Paul Schröfl errichtet, der seit 1818 schon das nördliche Nachbarhaus Nr. 9 besaß. Röschenauer war selbst Bauherr des gegenüberliegenden, recht monumentalen Mietshauses Ludwigstraße 31 gewesen (1937 für den Bau des derzeitigen Landwirtschaftsministeriums abgerissen), bei dem Klenze 1820 erstmals die florentinische Stilvariante einführte, die dann auch die Konzeption des Königsbaus der Residenz ab 1823 bestimmen sollte (vgl. S. 63ff.). Insgesamt war dieser Typus ursprünglich dreimal in der Ludwigstraße und zweimal in der Brienner Straße vertreten (vgl. S. 107f.). Die Putzrustika verleiht dem siebenachsigen Haus Schröfls eine relativ monumentale Erscheinung, die durch die großzügige Tordurchfahrt mit einem Schlussstein unterstrichen wird. Klenze hat der Fassade mehr Dynamik verliehen als in seinem ersten Florentiner Experiment des Hauses Röschenauer, indem er nun die rustizierten Fensterarchivolten leicht angespitzt hat. Zwei schmale Ladentüren beidseitig der Hofdurchfahrt fügen sich zum Dreiklang eines »Palladio-Motivs« und zeugen davon, dass Klenze sich gerade in den ersten Münchner Jahren intensiv mit Palladios Architekturwerk auseinandersetzte. Mit dem Wiederaufbau um 1960 durch die Allianz-Versicherung entstand gemeinsam mit den beiden nördlich anschließenden Häusern eine im Inneren modern ausgestaltete Gruppe.

Literatur: Klassizismus (1980), Nr. 26.2; Zimmermann (1984), S. 95f.; Hildebrand (2000), S. 346; Denkmaltopographie (2009), S. 501

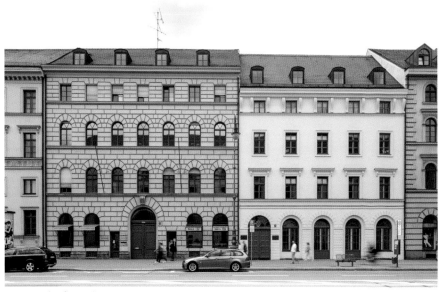

Häuser Schröfl II und I

WOHNHÄUSER
LUDWIG-STRASSE 9
SCHRÖFL I

Planung und Errichtung: 1818/19

Beteiligte Partner:
Baumeister Joseph Höchl

Zerstörung: 1943–1945

Wiederaufbau: um 1960

Das Wohnhaus für den Cafetier Friedrich Paul Schröfl gehört zu den frühesten Privathäusern der Ludwigstraße und stand dementsprechend anfänglich isoliert. Das fünfachsige Gebäude zeigt die übliche Aufteilung in ein hohes Erdgeschoss, das in diesem Falle durch aufwendig rustizierte Blendarkaden gegliedert ist, ein mit Flachgiebeln ausgezeichneten Piano nobile und ein leicht reduziertes zweites Wohngeschoss; das abschließende Mezzanin ist mit annähernd quadratischen Fenstern versehen, die im Wechsel mit planen Wandfeldern durch große

Konsolvoluten voneinander getrennt sind. Die Fassade ist zweifellos an dem kleinen Renaissance-Palazzo an der Strada Giulia in Rom von Antonio da Sangallo d. J. orientiert, den Percier und Fontaine (1798) in ihrem Stichwerk über die Paläste und Gebäude des modernen Rom abgebildet hatten. Die Erschließung über die Durchfahrt zum Hof liegt wegen des schmalen Zuschnitts der Parzelle in der linken Achse und verursachte eine deutliche Asymmetrie, die ursprünglich durch ein Scheinportal auf der rechten Seite überspielt wurde, während der zentrale Eingang vermutlich zu einem Ladengeschäft oder Schröfl'schen Café gehörte. Das Haus ist Teil der von der Allianzversicherung um 1960 wiederaufgebauten Dreiergruppe Nr. 7 bis 11, die heute zu Diensträumen des Innenministeriums gehört.

Literatur: Zimmermann (1984), S. 95f.; Hildebrand (2000), S. 321; Denkmaltopographie (2009), S. 501

WOHNHÄUSER
LUDWIG-STRASSE 11
SCHILCHER / MAYER

Planung und Errichtung: 1823, 1829–1830

Beteiligte Künstler und Partner: Rudolf Röschenauer

Zerstörung: 1943–1945

Wiederaufbau und Erweiterung: 1956/57 durch Josef Wiedemann, 2008 Dachausbau

Das ursprünglich siebenachsige Haus Nr. 6 (heute Nr. 11) zeigt stilistisch ein noch höher gestimmtes »römisches« Vokabular als der kleinere Nachbar Nr. 5 (heute Nr. 9) des Cafetiers Schröfl: Rundbogenfenster und mittiges Portal nehmen dessen auf Antonio da Sangallo zurückgehende Archivolten auf, sind jedoch von einer kühnen Streifenrustika hinterfangen, die auch die Gebäudeecken verstärkt. Die Rundbogenfenster der beiden Haupt-Wohngeschosse sind in eine flachgieblige Ädikula eingepasst, die die Horizontale betont – Motive nach Art des »Palazzo della Cancelleria« von Donato Bramante und von Ludwigs Lieblingspalazzo, dem »Palazzo Giraud-Torlonia«, die gleichzeitig in Klenzes Planung der Pinakothek eingehen. Nur im abschließenden Mezzanin tauchen die Rundbogenfenster – wie an den römischen Vorbildern – in Reinform auf. Die große Spanne zwischen Planung und Ausführung erklärt sich daraus, dass der Ersterwerber des Grundstücks, der königliche Oberforstrat und Präsident

Haus Schilcher / Mayer

Häuser Métivier, Schröfl II, Schröfl I, Schilcher/Mayer und ehem. Nr. 7 (nach 1945)

des Obersten Rechnungshofes Franz Sales von Schilcher, am Ende seine Baubereitschaft zurückzog und stattdessen Jahre später der königliche Schlossermeister Korbinian Mayer, der schon mehrfach in der Ludwigstraße investiert hatte, das Projekt mitsamt der bereits 1823 genehmigten Fassade als Renditeobjekt übernahm.

Im Zuge der abermaligen Verbreiterung der Von-der-Tann-Straße zum Altstadtring (1953–1956) wurde das gleichfalls von Klenze entworfene nördliche Nachbarhaus (ehemals Ludwigstraße 7) abgerissen und Nr. 6 von Josef Wiedemann im Auftrag der Allianz-Versicherung (als Teil einer Dreiergruppe) zum Eckhaus erweitert. Dabei sind an der Ludwigstrasse zwei weitere Fensterachsen angefügt worden, sodass das mittige Portal nun in eine asymmetrische Schieflage geriet. Hinter einem überbreiten Eckpfeiler setzte man dann auch noch die Klenze-Fassade zum Altstadtring im frei erfundenen Rapport um weitere fünf Achsen fort – ein von Erwin Schleich 1978 zu Recht kritisierter respektloser Umgang mit den damals kaum mehr gewürdigten Qualitäten der Architektur und des Städtebaus Klenzes. Während Ludwig I. den Ausbau der Dachgeschosse wohlweislich untersagt hatte, zerstören die bei einer weiteren Sanierung 2008 noch einmal vergrößerten und in penetranter Dichte gereihten Dachgauben auch die noblen Proportionen.

Literatur: Schleich (1978), S. 24f.; Hildebrand (2000), S. 368; Denkmaltopographie (2009), S. 502

WOHNHÄUSER
LUDWIG-STRASSE 15–19
HÖCHL

Planung und Errichtung: 1829/30 und 1836

Beteiligte Partner: Joseph Höchl

Zerstörung: 1943–1945

Wiederaufbau: 1950er Jahre, 1979

Nördlich der ehemaligen Frühlingsstraße, der heutigen Von-der-Tann-Straße, füllte das Herzog-Max-Palais den gesamten Straßenblock der westlichen Straßenseite bis zur Rheinberger Straße aus (1937 abgerissen und durch ein Bankgebäude ersetzt). Das zunehmende Bedürfnis nach monumentaleren, geschlossenen Baukörpern spiegelt der sich nach Norden anschließende Dreierblock von Mietshäusern wider, die der Bauunternehmer Joseph Höchl nach Klenzes Plänen errichten ließ. Ursprünglich handelte es sich um drei Baukörper mit unterschiedlichen Fassaden. Der Entwurf für die nördlichste (Nr. 19) war, wie Klenze an den König schrieb, in »reinem griechischen Style behandelt«, was wegen der zwischen Ludwig und Klenze akuten Diskussion über mangelnde antike Vorbilder für Wohnhäuser rückblickend höchst interessant erscheint (die Entwürfe sind leider verloren). Stattdessen wurde 1836 das Haus Nr. 19 dem Haus Nr. 15 spiegelbildlich entsprechend erbaut, sodass bei formaler Selbständigkeit der Häuser eine symmetrische Komposition entstand. Die Hofeinfahrt der Nr. 15 liegt beispielsweise in der rechten (nördlichen Achse), in der linken (südlichen) an der Rheinberger Straße musste deshalb ein Scheintor installiert werden, das ein normales Fenster kaschiert. Ungewöhnlich ist der reiche plastische Schmuck in Form von isoliert aufgesetzten Ornamentmotiven und durchlaufenden Terrakotta-Tondi mit den Profilköpfen berühmter Renaissance-Künstler wie Palladio, Leonardo da Vinci, Michelangelo, Bartolomeo Ammanati und Bramante, die (anstelle der ursprünglich vorgesehenen Dekormalereien) den hohen Anspruch auch der Münchner Wohnbauten als »Gesamtkunstwerke« signalisieren. Für den mittleren Bau entwarf Klenze nicht nur die reich geschmückte Fassade, sondern ausnahmsweise auch die Grundrisse. Die Fassaden, teilweise Anfang des 20. Jahrhunderts durch die Architekten Jakob Heilmann und Max Littmann überarbeitet, wurden nach den Kriegszerstörungen im Sinne der Klenze-

Ludwigstraße 15–19

Ludwigstraße 17

Entwürfe repariert und rekonstruiert. Der Innenausbau zum Sozialgericht durch das Landbauamt München brachte die völlige Entkernung der restlichen historischen Bausubstanz mit sich.

Literatur: Hederer (1942), S. 45; Zimmermann (1984), S.75, S. 90f.; Hildebrand (2000), S. 412ff.; Denkmaltopographie (2009), S. 506

WOHNHÄUSER
LUDWIG-STRASSE 6–10
HASLAUER-BLOCK

Planung und Errichtung: 1826/27

Zerstörung: 1943–1945

Wiederaufbau: Neubau mit Fassadenrekonstruktion 1960–1968 von Erwin Schleich

Der sogenannte ›Haslauer-Block‹ auf der Ostseite – ursprünglich Gegenstück zum Herzog-Max-Palais – markiert den Wechsel zu den monumentalen Kubaturen der mittleren und nördlichen Ludwigstraße nach der Thronbesteigung Ludwigs 1825, bei welchem Anlass er den Beschluss zum Weiterbau der Prachtstraße verkündete. Die Kommune musste den Grund aufkaufen, parzellieren und nach Planung des Äußeren die Abschnitte meistbietend versteigern. Drei vierstöckige Wohnhäuser mit insgesamt 19 Fensterachsen wurden zu diesem Zweck von Klenze in einer mächtigen, den gesamten Block ausfüllenden Palastfassade von 66 Metern Länge zusammengefasst. Die horizontale Gliederung der Fas-

Gustav Kraus: Parade auf der Ludwigstraße (1842). Rechts Haslauer-Block und Kriegsministerium, links Herzog-Max-Palais und Ludwigstraße 15-19

Ludwigstraße 6–10, Rekonstruktion

sade mit Rundbogenfenstern und Portalen läuft gleichmäßig durch: Das hohe Erdgeschoss zeigt eine »florentinische« Rustizierung in wechselnden Steinlagen und rustizierte Archivolten wie am gleichzeitigen Königsbau der Residenz. Die Tordurchbrüche mussten jedoch wegen einer zusätzlichen Einfahrt in den da-hinterliegenden Garten des Herzogs Max in Bayern unabhängig auf Symmetrie gesetzt werden. Die beiden Hauptwohngeschosse mit rustizierten Rahmungen sitzen auf einer ursprünglich glatt verputzten Wand (heute mit gemalter Qua-derung) auf und erinnern einmal mehr an Beispiele aus dem Stichwerk von Per-cier und Fontaine. Bauherr war der Bierbrauer und Gastwirt Georg Haslauer, der schon 1828 die Reihenhäuser weiter veräußerte. An der Schönfeldstraße konnte die zunächst »potemkinsche«, nur ein Joch breite Fassade erst 1892 auf vier Ach-sen vertieft werden.

König Ludwig hatte 1826 eine Reihe von Kritikpunkten mit dem Architekten diskutiert, darunter insbesondere die Unterbringung des vierten Geschosses im Bereich des übermächtigen Konsolfrieses, musste jedoch Klenzes Hinweis auf die zu erwirtschaftende Rendite akzeptieren. Das Gebäude wurde im Bomben-krieg schwer getroffen und bald vollständig abgetragen. Erwin Schleich errich-tete für den Investor Hermann Hartlaub zwischen 1960 und 1968 einen Neubau als mehrstöckiges Geschäfts-, Büro- und Wohnhaus mit Höfen und Innenpassa-gen, der jedoch – bis auf die gemalte Quaderung und die Farbfassung des Kranz-gesimses sowie die Vitrinen im Erdgeschoss – das ursprüngliche Fassadenbild weitgehend getreu rekonstruiert.

Literatur: Schleich (1978), S. 34f.; Zimmermann (1984), S. 89f. und ders., in: Romantik und Restauration (1987), S. 488; Hildebrand (2000), S. 398f.; Denkmaltopographie (2009), S. 500f.

EHEMALIGES KRIEGS- MINISTERIUM / BAYERISCHES STAATSARCHIV

Planung und Errichtung: 1822–1825, 1827–1830

Beteiligte Künstler: Johann Georg Eichinger (Plastischer Schmuck)

Zerstörung: 1943–1945, Abriss der Ruine des Südflügels 1959

Wiederaufbau: Teilrekonstruktion als Staatliches Archivgebäude mit ergänztem Ostflügel: 1967–1977 durch das Landbauamt München, Instandsetzung und Fassadensanierung 2014

Schon 1822 hatte König Max I. Joseph Klenze beauftragt, das 1807 errichtete Monturmagazin an der Schönfeldstraße zum Ministerialgebäude des Armeeministeriums einschließlich der Dienstwohnung des Ministers auszubauen, obwohl dies eigentlich nicht in seinen Zuständigkeitsbereich fiel; offensichtlich nahm Klenze diese Aufgabe schon im Hinblick auf einen zukünftigen Neubau des gesamten Ministeriums an der Ludwigstraße wahr. 1825 war der Rohbau des Wohnpalais für den Minister an der Schönfeldstraße bezugsfertig. König Ludwig I. griff nach seiner Thronbesteigung im April 1826 begierig das staatliche Bauprojekt für die nördliche Verlängerung der Ludwigstraße auf, deren monumentale Gestaltung durch Privatinvestoren zunehmend Schwierigkeiten bereitete. Die Achsenführung der Straße überschnitt den Baubestand des Altbaus geringfügig, sodass nicht nur mit Priorität der Neubau an der Ludwigstrasse, sondern als zweiter Bauabschnitt auch die Integration des ausgebauten Ministerialgebäudes an der Schönfeldstraße in den Neubauteil realisiert werden mussten.

Der 77 Meter lange Hauptbaukörper an der Ludwigstrasse besteht aus einem dreistöckigen, siebenachsigen Corps de Logis mit zweistöckigen, fünfachsigen Seitenflügeln und gleichmäßiger Reihung von Rundbogenfenstern. Er greift die Kubatur des Florentiner »Palazzo Pitti« wieder auf, die schon den Königsbau der Residenz bestimmt hatte (vgl. S. 63ff.) und bedient sich des »Florentiner« Vokabulars. Der Charakter des Staatsbaus wird an der monumentalen Formensprache ersichtlich: durchgehende, stark hervorgehobene Streifenrustizierung im Erdgeschoss und rustizierte Eckverstärkungen der Baukörper, vor allem aber eine mächtig hervortretende Pfeilerarkade als Eingangsbereich, deren Zwickel mit schön gearbeiteten Waffen-Trophäen nach Klenzes Entwurf von Johann Georg Eichinger gefüllt sind, die auf die Bestimmung des Gebäudes verweisen. Die Arkaden mit dem Trophäenfries hat Klenze direkt aus seinem großen Entwurf für eine Westfälische Militärakademie in Kassel übernommen, den er 1812/13 am Hofe König Jerôme Bonapartes ausgearbeitet hatte. Das Innere enthielt den Saal für

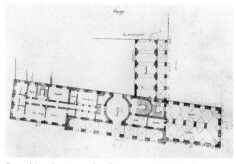

Grundriss des Hauptbaukörpers mit Verbindungsflügel zur Schönfeldstraße (1827)

Ehem. Kriegsministerium / Bayerisches Hauptstaatsarchiv (2015)

die Bibliothek des Hauptkonservatoriums der Armee mitsamt der Kupferplatten-, Relief- und Kartensammlung, im ersten Obergeschoss die Räume für das Generalauditoriat der Armee und des topographischen Büros und im zweiten Stock die historische und taktische Sektion des Ministeriums.

Beim Anschluss des Südflügels konnte Klenze die spitzen bzw. stumpfen Winkel der schräg einmündenden Schönfeldstraße geschickt kaschieren, etwa durch die abgerundete Form des Vestibüls als »Gelenkraum«. Dieser Flügel zeigt bei Verwendung der gleichen Elemente eine weniger martialische Wirkung. Die hier mit dem Charakter eines städtischen Palais untergebrachte Residenz des Kriegsministers ist um zwei Achsen breiter als der Mittelrisalit der Hauptfront und besitzt statt des zweiten Obergeschosses nur ein Mezzanin. Das Arkadenmotiv ist von der Eingangsfront auf die einstöckigen Verbindungsgalerien übertragen, die ursprünglich durch eine Rückwand mit Blindfenstern geschlossen waren und mit dem Wohnpalais zur Schönfeldstraße hin wiederum einen Cour d'honneur bilden (des-

Südflügel an der Schönfeldstraße (vor 2014)

sen östlicher Flügelbau wurde erst nach Klenzes Tod errichtet). Freilich wirkt der gesamte, schon in der ersten Hälfte der 1820er Jahre geplante Komplex rückblickend im Vergleich zum Maßstabssprung der benachbarten Staatsbibliothek Friedrich von Gärtners und des Klenze'schen Haslauer-Blocks aus der zweiten Hälfte der 1820er Jahre (vgl. S. 120f.) noch vergleichsweise zierlich.

Bis auf den vorderen Trakt an der Ludwigstraße ist die Bauruine nach den Kriegszerstörungen gänzlich abgetragen und seit 1964 für das »Institut für Bayerische Geschichte der Universität«, das »Geheime Staatsarchiv« und das »Geheime Wittelsbachische Hausarchiv« annähernd rekonstruiert worden, wobei jedoch die Ganzfensterverglasungen demonstrativ an die moderne Note der völlig neuen Innenräume anschlossen. 2014 Instandsetzung und Rückbau des Erscheinungsbildes durch Rekonstruktion von Sprossenfenstern und Ersatz der Kontrastwirkung zwischen graugrüner Hausteinfarbe und hellen Putzflächen durch einen sandsteinfarbenen Überstrich auf Befundgrundlage.

Literatur: Zimmermann (1977) und ders., in: Klassizismus (1980), S. 169–173; Buttlar (1999), S. 193f.; Hildebrand (2000), S. 351ff.; Denkmaltopographie (2009), S. 504ff.

ALTE PINAKOTHEK

Planungen, Entwürfe: ab 1819

Errichtung: 1826–1836

Mitwirkende Künstler und Partner:
Johann Georg von Dillis, Peter von
Cornelius, Ludwig von Schwanthaler u. a.

Zerstörung: 1943–1945

Wiederaufbau: ab 1946, Hans Döllgast
1952–1957; 1973–1980, 1994–1998,
2014–2018

Die Alte Pinakothek – auf den ersten Blick wegen ihrer überlangen Proportionen
und sichtbaren Kriegsspuren keineswegs übermäßig fotogen – gilt seit den ersten
zeitgenössischen Würdigungen als Meisterwerk Klenzes und gehört zweifellos zu
den bedeutendsten deutschen Beiträgen zur Architektur des 19. Jahrhunderts.
Klenzes funktional und technisch innovative Lösung der Bauaufgabe einer öffentlichen Gemäldegalerie beeinflusste den Museumsbau maßgeblich und wurde
weltweit bis in die Postmoderne des 20. Jahrhunderts hinein rezipiert. Der Bruch
mit der in den Galerien des 18. Jahrhunderts üblichen Kombination von Skulp-
turen- und Gemäldesammlungen unter einem Dach zugunsten eines separaten
Skulpturenmuseums am Königsplatz und einer ebenfalls separaten, nur der Ma-

Südfassade mit den sichtbar gelassenen Spuren der Kriegszerstörung

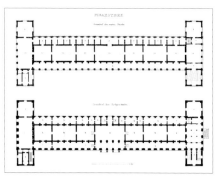

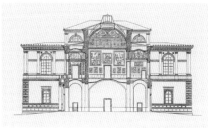

Grundrisse und Schnitt aus Klenze (1830ff.)

lerei gewidmeten Bildergalerie an der Barer Straße ermöglichte eine optimal auf die Rezeption der Kunstwerke und ihre kunstgeschichtliche Ordnung abgestimmte Präsentation. Diese Absicht drückte sich schon in dem die höfische Tradition der Schlossgalerien überwindenden griechischen Wort »Pinakothek« aus, das analog zu dem Begriff »Glyptothek« den humanistischen Bildungsanspruch der Künste für ein breites Publikum unterstrich. Im Gegensatz zu der vom Kronprinzen aus seiner Privatschatulle finanzierten Glyptothek war die Pinakothek ein – kulturpolitisch von Ludwig betriebener – Staatsbau, um dessen Finanzierung in der Ständeversammlung immer wieder gerungen wurde. Im Krisenjahr 1831 verweigerte sie die Bewilligung weiterer Mittel, sodass abermals König Ludwig finanziell einspringen musste. Mit der Eröffnung der gegenüberliegenden, gleichfalls von Ludwig I. initiierten »Neuen Pinakothek« – des allerersten Museums für Gegenwartskunst – wurde aus der »Pinakothek« im Jahre 1853 folgerichtig die »Alte Pinakothek«.

München besaß mit der kurfürstlichen bzw. königlichen Gemäldegalerie am nördlichen Rand des Hofgartens bereits seit 1783 ein öffentliches Kunstmuseum für die reichen Wittelsbachischen Bildersammlungen. Sie waren in einem über den maximilianischen Hofgarten-Arkaden ab 1779 errichteten Neubau von Carl Albrecht von Lespilliez untergebracht, der in seiner langgestreckten Form mit der Abfolge von neun Sälen ein besonderes Charakteristikum von Klenzes Bau vorwegnahm. Als durch Erbfolge und Säkularisierung der Zuwachs der Gemäldesammlungen um die Düsseldorfer, Mannheimer und Zweibrückener Bestände einen Neubau unausweichlich machte, wanderte das Galerieprojekt schrittweise auf die »Grüne Wiese« der nördlichen Maxvorstadt, in das noch leere Niemandsland zwischen dem historischen Stadtkern und dem Dorf Schwabing: Am Anfang stand die von Galerie-Inspektor Johann Georg von Dillis ab 1807 favorisierte Idee, die Hofgartengalerie am gleichen Ort lediglich zu erweitern. Dann wollte der Kronprinz 1816 die Galerie als Schmuckstück der geplanten Ludwigstraße an die Westseite des Hofgartens verlegen (als Vorläuferin des Bazargebäudes, vgl. S. 94ff.) und dadurch um 90 Grad in eine höchst ungünstige Ost-West-Ausrichtung drehen. Schließlich gab es ab 1822 konkrete Entwurfsplanungen Klenzes für den Neubau auf dem Rechberg-Grundstück an der Nordseite der Brienner Straße (vgl. S. 106ff.) und einen Gegenvorschlag des inzwischen zum »Centralgaleriedirektor« avancierten Dillis für den Südrand des Englischen Gartens (etwa an der Stelle des »Hauses der Kunst«). Am Ende einigte man sich auf das freie Karree an der Barer Straße, wo der Solitär allen sorgsam analysierten funktionalen Erfordernissen voll entsprechen konnte (wegen der Abgelegenheit erhielt sie jedoch anfänglich den Spitznamen »Dachauer Galerie«).

Den Grundstein legte der fünf Monate zuvor inthronisierte Ludwig I. am 7. April 1826, dem 343. Geburtstag Raffaels. Die Eröffnung erfolgte am 16. Oktober 1836. Die leergezogene und umgebaute Hofgartengalerie wurde nach dem Umzug der Gemälde für ägyptische, griechische, römische und asiatische Sammlungsbestände genutzt. Sie war 1937 Schauplatz der berüchtigten NS-Propaganda-Ausstellung »Entartete Kunst« und diente seit dem modernen Wiederaufbau in den Nachkriegsjahren als Ausstellungslokal des Münchner Kunstvereins (vgl. S. 49).

Inwieweit die grundlegende funktionale Matrix für den Neubau der Pinakothek von Dillis oder Klenze stammt, die in einem gespannten Verhältnis kooperieren mussten und sich ihre jeweiligen Verdienste absprachen, ist in der Forschung umstritten. Allerdings war nicht nur der Maler Dillis, sondern auch der Architekt Klenze ein hervorragender Kenner der Kunstgeschichte sowie der berühmtesten europäischen Sammlungen in Frankreich und Italien und ihrer musealen Präsentation in Schlössern, Palästen und modernisierten Nutzbauten. So können die architekturrelevanten Forderungen in Dillis' »Memorandum« von 1822 ebenso gut ursprünglich von Klenze stammen: die strikte Nord-Süd-Orientierung mit Fenstern nach Norden und Süden, die Aufteilung der Präsentation nach Bildformaten in große Säle und ihnen zugeordnete Kabinette für die »Kabinettbilder«, die Beleuchtung der ersteren durch Oberlicht und der letzten durch seitlich einfallendes Nordlicht, die Anbringung von hohen Gewölben zur Vermeidung von Spiegelungseffekten

Ostfassade mit dem ehemaligen Haupteingang

auf den Bildern und der gesonderte Zugang zu jedem Saal durch eine Erschließungsgalerie über die ganze Länge des Gebäudes (ähnlich wie in den Uffizien in Florenz). Die sicherheitstechnischen und museologischen Kriterien kamen vielleicht eher vom Galeriedirektor: trockener Standort, freistehend und feuersicher, Einwölbung des Erdgeschosses für Magazine, Einplanung von Kopier- und Restaurierungsräumen und nicht zuletzt Abstimmung der Raumdimensionen auf die jeweiligen Hauptwerke jeder »Schule« der Malerei sowie überraschenderweise die Forderung nach einer Fassade mit Vorplatz und der Anlage eines Garten- und Hofraums (gerade diesen Forderungen entsprach Klenzes Konzeption nicht).

Klenze berichtet in der Veröffentlichung seiner »Architektonischen Entwürfe« (1830ff.), dass sich nach Klarstellung »der inneren Einrichtung des Gebäudes […] das Äußere gleichsam von selbst [gestaltete]«. Tatsächlich sind die Varianten zwischen seiner ersten bekannten Skizze um 1820 und dem Ausführungsentwurf von 1824 strukturell übereinstimmende Modifikationen des gleichen, entwurfstechnisch nach Art Jean-Nicolas-Louis Durands (vgl. S. 11f.) über einem Raster durchrationalisierten Schemas, dessen funktionaler Ausgangspunkt das Galeriegeschoss war: Der Grundriss zeigt die sieben, zwischen zwei kurze Kopfbauten eingespannten Oberlichtsäle, die über eine prächtige Enfilade miteinander verbunden sind. Ihnen sind auf der Nordseite die Kabinette, auf der Südseite, gewissermaßen als Puffer gegen die direkte Sonneneinstrahlung, der den Loggien Raffaels im Vatikanspalast nachempfundene Erschließungsgang zugeordnet. So konnte jeder Saal oder jede Malereischule nach Belieben auch separat besichtigt werden – eine innovative Disposition, die allerdings keine Unterbrechung durch ein zentrales Treppenhaus verträgt. Dieses verlagerte Klenze in den östlichen Kopfbau, wo sich auch der eher bescheidene Eingang zum Vestibül der Pinakothek befand, während die Portale an den Langseiten (der heutige Haupteingang) ursprünglich nur die Einfahrt zur Ladezone im Erdgeschoss und den Zugang zu den technischen und administrativen Räumen markierten. Im Erdgeschoss waren darüber hinaus auch die Sammlung antiker Vasen, die den griechisch-römischen Auftakt der Geschichte der Malerei illustrierten, der Kopiersaal und das Kupferstichkabinett untergebracht. Das Kellergeschoss enthielt eine Zentralheizungsanlage auf dem neuesten Stand der Technik.

Klenze hat für den Verstoß gegen die akademischen Regeln der Repräsentation bissige Kritik einstecken müssen, doch erlaubte seine geniale Disposition der Schauräume eine (damals) stringente kunsthistorische Anordnung der historischen Schulen der Malerei, wie sie erstmals Christian von Mecheln in der Wiener Gemäldegalerie im Oberen Belvedere 1781 eingeführt hatte: nämlich einen fortschreitenden Durchgang durch die Kunstgeschichte, ohne allerdings auf eine normative Wertung ihrer Höhepunkte ganz zu verzichten. Der Besucher betrat linker Hand des Vestibüls das Treppenhaus und gelangte im Obergeschoss zunächst in den Stiftersaal, der dem Mäzenatentum der Wittelsbacher-Dynastie, die diese einzigartige Gemäldesammlung im Laufe der Jahrhunderte zusammengetragen hatte, gewidmet war. Die Saalfolge nach Westen begann im Geiste des Patriotismus mit der erst kürzlich durch die Romantiker wiederentdeckten Schule der Altdeutschen Malerei: den deutschen Werken des

Johann Lorenz Maaß: Rubenssaal der Alten Pinakothek (1895)

Hochmittelalters und der Spätgotik, »nach und nach gänzlich umgebildet durch die italienischen Vorbilder«, wie es in Anspielung auf die Kunst der Dürerzeit im Katalog von 1838 hieß. Zum Ärger der konkurrierenden Preußen hatte diese Abteilung 1827 durch den Ankauf der berühmten Sammlung der Brüder Sulpiz und Melchior Boisserée bedeutenden Zuwachs erhalten. Dann folgten die alten Niederländer. Die Brücke von den nordischen zu den in den westlichen Sälen untergebrachten romanischen Schulen bildet bis heute das ›Goldene Jahrhundert‹ der an den Italienern geschulten niederländisch-flämischen Barockmalerei. Letztere kulminiert in der bedeutenden Rubenssammlung, die dementsprechend den herausgehobenen zentralen Saal der Pinakothek einnimmt. Seine Dimensionen waren auf Peter Paul Rubens' über sechs Meter hohes Jüngstes Gericht (1617 für den Hochaltar der Jesuitenkirche von Neuburg an der Donau entstanden) abgestimmt. Bis heute dominiert das Monumentalgemälde diesen Saal, der als einziger auf seiner Südseite einen Abstand gebietenden Vorsaal mit triumphalem Bogen besitzt.

Die Loggien mit den Cornelius-Fresken (Kriegsverlust)

Auf die Franzosen und Spanier folgten am Ende im westlichen Kopfbau die Säle der Italiener mit den Werken Raffaels als den absoluten künstlerischen Höhepunkten. Sie stellten gleichsam das Endziel der Pilgerreise durch die Kunstgeschichte dar, bevor man durch die mit den Fresken von Peter von Cornelius geschmückten Loggien zum Ausgangspunkt zurückkehren konnte (im Krieg zerstört). Cornelius, der ganz im italienischen Sinne die monumentale Wandmalerei wiederbeleben wollte und deshalb von Ludwig I. 1818 aus Rom nach München berufen worden war, stellte hier die »Viten« der bedeutendsten Maler von Giotto bis in die Neuzeit nach Giorgio Vasari, Karel van Mander und Joachim von Sandrart dar – also gleichsam Leben und Werk der »Heiligen« der Kunstgeschichte. Dabei orientierte Cornelius sich formal an Raffaels oberen vatikanischen Loggien, während Klenze sich mit seiner langen Reihe von Flachkuppeln auf Raffaels Architektur des unteren Stockwerks derselben bezog.

Über die Einbindung der Malereien in die architektonische Struktur und über die ornamentalen Motive kam es zu heftigen Auseinandersetzungen zwischen Cornelius und Klenze, der den König auf seine Seite zu ziehen vermochte: »Nein Klenze, das ist zu arg, zu toll, die dekorativen Malereien in der Pinakothek müssen alle wieder herabgeschlagen werden, denn ähnliche Sauereien gibt es nicht mehr [...]. Ich sehe nun, daß Cornelius von dekorativer Kunst nicht die entfernteste Idee [...] hat und kann nicht dulden, daß meine herrliche Pinakothek einen solchen Schandfleck an sich trage« (Memorabilien II). Die Bildersäle waren im Bereich der Vouten üppig mit vergoldeten Stukkaturen geschmückt. Ähnlich wie im Falle der Glyptothek gab es Streit über das Ausmaß des dekorativen Prunkes, für den Klenze und Ludwig plädierten, um den Museumsbesucher in eine feier-

Pinakothek von Südosten, Ansicht, aus: »München im Bild« (1909)

liche Stimmung zu versetzen: »Großartig, schön, prachtvoll sollen die Säle werden, welche die herrlichste Gemäldesammlung auf Erden einst enthalten, wodurch diese selbst größere Wirkung haben wird« (Ludwig an Klenze, 12.07.1827). Hingegen befürchtete Dillis ähnlich wie vormals Johann Martin von Wagner bei der Ausstattung der Glyptothek (vgl. S. 33f.), dass der gesteigerte Glanz die Wirkung der Kunstwerke schwächen würde. Der eigentliche Zweck der hohen Spiegelgewölbe war, den Lichteinfall von oben so weit zu streuen, dass kein direkter Lichtreflex die Bilder treffen konnte. Die Hängung in zwei Etagen folgte noch der alten barocken Galerietradition, doch waren die Wände nicht mehr so dicht mit Bildern gefüllt, sodass jedes der mehr als eintausend gezeigten Gemälde als autonomes Kunstwerk wesentlich besser zur Geltung kam. Die Wände selbst waren – ähnlich wie in den italienischen Palästen des 17. und 18. Jahrhunderts – mit glanzlosem purpurrotem und grünem Damast bespannt, der das jeweilige Kolorit der Gemälde herausheben sollte. Beispiellos war die gleichmäßige Tageslichtbeleuchtung in den niedrigeren Kabinetten und insbesondere in den mit großen Glas-Eisen-Laternen ausgestatteten sieben Oberlichtsälen. Vorbild für diese war der sowohl Dillis als auch Klenze bestens vertraute Salon Carré im Louvre, Schauplatz der berühmten »Salon-Ausstellungen«, der bereits 1789 eine neue, relativ große eiserne Oberlichtlaterne erhalten hatte.

Klenze – den modernen technischen Konstruktionen stets aufgeschlossen – hat sich nicht gescheut, seine elf gewaltigen Laternen unverbrämt und weithin sichtbar auf den »klassischen« Baukörper zu setzen, der sich ansonsten des Architekturvokabulars der italienischen Hochrenaissance bediente. Obwohl die Pinakothek kein direktes historisches Vorbild imitierte, sondern eine freie Neuschöpfung darstellt, konnte die Stilwahl somit auch an die gefeierte Epoche Raffaels erinnern. Die äußere, an allen vier Fassaden unterschiedliche architektonische Gliederung bildet die Raumfunktionen exakt ab. So zeigt die Südfassade über einem rustizierten Sockel kompakte Rundbogenfenster, die in eine Rechteckrahmung mit horizontalem Giebelabschluss eingepasst sind (ein Motiv nach Bramantes »Palazzo della Cancelleria« in Rom). Dahinter verbarg sich der Erschließungsgang des Erdgeschosses. Das gesamte obere Geschoss nehmen hingegen die dicht gesetzten und als Arkaden die ganze Höhe füllenden Rundbogenfenster vor den Loggien ein, die über 25 Achsen gleichmäßig mit einer ionischen Kolonnade überblendet sind. Das Vorbild war die Fassade der Loggien Raffaels zum Cortile San Damaso des Vatikans. Auf den verkröpften Postamenten vor der zurückweichenden Attika wurde nach Klenzes Idee die Figurenfolge der Künstlergalerie von Ludwig von Schwanthaler aufgestellt, die nach Außen ein aufschlussreiches kunsthistoriographisches Programm darbot und auch die starke Horizontalwirkung der Baulinien durch Vertikaleffekte minderte (ihr Kriegsverlust stellt somit nicht nur eine ikonographische, sondern auch eine ästhetische Reduktion des Baus dar). Ganz anders präsentiert sich die Nordfassade mit zwei Reihen von »Bramante-Fenstern«, die im Erdgeschoss die Vasensammlung und das Kupferstichkabinett erhellten. Im Obergeschoss sind sie zwischen toskanische Pilaster eingespannt und belichten die eingewölbten Kabinette. Die Mezzaninfenster hingegen sind blind und dienen nur dem äußeren Fassadenbild. An den Schmalseiten führte Klenze im zweiten Obergeschoss monumentale Thermenfenster ein, die dem Bauwerk eine »römische« Anmutung geben. Zu dieser gehört auch die damals innovative Materialität: Den graugrünen Abbacher Glaukonit-Sandstein des massiven Rohbaus verband Klenze ab 1827 statt des ursprünglich vorgesehenen »unhaltbaren Bewurfes« (d. h. Putzes) mit einer fast fugenlosen Ziegelwand, die im »römischen Verband« gemauert war (die Ziegelsteine werden dabei fugenlos rückwärtig in einem Mörtelbett verankert). Klenze griff damit auf eine sowohl in der Antike als auch in der oberitalienischen Renaissance beliebte Kombination von Backstein und Haustein zurück. Auch Schinkel experimentierte damals in seiner Friedrichswerderschen Kirche ab 1826 und im Feilnerhaus ab 1829 mit der Wiederbelebung der Sichtziegelarchitektur, die in der erforderlichen ästhetischen Präzision handwerklich erst wieder erlernt werden musste. Ausschlaggebend für Klenzes Wechsel der Oberflächen war jedoch sein Münchner Rivale Friedrich von Gärtner, der im gleichen Jahr im ersten Entwurf für die Bayerische Staatsbibliothek am Königsplatz (errichtet 1831–1843 an der Ludwigstraße) mit dieser Backstein-Haustein-Kombination eine ganz neue Wirkung vorgeschlagen hatte.

Während die Innenräume der Alten Pinakothek im 20. Jahrhundert zunächst relativ behutsam den Erfordernissen der modernen Museologie angepasst worden waren, stellten die überaus starken Zerstörungen der Bombenangriffe von 1943 bis 1945, denen insbesondere der Mitteltrakt weitgehend zum Opfer fiel, den Fortbestand des

»Bramantefenster« vor römischem Ziegelverband und Rustikasockel mit Kriegsschäden

Baudenkmals ernsthaft in Frage. Die Anhänger der Moderne unter Federführung des Kunsthistorikers Hans Eckstein plädierten für Abriss und einen zeitgemäßen Neubau. Dem durch seine Haltung im Dritten Reich stark belasteten, aber 1953 wieder eingesetzten Generaldirektor Ernst Buchner kommt das Verdienst zu, den Wiederaufbau des Museums durchgesetzt zu haben, das 1957 zum zweiten Mal eröffnet werden konnte. Das architektonische Wiederauf-

Hans Döllgast: Neues Haupttreppenhaus
(1952–1957)

baukonzept des TU-Professors Hans Döllgast ab 1952 gilt als Meisterleistung einer »kritischen« Rekonstruktion im Sinne einer zurückhaltenden Denkmalreparatur, indem der Baukörper unter Verzicht auf historische Details wieder in seinen bestimmenden Hauptformen mit Trümmerziegeln geschlossen wurde und die durch den Krieg geschlagenen Wunden auf diese Weise bewusst sichtbar bleiben. Im Zuge der Rekonstruktionsmode der jüngeren Zeit wird immer wieder versucht, Döllgasts Konzept als Provisorium abzuwerten, um die Forderung nach einem makellosen historischen Oberflächenbild erheben zu können. Nicht zuletzt die Modernisierung des Gebäudes in der Nachkriegszeit würde auf diese Weise ad absurdum geführt: Im Inneren gelang Döllgast nämlich eine beträchtliche Ausdehnung der Galeriefläche auf das gesamte Erdgeschoss, nachdem Vasensammlung und Graphische Sammlung ausgelagert waren. Die Raumausstattung näherte sich unter Verzicht auf Wiederherstellung der Ornamente und durch ihre sehr hellen Farbfassungen der neutralen Präsentation eines »White Cube« (seit der Ägide des Generaldirektors Reinhold Baumstark wurden Klenzes stark farbige Galeriefassungen mittlerweile annähernd rekonstruiert). Eine kluge Anpassung an die modernen Erfordernisse der Erschließung für ein Massenpublikum stellen Döllgasts neuer Zugang über das mittige Hauptportal und der Einbau eines großzügigen zentralen Vestibüls dar. Von hier aus verbindet eine atemberaubende zweiarmige Monumentaltreppe – anstelle der vollständig verlorenen Cornelius-Loggia – die beiden Galeriegeschosse. Im Zuge der konservierenden Generalsanierung der 1990er Jahre wurde Döllgasts Wiederaufbaukonzept als maßgebliche Denkmalschicht respektiert, auch wenn die Rückbaudiskussion immer wieder aufflammt.

Literatur: Böttger (1972); Büttner (1999), S. 61–122; Buttlar (1999), S. 247–265; Hildebrand (2000), S. 282–290; Baumstark (2006); zur Hofgartengalerie zusammenfassend Juliane Granzow in: Savoy (2006), S. 333–347; Denkmaltopographie (2009), S. 110–114; zu Döllgast: Altenhöfer (1987)

BAYERISCHE RUHMESHALLE

Planung: ab 1807, Entwürfe
1833/34.

Ausführung: 1843–1853

Beteiligte Künstler:
Ludwig von Schwanthaler,
Ferdinand von Miller

Wiederaufbau und
Restaurierungen: 1953–1957,
1964–1972; 2001/02

Die Bayerische Ruhmeshalle an der Theresienwiese ist gleichsam die »kleine Schwester« der verdienstvollen Männern und Frauen »teutscher Zunge« gewidmeten Walhalla bei Donaustauf (vgl. S. 191ff.) - eine Konkurrenz der nationalen und regionalen »Helden«, die die Spannung zwischen der »deutschen Kulturnation« (Thomas Nipperdey) im Verhältnis zum bayerischen Staatspatriotismus widerspiegelt. Beide Monumentalprojekte wurden nach 1806 in der Zeit »Teutschlands tiefster Erniedrigung« von Kronprinz Ludwig (er selbst zitierte das gleichnamige antinapoleonische Pamphlet von 1806) angedacht, als mit der preußischen Niederlage bei Jena und Auerstedt der Sieg der Franzosen besiegelt war, mit denen sich Bayern damals gerade politisch und dynastisch verbunden hatte: der Walhalla-Tempel zunächst an den Isarabhängen im Weichbild Münchens geplant, die Ruhmeshalle als ein den bayerischen Regenten und verdienten Patrioten gewidmetes Pantheon im Münchner Englischen Garten (skizziert schon im Plan Friedrich Ludwig von Sckells 1807, vgl. S. 141ff.). Von dem Historiker Lorenz Westenrieder ließ der gegenüber der Frankreichpolitik seines Vaters und des Ministers Montgelas stets aufmüpfige Kronprinz 1809 eine Liste verdienter Bayern erstellen. 1824 wurde der zukünftige Standort auf der Sendlinger Höhe festgelegt: Der Schauplatz der »Sendlinger Bauernschlacht«, in der die aufständischen Bauern 1705 nach der Vertreibung ihres Kurfürsten Max Emanuel unter

Ruhmeshalle mit Bavaria

großen Opfern gegen die habsburgische Fremdherrschaft revoltiert hatten, war ein historisch prädestinierter Ort für diese patriotische Bauaufgabe. Dieses Bekenntnis zur angestammten Dynastie verband sich nun mit dem populären Oktoberfest, das sich aus den Hochzeitsfeierlichkeiten des Kronprinzen Ludwig und der Prinzessin Therese von Sachsen-Hildburghausen ab 1810 auf der nach der zukünftigen Königin benannten »Theresienwiese« entwickelte.

Vor dem Hintergrund der »Münchner Kunstkämpfe« (vgl. S. 16) entstanden Ende der 1820er Jahre erste konkurrierende Skizzen für einen solchen Monumentalbau von dem jungen Georg Friedrich Ziebland und von Klenze, der aus seinem Fundus von Walhalla-Alternativen einen recht konventionellen korinthischen Rundtempel (Tholos) vorschlug. 1833 schließlich spielte König Ludwig sehr bewusst seine vier talentiertesten Architekten – neben Klenze Friedrich von Gärtner, Georg Friedrich Ziebland und Joseph Daniel Ohlmüller – gegeneinander aus, indem er sie zu einem auf den 1. Februar 1834 befristeten Wettbewerb einlud, der neben dem »griechischen« erstmals auch den »Rundbogen-« und den »Spitzbogenstyl«, also byzantinisch-romanische bzw. oberitalienische Frührenaissance-Formen sowie eine neugotische Variante ermöglichte. Für den damals extrem angefeindeten Klenze war die Situation besonders schwierig, weil er ja gleichzeitig die Walhalla in Form eines dorischen Tempels errichtete, von der sich die Bayerische Ruhmeshalle signifikant unterscheiden sollte. Zieblands phantasielose Wahl eines dorischen Tempels blieb infolgedessen chancenlos. Ohlmüller schlug einen gotischen, von den damals aufkommenden Phantasien einer Gralskirche inspirierten Zentralbau vor, dessen Mitte eine monumentale Statue Königs

Alternativentwurf zur Bayerischen Ruhmeshalle (1833/34)

Ludwigs einnehmen sollte. Auch Gärtner beschritt neue Wege, indem er zunächst einen oktogonalen Zentralbau nach Art oberitalienischer Baptisterien im byzantinisch-romanischen Rundbogenstil projektierte, von dem Klenze wohl Kenntnis bekommen haben musste. Denn er entwickelte in einer seiner vier dem König präsentierten Alternativen einen ausgefeilten, auf Gärtners Entwurfsidee basierenden Vorschlag. Die Beschreibung des Inneren dieses Oktogons im oberitalienisch-langobardischen Stil mit buntverglasten Maßwerkfenstern folgt teilweise der des Gralstempels im wiederentdeckten mittelalterlichen Epos »Titurel«, dessen Publikation Sulpiz Boisserée gerade vorbereitete. Ein andere Alternative, die einen zentralen, pantheonähnlichen Kuppelraum mit einem quadratischen Grundriss kombinierte und somit Gärtners endgültigem Entwurf ähnelte, ist von der pädagogischen Funktion her interessant: In einer an die Glyptothek erinnernden Raumfolge sollte der Andachtsraum mit den Büsten durch eine museale Präsentation von bedeutsamen Exponaten und Dokumenten zur bayerischen Geschichte ergänzt werden. Geschickt hatte Klenze die Neugier des Königs auf die Folter gespannt, indem er den Wettbewerbstermin nicht einhielt und dem König übermittelte, dass er, von dem ja in erster Linie ein »griechischer« Entwurf zu erwarten war, noch keine zündende Idee für diese Aufgabe habe und möglicherweise gar keinen Entwurf abliefern werde. Erst als letzten legte er bei der Audienz im Februar 1834 dann seinen »griechischen« Hauptentwurf einer Säulenhalle mit einer fast 20 Meter hohen Kolossalfigur vor: Die rettende Idee für einen »dorischen Portikus« war Klenze tatsächlich erst auf seiner Berlinreise Ende November 1833 gekommen, auf der er mit Schinkel zusammentraf und insbesondere das soeben erschienene 19. Heft der »Architektonischen Entwürfe« Schinkels studierte, in dem die Entwürfe für ein Denkmal Friedrichs des Großen Unter

K. F. Schinkel: Entwurf eines Friedrichsdenkmals (1829/33)

den Linden publiziert waren: Eine offene dorische Säulenhalle, wie sie das monumentale Reiterstandbild des Preußenkönigs umgreifen sollte, schien Klenze besonders geeignet, vor einer pompejanisch roten Rückwand die immer wieder als »monoton« beklagte Reihe der Büsten zu präsentieren. Im Zentrum der Anlage plante Klenze anstelle des Reiterstandbildes die bronzene Kolossalgruppe der Bavaria mit dem bayerischen Löwen. Mit der Rechten bekränzt sie eine Herme, die ursprünglich Ludwigs Züge tragen sollte, dann aber angesichts der Abneigung des Königs gegen einen allzu offensichtlichen Personenkult, zu einer Allegorie der Herrschertugenden und Künste umgearbeitet wurde. Die Hermenidee stammt von Charles Perciers Entwurf für das Grabmal eines französischen Generals aus dem Jahr 1806. Als Vorbild der ›antikischen‹ Bavaria diente Klenze die Landesallegorie von Rauchs Max-Joseph-Denkmal (vgl. S. 76) sowie die Statue

»Griechischer Entwurf« (1833/34)

der Leukothea aus der Glyptothek. Vorsichtshalber nahm er Ludwig, bevor er die wortreich erläuterten Pläne verspätet übersandte, das Versprechen des Stillschweigens im Falle seiner Niederlage ab.

Der König verzögerte die Entscheidung zwischen Gärtners sehr aufwendigem zweiten Entwurf (eine Kuppelhalle in einem quadratischen, allseits geöffneten Arkadenbau auf einer hohen Sockelplattform) und Klenzes ›griechischer‹ Säulenloggia so lange, dass Klenze – gleichsam als ›Geheimwaffe‹ – noch einen fünften, minutiös ausgearbeiteten Entwurfsvorschlag erstellte: Er kombinierte seinen nun noch prächtigeren oktogonalen Gralstempel mit der exedraförmigen Renaissanceloggia der dritten Alternative, deren rückwärtige Nischen mit den Statuen der Wittelsbacher Fürsten geschmückt werden sollten, die Ludwig von Schwanthaler damals für den Thronsaal des Festsaalbaus entwarf (vgl. S. 57). Im Tympanon wird die seit 1832 bis nach Griechenland reichende Wittelsbacher-Herrschaft gefeiert (Isar und Ilissos füllen die Zwickel des Giebelfeldes). Das Akroterion des oktogonalen Zeltdaches war wiederum eine Bavaria, nun aber in einer ›germanisierten‹ Form mit wild wallendem Haar, den Busen, die Beine und Füße bedeckendem Kleid und übergeworfenem Bärenfell.

Ludwig von Schwanthaler: Bavaria (1835–1850)

Nach offizieller Lesart fiel Ludwigs Entscheidung zugunsten Klenzes, weil Gärtners (allseitig geschlossener und hoch aufgesockelter) Bau nach dem eingeforderten Kostenvoranschlag erheblich teurer ausgefallen wäre als Klenzes – abgesehen von der Monumentalstatue – relativ simple Konstruktion. Allerdings ist es gerade diese Monumentalstatue, die den besonderen Reiz des Klenze'schen Monumentes ausmacht, dessen Bau erst ein Jahrzehnt später begonnen wurde. Die auf Klenze zurückgehende Germanisierung der Bavaria war Ausgangspunkt der Entwürfe Schwanthalers, der sie schließlich mit erhobenem Arm, mit dem Kranz das Volk grüßend, zum populären Gegenüber der hinaufstrebenden Besucher machte (vgl. S. 260). Seit Kaiser Nero habe es keine vergleichbare Großbronze mehr gegeben, sinnierte Ludwig über die schon seit einigen Jahren von ihm angestrebte Wiederbelebung der Kolossalplastik, die er mithilfe seiner Künstler und ausgezeichneter Gusstechniker wie Ferdinand von Miller bewerkstelligen wollte (tatsächlich handelte es sich etwa bei dem 9 Meter hohen Kasseler Herkules von 1709 oder der 24 Meter messenden Statue des Carlo Borromeo am Lago Maggiore von 1695, die Klenze

Blick in die Säulenhalle

auf Anweisung Ludwigs vor Ort inspizierte, um Monumentalplastiken, die aus getriebenen Kupferteilen über einem eisernen Gerüst zusammengesetzt sind). Der Guss und die Montage der 1850 fertiggestellten Bavaria aus gewaltigen Teilstücken war eine kunsttechnische Sensation. Von Schwanthaler wurde auch der übrige bauplastische Schmuck konzipiert: die vier bayerischen Provinzen in den seitlichen Giebeln und die Metopenreliefs verschiedener Berufsstände sowie die damit wechselnden Viktorien. Erst 1853, fünf Jahre nach Ludwigs Abdankung, war die Ruhmeshalle, die einen polychrom gefassten eisernen Dachstuhl über dem Umgang erhielt, fertiggestellt (beim Wiederaufbau als vereinfachte Kassettendecke ausgeführt). Bei den Bombenangriffen 1944 blieb die Bavaria nahezu unversehrt, die stark beschädigte Halle wurde bis 1972 restauriert. Eine weitere Instandsetzung, namentlich der Bavaria, erfolgte nach der Jahrtausendwende. Auf Beschluss des Bayerischen Landtages von 1966 wird die Ehrung verdienstvoller Männer und (erst seit 2000!) Frauen fortgesetzt. Zu den Neuaufstellungen seit 1972 zählen beispielsweise der Maler Franz von Lenbach († 1904), die Schauspielerin Klara Ziegler († 1909), die Mathematikerin Emmy Noether († 1935), der Widerstandskämpfer Claus Graf Schenk von Stauffenberg († 1944), der Dichter Bert Brecht († 1956), der Physiker Werner Heisenberg († 1976) und der Komponist Carl Orff († 1982).

Literatur: Fischer (1972); Buttlar (1985a, 1987 und 1999) S. 266–282; Hildebrand (2000), S. 391–397; Denkmaltopographie (2004), S. 637ff.; Fischer/Heym (2009)

BAYERISCHE RUHMESHALLE

ST. SALVATOR-KIRCHE

Instandsetzung und Ausbau:
1828–1830

Generalsanierung: 2010

Das Gebäude der spätgotischen St. Salvatorkirche war nach der Säkularisierung (1803) und dem drohenden Abriss der evangelischen Kirchengemeinde anheimgefallen, wurde jedoch nicht genutzt. 1823 plante Klenze, dessen Projekt für eine pompöse evangelische Gemeindekirche am Wittelsbacher Platz soeben gescheitert war, den Umbau in ein Getreidemagazin, während sein Kollege Gustav Vorherr den Ausbau zur provisorischen Gemeindekirche projektierte. Die evangelische Kirchengemeinde gab das Bauwerk 1827 an den Staat zurück, nachdem der repräsentative Neubau von St. Matthäus an der Sonnenstraße nach Plänen von Johann Nepomuk Pertsch gesichert war. Der Philhellene Ludwig stellte die ehemalige Salvatorkirche auf Betreiben des neuhumanistischen Bildungspolitikers Friedrich Thiersch 1828 der dreißigköpfigen Griechischen Gemeinde in München zur Verfügung und ließ sie bis 1830 unter der Leitung Klenzes instand setzen und für den orthodoxen Gottesdienst einrichten. Da die Baukosten nur 2100 Gulden betrugen, dürfte sich die Renovierung auf die notwendigsten Sicherungs- und Verschönerungsmaßnahmen beschränkt haben. Hinzu kam die liturgische Ausstattung, die Maria Pawlowna, die Großherzogin von Sachsen-Weimar-Eisenach und Schwester des russischen Zaren Alexander I., als Geschenk aus St. Petersburg besorgte. Klenze entwarf dafür eine Ikonostase, die in veränderter Form ausgeführt wurde, wie eine um 1850 entstandene Ansicht des Innenraumes zeigt. Die den Diensten eingefügten spätgotischen Apostelfiguren wurden erst 1903 herausgenommen und durch Ikonen ersetzt. Die noch immer im Staatsbesitz befindliche Kirche – seither mehrfach im Detail restauriert und 2010 generalsaniert – wurde nach einem Rechtsstreit 1999 der orthodoxen Münchner Kirchengemeinde entzogen und der Griechisch-Orthodoxen Metropolie von Deutschland eingegliedert.

Literatur: Wolfgang Schegh in: Neues Hellas (1999), S. 246f.; Hildebrand (2000), S. 412

Ikonostase heute und Innenansicht um 1850

MONUMENTE UND GRABMÄLER

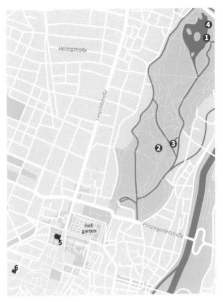

1 Sckell-Denkmal   **2** Monopteros
3 Pompejanische Bank   **4** Werneck-Denkmal
5 Theatinerkirche   **6** St. Michael

Der Englische Garten in München entstand ab 1789 unter Kurfürst Carl Theodor in Reaktion auf den Ausbruch der Französischen Revolution in Paris als erster öffentlicher Volkspark im landschaftlichen Stil. Der aufgeklärte, aus Amerika stammende Minister Benjamin Thompson, Graf Rumford, hatte dem Kurfürsten zugeraten, in den ehemals der Jagd dienenden Isarauen nicht nur Militärgärten als nützliche Freizeitbeschäftigung seiner Soldaten anzulegen, sondern eine ästhetisch idealisierte Erholungslandschaft für »alle Stände« zu erschaffen, die sich hier im »Schooße der schönen Natur« begegnen sollten, wie es der Kieler Gartentheoretiker Christian Cay Lorenz Hirschfeld schon zehn Jahre zuvor gefordert hatte. Die künstlerische Leitung hatte der Schwetzinger Hofgärtner des aus der Pfalz stammenden Regenten, Friedrich Ludwig von Sckell, inne, der 1806 zum Bayerischen Hofgarten-Intendanten berufen wurde, nach München übersiedelte und in einem großen Reformwerk dem Münchner Landschaftspark seine klassische Form gab. Er verstand seinen Volksgarten aufklärerisch als »allernöthigste der bildenden Kunstanstalten einer humanen und weisen Regierung«.

Die zu einem Landschaftsgarten gehörigen Staffagebauten dienten um 1800 nicht mehr in erster Linie der Erregung sentimentaler und moralisierender Gefühlswerte und Stimmungen wie in der empfindsamen Epoche des 18. Jahrhunderts, sondern eher populären Volksvergnügungen oder einer humanistischen Volksbildung: beispielsweise der Chinesische Turm mit seinem beliebten Biergarten und der hölzerne Apollotempel an der Eisbachschleife (beide aus dem Gründungsjahr des Gartens 1789), der dem Volke die höhere Sphäre der klassischen Kultur vermitteln sollte. Klenze hielt wenig von der englischen Landschaftskunst, in der Bauwerke oft ganz auf ihren Bildwert reduziert wurden und berühmte Ikonen der Architekturgeschichte *en miniature* imitierten. Im Hinblick auf den landschaftlich überformten Renaissancegarten von Pratolino sprach Klenze deshalb 1824 vom »faden Affengeschmack« der englischen Gartenkunst. Seine Beiträge zur Parkarchitektur des Münchner Englischen Gartens und des Sckell'schen Schlossgartens in Nymphenburg verstehen sich dementsprechend nicht nur als theatralische Natur-Inszenierung im Sinne der idealen Landschaftsmalerei, sondern vielmehr auch als archäologische Rekonstruktionen und architektonische Skulpturen von hohem Innovationswert. Sie sind allesamt der Geschichte der Parkanlagen und ihren Schöpfern gewidmet. Ähnlich autonom zu verstehen sind die bedeutenden Grabmäler, die Klenze in St. Michael, in der Theatinerkirche und in der Basilika St. Bonifaz sowie auf dem Südfriedhof und dem alten jüdischen Friedhof schuf.

Literatur: Hallbaum (1927), S. 210–218; Dombart (1972); Heikamp (1975); Buttlar (1979); Festschrift Englischer Garten (1989); Denkmaltopographie (2009), S. 180–190

ENGLISCHER GARTEN
SCKELL-DENKMAL

Planung und Errichtung: 1823/24

Beteiligte Künstler und Partner: Ernst von Bandel (Bildhauer), Carl August Sckell (Gartenarchitekt)

Zerstörung: Verwitterungsprozess, Abtragung 1932

Reproduktion: 1939 durch Georg Pezold

Dass König Max I. Joseph schon wenige Monate nach dem Tod des Hofgarten-Intendanten und Stadtplaners Friedrich Ludwig von Sckell (1750–1823) ein Denkmal in Auftrag gab, zeigt seine überaus hohe Wertschätzung des künstlerischen Vaters des Münchner Englischen Gartens. Eine von Weitem gut sichtbare kleine Halbinsel am nordöstlichen Ufer des Kleinhesseloher Sees wurde für die Aufstellung des Säulenmonuments gewählt. Dass Klenze die Entwürfe lieferte, ist wohl dadurch erklärlich, dass – ähnlich wie im Falle des gleichzeitigen Max-Joseph-Denkmals – der architektonische Anteil des Denkmals hoch eingeschätzt wurde. Tatsächlich stellt Klenzes Entwurf eine perfekte Durchdringung der architektonischen Elemente des Sockels, der mit einer umlaufenden Sitzbank kombiniert ist, und einer korinthischen Säule mit der plastischen Durchformung dar. Im ersten Entwurf sollte die Säule mit einer Bildnisbüste Sckells bekrönt werden: so wurde sie noch 1825 in der Neuauflage von Sckells »Beiträgen zur bildenen Gartenkunst« abgebildet. Möglicherweise war dem noch ungeübten Bildhauer das Porträt nicht zufriedenstellend gelungen: jedenfalls wurde im Ausführungsentwurf eine ornamentale Bekrönung mit einem Pinienzapfen gewählt. Das aus klassischen Akanthus-, Voluten- und Palmettenformen gebildete plastische Ornament geht hier – der Theoriebildung Klenzes Anfang der 1820er Jahre folgend (vgl. S. 253) – mit dem Architektonischen eine innige Verbindung ein: Im gleichen Jahr hatte Klenze seine vier Hefte über die »Schönsten Überbleibsel Griechischer Ornamente der Glyptik, Plastik und Malerei« veröffentlicht und sein sogenanntes ›Widmungsblatt‹ im Künstleralbum für den preu-

Sckell-Denkmal

ßischen Kronprinzen Friedrich Wilhelm gezeichnet, das die Vorlage für den Sockelschmuck bildete (vgl. S. 254). Der Säulenschaft selbst ist fast stoffartig ganz mit einem Fächer-Palmettenmuster verkleidet. Das korinthische Kapitell verstand Sckell als höchste Ausprägung künstlerischer Schönheit in Analogie zur Akanthuspflanze (Bärenklau). Die vier aus dem Schaft hervortretenden Frauengestalten verkörpern die Jahreszeiten. Der Sockel trägt neben den Daten und Titeln Sckells und den Sinnsprüchen »Der Staub vergeht, der Geist besteht« und »Auch Du Lustwandler ehre das Andenken des Biedermannes« die Widmungsinschrift »Dem sinnigen Meister / schöner Gartenkunst / der sein volles Verdienst / um der Erde reinsten Genuß / durch diese Anlagen krönte / liess diesen Denkstein setzen / sein König Max Joseph MDCCCXXIV.« Die bildhauerische Umsetzung des Entwurfs erfolgte durch den erst 23jährigen Ernst von Bandel – den späteren Schöpfer des Hermannsdenkmals im Teutoburger Wald. Er war ursprünglich ein Schüler Carl von Fischers und wurde vom König protegiert. Die schon nach 90 Jahren stark verwitterte Säule musste 1932 heruntergenommen werden und ist 1939 durch eine getreue Reproduktion von Georg Pezold ersetzt worden.

Literatur: Sckell (1825), Umschlagrückseite; Dombart (1972), S. 181f.; Buttlar (1979), S. 215; Festschrift Englischer Garten (1989), S. 128f.; Buttlar (1999), S. 302f.; Dittscheid (2002), S. 319f.; Denkmaltopographie (2009), S. 187f.; http://www.muenchenwiki.de/wiki/Sckell-Denkmal

ENGLISCHER GARTEN
MONOPTEROS

Planung: ab 1822

Ausführung: 1832–1836

Mitwirkende Künstler: Friedrich und Carl August Sckell (Gartenarchitekten)

Restaurierungen: 1898, 1952–1955, 1980er Jahre

Klenzes steinerner Monopteros ersetzte den baufälligen, 1837 abgerissenen hölzernen Apollotempel gleichen Typs, der seit 1789/90 wenige Meter südöstlich auf der Halbinsel der Eisbachschleife gestanden hatte und als typisches Ver-

Blick auf den Monopteros von Westen

Die polychrome Fassung der Kassettenkuppel und der Kapitelle

satzstück zur Erstausstattung des Englischen Gartens gehörte (an seiner Stelle entstand 1838 Klenzes pompejanische Sitzbank, vgl. S. 144). Dem ältesten landschaftlichen Volkspark Europas fehlte aus der Fernsicht von Anfang an eine zentrale Staffage, da der Chinesische Turm inmitten des Hirschanger-Gehölzes steht. Friedrich Ludwig von Sckells Projekt eines Monumentes für die Wittelsbacher-Dynastie in Form eines Pantheons – 1807 etwas südlich vom heutigen Monopteros vorgesehen – wurde nicht verwirklicht. Sckell konzipierte nun die Variante eines Aussichtstempels, der schon von der Residenz aus sichtbar sein sollte: In der Blickschneise würde »ein großes Bild« entstehen, in dem sich im »Vordergrund eine starke Anhöhe« zeigte, auf der sich »ein griechischer Tempel, der Alten Tugend geweiht« erheben sollte (Denkschrift 1807). Kronprinz Ludwigs zwischen 1809 und 1811 noch für den Englischen Garten geplantes Walhalla-Projekt in Form eines griechisch-dorischen Tempels ist bald vom Standort München entkoppelt worden (vgl. S. 192f.); aber Ludwig verfolgte Sckells Idee mit der Absicht, »dereinst einen polychromisierten Tempel im Englischen Garten [...] errichten zu lassen«, seit Anfang der 1820er Jahre weiter.

Klenze griff das Desiderat eines Point de Vue mit seinem Entwurf für einen offenen Rundtempel ionischer Ordnung auf, der auf einem hohen künstlichen Hügel errichtet wurde und die Dimensionen einer Gartenstaffage sprengt – zum einen aufgrund seiner relativ monumentalen Dimensionen, zum anderen durch die anspruchsvolle, solide und bis in die archäologisch verifizierbaren Details ausgefeilte Gestaltung. Der Gartentempel erfüllt zudem bis heute die Funktion eines Aussichtturmes, von dem aus man nicht nur den Park, sondern auch die gesamte Silhouette der »ehrwürdigen Stadt München im Hintergrund« übersehen konnte, wie Sckell es 1807 in seiner Denkschrift zur Neugestaltung des Münchner Volksgartens gefordert hatte. Tatsächlich ist der »Monopteros« (Begriff für eine Rundtempelform ohne Cella, die in der Antike selten vorkam und sich erst im Rahmen der Gartenkunst, namentlich des 18. Jahrhunderts, verbreitete) wegen seines enormen Gewichtes auf einem solide gemauerten Turm von ca. 15 Metern Höhe errichtet worden, wie eine zeitgenössische Daguerreotypie belegt, um den herum dann unter der Regie von Sckells Neffen Carl August das Erdreich aufgeschüttet wurde.

Über dem dreistufigen Stylobat stehen Säulen aus Ebenwieser Kalkstein mit sorgfältig ausgearbeiteten ionischen Kapitellen. Sie tragen die kassettierte Kuppel mit Kupfereindeckung, deren Kranzgesims mit plastischen Palmetten geschmückt ist und die von einem monumentalen, aus griechisch-römischen Ornamentformen gebildeten Pinienzapfen-Akroter bekrönt wird. In der Mitte des offenen Innenraumes steht eine altarähnliche Rundstele mit der an die Geschichte des Parks erinnernden Inschrift: »Dem Gründer dieses Gartens / gegen Ende des XVIII. Jahrhunderts / Churfürsten Carl Theodor / und dessen Erweiterer und Verschoenerer / im Anfang des XIX. / König Maximilian I. / errichtete dieses Denkmal / im Jahre MDCCCXXXVII / Koenig Ludwig I.«

Eine architektonische Sensation war damals Klenzes erstmalige Anwendung der antiken Polychromie, über die insbesondere nach dem Erscheinen von Gottfried Sempers Schrift »Vorläufige Bemerkungen über vielfarbige Architektur und Plastik bei den Alten« (1834) lebhaft debattiert wurde. Damit erfüllte Klenze einen alten Wunsch König Ludwigs, den die Untersuchung zur ursprünglichen Farbigkeit der »Aegineten« in der Glyptothek von Schelling und Wagner (1817) begeistert hatte. Klenze, der sich selbst als »polychromatischen Sekretär« des Kronprinzen bezeichnete, begann die farbige Fassung der griechischen Architekturelemente schon 1823/24 auf seiner Reise zu den Tempeln Siziliens zu erforschen. Er beschränkte die farbige Bemalung auf die Kapitelle, die abwechselnd rot und grün getönten Kassetten der Kuppel, den zierlichen bunten Ornamentfries des Architravs und Kranzgesimses sowie auf das Kuppelakroterion, doch erregte die ungewohnte Wirkung des Tempels in der freien Natur des Landschaftsparks über Architektenkreise hinaus viel Aufsehen. Klenze war auf diese Innovation so stolz, dass er 1837 dem »Royal Institute of British Architects« (RIBA) in London, zu dessen Ehrenmitglied er 1835 kurz vor seiner ersten Englandreise ernannt worden war, einen sorgfältig ausgearbeiteten Aufriss mit einem Erläuterungsbrief über

Schaublatt des Monopteros – Geschenk an das Royal Institute of British Architects in London (1837)

dieses »erste Beispiel der Lithochromie in unserer Zeit« übersandte. Doch Sulpiz Boisserée fand 1836 das Experiment »ganz mißlungen« und Semper sprach 1851 vom »zierlich-verblasenen Marzipanstil«. Auch bewährte sich der der nordischen Witterung mit schnee- und eisreichen Wintern ausgesetzte Farbauftrag trotz diverser maltechnischer Experimente auf die Dauer nicht, sodass die Lithochromie bald auf die halbwegs geschützten Zonen von Bauwerken reduziert wurde. Auch die jüngsten Restaurierungen der Nachkriegszeit erwiesen sich schon nach wenigen Jahren immer wieder als erneuerungsbedürftig.

Literatur: Dombart (1972), S. 165–171; Weibezahn (1975), S. 59–62; Buttlar (1985), S. 217ff.; Romantik und Restauration (1987), S. 243f.; Buttlar (1999), S. 319, 321ff.; Hildebrand (2000), S. 353–356; Denkmaltopographie (2009), S. 186f.

ENGLISCHER GARTEN
POMPEJANISCHE
BANK

Entwurf und Errichtung: 1838

Restaurierung: 1983

Auf dem Fundament des 1837 abgerissenen hölzernen Apollotempels ließ Ludwig I. durch Klenze 1838 eine exedraförmige Marmorbank erbauen, deren antikes Vorbild sich damals höchster Beliebtheit erfreute: Es war die sogenannte ›Rundbank zum Gedächtnis der Priesterin Mammia‹ am Eingang der Gräberstraße von Pompeji, die insbesondere durch die Darstellung Philipp Hackerts 1793 bekannt geworden war. Großherzogin Anna Amalia von Sachsen-Weimar beschrieb sie begeistert in ihren Briefen aus Italien und ließ sich sogar 1789 von Johann Wilhelm Heinrich Tischbein auf dieser Bank sitzend porträtieren. In Weimar schuf Johann Friedrich Rudolph Steiner dann 1799 eine Nachbildung im Ilmpark, die 1825 vor das Haus der Frau von Stein versetzt wurde. Karl Friedrich Schinkel integrierte die berühmte pompejanische Bank 1826 in die Gartenterrasse des Schlosses Charlottenhof in Potsdam, dem Sommersitz des Preußischen Kronprinzen Friedrich Wilhelm im Park von Sanssouci. Klenze kannte diese Version aus der Publikation von Schinkels »Architektonischen Entwürfen« (1831) und vermutlich auch aus eigener Anschauung auf seinen Berlinreisen 1831 oder 1834. Eine weitere Version entstand 1842 nach dem Entwurf von Ludwig Persius am Fuß des Potsdamer Ruinenberges mit Blick auf das Krongut Bornim. Die Inschrift auf der Rücklehne des Münchner Monuments spielt auf die Veredlung der Natur durch die Kunst und somit einmal mehr auf die Geschichte des Münchner Volksparks an: »Hier, wo Ihr wallet, da war sonst Wald nur und Sumpf.«

Literatur: Dombart (1972), S. 172f.; Denkmaltopographie (2009), S. 188;
http://de.wikipedia.org/wiki/Pompejanische_Bank_(Weimar) [12.02.2015]

Marmorbank anstelle des alten Apollotempels

ENGLISCHER GARTEN
WERNECK-DENKMAL

Entwurf und Errichtung: 1838
Restaurierung: 1979 und 2005

1838, kurz nach Fertigstellung des Monopteros und gleichzeitig mit der Pompejanischen Bank an der Eisbachschleife, entstand das Denkmal für den Obersten
Reinhard Freiherr von Werneck (1757–1842), der ab 1797 die Oberaufsicht über
die Anlagen geführt hatte und 1799 als Stellvertreter des Rheinpfälzischen und
Bayerischen Gartenbaudirektors Friedrich Ludwig von Sckell zum Direktor des
Englischen Gartens ernannt worden war. 1804 stieg Sckell zum »Intendanten des
gesamten Bayerischen Gartenwesens« auf und übernahm bei seiner Übersiedlung nach München selbst die Direktion, während Werneck auf die Position des
Kommandeurs des Bayerischen Kadettenkorps abgeschoben wurde. Dennoch
schätzte man seine Verdienste um Aufbau und Pflege des Volksgartens so hoch
ein, dass König Ludwig I. dem Achtzigjährigen noch zu Lebzeiten nach Klenzes Entwurf das Denkmal auf einer kleinen Anhöhe nördlich seines ureigensten
»Werkes« – des künstlich ausgegrabenen Kleinhesseloher Sees – errichten ließ.
Wie das Sckell-Denkmal (vgl. S. 140f.) verbindet es den Sockel mit einer steinernen Aussichtsbank. Deren Mitte bildet eine von zwei Hermenpfeilern gerahmte
Ädikula mit reichem horizontalem Gebälkabschluss. Die mittige Tafel trägt die
Inschrift »Den / Verdiensten / des Gen.-Lieutenants / Freiherrn / von Werneck /
um Verschönerung / dieses Gartens / durch erste Anlage / des Sees / gewidmet /
von Ludwig I. / König von Bayern / 1838«. Die Gestalt des Denkmals knüpft zum
einen an die gemalte Stele des Widmungsblattes für den Preußischen Kronprinzen Friedrich Wilhelm von
1823 sowie an das Regensburger
Denkmal für Graf Schlitz-Görtz
von 1824 an (vgl. S. 254 und
S. 215), zum anderen an sein
frühes Architekturprojekt eines
Lutherdenkmals von 1804,
in dem er erstmals das Motiv
der Hermen aus dem Entwurf
J. N. L. Durands für einen revolutionären »Tempel der Gleichheit« (1791) übernommen hatte
(vgl. S. 12). Das kleine Monument illustriert perfekt Klenzes
anthropomorph-plastische Auffassung der griechischen Tektonik, der zufolge Pfeiler, Säulen
und menschliche Karyatiden
analoge Formen des »Wider-
standes« verkörpern, denen die
»Kraft« bzw. Last des fein ausgearbeiteten Gebälks entgegen-
arbeitet. Die Ornamentik, etwa
die Palmettenakrotere, waren
im Kontrast zum hellweißen

Werneck-Denkmal am Nordufer des Kleinhesseloher Sees

Kelheimer Kalkstein ursprünglich in enkaustischer Wachsfarbentechnik polychrom gefasst, doch schon im März 1839 – nach nur einem einzigen Winter – kam ein Gutachten über die Lithochromie am Nationaltheater, am Monopteros und dem Werneck-Denkmal zu dem Schluss, dass die Farben »durch den darauf gelagerten Schnee und Frost größtentheils durch Abblätterung der Farbstoffe verschwunden sind« (Beilage zu Klenze an Ludwig vom 27.03.1839). Bei den regelmäßigen Reinigungen hat man auf eine farbliche Erneuerung verzichtet.

Literatur: Dombart (1972), S. 146–149; Buttlar (1985), S. 222f.; Denkmaltopographie (2009), S. 189

SÜDFRIEDHOF
GRABMAL WESTHEIMER
GF2 MAUER RECHTS

Planung und Errichtung: 1820

Zustand: stark verwittert, Rundgiebelaufsatz verloren und 2011 durch fremdes Fragment ersetzt

Für den als Kleinkind verstorbenen Sohn des angesehenen, mit ihm befreundeten jüdischen Bankiers Henlein Karl Westheimer, der zum Katholizismus konvertiert war, entwarf Klenze im Mai 1820 die Grabstele auf dem Südfriedhof. Er hatte den Kronprinzen Ludwig gebeten, dieses Grabmonument ebenso wie das für seine eigene, jüngst verstorbene dreijährige Tochter Karoline Klenze aus einem brauchbaren Marmorbruchstück in der Werkstatt der Glyptothek arbeiten lassen zu dürfen. Die klassische Stele zeigte eine Steintafel mit einem Rundgiebel, Palmettenakroter und Volutenrosetten, deren Tympanon mit eleganter Akanthusornamentik gefüllt war. Akanthusranken über Löwentatzen trugen die Inschriftentafel »G.B.W. / Dem ersten / Kinde / Geb. am XXIV Jun / MDCCCXVIII / Gest. am XXII März / MDCCCXXX«, die offensichtlich im späteren 19. Jahrhundert durch einen neuen Tafelblock ersetzt und als »Westheimersche Familiengrabstätte« weitergenutzt wurde. Wann der Giebelaufsatz verlorenging, ist nicht bekannt, 2011 wurde das Fragment eines anderen Giebels aufmontiert.

Vorkriegszustand

Literatur: Klenze an Ludwig, 15.05.1820; Denk/Ziesemer (2014), S. 214f.

SÜDFRIEDHOF
GRIECHISCHE
GRÄBER
GF 16 REIHE I

Entworfen und errichtet: 1836

Ausführender Künstler: Ernst Mayer

Renovierungsmaßnahmen: 1881, 1973

In engem Zusammenhang mit den polychromen Denkmälern im Englischen Garten stehen zwei Grabmäler, die Klenze im Auftrag Ludwigs I. für den ab 1817 von Gustav Vorherr neu gestalteten Münchner Südfriedhof (1788–1868 die einzige Ruhestätte für die Toten des gesamten Münchner Stadtgebietes) entworfen hat: zum einen das Grabmal des 36jährigen griechischen Obersten Elias Mauromichalis, genannt Katzakos, Adjutant König Ottos von Griechenland. Er war einer der mit dem Erlöserorden ausgezeichneten Anführer in den griechischen Befreiungskämpfen gewesen und starb während des Münchenaufenthaltes König Ottos 1836 an der Choleraepidemie. Die Grundform war schon in den Musterentwürfen aus Klenzes »Anweisung zur Architektur des Christlichen Cultus« (1822/24, vgl. S. 174ff.) vertreten, neu war die heute fast völlig verblasste farbige Fassung, die wohl auf den königlichen Wunsch nach Authentizität der altgriechischen Anmutung zurückging: Die mächtige, von einem Kreuz über dem offenen Giebel bekrönte Stele verjüngt sich nach oben und umschließt mit einem breiten Rahmen ein monumentales Inschriftenfeld, das auf der Vorderseite griechisch, auf der Rückseite deutsch gehalten ist. Der Philhellene Ludwig, der das Grabmal stiftete, verfasste auch das etwas holprige, auf die griechische Befreiung anspielende Epigramm: »Spartas Berge verlassend beschirmt ich des inniggeliebten / Herrschers Leben und Ruhm sorgend mit treuem Bemuehn. / Heldenmuetiger Männer Geschlecht die ich oft zu der Waffen / Thaten gefuehrt in des Kriegs leuchtenden Werken geuebt. / Doch mich schuetzte der maennliche Mut

Grabmal Leonidas Odysseus (links)   Grabmal Mauromichalis

Polychrome Entwürfe der Grabmäler Odysseus und Mauromichalis

und unendliche Kraft nicht / als von den Meinigen fern schreckliche Seuche
mich schlug. / O Heimat, O Koenig, O Haus und unmuendige Kinder / lebt wohl!
Klage jedoch ziemet nicht meinem Geschlecht.« Ursprünglich zeigte das Denkmal gelbe, rote und blaue Ornamentzierden vor einer blau-weißen, an die neuen
griechischen Nationalfarben erinnernden Grundfassung wie die Entwurfszeichnung Klenzes belegt. Über der Inschrift befindet sich das Relief eines sterbenden
Löwen. Das Bildmotiv bezieht sich auf das berühmte, 1821 errichtete Luzerner
Löwendenkmal von Bertel Thorvaldsen, das an die 760 Schweizer Gardisten erinnerte, die während der Französischen Revolution 1792 beim Sturm auf das Pariser Tuilerienschloss aufgerieben wurden (also eine Allegorie der Verteidigung
der Monarchie analog zu Mauromichalis' Hingabe an König Otto). Zwei Jahre
später ließ übrigens König Ludwig in Nauplia durch den Bildhauer Christian
Heinrich Siegel eine annähernde Kopie des monumentalen Luzerner Löwen zur
Erinnerung an die auf griechischem Grund gefallenen Bayern errichten.

Das benachbarte zweite, etwas kleinere und schlichtere Grabmal ist das des
zwölfjährigen Leonidas Odysseus, eines Knaben, der aus einem Clan griechischer Freiheitskämpfer stammte und zum Gefolge von Mauromichalis gehörte.
Sein geradezu programmatischer Name erinnerte an den aus Sparta stammenden Helden Leonidas, der im siegreichen Kampf gegen die Perser bei den Ther-
mopylen (480 v. Chr.) gefallen war. Der junge Schüler der Münchner Kadettenan-
stalt fiel gleichfalls der Cholera zum Opfer. Das kompakte Monument erscheint
in der kubischen, eher frühklassizistisch wirkenden Form für Klenze ungewöhnlich, doch folgte es sehr genau der sogenannten ›Stele der Kalisto‹, die der mit
Klenze eng verbundene Archäologe Ludwig Ross jüngst im Hafen von Piräus gefunden hatte und 1838 im »Kunstblatt« veröffentlichte. Die Wirkung war auch
hier wesentlich auf die Farbfassung abgestellt, die im Giebelstück das Griechische Kreuz in den Nationalfarben Blau-Weiß hervorhob. Die zweisprachige Inschrift stammt ebenfalls von König Ludwig I.: »Hier ruht Leonidas / Sohn des

Odysseus, Enkel des Andrustos, als Knabe gestorben zu München, den 8. Dezember 1836. Das Denkmal errichtete ihm ein alter Griechenfreund, Ludwig I., König von Bayern.« Das Epigramm »Würdig der Klagen war ich von treuen, guten / Männern entsprossen [...]« stammt ebenfalls von König Ludwig.

Ein drittes griechisch-polychromes Grabdenkmal entwarf der ehemalige Klenze-Mitarbeiter Eduard Metzger 1838 für das Familiengrab des Offiziers und Landschaftsmalers Carl Wilhelm Freiherr von Heideck in den Alten Arkaden. 1866 erwarb Ludwig I. die Gräber wegen ihrer »historischen« Bedeutung »auf ewige Zeiten« und richtete eine Stiftung ein, aus deren Zinserträgen die Erhaltungskosten und Renovierungen zu begleichen waren.

Literatur: Hufnagel (1983), S. 171f.; Denk/Simon/Ziesemer (2012); Denk/Ziesemer (2014), S. 157–167, S. 373–379

SÜDFRIEDHOF

GRABMAL FELICITAS VON KLENZE & KINDER

JETZT GF 17, REIHE 1

Entworfen und errichtet: 1844

Ausführung: Anselm Sickinger

Umgesetzt und umgewidmet als Familiengrabstätte Gleitsmann nach 1864

Es besteht kein Zweifel, dass Klenze das Grabmal für seine 1844 im Alter von fünfzig Jahren verstorbene Frau Felicitas, geb. Blangini, entwarf, die aus Turin gebürtige Sängerin und Mutter seiner sieben Kinder, die er 1813 in der Kasseler Elisabethkirche geheiratet hatte. Darauf spielt auch das Relieftondo an, das in der Art der Renaissancetondi der Florentiner Bildhauerfamilie della Robbia eine Caritas darstellt, die die Kleinen behütet. Haltung und Kopfbedeckung erinnern ein wenig an Michelangelos Delphische Sybille. Das signierte Relief wurde von dem Bildhauer Anselm Sickinger geschaffen. Die ursprüngliche, durch eine Entwurfszeichnung im Nachlass Sickingers überlieferte, Inschrift lautete: »Hier ruhet / neben ihren Kindern / Karoline Marie / Eugen / Maximilian / die fromme Frau / die treue Gattin / die gute Mutter / Felicitas Eugenie von Klenze / geb. in Turin X. Juli MDCCXCIV / gest. in München IX Nov. / MDCCCXLIV«. Die

Grab der Familie Gleitsmann, ursprünglich der Familie Klenze

Form der konisch sich verjüngenden Stele, deren Rundbogen mit einem Feston umrahmt und durch ein Kreuz bekrönt wird, hatte Klenze schon in seiner »Anweisung« (1822/24) als Musterentwurf vorgeschlagen. Sie wird von einem ornamentalen Akanthusfries mit geflügeltem Puttenkopf über glattem Sockel getragen. Nach Klenzes Tod im Januar 1864 wurde die Familiengrabstätte mit dem aufwendigen Epitaph für Leo von Klenze, seine Frau Felicitas und seine Nachkommen von Anselm Sickinger (Architektur) und Johann von Halbig (Porträtbüste) in den Neuen Arkaden geschaffen (vgl. S. 274) – unweit des Grabes Friedrich von Gärtners, das es durch pompösere Gestalt und Dimensionen übertrifft. Klenzes ältester Sohn Hippolyt verkaufte in diesem Zusammenhang das Felicitas-Grab samt Stele zur Umnutzung – es wurde 1870 von Joseph Gleitsmann erworben und in den jüngeren Bereich des Campo Santo (Grabfeld 34) transferiert.

Literatur: Denk/Ziesemer (2014), S. 380f. und S. 463–466

ALTER ISRAELITISCHER FRIEDHOF
GRABMAL MICHAEL BEER

Entwurf und Errichtung: um 1833/34

Auf dem Alten Israelitischen Friedhof in München-Sendling steht das Grabmal des jüdischen Dichters Michael Beer (1800-1833), der von König Ludwig besonders gefördert wurde. Als sein erstes Drama »Klytemnestra« am Königlichen Theater in Berlin uraufgeführt wurde, war er erst 19 Jahre alt. Sein bekanntestes, in Indien spielendes Theaterstück »Der Paria« (Uraufführung 1823, Berlin), das Goethe sehr schätzte, setzt sich verschlüsselt mit der Diskriminierung der Juden in Staat und Gesellschaft auseinander. Zu dem Trauerspiel »Struensee« (1829) schrieb sein weltberühmter älterer Bruder, Jakob Liebmann Beer alias Giacomo Meyerbeer (1791-1864), die Bühnenmusik. Die in Berlin geborenen Brüder entstammten der reichen Berliner Bankiersfamilie des Jakob Herz Beer und der Amalie Meyer (Familiengrab auf dem jüdischen Friedhof Berlin Prenzlauer-Berg, das auch eine Gedenkstele für Michael Beer aufweist). Michael pendelte zwischen München und Paris, wo sich seit 1824 auch Giacomo überwiegend aufhielt, und verstarb 1833 in München an einem Nervenfieber. Sein beträchtliches Erbe ging an die Michael-Beer-Stiftung an der Preußischen Akademie

Das Hochgrab Beer

der Künste, aus der jährlich zwei Künstlerstipendien für Italienaufenthalte finanziert wurden, eines davon stets an einen jüdischen Künstler.

Klenzes wohl 1833/34 ausgeführter Entwurf des bislang kaum bekannten Hochgrabes zeigt über einem hohen Sockel in Form einer Altarmensa einen auf vier Pfeilern ruhenden Sarkophag mit einem umlaufenden plastischen Akroterfries, an allen vier Seiten mittig von einer Leier bekrönt, dem Ursymbol der Dichtkunst. Die seitlichen Reliefplatten weisen Lorbeerkränze mit den Titeln der Dramen (»Klytemnestra«, »Der Paria«) auf, die mittige zieren drei aus einer Akanthusranke sprießende Federn: das Werkzeug des Schriftstellers.

Literatur: ADB (1875), Bd. 2, S. 250; http://de.wikipedia.org/wiki/Michael_Beer_(Autor); http://de.wikipedia.org/wiki/Alter_Israelitischer_Friedhof_(München) [05.02.2015]

ST. MICHAEL
LEUCHTENBERG-GRABMAL

Entwürfe: 1824/25

Fertigstellung: 1830

Beteiligte Künstler:
Bertel Thorvaldsen,
Pietro Tenerani, Ernst Mayer

Das in Anwesenheit des dänischen Bildhauers Bertel Thorvaldsen im März 1830 aufgestellte Leuchtenberg-Grabmal gehört zu den bedeutendsten Memorialskulpturen des Klassizismus in Deutschland. Napoleons Stiefsohn Eugène Beauharnais, Herzog von Leuchtenberg und ehemaliger Vizekönig von Italien, verstarb am 21. Februar 1824 – nur zweieinhalb Jahre nach dem Bezug seines pompösen Palastes am Odeonsplatz (vgl. S. 87ff.) – im Alter von nicht einmal 43 Jahren. Sein Körper wurde in der Gruft der Michaelskirche beigesetzt, sein Herz in der Hauskapelle des Palais. Leuchtenbergs Witwe Auguste, Schwester Ludwigs I., entwickelte die Idee eines ungewöhnlichen szenischen Narrativs für das Epitaph in der Michaelskirche, die Klenze schon im April 1824 in einen Entwurf umsetzte und an Bertel Thorvaldsen nach Rom übersandte: Er zeigt den antikisch gewandeten Herzog, der Helm und Panzer zu seiner Rechten abgelegt hat, sich in einem Abschiedsgestus seiner Grabkammer zuwendend. Mit der linken Hand nimmt er sich den Lorbeerkranz vom Haupt, um ihn der Historia, der Allegorie der Geschichte, zu überreichen. Auf diese Weise wurden Beauharnais' Tod als Person und seine (in Bayern eher heikle) historische Bedeutung, über die erst die Geschichtsschreibung urteilen solle, deutlich voneinander geschieden. Dass die notorischen Klenze-Kritiker Friedrich Gärtner und Johann Martin Wagner über Klenzes Entwurf herzogen, über den angeblich in Rom die »Hühner gegackert« hätten, besagt nicht allzu viel: Sein zweiter Entwurf, der

Klenzes erster Entwurf (1824)

im Februar 1825 mit dem Vertrag an Thorvaldsen nach Rom geschickt wurde, verändert jedenfalls den subtilen Bedeutungszusammenhang, indem die Historia nun die Seite gewechselt hat und durch die Leserichtung von links nach rechts dem Herzog den Lorbeerkranz eher zu überreichen als ihn von diesem entgegenzunehmen scheint. Weniger prägnant fällt aufgrund des Seitenwechsels auch der Eintritt des Herzogs in die Todespforte aus. Dieser wendet sich vielmehr der Gruppe der Putten zu seiner Linken zu, die Thorvaldsen selbst angeregt hatte. Sie verkörpern durch Haltung und Gesten irdische Trauer und himmlische Zuversicht und ersetzen die konventionellen kranzhaltenden Putti an der Ädikula des ersten Entwurfes. Stattdessen findet sich dort in Anspielung auf die persönliche Lebenshaltung des Herzogs nun die Inschrift »Honneur Fidelité« (Ehre Treue), die zusammen mit der historischen napoleonischen Gewandung eine offensichtlich allzu starke politische Aussage hinsichtlich des ehemaligen Erzfeindes ergeben hätte und nicht umgesetzt wurde.

Leo von Klenze, Bertel Thorvaldsen, Pietro Tenerani und Ernst Mayer: Epitaph für den Herzog von Leuchtenberg

Die Vergabe des Auftrags an den nach Canovas Tod berühmtesten Bildhauer der Epoche (Klenze zog ihn nicht zuletzt im Interesse des Kronprinzen, der Thorvaldsen stärker an München zu binden hoffte, dem von Herzogin Auguste favorisierten Canova-Schüler Pietro Tenerani vor) schloss eine gewisse Freiheit in der figürlichen Gestaltung ein, während die architektonischen Elemente des Grabes nach Klenzes Entwurf in München gearbeitet wurden. Zum einen entfiel in der Realisierung das historische Gewand wieder zugunsten eines griechischen Chiton, zum anderen änderte sich die Schrittstellung der Hauptfigur, die sich nun gar nicht mehr der Grabkammer zuwendet, sondern den Lorbeerkranz in der Hand haltend sich frontal dem Beschauer im lässigen Kontrapost präsentiert. Die Historia sitzt mit Stift und Schreibtafel ganz getrennt für sich im Dreiviertelprofil, einen Fuß auf der abgelegten (italienischen) Königskrone. Gegenüber auf gleicher Kopfhöhe stehen aneinander gelehnt die mittlerweile zu griechischen Jünglingen »ausgewachsenen« Putten nach dem Vorbild der berühmten antiken Ildefonso-Gruppe in den Uffizien, die als geflügelte Genien mit gehobener und gesenkter Fackel die »Brüder« Tod und Schlaf verkörpern (ein seit Gotthold Ephraim Lessings Abhandlung »Wie die Alten den Tod gebildet« gerade in Deutschland beliebtes Trauermotiv). Nachdem Thorvaldsen zeitlich in Verzug geraten war, überließ er Tenerani ihre Ausführung, die kleinen Engel und die Vollendung der Historia Ernst Mayer.

Alle Figuren präsentieren sich nunmehr ohne Bezug auf die anderen dem Betrachter, sodass die gesamte Komposition statt der erzählenden eine stärker allegorische Note erhielt. Die organische Bewegtheit der ineinander verwobenen griechischen Palmetten- und Voluten-Ornamente, in die das Kreuz und die Insignien IHS eingewoben sind, sollen die innige geistige Verbindung von Antike und Christentum zum Ausdruck bringen, mit der sich Klenze damals kunsttheoretisch intensiv auseinandersetzte (vgl. S. 255). Ähnlich wie im Falle des Max-Joseph-Denkmals von Christian Daniel Rauch (vgl. S. 74) versuchte Klenze, das Leuchtenberg-Monument als seine Schöpfung zu reklamieren, konnte jedoch nicht verhindern, dass es in erster Linie als Werk Thorvaldsens rezipiert wurde.

Literatur: Thiele (1852–1856); Altmann/Thomas (1984); Wünsche (1991), S. 317f.; Hemmeter (1998); Weidner (2000b), S. 514–517; Hemmeter (2015)

THEATINERKIRCHE
GRABMAL PRINZESSIN MAXIMILIANE

Entwurf: 1821

Fertigstellung: 1826

Beteiligte Künstler:
Konrad Eberhard

Das Grabmal der im Februar 1821 im Alter von zehn Jahren verstorbenen Prinzessin, jüngster Tochter König Maximilian I. Josephs und der Königin Karoline, wurde nach dem Entwurf Klenzes ausgeführt und 1826 in der Theatinerkirche aufgestellt. Vor einer mit griechischer Palmetten- und Volutenornamentik geschmückten Stele, in die das Reliefbild mit der Trauerszene am Sterbebett des Kindes eingelassen ist, steht auf vorgekröpftem Sockel der kleine, reich verzierte Sarkophag. Architektur, Ornament und Bildnerei sind miteinander zu einer plastischen Komposition verschmolzen. Ein alternativer Entwurf, der sich mit Rundbogennische, Pilaster-Ädikula und Sprenggiebel stärker der barocken Formensprache und der herkömmlichen christlichen Ikonographie der Hofkirche angepasst hätte (ein thronender Christus nimmt das verstorbene Mädchen väterlich auf) blieb unausgeführt. Stattdessen verbindet Klenzes »griechischer« Entwurf eine realistische und eine allegorische

Leo von Klenze und Konrad Eberhard: Epitaph für Prinzessin Maximiliane Josepha Caroline von Bayern

Memoria: Zum einen hatte Hofmaler Joseph Stieler die Szene des Totenbettes in Verbindung mit der Apotheose des Kindes unmittelbar in einem Gemälde festgehalten, an dem sich Eberhards Relief orientierte. Zum anderen standen das berühmte Grabmal des jungen Grafen Alexander von der Mark (des unehelichen Lieblingssohnes Friedrich Wilhelms II. von Preußen) von Johann Gottfried Schadow (1790) sowie Christian Daniel Rauchs Königin Luise auf dem Totenbett im Mausoleum zu Charlottenburg (1815) als Vorbild für die Allegorie des »ewigen Schlafes« Pate. Allerdings ist diese neuklassische Todesauffassung mit dem christlichen Gehalt durch die den Vorhang des Baldachins öffnenden Engel auf beiden Seiten und die geläufige Ikonographie der »Beweinung« im Vordergrund verbunden. Die Anlehnung der Szene an Motive des italienischen Quattrocento und des Gewandstiles an die oberschwäbischen Bildschnitzer des 16. Jahrhunderts ist auf den ausführenden Bildhauer Konrad Eberhard zurückzuführen, einen nazarenischen Deutschrömer und Professor an der Münchner Akademie, der in seiner späteren Schaffensperiode die Werke aus seiner »heidnischen Zeit« zerstörte und die antikischen Einflüsse mehr und mehr zurückdrängte.

Literatur: Weidner (2000b), S. 517f.

ST. BONIFAZ
GRABLEGE LUDWIG I. & KÖNIGIN THERESE

Planung und Errichtung: 1855–1857

Renovierung und Umbau: 2002

Ausführender Künstler:
Adalbert Sickinger

Als Grablege für sich und seine 1854 an der Cholera verstorbene protestantische Gemahlin Königin Therese (geborene Prinzessin von Sachsen-Hildburghausen) wollte Ludwig I. in der 1850 vollendeten Basilika St. Bonifaz eine gemeinsame Grabkapelle errichten lassen. Ludwigs monumentaler, an das Grab des normannischen Königs Roger II. in Palermo erinnernder Marmorsarkophag, der auf einem Unterbau aus Arkanthusranken ruht, wurde von dem jungen Architekten und Bildhauer Adalbert Sickinger (der auch den Sarkophag der Welfengruft im Kloster Weingarten schuf) nach dem 1855 gezeichneten Entwurf Klenzes gearbeitet. Zunächst war daneben ein gleichartiger Sarkophag für Therese vorgesehen. Klenze erfüllte Ludwigs schon in der Christnacht 1823 am Grabe Kaiser Friedrichs II. von Hohenstaufen in Palermo geäußerten Wunsch, in ähnlicher Weise bestattet zu werden, und setzte sich mit der schlichten monumentalen Form gegen Zieblands eher der barocken Tradition entsprechenden Vorschlag durch. Zudem überredete er den knauserigen König zur Mehrausgabe des hohen Sockels, damit man die Inschrift lesen könnte, »ohne daß man sich tief bücken oder niederknien müsste« sowie zur kostspieligen Herstellung aus einem einzigen Monolithen (Klenze an Ludwig, 04.07.1855). Doch musste der Plan der Doppelgrablege zum Ärger Ludwigs aus kirchenrechtlichen Gründen aufgegeben werden. Im Januar 1856 beauftragte er Klenze, mit dem katholischen Nuntius

Entwurf des Doppelgrabes (1855) und Ansicht nach der Umbettung Thereses (2002)

über das Verbot einer protestantischen Bestattung in der Benediktinerabtei zu verhandeln. Klenzes Kompromissvorschlag, eine Gruft für den Sarg Thereses direkt unter Ludwigs Hochgrab zu bauen, stimmte dieser am Ende mit dem anzüglichen Kommentar zu, dass diese Anordnung ja gerade die »passlichste Lage für Mann und Frau« sei (Memorabilien VII). Die Bauarbeiten waren im Juli 1856 abgeschlossen, im April 1857 war Ludwigs Sarkophag vollendet, und Thereses Zinksarg konnte aus der Theatinerkirche überführt werden. Erst nach Abschluss des modernen Wiederaufbaus der stark zerstörten Kirche wurde im Jahr 2002 Therese als Zeichen der Ebenbürtigkeit neben ihren Mann in eine Wandnische mit (moderner) Marmorverkleidung umgebettet. Der König habe im Geiste des »memento mori« seine Grabkapelle wiederholt besucht, berichtet Abt Daniel Bonifatius von Haneberg in seiner Trauerrede 1868.

Literatur: Haneberg (1868), S. 20; Hildebrand (2000), S. 493; Glaser (2004–2011), Bd. III/2: 1855–1857, S. 300–311; Glaser (2010)

NYMPHENBURGER SCHLOSSPARK
APOLLO-TEMPEL

Entwurf und Errichtung: 1857, 1862–1865

Mitwirkende Künstler und Partner:
Hofbauingenieur Carl Mühlthaler

Am Ende seines Lebens hatte Klenze noch einmal Gelegenheit, eine monumentale Parkarchitektur zu entwerfen. Statt eines Monopteros in der ionischen konzipierte er ab 1857 einen offenen Rundtempel in der korinthischen Ordnung. An die Stelle der herausgehobenen Lage auf dem künstlichen Hügel des Englischen Gartens (vgl. S. 141ff.) trat die malerische Platzierung auf einer kleinen Landzunge im Badenburger See des Nymphenburger Schlossparks. Hier war bereits im Zuge der landschaftlichen Überformung des barocken Parks durch Friedrich Ludwig von Sckell 1804/05 ein erster hölzerner Monopteros als Blickpunkt eines klassisch-arkadischen Stimmungsbildes errichtet worden, der 1817 von Sckell durch einen aufwendigen, aber ebenfalls hölzernen Neubau ersetzt und mit einer Apollostatue geschmückt wurde. Sckells zehnsäuliger Tempel in der (dem Apollo geschuldeten) »musischen« ionischen Ordnung war nach einem knappen halben Jahrhundert baufällig, und so beschloss der abgedankte König Ludwig einen prächtigen Steinbau, diesmal in der festlichsten der drei klassischen Säulenordnungen nach Klenzes Plänen errichten zu lassen, wie es 1810 schon einmal Carl von Fischer für diesen Standort vorgeschlagen hatte: Für die Wahl der korinthischen Ordnung sprach zum einen das decorum, nämlich dass es sich hier um einen Königlichen Prachtgarten handelte, dessen herrschaftliche Grundstruk-

Der Nymphenburger Monopteros

turen von Sckell 1804 noch bewusst bewahrt worden waren: Dagegen sind die Monopteroi in den meisten englischen Landschaftsgärten seit dem ersten Drittel des 18. Jahrhunderts ganz überwiegend in der dorischen und ionischen Ordnung gehalten. Die bekanntesten Ausnahmen in der korinthischen Ordnung gehören tatsächlich zu Königsgärten wie Versailles, Sanssouci oder Laxenburg bei Wien. Zum anderen mag in dieser Wahl eine Hommage an Sckell liegen, den Klenze vierzig Jahre zuvor am Kleinhesseloher See mit seiner Lieblingsordnung in Form einer korinthischen Säule geehrt hatte (vgl. S. 140ff.). Klenzes Monopteros ist nicht mehr der Mythologie (obgleich der Name Apollotempel noch fortlebt), sondern – wie im Englischen Garten – der Gartengeschichte und somit der Leistung Sckells gewidmet. Die mittig angebrachte Stele mit dem prächtigen Akroterion trägt die Inschrift:»Churfürst Maximilian Emanuel legte diesen Garten im französischen Style an im letzten Viertel des XVII. Jahrhunderts; umgeändert im englischen von König Maximilian Joseph im ersten des XIX. Dessen zum Andenken dieses Denkmal von Ludwig I. König v. Bayern MDCCCLXV.«

Die Steinmetzarbeiten aus fränkischem Sandstein und die ornamentale Polychromie sind von höchster Qualität. Im Vergleich zum Monopteros im Eng-

Polychrome Fassung der Kassettenkuppel (1864/65)

lischen Garten zeigt sich bei ähnlichen Elementen wie dem Giebelakroter mit dem bekrönenden Pinienzapfen, den Voluten, dem umlaufenden Palmettenkranz und der Ausmalung der in Blau und Rot gehaltenen Kassetten der Kuppel eine Verfeinerung des polychromen Dekors. Die Ausführung erfolgte mit geringen Abänderungen durch Carl Mühlthaler. Der Bau wurde nach Klenzes Tod erst 1865 vollendet.

Literatur: Hallbaum (1928), S. 233; Weibezahn (1975), S. 63–69; Hildebrand (2000), S. 493

BAYERN UND DEUTSCHLAND

Parallel zu den ungewöhnlich zahlreichen Planungen, die Klenze seit seiner Übersiedlung aus Paris 1816 für das »Neue München« Ludwigs I. realisierte, war er in erster Linie im Königreich Bayern tätig. Auch hier müssen Eingriffe in bestehende Bauten unberücksichtigt bleiben, die noch ungeklärt sind, keinen eigenständigen Werkcharakter besitzen oder untergegangen sind: etwa Klenzes Mitwirkung am Anbau von Schloss Irlbach in Niederbayern oder an der Ausstattung im fürstlichen Schloss St. Emmeram der Fürsten Thurn und Taxis in Regensburg nach 1816, die Überformungen an den Schlössern Nymphenburg und Schleißheim, der Fassade und der Innenausstattung des ehemaligen Klosters Schloss Tegernsee, die Ergänzung der Ausstattung der Villa Ludwigshöhe bei Edenkoben in der Pfalz nach dem Tod Friedrich von Gärtners 1847 oder auch Klenzes neugotischer Umbau von Schloss Berg für König Maximilian II. 1850, der in zwei Kampagnen 1949/50 und 1985 zugunsten einer Rekonstruktion als Renaissancebau rückgängig gemacht wurde.

Die bekanntesten, noch erhaltenen Projekte außerhalb Münchens - die Walhalla bei Donaustauf und die Befreiungshalle in Kelheim - waren langfristige königliche Aufträge, wobei letztere nach Ludwigs Abdankung 1848 jedoch als Privatauftrag abgerechnet wurde. Zu beiden Denkmalbauten gehörten die Wohnhäuser des Verwalters bzw. Aufsehers. Auch die Mitwirkung am Ausbau von Bad Brückenau geht auf kronprinzliche Initiative zurück. Die Gutachten und Kleinbauten am Ludwig-Donau-Main-Kanal und an der parallel verlaufenden Ludwigsbahn fallen unter Klenzes staatliche Aufgaben als Mitglied der Kanalkommission bzw. der Eisenbahnbaukommission, denen er in seiner Eigenschaft als Leiter der Obersten Baubehörde (1830-1843) angehörte. In staatlichem Dienstbezug stehen auch die Planrevisionen, die Klenze zunächst als Oberbaukommissar beim Innenministerium und später als Leiter der Aufsichtsbehörde bzw. im Rahmen des vom König eingesetzten Baukunstausschusses (ab 1829) verantwortete. In einigen Fällen - namentlich in der linksrheinischen Pfalz (heute Rheinland-Pfalz) und in Franken (Regionen, die erst im Zuge der Neuordnung durch den Wiener Kongress 1816 an Bayern gefallen waren) - führten diese ab Mitte der 1820er Jahre zum Neubau von Kirchen nach Maßgabe von Klenzes »Anweisung zur Architektur des Christlichen Cultus« (1822-1824). Sieben Kirchen in diesen Provinzen können bislang teilweise auf Klenzes Mitwirkung zurückgeführt werden. Von den sonstigen Planrevisionen in der Pfalz werden exemplarisch das Wach- und Arresthaus in Herxheim, die Leichenhalle in Kaiserslautern, das Pfarrhaus in Steinweiler und das Gemeindehaus in Zeiskam vorgestellt.

In den ersten Münchner Jahren wurden auch einige bedeutende Privataufträge des hohen Adels an Klenze herangetragen: Den bescheidenen Umbau des kleinen Schlosses Ismaning bei München übernahm Klenze parallel zur Errichtung des Leuchtenberg-Palais am Odeonsplatz ab 1816 unter Mitwirkung des Kgl. Hofdekorateurs und Baurates Jean Baptiste Métivier für Napoleons Stiefsohn Eugène de Beauharnais. In diesem Falle war sicherlich die profunde Kenntnis der französischen Empire-Architektur von Belang. Für den Grafen von Pappenheim schuf Klenze ab 1819 - ebenfalls in Zusammenarbeit mit Métivier - das sogenannte ›Neue Schloss‹ im gleichnamigen fränkischen Städtchen an der Altmühl: ein Monument uralter Standesherrschaft, jedoch nicht im romantischen, sondern im klassisch-modernen Habitus. Auch im fränkischen Gaibach ging es bei dem Auftrag des Grafen Schönborn-Wiesentheid für die Konstitutionssäule und für den Ausbau des Konstitutionssaales im Schloss (ab 1819) um ein demonstratives Bekenntnis zu Bayern und zu den anfänglich liberalen und kulturellen Ambitionen des Kronprinzen.

Zu den bislang wenigen nachweisbaren Bauaufträgen in anderen deutschen Ländern kam es aufgrund direkter Beziehungen Klenzes zu den fürstlichen Auftraggebern: So gehört sein zum Ballsaal umgebauter Erstling, das ehemalige Hoftheater bei Schloss Wilhelmshöhe in Kassel (ab 1808), in seine Frühzeit als Zweiter Hofarchitekt König Jérôme Bonapartes von Westphalen. Im Königreich Hannover ist von seinen Vorschlägen zur Ausgestaltung des Leineschlosses für König Ernst August von Hannover (1840) heute noch der Wintergarten am derzeitigen Niedersächsischen Landtag erhalten. Sein letzter, posthum vollendeter Bau, die Mausoleumskirche für den rumänischen Fürsten Michael Stourdza, entstand zwischen 1863 und 1866 in Baden-Baden.

Deutschland zur Zeit des Deutschen Bundes 1815–1866

BAYERN UND DEUTSCHLAND

KASSEL
EHEMALIGES THEATER
AUF DER
WILHELMS-HÖHE

Planung und Ausführung: 1808–1812

Beteiligte Künstler: Heinrich Christoph Jussow, A.V.H. Grandjean de Montigny

Umbau zum Ballsaal: 1828–1830 durch Conrad Bromeis

Nutzung als Tennishalle durch Kaiser Wilhelm II. bis 1918

Sanierung und Restaurierung: 1975–1979 und 1982–1984

Man kann das Ballhaus auf der Wilhelmshöhe heute kaum noch als Klenze-bau ansprechen, und doch steckt das ehemalige Hoftheater König Jérômes von Westphalen, das der noch unerfahrene, damals Vierundzwanzigjährige entworfen hatte, substanziell in dem eleganten klassizistischen Bau von Conrad Bromeis. Der 1813 aus dem Exil zurückgekehrte Kurfürst Wilhelm I. befahl 1828 den Umbau, weil kein Bedarf mehr für höfische Opern- und Theaterfreuden bestand, wie sie der legendäre »König Lustik« zwanzig Jahre zuvor so außerordentlich geschätzt hatte.

Schon wenige Monate nach seinem Dienstantritt war Klenze im Sommer 1808 der Auftrag für den nördlich des Wilhelmshöher (damals Napoleonshöher) Schlosses platzierten Theaterbau erteilt worden. Der längsrechteckige Baukörper mit Attika und hohem – in der Entwurfsansicht unterschlagenem – Walmdach musste aus Rücksicht auf das Schlossensemble unter das Bodenniveau abgesenkt werden, um hinter der einstöckigen Fassade einen zweistöckigen Zuschauerraum mit Parkett und Logenrang unterbringen zu können. Im Dach

Conrad Bromeis: Ballhaus des Schlosses Wilhelmshöhe (ehem. Hoftheater)

waren der Kulissenboden und die Garderoben der Akteure untergebracht. Erschlossen wurde das Theater über einen viersäuligen toskanischen Portikus von der westlichen Längsseite. Nach dem Vorbild des Berliner Schauspielhauses von Carl Gotthard Langhans, dessen Bau Klenze 1802 als Student miterleben konnte, gelangte man von dort unmittelbar in den Umgang des Foyers, da Zuschauerraum und Bühne queroblong zur Fassade orientiert waren. Der kleinere, separate Eingang für den König und sein engeres Gefolge lag an der südlichen Schmalseite. Vom königlichen Foyer führten zwei halbkreisförmige Treppen zur großen Königsloge und zum Balkon. Der Zuschauerraum in Form eines verlängerten Halbzirkels fasste etwa 300 Personen, war mit einer Flachtonne gewölbt und vermutlich unter Federführung von Klenzes Kollegen Auguste Henri Victor Grandjean de Montigny glanzvoll im Stil des Pariser Empire mit vielfarbigem Stuckmarmor und üppigen Vergoldungen ausgestattet. Bevor der Bau ganz fertiggestellt war, hatte Heinrich Christoph Jussow, langjähriger Hofbaumeister und damaliger Direktor der Krongebäude, Klenze nämlich 1811 die Bauleitung aufgrund von Baufehlern entzogen. Es kam zu Planänderungen und nachteiligen Umbauten, etwa durch das unschöne Vorziehen des nun zur Vorfahrt dienenden Portikus. Klenzes Versuch, sein Gebäude 1812 »in der völligen Reinheit der ersten Erfindung« in einem Stichwerk zu publizieren, scheiterte verständlicherweise am Widerstand der Hofbeamten, doch ist auf diese Weise ein annäherndes Bild des Gebäudes überliefert, das in Reiseführern von 1821 und 1823 noch als »in einem guten Stile gebaut« und »ganz gut und artig« eingerichtet galt, aber nicht mehr mit Klenze, dem inzwischen schon bekannten Münchner Hofbauintendanten, in Verbindung gebracht wurde.

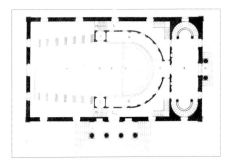

Klenzes Hoftheater: Fassadenentwurf (1809), Grundriss und Innenansicht (1812)

Beim Umbau durch Bromeis 1828 blieben die Umfassungsmauern mit den Eckpilastern, dem Gebälk und der Attika stehen, der große Portikus wurde abgenommen und ohne Giebel an die nördliche Schmalseite versetzt. Die Figurennischen hat Bromeis vermauert, die Fenster mit ihren Flachgiebeln verbreitert und tief auf den Sockel heruntergezogen. Insbesondere an der südlichen Schmalseite mit dem Königsportal ist der Klenzebau noch gut nachzuvollziehen. Während das Foyer als Raum erhalten wurde, ist die Königsloge durch eine Empore ersetzt worden. Zuschauerraum und Bühne wurden völlig entkernt, der Boden angehoben und der Saal durch umlaufende Halbsäulen instrumentiert, doch erinnert die Flachtonne der erneuerten Decke noch an den vormaligen Theaterraum. Als Klenze, der seine Kasseler ›Jugendsünden‹ stets herunterzuspielen suchte, am Pfingstsonntag 1839 mit seinem Bruder Carl Wilhelm Arnold und seinem Sohn Hippolyt den Wilhelmshöher Bergpark durchwanderte, würdigte er den Reisenotizen Hippolyts zufolge seinen entstellten Erstling keines Blickes mehr.

Literatur: Holtmeyer (1910/23), S. 361f.; Buttlar (1986); Buttlar/Weber/Schmid (1986); Buttlar (1999), S. 52–55; Hildebrand (2000), S. 217–221; Fröhlich (2004)

ISMANING
SCHLOSS ISMANING
MUSEUM UND GEMEINDEVERWALTUNG

Planung und Realisierung des Umbaus: 1816–1818, 1836f.

Beteiligte Künstler: Jean Baptiste Métivier

Restaurierungen: 1961–1966 und 1980–1982, 2009

Bis zur Säkularisierung (ab 1802) war das kleine, in der ersten Hälfte des 18. Jahrhunderts barockisierte Renaissanceschloss in Ismaning Sommersitz der Freisinger Fürstbischöfe. 1816 erwarb Eugène de Beauharnais (ehemals Vizekönig von Italien, Stiefsohn Napoleons und Schwager Kronprinz Ludwigs) mit seiner Gemahlin Auguste das Anwesen von dem Münchner Kaufmann Schindler und beauftragte Klenze – parallel zur Planung des Leuchtenberg-Palais am Odeonsplatz (vgl. S. 87ff.) – zunächst mit Instandsetzungs- und Modernisierungsarbeiten, die 1817 abgeschlossen waren. 1818 legte Klenze einen aufwendigen (aber

Ansicht von Südwesten mit den Festsälen im Obergeschoss

Leo von Klenze und Jean Baptiste Métivier: sogenannter ›Kaisersaal‹

nicht verwirklichten) Umbauentwurf vor, der dem schlichten Bau durch Erweiterung zur Dreiflügelanlage und durch klassische Stilelemente einen repräsentativen Schlosscharakter verleihen sollte. Es kam aber lediglich zum Anbau eines neuen Seitenflügels auf der Westseite, ausgeführt durch den Bauunternehmer Rudolf Röschenauer (1819), während der barocke Seitenflügel auf der Ostseite zwar abgerissen, aber nicht durch die geplante Kapelle ersetzt wurde. Im Obergeschoss des neuen Westflügels entstand der große, flach gewölbte Speisesaal – auch »blauer Saal« genannt – mit abgetrennter Anrichte und einer direkten Treppenverbindung zur Küche im Erdgeschoss. Er ist direkt mit dem angrenzenden Festsaal (dem sogenannten ›Kaisersaal‹) im Corps de Logis verbunden, der sich über eineinhalb Stockwerke in das Mezzaningeschoss erstreckt und von außen durch die Lunettenfenster ablesbar ist.

Die beiden von Klenze geplanten Prunkräume scheinen ihre erste Fassung verloren zu haben, denn zwölf Jahre nach dem Tod des Herzogs von Leuchtenberg ließ seine Witwe Auguste, die Ismaning zu ihrem Lieblingsaufenthalt gewählt hatte, den Speisesaal 1836/37 durch Jean Baptiste Métivier neu ausstatten, der 1836 offiziell zum Hofarchitekten der Familie Leuchtenberg ernannt wurde. Auch der »Kaisersaal« dürfte auf Métivier zurückgehen, obwohl in seinem eigenhändigen Werkverzeichnis nicht genannt und somit wohl noch im Status eines Mitarbeiters Klenzes entworfen. Die hochkarätigen (2009 umfassend restaurierten) Wand- und Deckenmalereien im pompejanischen Stil zeigen im Speisesaal dionysische Szenen, im ›Kaisersaal‹ antikische Büsten, darunter Kaiser Augustus und das Götterpaar Diana und Apoll, auf hoch angebrachten Konsolen. Darunter befinden sich groteske Wandfelder mit römischen Standarten und pompejanischen Tänzerinnen, die Porträtzüge der Hausherrin, ihrer Tochter und Schwiegertochter tragen (die eine verehelichte Kaiserin von Brasilien, die andere Tochter des russischen Zaren) und somit den hohen dynastischen Anspruch der Familie signalisieren. Auch wenn die Ausstattung eher Métivier zugeschrieben werden muss, steht sie Klenzes zeitgleichen Entwürfen für die pompejanische Rahmung der Rottmann'schen Fresken in den Hofgartenarkaden (vgl. S. 49) und dessen Möbelentwürfen doch sehr nahe. Seit 1919 im Eigentum der Gemeinde, wird das Schloss heute großenteils als Gemeindeverwaltung genutzt.

Literatur: Bertram (1966); Schaefer (1980), S. 22ff.; Ratfisch (1983/84); Lutz (1989); Rau (1997), S. 133–137; Hildebrand (2000), S. 280ff.

PAPPENHEIM
NEUES SCHLOSS

Planung: 1817–1819

Bauausführung: 1819–1822

Mitwirkende Künstler: Jean Baptiste Métivier, Pierre Viotti u. a.

Außenrestaurierung: 2010–ca. 2022

Das Neue Schloss im gleichnamigen fränkischen Pappenheim gehört – neben dem Leuchtenberg-Palais und Schloss Ismaning – zu den frühesten privaten Aufträgen des 1816 nach München übergesiedelten Hofarchitekten. So beeilte sich Klenze, seinem eher knauserigen Dienstherrn mitzuteilen, dass »die Lage und die Summe, die auf den neuen Schlossbau verwendet werden soll, schon erlauben, etwas nicht ganz Unbedeutendes zu machen« (Klenze an Ludwig, 02.12.1817). Die Bausumme betrug inklusive Ausstattung am Ende 156.913 Gulden, das Honorar 1.600 Gulden. Das Geld kam aus der Entschädigung für die Mediatisierung (Verlust der Reichsunmittelbarkeit durch Eingliederung ins Königreich Bayern). Bauherr war der bayerische Generalleutnant, Generalfeldzeugmeister und Generaladjutant des Königs Maximilian I. Joseph, Carl Theodor Friedrich Graf und Herr zu Pappenheim, bis 1806 letzter regierender Landesherr und Reichserbmarschall aus dem seit dem Mittelalter hier ansässigen hochadligen fränkischen Geschlecht Pappenheim. Es besaß am Ort nicht nur die markante Burg (11./12. Jh.), sondern inmitten der Stadt neben Stadthäusern auch das »alte« – nun veraltete – »Schloss« (15.–18 Jh.). Die Baugestalt des 1819 begonnen Neubaus ist wesentlich der etwas beengten Ortsrandlage zwischen der Altmühl und dem Markt-

Karl Grünwedel: Pappenheim mit Neuem Schloss rechts unterhalb der Burg (1834)

Das Neue Schloss (Zustand 2015)

platz geschuldet. Sie ließ zwar eine repräsentative stadtseitige Hauptfassade, jedoch keine Cour d'Honneur zu. Die Seitenflügel sind stattdessen gleichsam nach hinten geklappt – eine Disposition, die Klenze vom Kasseler Museum Fridericianum kannte, an dessen Umbau er 1810 mitgewirkt hatte, und die er auch für Schloss Ismaning plante (vgl. S. 162). Geschickt hat Klenze die Typologie des Landschlosses und die des adeligen Stadtpalastes mit dem Anspruch einer Residenz verschmolzen, indem er die fünfzehnachsige Front durch einen übergiebelten Mittelrisalit und zwei mit rustizierten Lisenen abgeteilte Eckrisalite gliederte. Der um eine Fensterachse vorspringende Mitteltrakt zeichnet sich durch die rustizierte Vorhalle und drei darüber die ganze Höhe und Breite einnehmende Fensterarkaden aus, denen eine dori-

sche Pilasterkolonnade vorgeblendet ist (seitwärts ist die Fensterachse mit verglasten Holzblendfenstern nur vorgetäuscht, weil sonst die Harmonie des großen Festsaals im Inneren erheblich gelitten hätte). Nach Art der Vicentiner Stadtpaläste Andrea Palladios hat Klenze über dem Sockelgeschoss (mit den Wirtschaftsräumen für den Gutsbetrieb und die Hofhaltung) ein Mezzanin mit Zimmern für die Bediensteten eingefügt, während der Piano nobile mit den kostbar ausgestatteten Wohn- und Prunkräumen das Obergeschoss einnimmt. Ähnlich wie bei der gleichzeitig errichteten Münchner Glypto-

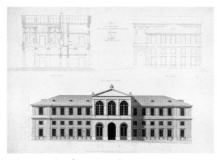

Schnitt und Aufrisse (1819)

thek (vgl. S. 29ff.) ist der herrschaftliche Mittelrisalit tempelartig als eigenständiger Baukörper mit erhöhtem Dachfirst über den quergelagerten Gebäuderiegel geschoben, was – bei näherem Hinsehen – im Anschluss der Details einige formale Unstimmigkeiten mit sich bringt: So »versinkt« der das Scheinfenster abteilende große hintere Pilaster unrühmlich in der Dachhaut, und auf den die Archi-

PAPPENHEIM: NEUES SCHLOSS

Festsaal hinter dem Mittelrisalit (Platzfront rechts)

volte aufnehmenden kleineren Innenpilaster musste aus Platzmangel ganz verzichtet werden. Ungewöhnlich ist auch die Rahmung der Fenster im Piano nobile, die durch zierliche Konsolen direkt mit dem Kranzgesims verbunden wird. Einen »griechischen« Charakter gewinnt Klenzes dennoch keineswegs uneleganter Bau durch die flachgeneigte Giebelform und die aus der »Sammlung Architectonischer Verzierungen« seines Mitarbeiters Jean Baptiste Métivier abgeleiteten Trophäen-Akrotere (2014 rekonstruiert), die auf den hohen militärischen Rang des Grafen verweisen. Die ungewöhnliche Disposition des großen Saals im Mittelrisalit mit Blickkontakt zum Marktplatz bedingte, dass das repräsentative Treppenhaus auf die Gartenseite verlegt werden musste und nur mäßige Tiefe aufweisen kann. Klenze griff hier – vielleicht auf speziellen Wunsch des Bauherrn, der sich angesichts seines gesellschaftlichen Ranges an den überkommenen Residenzen des 18. Jahrhunderts messen lassen musste – auf die barocke Typologie des querliegenden Prachttreppenhauses zurück. Vorbild war wohl die benachbarte barocke Deutschordensresidenz Ellingen, seit 1815 im Besitz des Oberkommandierenden Feldmarschalls Fürst Carl Philipp von Wrede, den Klenze dort 1818 wegen der Planung des Armeedenkmals aufsuchte (vgl. S. 42 f.). Das Treppenhaus ist dementsprechend zweiläufig angelegt, bedient das bescheidenere Mezzanin eher beiläufig, um beide Läufe am Ende zum Entrée in die Prunkgemächer wieder zu vereinigen. Letztere gehören sicherlich zu den bedeutendsten erhaltenen Interieurs des süddeutschen Klassizismus: Der quadratische Festsaal mit seiner monumentalen Pilastergliederung, die die Kassettierung der stuckierten Decke (von Pierre Viotti) aufnimmt, und den dazwischen eingespannten Blendarkaden, die die Fensterform fortführen und mit fünf illusionistischen Szenen aus der Geschichte des Hauses Pappenheim *en grisaille* (von Anton Schönherr) geschmückt sind, kommt dem Typus der *sala grande* in den Villen Andrea Palladios nahe. Seitwärts erstrecken sich nach Osten die parallel angeordneten Suiten des Hausherrn und der Hausfrau und nach Westen die offiziellen Räume, Salon und Speisesaal jeweils mit Vorzimmern. Daran schließt die Suite der sogenannten Königszimmer mit vier Räumen an, die für Besuche des Königs vorgesehen waren und auch benutzt wurden. Die allesamt im pompejanischen Stil ausgestatteten Räume gehen wohl auf Klenzes engen Mitarbeiter Jean Baptiste Métivier zurück.

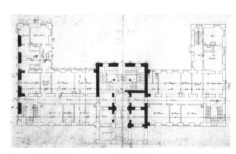

Grundriss Erdgeschoss (1818/19)

Der Bauherr war bei der Grundsteinlegung des Neuen Schlosses schon 48 Jahre alt, von seiner Gattin Lucie (Tochter des preußischen Staatskanzlers Karl August von Hardenberg und mittlerweile Gemahlin des Fürsten Hermann von Pückler-Muskau) geschieden und ohne männlichen Nachkommen, da sein einziger Sohn bereits verstorben war. So entstand das Neue Schloss nur für Carl Theodor Friedrich und seinen jüngeren Bruder Albert, ebenfalls General und Generaladjutant des Kronprinzen, der später seine Nachfolge antreten sollte. Beide verbrachten als ranghohe Militärs große Teile des Jahres in der bayerischen Hauptstadt. So sollte das Neue Schloss nicht nur die Funktion eines Residenzschlosses erfüllen, sondern vor Ort auch »ein bleibendes Denkmal für sich und die hochgräfliche Familie« darstellen, wie es im Protokoll der Grundsteinlegung am 8. Mai 1819 hieß (Kratzsch 2014). Das Schloss, das noch immer im Familienbesitz der Nachfahren der Grafen zu Pappenheim mit großem Engagement erhalten und gepflegt wird, ist im Allgemeinen nicht zugänglich. Rückwärtig war es mit dem zeitgleich landschaftlich gestalteten Hofgarten durch eine Brücke über die Altmühl verbunden (Instandsetzung geplant), der eine ältere, aufwendig gestaltete barocke Anlage ablöste, von der u. a. noch zwei Orangerien erhalten sind.

Literatur: Métivier (1816/22); Hederer (1964), S. 232f.; Prusseit (1990), S. 183f.; Pappenheim (1998); Hildebrand (2000), S. 313ff.; Kratzsch (2014); Böhmer (2014)

BAD BRÜCKENAU
BADEHAUS

Planung und Errichtung: 1820–1823

Der anspruchsvolle Auftrag für den ›Großen Kursaal‹ im unterfränkischen Bad Brückenau (1827–1833), einem regelmäßigen Lieblingsaufenthalt König Ludwigs, wurde erst nach dessen Thronbesteigung und angesichts des mittlerweile angespannten Verhältnisses und der Überlastung des Hofbauintendanten mit großem Erfolg an den jungen, von Ludwig protegierten Architekten Johann Gottfried Gutensohn vergeben. Bald nachdem das renommierte Staatsbad Brückenau 1816 an Bayern gefallen war, hatte Klenze, damals noch auf Initiative des Kronprinzen, das auf eine sehr bescheidene Bausumme zugeschnittene Badehaus entworfen (zunächst notgedrungen in Kooperation mit dem von Finanzminister Graf Lerchenfeld geförderten Kreislandbaurat Bernhard Morell, der aber bald auf Ludwigs Wunsch von der Bauleitung entbunden wurde). Typologisch sieht man dem 1820 bis 1823 errichteten Gebäude seine Funktion nicht an. Vielmehr wirkt der dreistöckige Bau mit seinem übergiebelten Mittelrisalit und den rustizierten Lisenen wie ein städtischer Adelspalast. Hinter den relativ kleinen Rundbogenfenstern des Erdgeschosses sind fünfzehn Badestuben für Wannenbäder und entsprechende Nebenräume untergebracht; die beiden oberen Stockwerke, der durch Flachgiebel und größere Fenster ausgezeichnete Piano nobile und das ihm angeglichene Mezzanin, enthielten Gästezimmer und Appartements im Sinne eines Kurhotels, die über den gartenseitigen Eingang separat erschlossen wurden. Dem im Original tadellos erhaltenen, fast noch spätbarock wirkenden Putzbau mit den roten Sandsteinrahmungen lässt sich eine elegante Noblesse nicht absprechen. Der gegenüberliegende, nach Österreichs Kaiserin

Ansicht des Badehauses

Elisabeth benannte Elisabethenhof (heute Kurverwaltung) wurde – ein architekturgeschichtlich bemerkenswerter Vorgang – 1894 in Form einer exakten Replik des Klenzebaus als Logierhaus errichtet.

Literatur: Wegner (1979); Hildebrand (2000), S. 340ff.

VOLKACH
SCHLOSS GAIBACH / KONSTITUTIONSSÄULE

Planung: ab 1819
Ausführung: 1821–1828

Das unterfränkische Dorf Gaibach gehörte seit 1814 zum Königreich Bayern. Im Gaibacher Schloss residierten seit der Mitte des 17. Jahrhunderts die Grafen Schönborn. Der Jurist, Politiker, Bayerische Generalmajor und Kunstsammler Franz Erwein Graf von Schönborn-Wiesentheid – seit 1812 zum national-liberalen fränkischen Freundeskreis des Kronprinzen Ludwig gehörig – war in München ansässig, widmete sich jedoch intensiv der Verwaltung der Schönbornschen Besitzungen in Franken und im Rheingau. Als Standesherr gehörte er ab 1819 der »ersten Kammer« der Reichsräte im Bayerischen Landtag an, der in dem von Klenze zum Ständehaus umgebauten ehemaligen Redoutensaal in der Münchner Prannerstraße tagte. So verwundert es nicht, dass er frühzeitig mit dem neuen Bayerischen Hofbauintendanten in Kontakt kam und ihn zu einem, für einen Privatmann allerdings sehr ungewöhnlichen, Auftrag heranzog: Auf dem Sonnenberg in dem nach 1820 zu einem englischen Landschaftsgarten umgestalteten Gaibacher Schlosspark stiftete er zur Verherrlichung der Bayerischen Verfassungsgebung 1818 ein Denkmal in Form einer kolossalen Säule. Nachdem die konservative Mehrheit 1819 im Parlament seinen Antrag zur Einführung eines »Verfassungstages« abgelehnt hatte, wollte er auf diese Weise einen Ort für nationale Feiern schaffen. Parallel dazu ließ er ab 1820 in zwei Phasen einige seiner Schlossräume für solche feierlichen Anlässe modernisieren.

Die Gaibacher Konstitutionssäule ist innerhalb der um 1800 noch einmal wiederbelebten Typologie kolossaler Säulenmonumente, die (wie etwa Napoleons Pariser Vendôme-Säule) zumeist dem Typus der antiken römischen Triumphsäulen des Trajan oder Marc Aurel folgten, einzigartig: Klenze wählte zur Feier der konstitutionellen Rechte und Freiheiten nämlich erstmals die altdorische Ordnung der griechischen Architektur, die seit Winckelmann (1764) mit Athen als Wiege der Demokratie identifiziert wurde; zugleich setzte er sich dadurch demonstrativ von französischen Vorbildern ab, die er selbst noch 1813/14 für ein deutsches Befreiungsdenkmal am Rhein bemüht hatte. Er entsprach somit den Erwartungen, die der Publizist Christian Müller schon bei Klenzes Ankunft in München 1816 formuliert hatte, nämlich, dass man sich vom »griechischen Stil des neuerdings als Hofarchitekt hier angestellten genialen Künstlers L. Klenze« endlich einen »reinen Nationaltypus« der Architektur erhoffe, »[...] der uns bisher mangelte [...]«. Klenze entwickelte daraufhin 1821 seine architekturhistorischen Spekulationen über die genuine Verwandtschaft der Griechen und Germanen, die die Anwendung der griechischen Formensprache auf patriotische und nationale Bauaufgaben und Sinnsetzungen – namentlich beim Bau der Walhalla – legitimierte (vgl. S. 190ff.).

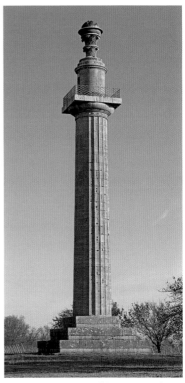

Konstitutionssäule auf dem Sonnenberg

Die über eine Wendeltreppe begehbare, ca. 30 Meter hohe Konstitutionssäule, die nach Klenzes Entwurf von 1820 ausgeführt und 1828 im Beisein von 30.000 Menschen eingeweiht wurde, steht wie ein griechischer Tempel auf einem dreistufigen Sockel (Krepis), hat keine Basis, kräftige Kanneluren und das charakteristische altdorische Kapitell mit dem flach gewölbten »Kissen« (Echinus), das die Deckplatte (Abakus) trägt, die hier als Aussichtsplattform dient. Über dem Austritt erhebt sich ein bronzener Kandelaber in Fackelform mit vergoldeter Lohe – ein »poetischer« Gedanke, der auf »Weltwunder« wie den legendären antiken Leuchtturm von Pharos oder den Koloss von Rhodos zurückgeht und in den deutschen Befreiungskriegen von Ernst Moritz Arndt aufgegriffen worden war, der über weite Entfernungen hinweg die Befreiung des Vaterlandes durch »Hügelfeuer« signalisieren ließ. Klenze sah vor, dass bei besonderen Anlässen wie den Verfassungsfeiern »wirkliches Feuer« auf dem Kandelaber entfacht werden könnte. Die Namen der Reichs-

Peter von Heß: Die Grundsteinlegung der Konstitutionssäule (1823)

räte und Abgeordneten sollten auf dem zylinderförmigen Austritt eingraviert werden (nicht ausgeführt), darüber wurde die Widmung angebracht: »Der Verfassung Bayerns, ihrem Geber Maximilian-Joseph, ihrem Erhalter Ludwig zum Denkmale«.

Welche große politische Bedeutung diesem privaten Nationalmonument zukam, vermittelt das monumentale Gemälde der Grundsteinlegung 1821 von Peter Heß aus dem Jahre 1823, das den Stifter Schönborn und den Kronprinzen Ludwig mit ihren Familien, den Architekten Klenze und zahlreiche Amts- und Würdenträger aus dem liberalen fränkischen Kreise wiedergibt. Die Sonderstellung der Gaibacher Verfassungssäule zeigt sich daran, dass Georg Ludwig Friedrich Laves für die den Triumph über Napoleon feiernde Waterloosäule in Hannover (1825–1841) zwar die militärisch konnotierte Dorica, jedoch in ihrer römischen, durch Vitruv überlieferten Fassung wählte. Einzig die zwischen 1841 und 1844 von Georg Moller in Darmstadt errichtete, der hessischen Verfassungsgebung von 1820 gewidmete Ludwigssäule in Darmstadt geht unmittelbar auf das Gaibacher Vorbild zurück. Sie ist allerdings im restaurativen Klima des Vormärz nicht mit einem Freiheitsfeuer, sondern mit der Statue des Großherzogs Ludwig von Hessen-Darmstadt als dem Verfassungsgeber bekrönt.

Neben dem Entwurf eines (nicht ausgeführten) Jagdpavillons und eines (bald wieder abgebrochenen) Gartenhauses, in dem eine Version der Schillerbüste von Johann Heinrich Dannecker aufgestellt wurde, wird Klenze auch die zweite Phase der Umgestaltung des Gaibacher Schlosses zugeschrieben. Sie wurde 1826 bis 1828 im Hinblick auf die Einweihungsfeierlichkeiten der Konstitutionssäule durchgeführt (an der ersten, mit ihrer Grundsteinlegung verbundenen Phase der Modernisierung ab 1820 war Klenzes Mitarbeiter und späterer Konkurrent Georg Friedrich Ziebland federführend beteiligt). Ein oktogonaler Anbau Klenzes, der zwischen zwei Gewächshäusern als musealer Weiheraum für vier aus dem Nach-

Der Gaibacher »Konstitutionssaal«

lass des Herzogs von Leuchtenberg erworbene Reliefs von Bertel Thorvaldsen diente, wurde schon 1860 abgerissen. Ab 1826 ist ein neues, repräsentativeres Treppenhaus sowie durch Aufgabe älterer Räume im Westflügel ein (nicht mehr erhaltener) Speisesaal, vor allem aber der prächtige »Konstitutionssaal« mit seiner im pompejanischen Stil geschmückten Decke geschaffen worden. Die honigfarbenen Stuckmarmorwände sind mit Medaillons im Eichenkranz verziert, denen Zitate aus der Bayerischen Verfassung eingeschrieben sind. Das Schloss beherbergt seit 1949 das Internat Franken-Landschulheim.

Literatur: Müller (1816); Abert (1930); Moll (1990); Klose (1994); Buttlar (1999), S. 86; Hildebrand (2000), S. 336ff. und S. 401f.

SPEYER
DOM
RESTAURIERUNG UND AUSSTATTUNG

Denkmalsanierung: 1818–1824

Beteiligte Künstler: Johann Baptist Scholl d. Ä., Landolin Ohnmacht

Translozierung der Grabmäler: 1957/66

1816 wurden die linksrheinischen Gebiete der Pfalz als »Rheinkreise« in das Königreich Bayern integriert, 1817 erfolgte im Konkordat die Restitution des von Napoleon aufgeteilten Bistums Speyer. 1818 beauftragte König Max I. Joseph Klenze als zuständigen Oberbaurat beim Innenministerium mit der Restaurierung des Speyerer Domes. Diese berühmte, im Laufe des 19. Jahrhunderts als

einer der drei »Kaiserdome« zum Nationaldenkmal erhobene romanische Dom-
kirche war in den Koalitionskriegen gegen Frankreich stark beschädigt worden
und sollte 1805 sogar abgerissen werden. Klenze untersuchte den Zustand im
September 1819 und legte dem Innen- und Finanzministerium im November
ein umfangreiches denkmalpflegerisches Gutachten vor, in dem er den hohen
künstlerischen Wert des Domes als »Denkmal der älteren Baukunst«, namentlich
des »Überganges römischer und byzantinischer Kunstform und Praktik im deutschen Lande«, und seine unbedingte Erhaltungswürdigkeit bestätigt: »Hieraus
folgt für die im Werke stehende Restauration eine gewissenhafte Erhaltung des
Alten und Ursprünglichen des Gebäudes sowohl im Äußeren als auch im Inneren.« (GA 1819, BHStA). Im Zuge der unverzüglich anlaufenden Sicherungs- und
Baumaßnahmen wandte er sich gegen jede Form der Modernisierung – wie sie
beispielsweise Schinkel für den Fortbau des Kölner Doms vorgeschlagen hatte –
und plädierte dafür, durch Reparaturen »den alten Zustand wiederherzustellen«
und dabei sogar den neuen Putz an die Patina des alten anzugleichen (Klenze an
Ludwig, 28.06.1821).

Die Sarkophage über den acht sogenannten ›Kaisergräbern‹ im Chorbereich
waren bereits im Pfälzischen Erbfolgekrieg 1689 von den Franzosen zerstört
worden. Im Auftrag des österreichischen Kaisers Franz I. entwarf Klenze 1821
ein aufwendiges neues Grabdenkmal für König Rudolf von Habsburg (†1291) in
frühgotischen Formen, das die 1811 aufgefundene mittelalterliche Grabplatte
einbezog – die Madonna sollte auf die Rückwand gemalt werden. Im Auftrag
Herzog Wilhelms von Nassau projektierte er ein gotisches Wandepitaph für dessen Ahnen König Adolf von Nassau (†1298). Beide Entwürfe wurden nicht ausgeführt. Klenze publizierte
sie jedoch nachträglich
1848, da sie auf dem Höhepunkt der allgemeinen Be-
geisterung für die Neogo-
tik seine Kompetenz auch
im »mittelalterlichen« Sek-
tor demonstrierten (vgl.
S. 252). Stattdessen wurde
im November 1824 – die
Grablege im Kaiserchor
flankierend – Klenzes be-
scheidenerer Alternativ-
entwurf eines freistehen-
den Denkmals für Adolf
von Nassau aufgestellt.
Es zeigt einen von vier ge-
flügelten Löwen (Johann
Baptist Scholls d. Ä.) ge-

Ursprüngliche Aufstellung der Denkmäler Rudolfs und
Adolfs im Kaiserchor von Speyer, aus Blaul (1860)

tragenen Sarkophag im spätromanischen Stil aus grauem Marmor, der Klenzes Theorie der »griechischen« Abkunft der Romanik folgend mit antikischen
Akanthusakroteren und weiteren klassischen Ornamenten geschmückt ist. Der
geharnischte König – ein Werk des Strassburger Bildhauers Landolin Ohnmacht
aus hellem Sandstein – kniet darauf in der traditionellen Pose der ewigen Anbetung. Ludwig von Schwanthaler schuf 1839-1843 im Auftrag König Ludwigs I. als
Pendant zu Adolfs Denkmal das Monument Rudolfs in Form einer Sitzfigur auf
hohem Sockel. Im Zuge des umstrittenen Rückbaus des Speyrer Domes 1957 bis

1966 zur romanischen »Urfassung« wurden diese beiden Zutaten des 19. Jahrhunderts vom Kaiserchor in die Vorhalle des 1853 bis 1858 von Heinrich Hübsch errichteten neoromanischen Westwerks versetzt. In den Wandnischen dieser sogenannten ›Kaiserhalle‹ sind alle acht hier bestatteten Könige und Kaiser noch einmal als historisierende Standfiguren präsentiert.

Der bereits um 1810 begonnenen Freistellung des Baudenkmals durch Abriss der maroden Randbebauung – einschließlich des unrettbar ruinösen Kreuzganges – stimmte Klenze in seinem Gutachten zu, ebenso der geplanten landschaftsgärtnerischen Inszenierung, die er auf den gan-

Klenzes Grabdenkmal Adolfs von Nassau in der Speyerer Vorhalle (seit 1966)

zen Dombezirk ausdehnen wollte. Spätestens 1832 ging die Verantwortung für die zweite Phase der Restaurierung bzw. Rekonstruktion des Domes auf August von Voit, Friedrich von Gärtner (ab 1836) und Heinrich Hübsch (ab 1853) über.

Literatur: Litzel/Koenig (1826), S. 149–152; Klenze: Architektonische Entwürfe VI (1848) S. 2, Taf. V und Taf. VI; Blaul (1860); Zink (1988); Hildebrand (2000), S. 325f.; Klenze (2000), S. 507f.

KIRCHENBAUTEN IM ZUGE DER »ANWEISUNG ZUR ARCHITECTUR DES CHRISTLICHEN CULTUS«

In den letzten Jahrzehnten sind einige bis dahin übersehene Kirchenbauten in dem erst 1816 in das Königreich Bayern eingegliederten Rheinkreis (die linksrheinische Pfalz) und im neu hinzugekommenen Franken (Untermain- und Obermainkreis) Klenze zugeschrieben worden. Sie stehen in unmittelbarem Zusammenhang mit seinen Aufgaben als Oberbaukommissar beim Ministerium des Inneren (ab 1818) bzw. als Leiter der neu eingerichteten Obersten Baubehörde (1830–1843) sowie seiner Rolle als Vorsitzender im Baukunstausschuss (1829–1835).

Titelblatt der »Anweisung« (1822/24)

Auf allen drei Ebenen ging es im Zuge der Zentralisierung des Bauwesens um die Kontrolle und zukunftsweisende Reglementierung des Baugeschehens im ganzen Land. Die religiöse Restauration spielte dabei in den durch Liberalismus und Protestantismus geprägten neuen Provinzen eine besondere Rolle. Der machtvolle Eingriff des Königs, der letztlich die vorgelegten Planungen nach Maßgabe dieses Gremiums verwarf, genehmigte oder gar förderte, diente nicht nur der Qualitäts- und Kostenkontrolle der Bauvorhaben, sondern spielte darüber hinaus in kulturpolitischer und ästhetischer Hinsicht eine vereinheitlichende und identitätsstiftende Rolle.

Insbesondere mit seiner kulturpolitisch brisanten (und unter Fachleuten und liberalen Kritikern umstrittenen) »Anweisung zur Architectur des Christlichen Cultus« – ein theorielastiges Musterbuch, das 1822 konzipiert wurde, aber erst 1824 in etwa 100 Exemplaren zur Austeilung an die Ämter und Behörden der acht bayerischen Kreise kam – versuchte Klenze auf eigene Initiative den Kirchenbau im Sinne seiner klassizistischen Architekturdoktrin zu reglementieren. Auf diese Weise wollte er dem wachsenden Einfluss der romantischen Fraktion entgegenarbeiten, die den Anschluss an die Gotik als einzig wahre »christliche« Baukunst propagierte. Dass die antiken Bauformen im Kirchenbau keinen heidnischen, sondern einen genuin christlichen Charakter hätten, versuchte er deshalb in den vier Hauptkapiteln zu beweisen: erstens in einer religionsphilosophischen Ableitung (angeblicher) innerer Verwandtschaft zwischen den spätantiken Mysterien und der christlichen Offenbarung; zweitens mittels einer historischen Beweisführung, die den antiken Ursprung des Christentums und seiner (zunächst) antiken Formenwelt hervorhebt; drittens in einer ästhetischen und ethischen Begründung, die sich auf das »dualistische Prinzip« beruft, das gleichermaßen in der Anschauung der griechischen Architektur (nämlich als harmonischer Ausgleich der gegeneinander wirkenden Kräfte von Stütze und Last bzw. Säule und Architrav) wirksam sei wie auch im reli-

giösen Verständnis der christlichen »Liebe« (als harmonisierende Befriedung des ewigen Kampfes zwischen Gut und Böse). Das vierte und längste Kapitel ist kunst- und kulturgeschichtlich orientiert, indem die Entwicklung und Kontinuität des Kirchenbaues von den Anfängen bis zur Gegenwart skizziert wird, um – jenseits der »Verirrungen« der mittelalterlichen Gotik und der »Entartungen« des Barock – die moderne Weiterentwicklung der klassischen Architektursprache zu rechtfertigen, in die Klenze auch aus antikem Ursprung ableitbare Motive der »byzantinischen« Bauweise, der oberitalienischen Proto- und der Hoch- und Spätrenaissance einbezieht.

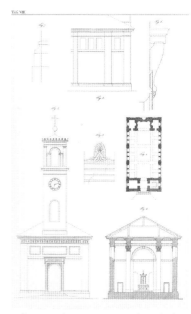

Taf. VIII aus der »Anweisung« (1822/24)

Diese zwar tiefsinnigen, aber höchst angreifbaren Darlegungen dürften die kirchlichen Würdenträger, Baubeamten und Handwerker vor Ort weniger interessiert haben als der praktische Teil des Buches mit den im fünften Kapitel aufgelisteten »Erfordernisse des christlich-liturgischen Baues« und den 38 angehängten Tafeln der Musterentwürfe. Klenze empfiehlt einfache Grundrisse für dörfliche Saalkirchen, die er ebenso wie die drei- und fünfschiffigen Gemeinde- und Stadtkirchen unter den Begriff der Basilika subsumiert; ferner fordert er den Einschluss aller erforderlichen Nebenräume in die kompakte Baugestalt und – je nach Größe – Ein- oder Zweiturmfassaden, die aus »griechischen Formen« zu bilden seien. Die Gestalt des Baukörpers definiert Klenze als einfaches »Oblongum mit Giebeldache« mit eingezogener oder ausgestellter Apsis und nur einer Fensterreihe, die erst etwas »über der vollen Mannshöhe« anfangen solle. Als Raumabschluss empfiehlt er flache Holzdecken oder gewölbte Steintonnen, für die Außendächer die geringe Dachneigung »griechischer Tempeldächer« ($^1/_6$ bis $^1/_9$ der Breite zur Höhe), denn »der Norden hat unserer Überzeugung und Erfahrung nach, an und für sich keine Dächer nöthig, welche die Dachverhältnisse des Südens um vieles übersteigen«. Vielmehr komme es auf Konstruktion und Materialien (Holz, Stein, Ziegel, Metall) und deren konstruktive Verarbeitung an. Die Musterentwürfe selbst, die ebenso wie Klenzes theoretische Ausführungen unter anderem von Franz Kugler (1834) und Rudolf Wiegmann (1839) scharf kritisiert wurden, zeigen innerhalb der nach Aufwand und Funktion geordneten Gruppen eine Reihe von Varianten kleinerer und größerer Kirchen und Kapellen über dem für Klenze charakteristischen Formenvokabular.

Die Initiative der »Anweisung«, die eine Parallele zu Karl Friedrich Schinkels Bemühungen um eine »Normalkirche« für die preußischen Provinzen darstellt, bestimmte seit 1829 insbesondere die Arbeit im Baukunstausschuss, dem außer Klenze auch sein Rivale Friedrich von Gärtner angehörte sowie als außerordentliche Mitglieder dessen Schüler Georg Friedrich Ziebland und der junge Johann Gottfried Gutensohn, der 1832 auf Betreiben Klenzes durch seinen loyalen Mitarbeiter Joseph Daniel Ohlmüller ersetzt wurde. Der Ausschuss hatte etwa wöchentlich die von den Kreisregierungen eingereichten Bauvorhaben zu begutachten. Derzeit können insgesamt sieben Kirchenbauten in Franken und in der Pfalz mit Planrevisionen Klenzes in engere Verbindung gebracht oder ihm als eigenhändige Neuplanungen zugeschrieben werden.

Ähnlich stellt sich – auch in der gegenüberstellenden Wiedergabe der Entwürfe – die Arbeit des Baukunstausschusses an anderen Bauaufgaben (Schul-, Pfarr- und Gemeindehaus, Leichenhalle, Wach- und Arresthaus) dar.

Literatur: Klenze (1822/24); Kugler (1834); Wiegmann (1839); Sczesny (1967/74); Schickel (1987); Buttlar (1990 und 1999), S. 294–301; Hildebrand (2000), S. 321–324, S. 418

FÜRTH (Mfr.)
STADTPFARR-KIRCHE ZU UNSERER LIEBEN FRAU

Königstraße 113

Planung und Ausführung: 1824–1829

Beteiligte Künstler: Kgl. Bauinspektor Johann (Anton) Brüger / Baumeister Johann Michael Zink

Innenrestaurierungen: 1879–1885, 1901, 1945 und 1962

Die Katholische Stadtpfarrkirche Unserer Lieben Frau – erster katholischer Kirchenneubau in Fürth seit der Reformation – galt ebenso wie die von ihr stilistisch abhängige evangelische Auferstehungskirche (1825/26) lange als Werk des Königlichen Bauinspektors Johann (Anton) Brüger, dem zweifellos die Bauaufsicht vor Ort oblag. Seit einiger Zeit kann sie mit guten Gründen Leo von Klenze zugeschrieben werden, der hier einen Kirchenbau von beachtlicher Qualität nach den Vorgaben seiner »Anweisung zur Architectur des Christlichen Cultus« (1822/24 und ²1834) realisieren ließ. Im Dezember 1823 lagen insgesamt acht Vorschläge für einen Neubau beim Staatsministerium des Inneren in München zur Begutachtung vor, die Klenze als leitender Oberbaurat jedoch allesamt nicht akzeptierte, sondern im Zuge seiner intensiven Bemühungen um eine klassizistische Normierung des Kirchenbaus in Bayern im Frühjahr 1824 durch

Eigenhändig signierte Grund- und Aufrisse (1824)

Ansicht von Südosten

einen eigenen Plan ersetzte. Der wurde von König Max I. Joseph unter der Kategorie »Verbesserung des Brüger'schen Planes« genehmigt und im Juni in Nürnberg vorgelegt. Kommentarlos signiert geht das Sammelblatt mit Grundriss und Aufrissen jedoch über eine Planrevision hinaus. Es stellt vielmehr eine typologische und motivische Variante der Musterkirchen aus Klenzes damals noch nicht erschienener »Anweisung« dar: dem baukünstlerischen Aufwand nach angesiedelt zwischen einer sehr großen Stadtkirche (Taf. XX) und einer anspruchsvolleren Dorfkirche (Taf. VIII), die beide eine vergleichbar mächtige Einturmfassade mit der Abfolge von Rundbogenfenster und kreisförmiger Öffnung (mit Turmuhr) sowie eine durch das sogenannte ›Palladio-Motiv‹ bestimmte Ädikula (Turmhelm in Gestalt eines klassischen Tempelchens) aufweisen (vgl. S. 175). Darüber hinaus ähnelt die Fassade auffallend Klenzes zweitem Projekt für die

doppelstöckige evangelische Kirche St. Matthäus am Wittelsbacher- bzw. Odeonsplatz (1822), zu dem auch ein Fassadenriss in der Staatlichen Graphischen Sammlung München gehört. Dass der anlässlich der Grundsteinlegung 1826/27 vom ausführenden Baumeister Johann Michael Zink noch in frühklassizistischer Manier lavierte Grund- und Aufriss des Ausführungsentwurfs von fremder Hand den Zusatz »nach Klenze« trägt, bestätigt dessen Autorschaft.

Inneres der Saalkirche

Die freistehende, kubisch konsequent gegliederte und profilierte Baugestalt, die städtebaulich nach Heinrich Habel auf dem Hallplatz eine »Schlüsselstellung« einnimmt, die ausgestellte Apsis und die pilastergerahmten Risalite mit den der Lage und Bedeutung der Kirche geschuldeten zusätzlichen Portalen auf den Längsseiten, aber auch die an Klenzes Musterentwürfen seinerzeit kritisierte Überdimensionierung der Fassadentürme: all das spricht für ein frühes Werk Klenzes, der hier keinerlei historischen Leitmotiven des Bauherrn folgen musste wie bei der Münchner Apostelkirche oder der Allerheiligen-Hofkirche (vgl. S. 58ff.), sondern mit den eigenen, abstrakter wirkenden Stilmitteln einer »neugriechischen« und doch zugleich an Palladio orientierten Formensprache experimentieren konnte. Der schlichte, aber großzügige Saalraum mit Chorapsis und Orgelempore besitzt eine nach Überfassungen des späten 19. Jahrhunderts 1938 wieder freigelegte Holzdecke mit spätnazarenischen Bildmotiven wohl aus den 1840er Jahren.

Literatur: Nicht bei Sczesny (1967); von Schickel in: Romantik und Restauration (1987) S. 293 Brüger zugeschrieben; desgl. Habel in: Denkmaltopographie Fürth (1994), S. 228–230; Ohm (1994); Hildebrand (2000), S. 323f.; dagegen: Mette (2001); Ley (1994 und 2008)

EGGOLSHEIM (Ofr.)
PFARRKIRCHE
ST. MARTIN
PLANREVISION

Planung: 1824

Ausführung: 1827–1830, Weihe 1844

Beteiligte Künstler: Franz Joseph Schierlinger u. a.

Restaurierungen: 1988/89

Die mittelalterliche, dem heiligen Martin von Tours geweihte Pfarrkirche der oberfränkischen Marktgemeinde Eggolsheim, die im Zuge der Dekanatsreform unter dem Bamberger Erzbischof Joseph Maria von Fraunberg zum Dekanat Forchheim gekommen war, wurde 1826 wegen Baufälligkeit bis auf den Turm (1305) abgebrochen. Vorausgegangen war die scharfe Kritik an den Neubauplänen des Kreisbauinspektors Johann Daniel Tauber, die Klenze als zuständiger Oberbaukommissar beim Bayerischen Innenministerium gegenüber der Regierung des Obermainkreises in seinem Gutachten vom 28. August

Ansicht der Hauptfassade

1824 geäußert hatte: Abgesehen von funktionalen und konstruktiven Mängeln sei auch der »architektonische Styl des Ganzen in keinem Theile zu rechtfertigen«. Mit gleicher Post übersandte er seine Planrevision, die die Regierung des Obermainkreises vorbehaltlich »einiger weniger Änderungen« am 11. April 1825 annahm. Klenze suchte zur gleichen Zeit durch die Austeilung seiner »Architectur des Christlichen Cultus« an die örtlichen Behörden, den Kirchenbau in ganz Bayern zu reglementieren.

Blick in die Saalkirche

Nach vollzogenem Abriss des Altbaus wurde der Grundstein am 17. Mai 1827 gelegt, die Weihe des Rohbaus erfolgte 1830, die feierliche zweite Weihe 1844 durch den neuen Bayreuther Erzbischof Bonifaz Kaspar von Urban. Die Oberbauleitung lag bei Bauingenieur Franz Joseph Schierlinger, der 16 Jahre später Klenze nach dessen Entpflichtung von der Leitung der Obersten Baubehörde kommissarisch im Amt vertrat, sowie bei Bauingenieur Wolfram (seit 1827 Professor an der Münchner Polytechnischen Schule) und dem Baupraktikanten Erhard aus Bayreuth vor Ort, der den kostspieligen und offensichtlich bautechnisch riskanten Entwurf gegen die ausgebooteten lokalen Bauleute verteidigte. Schierlinger wird oft als Entwerfer des schlichteren Kirchenschiffs genannt, während Klenze zumeist nur die höchst ungewöhnliche Fassade zugeschrieben wurde. Diese Aufteilung ist aber unwahrscheinlich, da der Baukörper in seiner Innen- und Außengliederung durchaus Klenzes Handschrift zeigt und organisch mit der Fassade verbunden ist: Die von toskanischen Eckpilastern gerahmten Langseiten mit profilierter Gebälkzone und ausgeprägter Attika erinnern noch an das Kasseler Theater auf der Napoleonshöhe (vgl. S. 160ff.), die schlichten Rundbogenfenster und das etwas altertümliche Spiegelgewölbe des Saalraumes tauchen bereits in der 1822 konzipierten »Anweisung« auf. Auch die Abteilung der Sakristeien im Chorbereich und die ausgestellte Apsis hat Klenze in den Musterentwürfen mehrfach vorgeschlagen, desgleichen die Markierung der für Narthex oder Chorbereich abgeteilten Joche durch Pilaster. Sockel, Kämpfergesims und Gebälk sind sauber und konsequent um den gesamten Baukörper herumgeführt, jedoch auf der Frontseite reicher instrumentiert.

Diese prächtige Schaufassade fällt allerdings aus Klenzes Werk völlig heraus, orientiert sie sich doch am plastischen Typus der venezianischen und römischen Kirchen der Spätrenaissance bzw. des Frühbarock mit ihren komplex ineinander gestaffelten Ordnungen. Dazu gehört die Heraushebung des Mittelrisalits durch den kolossalen zweisäuligen Portikus ionischer Ordnung, der eine kleinere ionische Ädikula mit stark verkröpftem Gebälk und mächtigem Bogenabschluss übergreift, der seinerseits das Portal rahmt. Nach oben schließt die Attikazone mit einem von stämmigen Pilastern gestützten Zweitgiebel, der – etwa nach dem

Vorbild der römischen Jesuitenkirchen oder Palladios Kirchen in Venedig - durch seitlich eingesetzte Zwickel das hohe Satteldach kaschiert und auf diese Weise das vermeintliche Gefälle von einem Hauptschiff zu niedrigeren Seitenschiffen überbrückt. So wird ein basilikaler Querschnitt oder zumindest eine aufwendige Wandpfeilerkirche vorgetäuscht, obwohl doch nur das Äußere einer simplen Saalkirche zu gestalten war.

Man kann darüber spekulieren, ob die Tatsache, dass Klenze hier wegen der Erhaltung des mittelalterlichen Turmes keine der ansonsten in seiner »Anweisung« propagierten Ein- oder Zweiturmfassade vorschlagen konnte, zu dieser »barocken« Anleihe führte oder gar die Signalwirkung St. Martins als Programmbau, der im teilweise protestantisch geprägten Franken, das ja erst 1803 an Bayern zurückgefallen war, besonders »katholisch« aussehen sollte. Jedenfalls hat Klenze, der sich Anfang der 1820er Jahre gern auf Andrea Palladios Transformation der Antike im Veneto berief, analog zu dem großen Renaissancebaumeister in Eggolsheim die triumphale italienische Fassadenkomposition in die nüchternere Formensprache des Klassizismus übersetzt.

Literatur: Sitzmann (1924); Breuer (1961), S. 94ff.; Sczesny (1967/74), S. 28ff.; Hildebrand (2000), S. 380f.; Mette (2001), S. 75

RINNTHAL (Pf.)
PFARRKIRCHE
PLANREVISION

Entwurf und Ausführung: 1831–1834

Federführende Künstler: Joseph Daniel Ohlmüller, August von Voit

Restaurierung: 2003

Das prominenteste Bauwerk in der kleinen pfälzischen Gemeinde Rinnthal (1816-1947 bayerisch, heute zu Rheinland-Pfalz gehörend) ist die klassizistische Dorfkirche, die zwischen 1831 und 1834 nach Plänen von Joseph Daniel Ohlmüller, damals noch Mitarbeiter Klenzes in der Hofbauintendanz, entstand. Für die Innengestaltung zeichnete der junge August von Voit, späterer Architekt der Neuen Pinakothek und des Münchner Glaspalastes, verantwortlich. 1827 hatte die Gemeinde um einen Neubau der Dorfkirche ersucht, der erste Entwurf von Jakob Flörchinger aus der Bauinspektion Landau war jedoch von der Kreisbaubehörde abgelehnt worden. Dies dürfte dem Einfluss der 1830 etablierten Obersten Baubehörde und ihres Chefs Leo von Klenze geschuldet sein, der mit seiner »Anweisung zur Architectur des Christlichen Cultus« (1822/24, ²1834) das Kirchenbauwesen im gesamten Bayern zu reglementieren hoffte (vgl. S. 174f.). Der Gemeinderat forderte 1830 nun ganz im Sinne Klenzes, »dass an der neu zu erbauenden Kirche, die für Jahrhunderte erbaut werden soll, nicht gespart sondern sowohl für Solidität als Schönheit das in der Gemeinde-Kasse nutzlos liegende Geld und die in unserem Wald stehenden abgängigen Bäume verwendet werden, denn es dürfte auf jeden Reisenden einen weit besseren Eindruck machen in dem wilden Thal und deren einfachen Bewohnern wenigstens an ihrem Gotteshaus, das sie in jetziger Zeit erbauen, Geschmack und Dauerhaftigkeit zu erblicken«. Diese Botschaft kam in München gut an. Mit ihrem kolossalen viersäuligen Tempelportikus, den umlaufenden Pilastern und dem über 40 Meter hohen Turm ist die kleine Landkirche hinsichtlich der »Angemessenheit« (decorum) und der Baukosten (23.000 Gulden) viel zu anspruchsvoll geraten, doch hofften Klenze und der König, der den Bau befürwortete, auf eine Signalwirkung als Musterkirche für die Region (die jedoch ausblieb, sodass es sich am Ende um ein Unikum und um eine letzte Manifestation des Klassizismus im Rheinkreis handelte).

Die funktionale und ästhetische Konzeption des Baukörpers mit quadratischem Frontturm, klassischen Bauformen und charakteristischen Details des inneren Saalraumes mit Apsis und toskanischen Säulenemporen steht der damals bereits seit neun Jahren vorliegenden »Anweisung« Klenzes so außerordentlich nahe, dass man eigentlich von einem Klenzeentwurf sprechen muss: »Mehrere jener Entwürfe werden auch im Rheinkreise ausgeführt, und es sind mir spezielle Bitten dieses Kreises zugekommen, um noch meh-

Monumentaler Portikus und Fassadenturm

rere Exemplare dieses Werkes zu erhalten, um die darin gemachten Vorschläge möglichst befolgen zu können«, schrieb Klenze schon 1825 (Klenze an Ludwig, 03.09.1825). Allerdings sind die musterhaften Architekturmotive (wie Klenze es ja in seiner Theorie propagierte) auch in diesem Fall – nach einer gemeinsamen Planrevision im Baukunstausschuss – zu einer individuellen Baulösung neu »zusammengesetzt« worden: Der ionische Monumentalportikus (Anweisung, Taf. XII) mit den zugehörigen kolossalen Pilastern (Taf. X), die auch an seiner Fürther Kirche verwendete Attika (vgl. S. 176f.), der zweistöckige Turm mit seiner viergiebeligen Dachlösung, der Turmuhr und der Glockenstube (Taf. VI, VIII, X) und sogar die trapezförmig ausgestellten, kunstvoll gerahmten Fenster, die Klenze für den christlichen Kirchenbau aus dem antiken toskanischen Tempel abgeleitet hatte (Taf. XXXVI), finden sich in Rinnthal wieder. Einzig der Turmumgang mit Eisengeländer

Inneres der Saalkirche mit Emporen

ist in Klenzes Werk nicht anzutreffen, sondern verweist auf die Pfarrkirchen Friedrich Weinbrenners und die in Fachkreisen rasch bekannt gewordene Kopenhagener Frauenkirche von Christian Frederik Hansen (1817-1829).

Literatur: Dehio (1972), S. 745f.; http://de.wikipedia.org/wiki/Evangelische_Pfarrkirche_ Rinnthal [13.11.2014]; www.kirchen-panoramen.de/rinnthal pfarrkirche/ri_pfki_ geschichte.htm#geschichte [13.11.2014]

ESCHBACH (Pf.)
PFARRKIRCHE ST. LUDWIG
PLANREVISION

Planung und Ausführung: 1831/32

Ein von der Regierung des Rheinkreises eingereichter Entwurf für die kleine Pfarrkirche zu Eschbach/Weinstraße wurde von Klenze als Vorsitzendem des Münchner Baukunstausschusses 1831 persönlich redigiert und sogar signiert. Der plangetreu ausgeführte Entwurf repräsentiert als fünfachsiger Saalbau

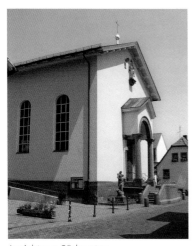

Ansicht von Südwesten

mit schmucklosen Rundbogenfenstern, flachem, überstehendem Satteldach, offenem Giebel und ausgestellter Apsis den schlichtesten Typus der italianisierenden Musterentwürfe aus der »Anweisung« (1822/24). Im Vergleich lässt sich gut nachvollziehen, wie Klenze seine Motive für St. Ludwig zweckangemessen neu kombiniert: Aus der anspruchsvolleren Dorfkirche auf Taf. VII, Fig. 3 mit der fast identischen Portalädikula und der applizierten Erzengelsstatue ist eine bescheidenere Version geworden, indem der teure Fassadenturm durch einen simplen Dachreiter mit Glockenöffnung nach der Kapelle auf Taf. XXXV, Fig. 3 ersetzt wurde (der dahinter frei stehende Campanile dürfte erst später hinzugekommen sein). Bei näherem Hinsehen erweist sich aber auch diese simple Gestaltung als raffiniert: Der Portalbau mit toskanischen Säulen und Pfeilern, die übergreifende Archivolte und das Portalgewände sind auffallend fein profiliert, und die Sparren und Pfetten des »griechischen« Daches enden in Voluten. Letztere haben durch dreifache senkrechte Schichtung eine rhomboide Form erhalten, wie sie Klenze schon 1821 am toskanischen Tempel entdeckt hatte.

Literatur: Kunstdenkmäler (1928), S. 151–156; Hildebrand (2000), S. 423f.

RAMBERG (Pf.)

PFARRKIRCHE
ST. LAURENTIUS
PLANREVISION

Planung und Ausführung:
1831–1833, 1836

Beteiligte Künstler:
Jakob Flörchinger

Auch der von Klenze im Baukunstausschuss 1831 revidierte Plan des
Baumeisters Jakob Flörchinger für
die katholische Kirche St. Laurentius
in Ramberg wurde ganz im Sinne seiner »Anweisung« (1822/24) durch- und
ausgeführt. Es handelt sich um einen
rechteckigen, sechsachsigen Saalbau mit schlichten Rundbogenfenstern und eingezogener Apsis. Ähnlich
wie in Fürth (vgl. S. 176f.) und in der
nahen, ursprünglich ebenfalls von
Flörchinger geplanten Pfarrkirche
von Rinnthal ist die Fernsicht durch

Ansicht von Nordosten

eine anspruchsvolle Einturmfassade bestimmt. Der Mittelrisalit zeigt das von
Leon Battista Alberti abgeleitete Motiv einer monumentalen Pfeilerädikula, in
die eine Portalarkade integriert ist. Der geschichtete Turmaufbau mit Glockenstube, Turmuhr und überkreuzten Dachgiebeln folgt den Varianten des Muster-
buches, in dem sich auch die Version mit offenen Giebeln findet (Taf. IV, Fig. 2),
allerdings nicht der für Ramberg so charakteristische Knickgiebel.

Literatur: Hildebrand (2000), S. 424

ELBERSBERG (Ofr.)

PFARRKIRCHE
ST. JAKOBUS
PLANREVISION

Planung und Errichtung:
1832–1835

Beteiligte Künstler:
Franz Joseph Schierlinger

Die katholische Pfarrkirche St. Jakobus in Elbersberg geht auf einen Plan des
Bauingenieurs Franz Joseph Schierlinger zurück, dessen Formensprache noch
im Frühklassizismus verwurzelt ist, sodass sein Vorschlag an die Einfachheit und
gedrungene Massivität mittelalterlicher Feldsteinkirchen erinnert. Im Baukunstausschuss wurde dieser Plan revidiert und von König Ludwig in der neuen Form
für die Ausführung genehmigt. Über eine gesamtbayerische Kollekte konnte die
Kirche rasch realisiert werden. Inwieweit Klenze daran beteiligt war, wie in der
Literatur angenommen, muss offen bleiben. Zwar wurden Schierlingers Eckrustizierungen nun durch schlichte klassische Pilaster ersetzt und der Chorturm erhielt einen oktogonalen, durch Arkaden bestimmten Abschluss mit Zeltdach,
der eine leichtere und bedeutendere Erscheinung bewirkt; die Baukosten wur-

Ansicht von Norden

den dadurch fast verdoppelt. Allerdings entspricht diese Helmform mit den kleinen Knickpilastern nicht Klenzes Handschrift und sitzt zudem sehr unvermittelt auf dem kubischen Turmstumpf auf. Und ob der Versatz der Rundbogenfenster so weit nach oben eine Verbesserung darstellt, darf ebenfalls bezweifelt werden: Ihre Schlusssteine sollen ästhetisch im Sinne von Konsolen das umlaufende Gebälk stützen, doch scheinen die Fenster eher daran zu hängen. Klenze hatte in seiner »Anweisung« zwar hoch sitzende Fenster propagiert, dennoch vermag die Zuschreibung – verglichen mit den anderen Interventionen Klenzes – in diesem Falle nicht recht zu überzeugen.

Literatur: Sczesny (1967/74), S. 33; Hildebrand (2000), S. 426

ELTMANN (Ufr.)

PFARRKIRCHE ST. MICHAEL UND JOHANNES
PLANREVISION

Planung: 1830/31

Ausführung: 1835–1838

Beteiligte Künstler:
Bauingenieur Franz Joseph Schierlinger, Ingenieur-Praktikant Bernhard Mack

Seit 1823 gab es Planungen zum Bau einer neuen Pfarrkirche in der am Main gelegenen fränkischen Gemeinde Eltmann im damaligen Untermainkreis, die der ambitionierte Landrichter Wilhelm Andreas Kummer vorantrieb. Die Gemeinde wehrte sich lange gegen den viel zu aufwendigen, mit 21.000 Gulden veranschlagten Entwurf, den der Architekturliebhaber Kummer zusammen mit dem Bauingenieur Franz Joseph Schierlinger vorlegte, zumal die alte Pfarrkirche – wie es in einem Gutachten der Landbau-Inspection vom 23.02.1826 hieß – »noch vollkommen solid steht«. Schierlingers Entwurf in Form eines kubischen Saalraumes mit sechssäuligem Tempelportikus in der römisch-dorischen Ordnung und seitlichen Rundbogenfenstern scheiterte jedoch 1830 im Münchner Baukunstausschuss. Der Vorsitzende Klenze revidierte den Entwurf eigenhändig (anstelle des für den Untermainkreis zuständigen Ausschussmitgliedes Johann Gottfried Gutensohn). Im Februar 1831 genehmigte Ludwig I. den neuen Plan Klenzes, der mit fast vierjähriger Verzögerung nach Abbruch des Altbaus zwischen 1835 und 1838 ausgeführt wurde.

Die Saalkirche im – wie es in der Festrede zur Weihe 1838 erklärend hieß – »byzantinischen« oder »neugriechischen« Stil weist auffällige Parallelen zu Klenzes Allerheiligenhofkirche (vgl. S. 58ff.) auf und ist von beachtlicher künstlerischer Qualität. An der Hauptfassade zeigt sie wie die Hofkirche einen offenen, von einem Bogenfries begleiteten Giebel, der seitlich auf Lisenen abgeleitet wird. Das pseudoromanische Gewändeportal, das ursprünglich analog zum Münchner Vorbild auf den flankierenden Säulen Figuren der Titularheiligen Michael und Johannes d. T. trug, ist über eine halbkreisförmige Freitreppe zugänglich. Darüber verläuft – wie in der Münchner Hofkirche – ein gestuftes Horizontalgesims,

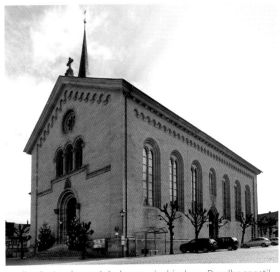

Saalkirche im »byzantinisch-neugriechischen« Rundbogenstil

auf dem in Eltmann jedoch noch ein romanisch ausgestaltetes Triforium aufsitzt. Im Giebelbereich findet sich eine vergleichbare, mit einem Vielpass umrandete Rosette. Den Geländeabfall am Markt gleicht eine abnehmende Sockelzone aus. Die siebenachsigen Langseiten, die gleichfalls durch einen Rundbogenfries nach oben abgeschlossen werden, sind durch große, mit tief profiliertem Gewände versehene Rundbogenfenster (langgestreckte Biforien mit schlanker Mittelsäule) durchbrochen. Diese Fensterform weicht von Klenzes Vokabular ab und entspricht auch nicht seinem Plan, in dem die Fenster horizontal geteilt waren und je zwei kurze Mittelstützen aufwiesen. Vielmehr deuten sie auf die Handschrift des Gärtner-Schülers Georg Friedrich Ziebland, der gleichfalls Mitglied des Baukunstausschusses war

Klassizistische Empore mit byzantinischen Würfelkapitellen

und diese historisierende Fensterform erstmals im Laufe des Jahres 1831 im Fassadenentwurf seiner Basilika St. Bonifaz an der Münchner Karlstraße vorschlug (dort letztlich nicht ausgeführt). Im Osten schließt eine ausgestellte Chorapsis den quaderförmigen Baukörper ab, der mit Haustein verkleidet ist. Ähnlich wie in Eggolsheim (vgl. S. 178f.) wurde der mittelalterliche Turm und ein Teil des alten Chores in den Neubau integriert. Die Innenausstattung wird dem bauleitenden Praktikanten Bernhard Mack zugeschrieben. Die ursprüngliche Bausumme verdreifachte sich am Ende auf etwa 70.000 Gulden – eine unvorstellbare Summe für eine Gemeinde von damals unter 1529 Einwohnern (Stand 1889 nach Meyers Konversations-Lexikon).

Literatur: Goepfert (1908), S. 85–90, S. 237ff.; Sitzmann (1957), S. 297; Sczesny (1967/74), S. 30ff.; Wegner (1984), S. 132ff.; Schickel (1987), S. 64f., S. 287; Hildebrand (2000), S. 421f.

ELTMANN (UFR.): PFARRKIRCHE ST. MICHAEL

HERXHEIM (Pf.)
EHEMALIGES WACHT- UND ARRESTHAUS
PLANREVISION

Planung: Jakob Flörchinger

Errichtung: 1831

Umbauten: 1921/22 Umgestaltung durch Wilhelm Schulte zur Ehrenkriegerkapelle, 1960/61 und 1985/86 weitere Neufassungen des Inneren und des Zugangsbereiches

Kriegergedächtniskapelle Herxheim

Schon der Vorschlag Baumeister Jakob Flörchingers von der zuständigen Bauinspektion Landau sah als Wachtgebäude für Herxheim einen zwar kleinen, aber monumental wirkenden Bau mit einem viersäuligen toskanischen Portikus, durchgehender Streifenrustizierung und frühklassizistischen Giebelaufbauten in der Attikazone über den beiden äußeren Fensterachsen vor. Im Inneren gab es zwei Wachtstuben und eine Arrestzelle. Klenze ersetzte in seinem revidierten Entwurf des Baukunstausschusses vom August 1830 den toskanischen durch einen dorischen Portikus mit Triglyphen-Metopen-Fries und Giebelakroteren. Diese Bauzierden wurde offensichtlich nicht ausgeführt. An die Stelle der Rundbogenfenster traten aufwendige klassische Fenster mit trapezförmig ausgestellten Rahmungen, die Klenze aus seiner Rekonstruktion des Toskanischen Tempels (1821) ableitete und vielfach anwendete. Der König genehmigte diesen Entwurf unverzüglich mit dem Hinweis, dass Klenzes Fassung auch dann ausgeführt werden müsse, wenn sie höhere Kosten verursache. 1831 führte die Firma Jakob Dentzel unter Aufsicht des Landkommissariats Bergzabern den Bau aus. 1921/22 wurde er zur Kriegergedächtniskapelle umgebaut und 1960/61 im Inneren sowie 1985/86 im äußeren Zugangsbereich neu gestaltet.

Literatur: Kotzur (1977), Bd. II, S. 70f.; Hiltrud Voß, in: Romantik und Restauration (1987), S. 454; Hildebrand (2000), S. 419

STEINWEILER (Pf.)
PFARRHAUS
PLANREVISION

Planung: 1832 Bauinspektor Wolf
Ausführung: 1833

Für das Pfarrhaus der pfälzischen Gemeinde Steinweiler hatte Bauinspektor Wolf 1832 den Plan eines einstöckigen, siebenachsigen Gebäudes mit hohem Krüppelwalmdach eingereicht: Klenze revidierte im Baukunstausschuss insbesondere die Dachhöhe und altmodische Dachform. Er schlug stattdessen ein Halbgeschoss vor, das ebenso wie die Sohlbänke im Erdgeschoss mittels eines durchlaufenden Gesimses akzentuiert werden sollte. Durch wenige Eingriffe verlieh er dem Bau über die Gliederung in Sockelgeschoss, Piano nobile und Mezzanin sowie das niedrige Walmdach den klassischen Charakter eines italienischen Landhauses. Durch die Verlegung des Abortes aus einem rückwärtigen Anbau ins Innere des Hauses konnte auch die hintere Fassade nobili-

Pfarrhaus Steinweiler

tiert werden. In der Ausführung trug die saubere Verarbeitung des Rotsandsteins in Sockel, Gesimsen und Rahmungen im regionaltypischen Wechsel mit hellen Putzflächen zur würdevollen Erscheinung des heute noch als Pfarramt genutzten Hauses bei.

Literatur: Kotzur (1977), I, S. 81; Hildebrand (2000), S. 424f.

ZEISKAM (Pf.)
RATHAUS
PLANREVISION

Entwurf und Revision: 1830
Errichtet: 1833
Umbauten: Ausbau und Schließung des Erdgeschosses wohl in der Nachkriegszeit, Sanierung und Renovierung 1970/72, 1994

Im Ortsbild der kleinen Gemeinde Zeiskam bei Landau wirkt das ehemalige Amtshaus, das nach Auszug der Sparkasse 1970 und der Verwaltung 1972 nur noch als repräsentatives Rathaus dient, noch immer exotisch. Der kubische Bau im Florentiner Palaststil mit seinen rustizierten Rundbogenfenstern scheint viel eher in die Münchner Ludwigstraße zu passen. Die herausgehobene Eckstellung zeigt zwei dreiachsige Hauptfassaden: An der Hauptstraße ist die Eingangsfront durch das ungewöhnliche Motiv eines mittigen Rundbogenportals, das zwischen zwei größere Bogenöffnungen eingespannt ist, hervorgehoben. Die Bögen erschlossen beidseitig des Mittelganges ursprünglich zwei offene Hallen, die lange

Ehem. Amtshaus als Florentiner Palazzo

Zeit als »Garagen« für die Feuerwehr genutzt wurden (erst in der Nachkriegszeit zu Büroräumen umgebaut), im hinteren Gebäudeteil befanden sich eine auch separat zugängliche Arreststube und das Treppenhaus, das in die drei oberen Amtszimmer führt, die gleichfalls rustizierte Rundbogenfenster besitzen. Der auf Klenze zurückgehende Revisionsplan des Baukunstausschusses zeigt im Vergleich zu dem ursprünglich von Kreis-Ingenieur Franz Forthuber aus Speyer eingereichten Entwurf seine erheblichen Eingriffe: Forthuber hatte ursprünglich die beiden offenen Hallen auf die linke südliche Hausseite gelegt, die dritte der Korbbogen-Arkaden vermauert und mit einem kleinen Rundbogenfenster (die Arrestzelle) versehen; der Eingang befand sich auf der hintersten Achse der Seitenfassade. Ob Klenzes anspruchsvolle, im Mai 1830 von Ludwig I. genehmigte Aufwertung des Projektes zu einem Minipalazzo mit flachem überstehendem Pyramidendach, umlaufendem Konsolfries und italienischem Fassadenpathos die Funktionalität steigerte, muss allerdings dahingestellt bleiben.

Literatur: Kotzur (1977), Bd. I, S. 81; Hildebrand (2000), S. 420 f.; Schnell (1999), S. 132–136; www.bellheim.de/gemeinde-zeiskam/rathaus/rathaus.html [12.10.2014]

KAISERSLAUTERN (Pf.)
EHEMALIGE LEICHENHALLE / HAUS DER HOFFNUNGS- KIRCHE
PLANREVISION

Planung: 1831 Entwurf von Ferdinand Beyschlag, Revision im Baukunstausschuss durch Leo von Klenze 1832, Bauplanung vor Ort durch August von Voit

Errichtung: 1833–1835

Umbau des Inneren: 1935–1937 zur Ehrenhalle für die Gefallenen des Ersten Weltkrieges umgestaltet; in der Nachkriegszeit Umnutzung für kirchliche Zwecke

Im Zuge der Anlage eines neuen Friedhofs plante Bezirksingenieur Ferdinand Beyschlag von der Bezirksinspektion Kaiserslautern 1831 eine Leichenhalle zur

Aufbahrung Verstorbener unter Aufsicht eines Leichenwärters; aus hygienischen Gründen sollten sie nicht zu lange am Sterbeort verbleiben, andererseits aber wegen der Gefahr des Scheintodes auch nicht sofort begraben werden. Das Wohnzimmer des Friedhofswächters war direkt mit dem Aufbahrungs- und Sezierraum verbunden. Für das Äußere sah Beyschlag einen einstöckigen, neunachsigen Palais-Typus mit Sockel, Freitreppe, Eckpilastern, viersäuligem toskanischem Portikus und frühklassizistischer Giebelattika vor. Klenze ersetzte in seiner Planrevision – ähnlich wie im Wachthaus zu Herxheim (vgl. S. 186) – lediglich die toskanische Ordnung durch die griechisch-dorische, wobei er die mittleren Stützen als Säulen, die äußeren als Pfeiler ausbildete und einen flachen griechischen Giebel mit Firstakroter einführte. Außerdem plante er eine flachere Neigung des Walmdaches, zog einen Triglyphen-Metopen-Fries um den Baukörper und gab den Fenstern die aus seiner Rekonstruktion des Toskanischen Tempels (1821) abgeleitete, leicht trapezoide »toskanische« Form und Rahmung. Die straßen- und friedhofsseitigen Fassaden sind identisch. So entstand ein Bau, der in Dimension und Gliederung an Klenzes einstiges Theater auf der Kasseler Wilhelmshöhe (vgl. S. 160ff.) erinnert, hinsichtlich des Materials (Rotsandstein) und stilistischen Ausdrucks (dorisch) jedoch eine der neuen Bauaufgabe angemessene Monumentalität und ernste Würde ausstrahlt. Die Ausführung des »Kunstbaus« bereitete vor Ort, beispielsweise wegen der geböschten Fenstergewände, einige Schwierigkeiten.

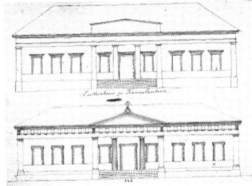

Ehem. Leichenhalle und Revisionsplan Beyschlag – Klenze (1832)

Nach der frühzeitigen Auflassung des Friedhofes 1874 wurde das Gebäude als Lagerhalle genutzt, zwischen 1935 und 1937 erfolgten Umbau und Umnutzung zum Ehrenmal für die Weltkriegsgefallenen und Überformung des Friedhofsgeländes zu einem Park. Seit 1949 nutzt die evangelisch-freikirchliche Gemeinde das Gebäude als »Friedenskapelle«.

Literatur: Kotzur (1977), Bd. I, S. 81 und Bd. II, S. 101–105; Schickel (1987), S. 60; Hildebrand (2000), S. 425f.; Marc Weisgerber, in: www.uni-kl.de/FB-ARUBI/gta/Architekturfuehrer Kaiserslautern/Friedhofsbauten/Leichenhaus.html [14.09.2014]

GLEISWEILER (Pf.)
KURKLINIK

Errichtung: 1844

Klenze zugeschrieben

Das qualitätsvolle Klinikgebäude, das der Landauer Arzt Ludwig Schneider 1844 im angehenden Kurort Gleisweiler bei Edenkoben als Putzbau mit Hausteingliederung aus rotem Sandstein errichten ließ, wird nach lokaler Überlieferung Leo von Klenze zugeschrieben. Durch seine Tätigkeit in Bad Brückenau (vgl. S. 167f.) war Klenze ja auch mit der Bauaufgabe eines Badehauses vertraut. Der neunachsige und dreistöckige Gebäuderiegel mit Walmdach zeichnet sich durch kräftige Seitenrisalite aus, die im Erdgeschoss pavillonartig vorspringen und im Obergeschoss als Terrassen dienen. Die Fenster sind hier jeweils zu einer Dreier-

Psychosomatische Klinik Gleisweiler

gruppe mit Architrav zusammengezogen, der im Piano nobile griechischen Akroterschmuck aufweist und für Klenzes Stil in den 1840er Jahren durchaus charakteristisch erscheint. Das Erdgeschoss öffnet sich in sieben eleganten Pfeiler-Arkaden zum Kurpark. Die für Klenze ungewöhnlichen, monumentalen Rundbogenfenster mit abgeteilter Lunette in den Seitenpavillons, die im Speisesaal durch das festlich inszenierte Palladio-Motiv gespiegelt werden, finden sich auch im Großen Gießhaus der Münchner Erzgießerei (1827ff.), dessen Entwurf allerdings auf Klenzes Mitarbeiter und Kollegen Johann Ulrich Himbsel zurückgeht. Gegen Klenzes Urheberschaft spricht auch, dass keine Pläne bekannt sind und weder Dr. Schneider in seiner werbenden Klinikbeschreibung (1854) noch die zeitgenössischen Reiseführer den berühmten Architekten erwähnen, während August von Voits und Friedrich von Gärtners Werke dort genannt sind. Ähnlich wird das Badehaus in Bad Steben / Oberfranken als »Klenze-Bau« gehandelt, obwohl es mittlerweile eindeutig Joseph Daniel Ohlmüller zugeschrieben werden konnte. Der gut erhaltene Bau von Gleisweiler ist noch heute Hauptbau einer psychosomatischen Privatklinik.

Literatur: Schneider (1853); Dehio (1972), S. 267; Hildebrand (2000), S. 470

DONAUSTAUF
WALHALLA

Vorplanungen/Vorprojekte: ab 1807

Entwürfe Klenzes: ab 1815

Ausführung: 1830–1842

Beteiligte Künstler: Johann Martin von
Wagner, Christian Daniel Rauch, Ludwig
von Schwanthaler, Ernst Mayer u. v. a.

Restaurierungen: seit 2002 umfassende
technische Instandsetzung, 2004–2014
Generalsanierung und Restaurierung

Die Walhalla bei Donaustauf zählt zu den bekanntesten Monumentalbauten des
19. Jahrhunderts und zu den Bauprojekten, denen sich Ludwig I. als Bauherr und
ihr Schöpfer Leo von Klenze wohl am intensivsten widmeten. Die reinen Baukosten betrugen fast vier Millionen Gulden. So imposant auch der griechisch-dorische Tempel mit seiner hellen Verkleidung aus Kelheimer Kalkstein und Marmor
seit seiner feierlichen Eröffnung 1842 östlich der alten Reichsstadt Regensburg
über der Donau thront, so schwer fiel es schon den Zeitgenossen zu verstehen,
warum das erste deutsche Nationaldenkmal sich äußerlich als eine (von vielen
Künstlern und Gelehrten damals heftig kritisierte) Kopie des Athener Parthenon
aus dem 5. Jahrhundert v. Chr. darstellt – galt doch in der Epoche der Romantik
einzig die Gotik als »vaterländischer« Stil. Selbst der überzeugte Klassizist Klenze
versuchte während des langen Entwurfsprozesses vergeblich, diese strenge – und
nur pro forma zwischenzeitlich gelockerte – Vorgabe des Bauherrn zu umgehen.
Er hatte alle Mühe, die Stilwahl in komplizierten theoretischen Diskursen über
die Verwandtschaft von Griechen und Germanen zu rechtfertigen und am Ende
in seiner Walhalla-Publikation (1842) die Originalität des Bauwerks als freie und
moderne Schöpfung zu verteidigen.

Ansicht von Süden

Tholos-Entwurf (1819)

In der Zeit von »Teutschlands tiefster Schmach« – so der von Kronprinz Ludwig zitierte Titel eines berühmten Pamphletes über die Niederlage der Preußen gegen Napoleon 1806 und ihre Folgen – hatte Ludwig bereits den Entschluss gefasst, eine Ruhmeshalle für zunächst fünfzig, später einhundert »rühmlichst ausgezeichnete Teutsche« zu errichten. Vorbildliche und geschichtlich bedeutsame Männer und auch Frauen (bislang allerdings nur 6 von 130!) sollten unter der Voraussetzung, dass sie dem deutschen Sprachraum angehörten, durch Porträtbüsten, weitere durch Inschriften geehrt werden: »Kein Stand, auch das weibliche Geschlecht nicht, ist ausgeschlossen. Gleichheit besteht in Walhalla; hebt doch der Tod jeden irdischen Unterschied auf!« (Walhalla's Genossen 1842). Die nach dem formellen Untergang des Heiligen Römischen Reiches 1803 in zahlreiche Partikularstaaten und Territorien zersplitterten deutschen Stämme sollten in diesem Denkmal eine Quelle nationaler Identität als »Kulturnation« (Thomas Nipperdey, 1968) finden: »Möchte Walhalla förderlich sein der Erstarkung und der Vermehrung deutschen Sinnes! Möchten alle Deutschen, welchen Stammes sie auch seien, immer fühlen, dass sie ein gemeinsames Vaterland haben, ein Vaterland auf das sie stolz sein können, und jeder trage bei, soviel er vermag, zu dessen Verherrlichung«, forderte König Ludwig in der Vorrede zu seiner selbst verfassten Eröffnungs-Festschrift »Walhalla's Genossen« 1842. Die Grundsteinlegung und die Einweihung wurden jeweils auf den 18. Oktober gelegt, das heißt auf den siebzehnten und neunundzwanzigsten Jahrestag des Sieges über Napoleon in der Leipziger Völkerschlacht! Am Erfolg der identitätsstiftenden Funktion hegte Klenze allerdings frühzeitig Zweifel, nachdem es ihm nicht gelungen war, einen Kultus einzurichten, der die Aufnahme der Büsten der Verstorbenen in den germanischen Götterhimmel gleichsam als feierliche Apotheose unter Anteilnahme der Bevölkerung inszenieren sollte. Schon kurz nach Baubeginn befürchtete er deshalb die touristische Musealisierung seines Meisterwerks, dem vielleicht »höchstens vorüberziehende Reisende ein Viertelstündchen Aufmerksamkeit widmen« würden (Klenze an Ludwig, 02.08.1835), und angesichts der Eröffnung 1842 hielt er Walhalla in politischer Hinsicht sogar für eine »todtgeborene Creation« (Memorabilien VII).

Der von Kronprinz Ludwig verehrte Schweizer Historiker Johannes von Müller (vgl. S. 216f.) hatte trotz seines überraschenden Seitenwechsels zu Napoleon bereits 1807 eine Liste von walhallawürdigen »Teutschen« erstellt, nach der die ersten Büsten unverzüglich bei herausragenden Berliner Bildhauern wie Johann Gottfried Schadow, Christian Daniel Rauch, Christian Friedrich Tieck und Ludwig Wilhelm Wichmann in Auftrag gegeben wurden. Während der potenzielle Bauplatz mehrfach wechselte (1809 im Englischen Garten, 1811 am westlichen Isarufer, 1817 auf der Bogenhausener Höhe oder an der Theresienwiese, ab 1826 dann endgültig auf dem Bräuberg an der Donau bei Regensburg), zeichnete sich für die Baugestalt schon bald Ludwigs Wunsch nach der getreuen Reproduktion eines altgriechisch-dorischen Tempels ab – der Besuch des Poseidontempels zu Paestum 1805 hatte zu seinen architektonischen »Urerlebnissen« gehört, sein zunehmendes Philhellenentum bestärkte seine Vorliebe für die griechische Architektur, die eine Alternative zur tonangebenden Pariser Empire-Architektur zu bieten schien. Carl von Fischer scheiterte 1811 an einer allzu freien Handhabung des griechischen Vorbildes. Der junge Carl Haller von Hallerstein, den Ludwig mit einem Reisestipendium nach Griechenland geschickt hatte, erhielt 1813 in Athen die Mahnung: »Nicht Originalität, Schönheit ist der Hauptzweck – so ist es besser, als minder zu seyn, daß es Kopie des Parthenon gebe.« In dem offiziell von der Königlichen Akademie der Bildenden Künste zum 1. Februar 1814 ausgelobten Wettbewerb (in dem auch Glyptothek und Invalidenhaus ausgeschrieben waren, vgl. S. 30f.) wurde unverblümt ein »altgriechischer Tempel« im »reinsten antiken Geschmack« mit umlaufenden Säulen »altdorischer Ordnung« gefordert: »Besser, es zeige sich als würdige Nachahmung des Großen im Alterthume als eine minderschöne Selbsterfindung«.

Nur ein Teil der Einsendungen von 1815 ist überliefert. Schinkel schied mit einem neugotischen Entwurf aus, da er sich nicht an die Vorgabe gehalten hatte; Hallerstein lieferte eine Reihe von höchst eindrucksvollen, jedoch über das Raumprogramm weit hinausgehenden Zeichnungen, in denen erstmals der dorische Tempeltypus mit seinen archäologisch getreu übernommenen Details reproduziert wurde (die Mappe ging nach Hallersteins Tod 1817 in Klenzes Besitz über, der daraus manches Detail aufgriff). Carl von Fischer war als Juryvorsitzender von der Teilnahme ausgeschlossen, doch sandte sein Schüler Anton Weiss als »Strohmann« (so der damalige Hofbauintendant Andreas Gärtner) einen auf Fischers Vorentwürfen basierenden Vorschlag ein, der auch prompt den Preis, jedoch nicht den Bauauftrag zugesprochen bekam. Klenze, dem der Kronprinz bei ihrer intensiven Begegnung im Herbst 1815 die Bauaufträge für Glyptothek und Walhalla schon in die Hand versprochen hatte, versah sein noch aus Paris eingeschicktes Wettbewerbsprojekt mit umfangreichen und geschickt formulierten Erläuterungen. Vor allem lobte er die Wahl des griechischen Tempels als Vorbild »in einer Zeit, wo die irre Wildheit romantischen Unfugs das klassische Alterthum von allen Seiten anfällt«. Klenze, der damals noch keine differenzierten Kenntnisse der griechischen Architektur besaß, orientierte seinen Tempel an der Publikation des Parthenon von Stuart und Revett (1787) und setzte somit auch erstmals in seinem Werk die geforderte altdorische Ordnung ein, doch rationalisierte er alle Proportionen nach dem strengen Raster Jean-Nicolas-Louis Durands (1803/05, vgl. S. 12) und verteidigte auch das monumentale Tonnengewölbe im Inneren und die konstruktiven Details der modernen Ingenieurtechnik französischer Provenienz als notwendige Modernisierung des altehrwürdigen Typus.

Erst knapp ein Jahrzehnt später wurde dieser künstlerisch keineswegs überzeugende Entwurf zum Ausgangspunkt der Weiterentwicklung und Ausführungsplanung. Zwischenzeitlich hatte Klenze nämlich versucht, den Kronprinzen von der strikten Nachahmung des Athener Parthenon abzubringen, zumal ihm ein Longitudinalbau auch funktional für die gleichwertige Präsentation der Büsten ungeeignet schien. Viel eher erfülle ein Zentralbau nach

Parthenon-Kopie als deutsches Nationaldenkmal

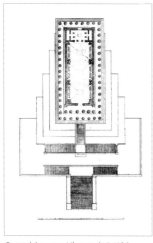

Grundriss aus Klenze (1842b)

Art des römischen Pantheons, der in seinem Rund gleichsam das Universum abbilde und »gleichen Rang allen Verdienstes« garantiere, diese Funktion. 1819 entstand eine Reihe von Rundbauentwürfen, die in dem vom Kronprinzen zunächst begeistert aufgenommenen Projekt einer monumentalen griechischen Tholos mit Kuppel und dorischer Ringhalle kulminierten. Bevor der Baubeschluss fallen konnte, gelang es Peter von Cornelius, diesen Entwurf mit der Kritik, dass er »zu französisch« wirke und angeblich gegen die Regeln der griechischen Architektur verstoße (die heute teilrekonstruierte dorische Tholos in Delphi war damals noch nicht bekannt) zu Fall zu bringen.

Um den Auftrag nicht zu gefährden, musste Klenze ab 1821 zum klassischen Tempelmotiv des länglichen Peripteros zurückkehren, den er nun allerdings im Rückgriff auf seinen Entwurf eines »Denkmals des Weltfriedens« von 1814 bzw. auf Friedrich Gillys Projekt für ein Denkmal Friedrichs des Großen von 1796 (vgl. S. 14, 11) mit einer monumentalen Sockelanlage verband. Der zunächst vier-, letztendlich fünfstufige Sockelbau dient dementsprechend nicht nur der Erhöhung und Einpassung des Tempels in die Hanglage, sondern auch der »poetischen Idee«, den Aufstieg der Geehrten (*ascensus*) vom Tod über ihre Verklärung zur Unsterblichkeit durch die Walhalla-Architektur zu veranschaulichen: Im unteren Sockelbereich wurde nach Art etruskischer Hypogäen und altorientalischer Grabkammern eine monumentale, sich nach oben verjüngende Totenpforte eingesetzt, von der aus die feierliche Treppenanlage zum Tempeleingang hinaufführt. An-

Ruhmestempel der »Teutschen«

stelle einer Grabkammer (wie in seinem Friedensdenkmal) plante Klenze nun dort unten eine »Halle der Erwartung«, in der zu Lebzeiten die Büsten zukünftiger Walhalla-Würdiger aufgestellt werden sollten, um nach deren Ableben in feierlicher Prozession in den Tempel der Unsterblichkeit hinaufgetragen zu werden. Aus naheliegenden politischen Gründen verwarf der König diesen Kult der vorzeitigen »Seligsprechung« von Personen der Zeitgeschichte und legte fest, dass frühestens zehn Jahre nach dem Tod die Aufnahme in den Tempel möglich sei. Mit der Aufgabe der »Halle der Erwartung« blieben die Totenpforte als Zugang zu den gewaltigen unterirdischen Hallen des Sockelbereichs und die zeremoniellen Treppen auf den Sockelterrassen zur großen Enttäuschung Klenzes lediglich symbolische Gesten. In der Steigerung von den rohen Elementen Wasser und Erde (Donau und Bräuberg) über die fünf Sockel zum Tempel manifestiert sich jedoch anschaulich auch eine Evolution der Kulturstufen menschlicher Zivilisation: Das zyklopische Polygonalmauerwerk der unteren Sockelzone bildet die »pelasgisch-mykenischen« Uranfänge der Architektur ab, das

gleichmäßig »isodome« Fugenbild der oberen Sockel leitet schließlich zur subtileren dreistufigen Sockelplatte (Krepis) über, auf der sich der Tempel als höchste plastische Ausprägung der griechischen Konstruktions- und Formkunst erhebt. Folgerichtig verzichtete Klenze nun auf die neufranzösische Stilisierung der Architekturglieder und näherte sich stattdessen historisierend der archäologisch korrekten Ausformulierung der plastischen architektonischen Details an. Mittlerweile hatte er intensiv die neueste Forschungsliteratur studiert und

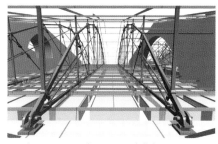

Drexler + Baumruck: CAD-Modell des eisernen Dachstuhls (2011)

auch selbst Bauforschung auf seinen Reisen, etwa anhand der großgriechischen Tempel auf Sizilien (1823/24) und 1834 in Griechenland (vgl. S. 230ff.), betrieben: Die zweite Säulenreihe an der Stirnseite des achtsäuligen Pronaos erhielt jetzt einen geringeren Durchmesser und wurde perspektivisch zwischen die Anten eingerückt, sodass die Tiefenstaffelung sichtbar wird. Die Säulenschäfte erhielten, wie König Ludwig gefordert hatte, eine Entasis (Bauchung), die ihnen den harten und trockenen Charakter nimmt. Der Triglyphen-Metopen-Fries folgt nicht mehr dem mechanischen vitruvianischen Lehrbuchschema, sondern der lebendigen altgriechischen Lösung des sogenannten ›Eckkonfliktes‹, und auch die organischen Formen der Akrotere und Antefixe am Dachgebälk wurden nun plastisch kraftvoll durchformt.

Die Verschmelzung des griechischen Tempels mit dem prächtigen, eher »römisch« anmutenden Wandpfeilersaal im Inneren verstand Klenze gleichfalls als ureigene schöpferische Leistung. Bis 1836 hatte er am veralteten frühklassizistischen Konzept festgehalten, den Raum mit einem steinernen, von Oberlichtern durchbrochenen Halbtonnengewölbe zu überspannen, dessen übergroße Kassetten die Inschriften aufnehmen sollten. Ein Baustellenbesuch des preußischen Kronprinzen Friedrich Wilhelm 1835 und die Kritik Karl Friedrich Schinkels führten jedoch zu einem folgenreichen Planwechsel: Nach dem Vorbild von Schinkels Königshalle für ein Schloss auf der Akropolis, dessen Pläne Klenze dem jungen König Otto 1834 in Athen erläutert hatte (vgl. S. 231), ersetzte er 1836 die Tonne

Längswand der Walhalla und Büstengruppe mit den Viktorien von
Christian Daniel Rauch

durch einen halb offenen »griechischen« Dachstuhl, der allerdings nicht mehr
aus Holz, sondern aus Eisen konstruiert wurde und zu den deutschen Pionier-
leistungen dieser Technik im 19. Jahrhundert zählt. Die Hängewerke ruhen nach
Art von Brückenkonstruktionen auf eisernen Walzen und können so auf Wind-
druck und Temperaturschwankungen reagieren. Klenze, den seine Englandreise
1836 als Vorsitzenden der Bayerischen Eisenbahnkommission – ähnlich wie zehn
Jahre zuvor Schinkel – bis zu den neuen Hängebrücken Thomas Telfords im südlichen Schottland führte, stand dem technischen Fortschritt durchaus aufgeschlossen gegenüber und beanspruchte in der Walhalla-Publikation von 1842 die
Autorschaft. Die lobend genannten Mitarbeiter Hofbauinspektor Meyer, Bau-
führer Estner und der Ingenieur Manhard von der gleichnamigen Maschinen-
fabrik in Gmund am Tegernsee dürften jedoch den entscheidenden technischen
Anteil geleistet haben, während Klenze die bauliche Integration und ästheti-

sche Maskierung der Konstruktion übernahm, da er die neue Eisentechnologie für nützlich, aber nicht für stilbildend hielt. So wurden die Senkgiebel und der eiserne Rost des Innendaches vollständig mit Metallplatten verkleidet, die mit reicher, auf die germanische Mythologie anspielender Ornamentik verziert sind.

Klenze gewann durch den offenen Dachstuhl einen zweigeschossigen Wandaufbau, der zusätzlichen Raum für die zahlreichen nur durch Inschriften Geehrten bot. Marmortafeln ergänzen die zwischen den Wandpfeilern aufgestellten Büsten, die als symmetrische Gruppen jeweils um eine der Viktorien Christian Daniel Rauchs angeordnet sind. Die Statue Ludwigs I. von Ferdinand von Miller, die als Fluchtpunkt der Mittelachse den »demokratischen« Walhalla-Gedanken eher verfälscht, wurde erst 1890 aufgestellt. Der »himmlische« Saal strahlt im Purpurrot der mit Marmor bekleideten Wandfelder. Der goldene Grundton des mit farbigen Blechen verkleideten eisernen Dachstuhls wechselt mit lichtblauen, mit Sternen bemalten Kassetten und den zentralen Oberlichtern, deren Lichteinfall von den glänzenden Mustern des Marmorfußbodens reflektiert wird. Kandelaber und leere Throne aus weißem Marmor suggerieren den Festsaal der abwesenden Götter.

Mit der Rückkehr zum Peripteros-Projekt ab 1821, das am Ende keineswegs mehr als bloße Nachahmung abgetan werden konnte, verband Klenze einen architekturtheoretischen Diskurs, der den Widerspruch zwischen dem griechischen Leitbild und der Funktion des Bauwerks als deutsches Nationaldenkmal aufheben sollte: In seiner im März 1821 vor der Bayerischen Akademie der Wissenschaften vorgetragenen Abhandlung »Versuch der Wiederherstellung des toskanischen Tempels nach seinen historischen und technischen Analogien« stellte er eine architekturgeschichtli-

Zwei von Ludwig von Schwanthalers 14 polychrom gefassten Walküren

che Ableitung charakteristischer Formen und Konstruktionsweisen vor, die von der uralten pelasgischen Architektur über den klassischen griechischen und toskanischen Tempel bis zum rhätischen und oberbayerischen Bauernhaus reicht und sich auf die aktuellen indogermanischen Wanderungstheorien der Sprachwissenschaftler, Ethnologen, Mythenforscher und Archäologen stützte (vgl. S. 169). Die zentrale These von der – zunächst kulturhistorisch, später auch rassentheoretisch begründeten – Verwandtschaft von Griechen und Germanen legitimierte nicht nur die Anwendung der griechischen Bauform in Deutschland, sondern prägte auch die Ikonographie des Denkmals: So wurden die griechischen Koren, die (mit ihrem eisernen Kern) paarweise das vorgekröpfte Gebälk und die eisernen Dachbinder tragen, durch frei wallende brünette Haare und übergeworfene Bärenfelle in germanische Walküren verwandelt. Anstelle des Akanthus erscheint in den Kapitellen deutsches Eichenlaub, auf den Stirnwänden der Senkgiebel sind die drei Hauptepochen der nordisch-germanischen Kosmogonie – Entstehung, Erhaltung und Zerstörung – versinnbildlicht. Der 1822 in Auftrag gegebene Walhalla-Fries Johann Martin von Wagners läuft nach dem Vorbild des Frieses des Apollontempels bei Bassae um das ganze Innere des Weiheraums. Er erzählt die »Urgeschichte« der Deutschen, deren indogermanische Vorfahren nach dieser Lesart vom Kaukasus aufbrachen und längs der Donau weit nach Norden zogen, nach Westen abzweigend die pelasgisch-griechische Welt und nach Süden zurückkehrend auch Etrurien und Italien besiedelten. Nach altgermanischer Thing-Sitte wird ihr frei gewählter Anführer auf den Schild gehoben: er trägt die Gesichtszüge Ludwigs I. (diese »altdeutsche Freiheit« verträgt sich allerdings nicht mit dessen Festhalten am Gottesgnadentum). Im Scheitelpunkt der anderen Stirnwand ist die Bekehrung der Deutschen zum Christentum durch Bonifaz und somit der Anfang der christlich-germanischen Nation dargestellt. Die von Ludwig von Schwanthaler und seinen Mitarbeitern geschaffenen Giebelfelder des Tempelbaus zeigen in vollplastischen Figurengruppen auf der Südseite zur Donau hin die Huldigung der deutschen Stämme an Germania und auf der Nordseite den Sieg der Germanen über die Römer in der Hermannsschlacht als Anspielung auf die siegreichen Befreiungskriege. Von besonderer Bedeutung für die Sinngebung des Denkmals war seine Einbettung in die geschichtsträchtige Kulturlandschaft an der Donau, die Klenze in zwei noch während der Bauphase entstandenen Gemälden kodiert hat (vgl. S. 199f.).

Walhalla-Fries: Schilderhebung (Ludwig I.)

Nordgiebel: Die Hermannsschlacht im Teutoburger Wald

Hatten an der Grundsteinlegung 1830 noch über 30.000 begeisterte Menschen teilgenommen, geriet die Eröffnung 1842 zu einer eher abgeschotteten »Familienfeier« (Klenze), zu der nach seiner Aussage nicht einmal die Gesandten der Deutschen Länder eingeladen gewesen seien. Immerhin standen 32 blonde Jungfrauen, stellvertretend für die deutschen Stämme, und eine Teutonia im Purpurmantel Spalier für den Zug der Honoratioren: »Herrlich, herrlich, Klenze, prachtvoll, grandios klassisch und schön wie ich nur jemals etwas sah«, habe der König ausgerufen, als sie das Innere betraten, berichtet Klenze (Memorabilien IV). Aber am meisten beeindruckte den Bauherrn ein eher touristisches Spektakel, nämlich die auch heute noch beliebte Son-et-Lumière-Inszenierung des Bauwerks durch bengalischen Feuerzauber: »Geisterhaft körperlos erschien sie in weißer Farbe und rother Gluth den Unterbau hinab als ergösse sich Lava« (Ludwigs Tagebücher, 18.10.1842).

Die Walhalla blieb unzerstört und wurde lediglich laufend nach Bedarf repariert. So wurden beispielsweise die schweren, sturmgefährdeten Antefixe am Dachgesims um 1982 durch fest verschraubte Abgüsse aus Kunststein ersetzt – eine denkmalpflegerisch fragwürdige Maßnahme, die jüngst revidiert wurde. Klenzes in ästhetischer Hinsicht geniale Idee, das Dachwasser durch Fallrohre in den Säulen abzuleiten, führte wiederholt zu Feuchtigkeitsschäden, und insbesondere der gigantische Sockelbau war zuletzt so stark gefährdet, dass er im Zuge der Generalsanierung 2004-2014 umfassend, das heißt auch einschließlich weiter Teile der Oberflächenbeläge, erneuert werden musste. Ein neues Lüftungssystem soll auch im Innenraum Feuchtigkeitsschäden durch Kondenswasser verhindern.

Der vorherrschenden Wahrnehmung des einzigartigen Bauwerks als touristisches Highlight stellt der Freistaat Bayern gegen alle Vorwürfe des »Unzeitgemäßen« die Fortsetzung der traditionellen Ehrung vorbildlicher Persönlichkeiten »deutscher Zunge« im Sinne des 19. Jahrhunderts entgegen (die Vorschlagenden übernehmen dabei im Falle der Annahme durch den Freistaat in der Regel die Kosten für die Anfertigung einer Büste). Unter den siebzehn nach 1945 aufgestellten Porträts finden sich beispielsweise der erste Bundeskanzler Konrad Adenauer (1999), die Widerstandskämpferin Sophie Scholl (2003) und der aufmüpfige Heinrich Heine (2010), der seinerzeit über Ludwigs Walhalla gespottet hatte: »Bei Regensburg läßt er erbaun / Eine marmorne Schädelstätte / Und er hat höchstselbst für jeden Kopf / Verfertigt die Etikette.« Drei Plätze sind derzeit noch frei.

Literatur: Klenze (1842b); Walhallas Genossen (1842); Nipperdey (1968); Fräße (1971); Stolz (1977); Gauer (1979); Traeger (1979); Klassizismus (1980), S. 325–334; Traeger (1982); Scharf (1985); Traeger (1987/91); Romantik und Restauration (1987), S. 168–171; Buttlar (1987), S.109f.; Traeger/Hanske (1992); Buttlar (1999), S. 140–164; Hildebrand (2000), S. 249–258; Walhalla-Restaurierung (2014)

ZWEI WALHALLA-GEMÄLDE

Klenze hat die Walhalla noch während der Bauzeit in zwei Ölgemälden von höchster Qualität dargestellt, die suggestiv den Anblick des vollendeten Monuments aus südöstlicher und südwestlicher Blickrichtung simulieren. Sie bilden also nicht die »Realität« ab, sondern erfüllen stattdessen eine zweifache Funktion: zum einen antizipieren sie die großartige Wirkung auf den Betrachter und schreiben die mühsam gegen den Bauherren errungenen Planungskompromisse als endgültige Baugestalt fest; eine Strategie, die Klenze auch in seinem Gemälde des letztendlich gescheiterten Athener Schlossprojektes (1835, vgl. S. 232) und - mit Erfolg - in seinem fünf Jahre vor Baubeginn entstandenen Propyläenbild (1848, vgl. S. 40f.) verfolgte. Zum anderen führen sie die geschickte Einbettung der Walhalla in die geschichtsträchtige Kulturlandschaft an der Donau vor Augen und konstruieren durch manipulierte Blickwinkel und erfundene ikonographische Details eine geschichtsphilosophische Lesart und denkmalpolitische Bedeutungsperspektive. Im Unterschied zu den allegorischen Architekturbildern Schinkels bestimmen diese Gemälde die Rezeption des konkreten eigenen Bauwerks.

ANSICHT DER WALHALLA VON SÜDOSTEN (1836)

Öl auf Leinwand, Staatliches Museum Eremitage St. Petersburg Inv.-Nr. 42/14

Das erste Gemälde, das bis Ende der 1980er Jahre als verschollen galt, hat Klenze 1836 vollendet (Klenze an Ludwig I., 30.12.1836). Es stellt die Vorlage für die Lithographie von C. A. Lebschée in Klenzes Walhalla-Publikation (1842) dar. Vermutlich hat Klenze es, nachdem Ludwig den Unterbau genehmigt hatte, dem russischen Zaren auf einer seiner Reisen anlässlich des Baus der Neuen Eremitage ab 1839 (vgl. S. 236ff.) geschenkt. Der Blickwinkel zeigt die Walhalla auf ihrem mächtigem Unterbau in malerischer Schräg- und Untersicht, sodass ihr monumen-

taler Effekt optimal zur Geltung kommt (die Aufforstung des noch relativ kahlen, eher arkadisch-mediterran anmutenden Bräuberges durch »germanische« Eichenbestände und »nordische« Fichten erfolgte erst im Zuge der Eröffnung 1842 und wurde schließlich Ende des 19. Jahrhunderts mit Mischwald untersetzt). Besonderen Wert legt Klenze auf die Verdeutlichung des Aufstiegs, indem der Betrachter mit den Augen seinen Weg über den sandigen, erst auf Klenzes Veranlassung hin angelegten Fahrweg bis zur großen Freitreppe und dann über den Sockelbau hinauf zum Tempel nehmen kann. Es ist zugleich ein Aufstieg von den Elementen Wasser und Erde über die immer grazieler strukturierten Terrassen zum vollplastisch durchgeformten Tempelbau. Die Totenpforte und die unterste Freitreppe, die der König (nachdem er die »Halle der Erwartung« aufgegeben hatte) 1835 für entbehrlich hielt, sind in dieser Ansicht gleichsam festgeschrieben. Die Walhalla erstrahlt im sanften Nachmittagslicht, während im Westen, auf der »Abendseite«, die alte Welt des Mittelalters – die Burgruine Donaustauf, die unterhalb gelegene Kirche St. Michael und die am Horizont gerade noch erahnbare Reichsstadt Regensburg – schon in der Abenddämmerung zu liegen scheint. Mit der gleichen Polarität des untergegangenen Alten Reiches und einer mit dem Sieg über Napoleon neu anbrechenden Epoche der befreiten Nationen hatte Klenze 1814 in seinem Entwurf eines europäischen Friedensdenkmals am Rhein gearbeitet (vgl. S. 14).

ANSICHT DER WALLFAHRTSKIRCHE ST. SALVATOR UND DER WALHALLA VON SÜDWESTEN (1839)

Öl auf Leinwand, signiert und datiert, Museum der Stadt Regensburg Inv.-Nr. 1965/14

Das zweite Bild, das über Klenzes Nachfahren 1965 ins Regensburger Museum gelangte, zeigt aus der Gegenrichtung in dramatischer perspektivischer Überhöhung die kleine Wallfahrtskirche St. Salvator im Vordergrund und den über der Donau thronenden Walhalla-Tempel im Gegenlicht des Sonnenaufgangs. Die griechische Antike und das christliche Mittelalter sind demonstrativ aufeinander bezogen, wobei das Gotteshaus die Firstlinie des vermeintlich heidnischen Monuments deutlich überragt. Dass Christentum und antike Form einander nicht widersprechen, sondern eine historische Einheit bilden, hatte Klenze schon in seiner »Anweisung zur Architektur des Christlichen Cultus« (1822/24, ²1834) nachzuweisen versucht (vgl. S. 174f.). Durch die demonstrative Lichtmetaphorik, die im Bezug auf die Befreiungskriege schon 1815 von Schinkel erprobt worden war, konnte für die Walhalla »in idealer Weise der Gedanke des nationalen Morgens glaubhaft gemacht werden« (Traeger 1979). Er verband sich mit der Idee des kosmischen Kreislaufs der Natur und dem historischen Gang der Geschichte – waren doch die vom Kaukasus einwandernden Urgermanen der Donau bis hierher gefolgt, wie Klenzes Völkerwanderungstheorie und Wagners Walhalla-Fries (1821–1837) belegen sollten. Diesen kulturgeschichtlichen Zusam-

ZWEI WALHALLA-GEMÄLDE

menhang stellt im Vordergrund auch das (erfundene) steinerne Bauernhaus her, das – wie die Walhalla – auf einem Sockel aus »pelasgischem« Polygonalmauerwerk ruht und außerdem mit seiner für die alpinen Bauernhäuser charakteristischen flachen Dachneigung die genuine Verwandtschaft Deutschlands mit Griechenland unterstreicht. Einen weiteren Nachweis für diese Deutung liefert die Tatsache, dass Klenze im gleichen Jahr, also drei Jahre vor der Eröffnung der Walhalla, das mittelalterliche, im 17. und 18. Jahrhundert barock überformte Wallfahrtskirchlein St. Salvator auf königliche Kosten durch schlichte Bogenfriese, kleine Rundbogenfenster und eine steile Turmspitze anstelle der »welschen Haube« in eine vermeintlich »byzantinische« bzw. romanische Fassung zurückführte. Erst in dieser »geläuterten« (weil angeblich gleichfalls aus antiken Wurzeln entwickelten) Form konnte sie zum christlichen Gegenpol des neugriechischen Nationaltempels werden.

Literatur: Traeger (1979); Zahn (1979); Loers (1979); Ausstellungskatalog Eremitage (1988); Traeger (1987/91), insbesondere S. 88–108; Hildebrand (2000), S. 402f.

DONAUSTAUF
WALLFAHRTS-KIRCHE ST. SALVATOR

Planung: vor 1839

Ausführung: 1842

Restaurierung: 1972–1977

Klenzes klassizistische Überformung der ursprünglich mittelalterlichen, im 18. Jahrhundert barockisierten Wallfahrtskirche St. Salvator geht auf sein Bestreben zurück, die Walhalla in eine kulturphilosophisch überhöhte Denkmallandschaft zu integrieren, wie er sie in seinem Walhalla-Gemälde 1839 drei Jahre vor Beginn der Restaurierungsarbeiten festgehalten hatte. Der neu angelegte obere Zugangsweg (Walhallastraße) führte direkt über die Wallfahrtskirche, die somit als christlicher Gegenpol zur profanen Memoria des Nationaldenkmals inszeniert wurde. St. Salvator war ursprünglich anlässlich der wundersamen Wiederauffindung der 1388 aus der Kirche im nahen Sulzbach geraubten Hostie erbaut worden. Anfang des 17. Jahrhunderts wurden Chor und Langhaus erneuert und der Turm erhielt eine »welsche« Zwiebelhaube. Der Innenraum wurde Mitte des 18. Jahrhunderts mit Wölbung und Rokoko-Ausstattung modernisiert.

Klenze gab dem ursprünglich gotischen Bau mittels sauberer Rundbögen, tektonisch wirkender Lisenen und horizontaler Bogenfriese das ältere und strengere Aussehen der »byzantinischen« bzw. »romanischen Bauarten«, die – im Gegensatz zur Gotik – aus der griechisch-römischen Antike hervorgegangen seien: »Es bilden aber diese horizontalen Gliederungen und Dispositionen der romanischen Bauwerke einen wesentlichen Anknüpfungspunkt derselben an das Wesen der klassischen Architektur und unterscheiden dieselbe [...] in günstiger und ächtchristlicher Weise von den späteren himmelanstrebenden Exzentritäten des Spitzbogenstyls« räsonierte er in seinen »Erwiderungen und Erörterungen« (1859–1863). Der stilistischen Annäherung setzte Klenze jedoch eine typologische Polarisierung entgegen: Um den Vertikal-Horizontal-Gegensatz

Die Wallfahrtskirche von Westen

zwischen Kirche und Tempel stärker zu kontrastieren und ihre Funktion als Orientierungszeichen zu steigern, erhielt die Kirche anstelle der Zwiebelhaube einen überhöhten, weithin sichtbaren oktogonalen Turmschaft mit umlaufenden Wimpergen und hohem Spitzhelm. Im Inneren beschränkte sich Klenzes Neufassung aus Zeitgründen (die Umbauarbeiten hatten relativ kurz vor dem Eröffnungstermin der Walhalla begonnen) im Wesentlichen auf das Abschlagen des Rokokostucks. Erst bei den Restaurierungsarbeiten in den 1970er Jahren wurden die gotischen Wandmalereien aus der Zeit um 1400 freigelegt.

Literatur: Loers (1979); Romantik und Restauration (1987), S. 197f.; Traeger (1987/91), S. 90ff.; Hildebrand (2000), S. 402f.

DONAUSTAUF
WÄCHTER-HAUS

Planung und Errichtung: 1840–1842

Um 1840–1842 wurde das Wohnhaus für den Aufseher der Walhalla nach Plänen Klenzes am oberen Ende der Walhallastraße errichtet. Es lag somit zusammen mit der Salvatorkirche in der Blickachse der von Donaustauf aus Anreisenden und war Teil der Denkmallandschaft. Klenzes Entwurf zeigte dementsprechend einen hohen architektonischen Aufwand und antikischen Charakter. An einem abfallenden Hang über annähernd quadratischem Grundriss gedacht, sollte es in sorgfältiger Hausteinquaderung mit Ecklisenen ausgeführt werden, während der rückwärtig aus dem Erdreich herausragende Sockelbau wie der Walhalla-Sockel mit »pelasgischem« Polygonalmauerwerk verkleidet würde. Über die dreiachsige Eingangsfront spannt sich der mit Akroteren geschmückte offene Giebel des flachen »griechischen« Satteldaches. Fenster und Portal sind am

Die vereinfachte Ausführung

unteren Ende nach Art des toskanischen Tempels minimal trapezförmig ausgestellt und durch profilierte Faschen hervorgehoben. Klenze wollte auf diese Weise wie in seinem Walhalla-Gemälde aus dem Vorjahr (vgl. S. 201) den bauhistorischen Zusammenhang zwischen der altgriechischen bzw. toskanischen Architektur und ihrer modernen Wiedergeburt oder »Palingenesie« (vgl. S. 255ff.) in Bayern demonstrieren.

Offensichtlich wurde dieser Aufwand als unpassend angesehen, jedenfalls kam es zu einer Planänderung, der zufolge die Tiefe des Baukörpers zum Rechteck verkürzt und der Dachfirst um 90 Grad gedreht wurde. So entstand ein traufständiges Haus, dessen Fassade jedoch den ursprünglichen Entwurf noch erahnen lässt. Das Satteldach hat analog zum toskanischen Tempel und zu den alpinen Bauernhäuser einen großen Überstand und sollte, wie ein zweites Entwurfsblatt Klenzes zeigt, mit einer aufwendigen polychromen Fassung der Palmetten und des Eierstabes am Giebelprofil geschmückt werden, was aber wohl unterblieb. Während das Erdgeschoss weitgehend im originalen Zustand erhalten ist, wurde das Dachgeschoss im Zuge einer Dacherneuerung leicht erhöht.

Literatur: Traeger (1987/91), S. 235; Hildebrand (2000), S. 467f.

INGOLSTADT

FESTUNGSBAUTEN

BAYERISCHES ARMEEMUSEUM, POLIZEIMUSEUM U. A.

Planung: 1827/28

Ausführung: 1829–1852

Beteiligte Baumeister und Künstler: Michael von Streiter, Peter von Becker, Karl Wilhelm von Heideck, Ernst Mayer

Teilabrisse: Umbauten Ende des 19. Jahrhunderts, Abbruch der Festungsbastionen nach 1950, Sprengung des Kavalier Spreti um 1960

Restaurierungen: Sanierungen 1988– 2002, Ausbau und museale Umnutzung sowie Neugestaltung des Terrains als ›Klenze-Park‹ bis 2011

Die Festungsanlagen von Ingolstadt fallen aus Klenzes Œuvre so stark heraus, dass seine engagierte Beteiligung an dieser im 19. Jahrhundert noch ein letztes Mal aufblühenden Bauaufgabe überrascht. Doch waren schon in der Antike und vor allem in der Renaissance nicht nur Festungsbauingenieure, sondern auch Universalkünstler wie Leonardo da Vinci, Michelangelo, Sanmicheli, Dürer oder Balthasar Neumann für Festungsbau zuständig gewesen, in deren Nachfolge sich Klenze sah. Seine schwer und archaisch wirkenden Festungs- und Geschützbauten drücken ihre militärtechnischen Funktionen gleichsam als »sprechende Architektur« (*architecture parlante*) mit Stilmitteln der sogenannten ›Französischen Revolutionsarchitektur‹ des späten 18. Jahrhunderts aus: stereometrische, aus kolossalen Kubus- und Zylinderformen gebildete Baukörper, mächtige ungegliederte Mauermassen (im Kern aus Backstein, außen durchweg mit sauber gefugten Kelheimer Kalksteinquadern verkleidet), anstelle von Fenstern nur Luken

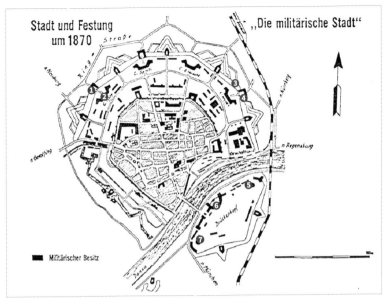

Festungsgürtel um 1870   **1** Tor Monument Hepp   **2** Kavalier Hepp   **3** Kavalier Heydeck   **4** Tor Monument Heydeck   **5** Turm Triva   **6** Reduit Tilly   **7** Turm Baur

und runde Schießscharten mit tiefen Laibungen, stark rustizierte Entlastungs-bögen und schmucklose, dicht gereihte Konsolen mit mächtigem Gebälk, Attika oder Zinnenkranz prägen das großflächige Ensemble. Der unmittelbar auf Sinne und Gemüt einwirkende Ausdruck der Form (*caractère*) sollte an der Demon-stration der wehrhaften Überlegenheit Bayerns mindestens ebenso viel Anteil

haben wie der militärtech-nische Zuschnitt der Fes-tungsstadt und die Bewaf-fung. Dabei zeigte Klenze auch in fortifikatorischer und logistischer Hinsicht militärische Kompetenz, sodass 1828 sein Gutach-ten in »technischer, archi-tektonischer und construk-tiver Hinsicht« zu einer der Grundlagen der Realisie-rung werden konnte. Inso-fern gelang Klenze – zumal er sich in vielen Streitpunk-ten bei König Ludwig auf dem »kleinen Dienstweg«

Reduit Tilly (Bayerisches Armeemuseum)

gegen die verantwortlichen Festungsbauingenieure durchsetzte – auch auf diesem Gebiet Außerordentli-ches. Der Neubau des Kriegsministeriums in München (vgl. S. 122f.) hatte sei-nem diesbezüglichen Ehrgeiz sicherlich Vorschub geleistet.

Turm Triva (Bayerisches Polizeimuseum)

Mit 17 Millionen Gulden – einem Betrag, der wohl sogar die Ausgaben für sämtliche ludovizianischen Kulturbauten übertraf – sind ab 1829 die 1800/01 in den Revolutionskriegen von den Franzosen zerstörten Anlagen des alten militärischen Hauptstützpunktes der Donaulinie neu auf- und zur Landesfestung ausgebaut worden. Die Baumaßnahmen wurden im Rahmen des Festungsbaus durch den Deutschen Bund unterstützt und die Vorbereitungen schon 1817 unter König Max I. Joseph eingeleitet. 1826 erhielten Ingenieur-Oberstleutnant Michael von Streiter und Ingenieur-Oberst Peter von Becker – Mitglieder der Festungsbaukommission, der auch Klenze angehörte – den Planungsauftrag. Streiter setzte sich mit seinem Konzept eines kreisförmig um die Stadt gezogenen Festungsgürtels durch, der jedoch 1833 gegen die polygonale Anordnung der Bastionen nach Beckers Plan ausgetauscht wurde.

Auf der Südseite der Donau wird der Bastionenring durch einen vorgelagerten, befestigten Brückenkopf komplettiert, auf dem ab 1828 zwei ovale Geschütztürme mit offenem Innenhof und ein monumentales Reduit, das der Besatzung als letztes Bollwerk innerhalb der Befestigung dienen sollte, errichtet wurden. Dieses Reduit Tilly (benannt nach dem 1632 in Ingolstadt verstorbenen Kaiserlichen Heerführer der Katholischen Liga im Dreißigjährigen Krieg – seit 2011 als Bayerisches Armeemuseum genutzt) schlägt mit seinem martialischen Äußeren einen riesigen, durch die Kanonenkammern schon in Streiters Plan vorgegebenen Halbzirkel, öffnet sich zum Hof jedoch über zwei Stockwerke zu einer palastartigen Fassade mit Bogenportalen und Bogenfenstern, sorgsam versetzten Gewänderahmungen, durchlaufenden Gesimsen und Löwenköpfen als Wasserspeiern von Bildhauer Ernst Mayer: »Ich habe die äußeren, dem Feind zugekehrten Fassaden [...] sehr ernst, das Innere aber etwas heiter gehalten, damit die Moral der Soldaten nicht durch gar so abschreckendes Aussehen ihrer Wohnungen leidet« (Klenze an Ludwig 16.04.1829). Das galt auch für die beiden 1841 vollendeten Geschütztürme Triva (benannt nach dem 1827 verstorbenen Bayerischen Kriegsminister – seit 2011 Standort des Bayerischen Polizeimuseums) und Baur (nach Generalmajor Carl von Baur; jetzt genutzt als Freilichtkino und -bühne) mit ihren bis zu vier Meter dicken Mauern. Ihre zweistöckigen, länglich-ovalen Innenhöfe besitzen eine elegante Gliederung der Joche durch rustizierte, im Gebälk verkröpfte Lisenen sowie Portal- und Fensteröffnungen in Segment-bogenform. Auf gleiche Weise nobilitierte Klenze auch Streiters Entwurfsvorla-gen für den Roten Turm in der Fronte Gumppenberg (abgerissen).

Im zweiten Bauabschnitt übernahm Klenze 1836 die Aufgabe, die drei 1847 vollendeten Haupttore des nördlich um die Stadt gelegten Festungsgürtels zu gestalten. Sie sind den als Kasernen ausgebauten Kasematten mit ihren Ge-schützplattformen (den sogenannten ›Kavalieren‹) vorgelagert und nach außen wie frühneuzeitliche Stadttore durch Zinnen, Bogenfriese mit Konsolen und fi-gürlich-heraldischen Schmuck von Ernst Mayer repräsentativ ausgestaltet. So zeigt die heute freistehende Toranlage beim Kavalier Hepp (benannt nach dem 1806 gefallenen bayerischen Major Kaspar von Hepp, heute Stadtmuseum/Spiel-zeugmuseum) über der Durchfahrt ein Tympanon mit den Bayerischen Löwen und dem Königlichen Wappen sowie beidseitig auf Konsolen in Le-bensgröße die historischen Festungs-baumeister des 16. Jahrhunderts, Graf Solms-Münzenberg und Daniel Spe-ckle, zu Pferde. Nach dem Verlust der seitlichen Wehrmauern und der An-hebung des Straßenniveaus hat der im Boden »versunkene« Bau seine Proportionen eingebüßt. Am Tor Ka-valier Heydeck (benannt nach dem an der Planung beteiligten Mitglied der Festungsbaukommission, Philhelle-nen, General und Maler; jetzt Agentur für Arbeit/Logenhaus der Freimaurer)

Toranlage Kavalier Heydeck (Logenhaus)

finden sich als Standfiguren die beteiligten Festungsbaumeister Michael von Streiter und Peter von Becker wieder. Die stärker historisierende, an den vene-zianische Wehrbau erinnernde Formensprache ähnelt den zeitgleichen Entwür-fen Friedrich von Gärtners für den Ausbau der pfälzischen Festung Germers-heim am Rhein.

Schon wenige Jahrzehnte nach der Einstellung der Bauarbeiten (1852) war das Konzept der Festungsstadt obsolet geworden, noch vor der Jahrhundert-wende begann der Rückbau und die Besiedlung der Wallanlagen, die sich ver-stärkt nach den Kriegszerstörungen seit den 1950er Jahren fortsetzten (auch das Tor Spreti fiel damals der Verkehrsplanung zum Opfer). Mit den 1980er Jah-ren setzten umfassende Erhaltungs-, Sanierungs- und Umnutzungsmaßnahmen ein, die die eindrucksvollen Relikte der Klenze'schen Militärbauten südlich der Donau in eine Garten- und Freizeitlandschaft (sogenannten ›Klenze-Park‹) zu integrieren versuchen.

Literatur: Lacroix (1931); Hederer (1964), S. 314–319; Romantik und Restauration (1987), S. 456f.; Dittmar (1991); Hildebrand (2000), S. 415–418

BAUWERKE
AM LUDWIG-
DONAU-
MAIN-KANAL

Planung: 1825–1830

Bauzeit: 1836–1846

Generalplanung: Heinrich Freiherr von Pechmann

Außerbetriebnahme und Teilzerstörung: ab 1950

Ersatz durch vollständigen Kanalneubau: 1960–1992

Restaurierung: Kanaldenkmal Erlangen und Schleusenwärterhäuser ab 2005

Mit dem nach ihm benannten Donau-Main-Kanal griff Ludwig I. 1822 das mittelalterliche Projekt Kaiser Karls des Großen auf, Donau und Rhein miteinander zu verbinden und somit eine schiffbare Wasserstraße von der Nordsee bis zum Schwarzen Meer zu gewinnen (Fossa Carolina, um 793, Spuren zwischen Treuchtlingen und Weißenburg). In der immer noch erstaunlich kurzen Bauzeit von zehn Jahren (statt der geplanten sechs!) entstand mit Hilfe von bis zu 9000 Arbeitern zwischen 1836 und 1846 die 172 Kilometer lange Wasserstraße, die natürliche Flussabschnitte von Altmühl und Regnitz einbeziehend bei Kelheim aus der Donau abzweigt und nordwestlich Bambergs in den Main einmündet. Der Stillwasserkanal selbst hat eine Oberflächenbreite von etwa ca. 7–15 Metern bei 1,50 Meter Wassertiefe und wurde von einem mit Baumkulturen bepflanzten Treidelpfad begleitet. Über 100 Schleusen überwanden von Kelheim einen 80-Meter-Aufstieg bis zur Europäischen Hauptwasserscheide im Fränkischen Jura nahe Neumarkt/Oberpfalz und einen 184-Meter-Abstieg von dort bis zum Main. Der bis 1950 schiffbare Wasserweg war für Bayern angesichts der rasanten technischen Entwicklungen, namentlich der konkurrierenden Eisenbahn, nur in den ersten Jahrzehnten von hoher wirtschaftlicher Bedeutung. Er ist heute großenteils zerstört, eingeebnet oder überbaut und nur noch auf einer etwa 60 Kilometer langen Teilstrecke zwischen Beilngries und Nürnberg in

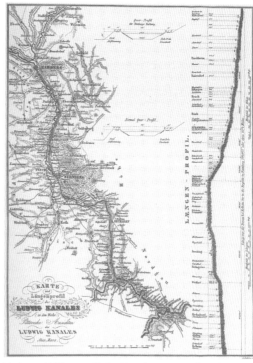

Karte und Höhenprofil des Kanals, aus Marx (1845)

Fragmenten erhalten. Das 1995 eröffnete Bayerische Ludwig-Donau-Main-Kanal-Museum in Burgthann dokumentiert seine Geschichte.

Nach mehreren folgenlosen Initiativen seit dem 18. Jahrhundert hatte Ludwig I. gleich nach seiner Thronbesteigung den Wasserbau-Ingenieur Heinrich Freiherr von Pechmann, Leiter des Bayerischen »Centralen Brücken-, Wasser- und Straßenbau Bureaus«, mit der Kanalplanung beauftragt, die bereits 1830 fertiggestellt war. Dem Ingenieur oblag neben der gesamten Planung der technischen Seite auch die Bauausführung, während Klenze – der erste Leiter der 1830 neu eingerichteten Obersten Baubehörde Bayerns – nicht nur als Organ der Genehmigungsbehörde, sondern auch für die künstlerische Gestaltung aller baulichen Anlagen verantwortlich zeichnete. Denn der Kanal, der durch Aktienkapital über das Frankfurter Bankhaus Rothschild finanziert wurde, sollte auf Ludwigs speziellen Wunsch hin ein »großartiges Römerwerk« im Geiste klassischer Monumentalbaukunst werden. Zwischen Klenze und Pechmann kam es anlässlich des Einsturzes des Brückkanals bei Burgthann zu heftigen Auseinandersetzungen, die 1843, kurz vor dem Abschluss des Jahrhundertprojekts, zu Pechmanns Entlassung, aber auch zu Klenzes Entpflichtung von der Bayerischen Baubehörde führten; nach einer parlamentarischen Untersuchung der Vorfälle wurde Pechmann 1847 durch den König rehabilitiert und mit dem Bayerischen Verdienstorden ausgezeichnet, Klenze durfte zumindest nominell seinen Titel auf Lebenszeit behalten.

Das bekannteste Kanalbauwerk Klenzes ist das 1846 anlässlich der Kanaleröffnung eingeweihte Kanaldenkmal in Erlangen. Im Ausführungsentwurf schmückte Klenze es mit einer sinnfälligen, nach Ludwig Schwanthalers Modellen geschaffenen Figurengruppe: Die Flussgötter Donau und Main reichen einander die Hände und werden von den Allegorien des Handels (mit dem Füll-

Der Distellochdamm in der Gemeinde Burgthann, aus Marx (1845)

Das Kanaldenkmal in Erlangen

horn) und der Schifffahrt (mit dem Ruder) begleitet. »Donau und Main – für die Schiff-Fahrt verbunden – ein Werk von Carl dem Grossen versucht – von König Ludwig I. von Bayern – neu begonnen und vollendet – 1846.« Die Figurengruppe steht auf einem mächtigen bossierten Unterbau, der in eine Kolossalmauer eingepasst war. Den Unterbau schmückte ein Brunnen: Der auf Bodenhöhe noch erhaltene bronzene Löwenkopf diente einst als Wasserspeier.

Schleusenwärterhaus bei Schleuse 30 (1837)

Bereits 1938 ist das Denkmal um einige Meter in den Hang versetzt worden, um die Fahrstraße zu verbreitern. Dabei wurde auch die Stützmauer (ohne Treppenaufgänge) erneuert und erheblich erhöht. Zugleich hat man das Bodenniveau angehoben, wodurch das unterste Viertel des Unterbaus wie im Erdreich versunken scheint. Die ab den 1960er Jahren über dem verfüllten Ludwigs-Kanal als sogenannter ›Frankenschnellweg‹ erbaute A 73 verhindert zudem eine adäquate Wahrnehmung dieses einst Natur und Denkmal verschmelzenden Schmuckbaus am Erlanger Burgberg.

Klenze hat nach eigener Aussage etwa 40 bis 50 gestalterische Pläne für Pechmanns Brückenbauwerke angefertigt und auch dessen Vorlagen für die zahlreichen Schleusenwärterhäuser kritisch überarbeitet. Einige Varianten dieses schlichten Typus, der mit seiner sorgfältigen Sandsteinquaderung, dem »pelasgischen« Hausteinsockel, der flachen Neigung des Zeltdaches und dem Konsolfries an die altgriechischen Tempelformen erinnern sollte, haben sich bis heute erhalten. Neben mehreren, durch ihre kolossale Quaderung auffallenden Brücken, die den Kanal überqueren, waren es vor allem die zehn Schiffsbrücken oder »Brückkanäle«, die Assoziationen an die erhabene Wirkung römischer Aquädukte weckten. Erhalten sind der Brückkanal über den Gauchsbach bei Feucht und der 1839–1841 errichtete Schwarzach-Brückkanal bei Burgthann, mit 90 Metern Gesamtlänge eines der bedeutendsten technischen Baudenkmäler Bayerns. Die wechselnden Steinlagen der sorgfältig bossierten, mittig eingezogenen Kolossalmauern und die Gliederung der Massen in einen durch ein schweres Kämpfergesims abgesetzten Sockelbereich, den knapp 14 Meter überspannende Bogen mit kräftigem Fugenschnitt, rahmendem Profil und vorkragenden Schlussstein sowie dem als Brüstung dienenden Abschlussgesims mach-

Fahrrinne und Brückkanal über die Schwarzach bei Burgthann

ten es nach Klenze zum »imposantesten Bauwerk des Ludwigskanals« (Klenze an Ludwig, 18.07.1842). Der zunächst mit Erdreich aufgefüllte Hohlraum unter dem Kanalbett trieb jedoch schon im folgenden Jahr die schweren Mauern auseinander, sodass es zum Einsturz kam. 1844 bis 1845 wurde das Bauwerk von Grund auf neu errichtet, wobei der Unterbau der beiden Widerlager mit Gewölben versteift wurde. Die in 18 Metern Höhe die Schwarzach überquerende Wasserstraße gehört noch heute zu den eindrucksvollsten Abschnitten der historischen Kanallandschaft.

Literatur: Pechmann (1832); Marx (1845); Schultheis (1847); Otten (1970); Brix (1987); Traeger (1987/91), S. 126ff.; Lübbeke (1991); Hildebrand (2000), S. 442–446; http://de.wikipedia.org/wiki/Ludwig-Donau-Main-Kanal; www.hansgruener.de/docs_d/kanal/denkmal.htm

MARKTHEIDENFELD
MAINBRÜCKE
PLANREVISION

Bauzeit: 1835-1845
Wiederaufbau nach Kriegszerstörungen 1946, 1954, umfassende Instandsetzung 1980

Nachdem der Neubau einer Mainbrücke in Marktheidenfeld im Juni 1835 von König Ludwig genehmigt worden war, sandte die Regierung des Untermainkreises im August zwei alternative Entwürfe für eine eiserne Kettenbrücke und eine konventionelle steinerne Bogenbrücke an das Bayerische Innenministerium ein. Im Baukunstausschuss entschied Klenze wegen der höheren Tragfähigkeit und der geringeren Kosten zugunsten der Steinbrücke und rechtfertigte die weiten flachen Bögen gegenüber ästhetisch zu bevorzugenden Halbkreisbögen durch die niedrige Uferhöhe und die häufigen Eisstockungen, die letztere zum Einsturz bringen könnten. Wie bei den Brückkanälen des Ludwig-Main-Donau-Kanals legte der König besonderen Wert auf die monumentale Wirkung und befahl, »daß wie die alt-römischen Quader die Steine dieser Brücke behauen werden sollen«. Klenze kümmerte sich gemeinsam mit den Ingenieuren um den Fortschritt der Bauarbeiten an diesem seinerzeit größten Brückenbau, »welcher jetzt in Teutschland ausgeführt wird« (Klenze an Ludwig, 02.08.1842). Die 190 Meter überspannende Brücke aus rotem Mainsandstein wurde im April 1945 von deutschen Truppen auf dem Rückzug teilweise gesprengt. Die beiden zerstörten Joche sind 1946 als Betonkonstruktion repariert worden. 1953/54 wurden im Zuge einer Fahrbahnverbreiterung die steinernen Brüstungen durch Stahlgeländer ersetzt, doch lässt sich noch immer das Urteil der Illustrierten Zeitung nachvollziehen, dass »diese Brücke eine der schönsten ist, die in der neuesten Zeit entstanden sind« (Leipzig 1845).

Literatur: Hildebrand (2000), S. 442; https://de.wikipedia.org/wiki/Mainbrücke_Marktheidenfeld [22.03.2015]

Ansicht von Süden

ERLANGEN
BURGBERG-
TUNNEL

Entwürfe: 1842

Bauzeit: 1842–1844

Zweigleisiger Ausbau: 1862, Erweiterung des Profils im Zuge der Elekrifizierung 1936, Neubau für ICE-Trasse 2014–2016

Beteiligte Künstler: Friedrich von Gärtner, Johann von Halbig

In Konkurrenz zur Entstehung des Ludwigskanals wurde ab 1841 nach langjährigen Bemühungen Joseph Ritter von Baaders und nach dem »Vorlauf« der 1835 eröffneten, noch privat betriebenen Eisenbahn zwischen Nürnberg und Fürth die sogenannte ›Ludwigs-Nord-Süd-Bahn‹ als erste Bayerische Staatsbahn erbaut. Sie sollte von der Bayerischen Nordgrenze bei Hof über Bamberg und Nürnberg nach Augsburg führen, von dort erfolgte eine Verlängerung nach Lindau (1854 fertiggestellt). Die 1844 verstaatlichte Teilstrecke zwischen München und Augsburg war bereits 1839/40 durch eine Aktiengesellschaft erbaut worden. Klenze hatte sich zwar 1829 in einem Gutachten für das Eisenbahnprojekt ausgesprochen, aber gleichzeitig den vorgesehenen Kanalbau als eine angemessene und großartige königliche Unternehmung gepriesen, denn an beiden Projekten war er beteiligt. Im Auftrag der Eisenbahnkommission reiste er 1836 zur Inspektion nach Belgien, Frankreich und England. Die meisten Dammbauten und Geländeeinschnitte an der Nord-Süd-Strecke wurden als rein bautechnische Anlagen geplant, doch erforderten Brücken und Tunneldurchlässe trotz der angestreb-

Burgbergtunnel und Ludwigskanal Nordseite (1845)

ten Vermeidung allzu vieler »Kunstbauten« auch eine ästhetische Gestaltung. Das gilt insbesondere für den ältesten und mit 306 Metern seinerzeit längsten Eisenbahntunnel, der direkt hinter dem Erlanger Kanaldenkmal (vgl. S. 209f.) parallel zur Wasserstraße durch den Burgberg führt und heute noch befahren wird. Die Gestaltung der Tunnelauslässe lag zunächst bei Klenze, wurde ihm aber mit der Entpflichtung von der Obersten Baubehörde 1843 (vgl. S. 209f.) entzogen und nominell seinem Rivalen Friedrich von Gärtner übertragen. Klenzes – bislang nicht aufgefundene, aber vom König genehmigte – Pläne vom Juni 1842 galten der ästhetischen Nobilitierung der von ihm als »völlig unbefriedigend« bezeichneten Vorschläge der Eisenbahnkommission. Zu seinen schriftlich überlieferten Verbesserungen gehörte die monumentale Gestaltung der Tunnelportale durch eine dramatische Gliederung des Bogens und der Futterwände mit kolossalen Bossenquadern sowie die Überhöhung zum

Südportal des Burgbergtunnels (1854)

Südlicher Tunnelausgang mit Löwen von Klenze und Halbig

Denkmal durch eine (nicht ausgeführte) Widmungsinschrift an den König und ein figurales Programm: Für die Südseite fertigte Johann von Halbig nach Klenzes Zeichnungen zwei liegende Löwen an, die für die Südattika gedacht waren, jedoch schon bald beidseitig der Tunnelöffnung platziert wurden. Sie versinnbildlichten – so Klenzes poetische Idee – die »nutzbar gemachte Feuerkraft«. Halbig schuf auch zwei eindrucksvolle Sphingen als »Symbol des gelösten Rätsels der Wissenschaft« (Klenze), die, wie die Lithographie von 1845 vermuten lässt, tatsächlich ursprünglich auf der Nordattika standen und heute das nördliche Tunnelportal flankieren. Nur eine dieser eindrucksvollen, in Vergessenheit geratenen Skulpturen hat die Zeitläufe überlebt. 1936 wurde im Zuge der Elektrifizierung das Profil des ursprünglich Omega-förmigen Tunnels geweitet. Heute ist der als bedeutendes technisches Denkmal geltende Tunnel bereits durch moderne Verkehrsbauten in nächster Nähe verstellt. Durch eine zweite, östlich verlaufende Tunneltrasse für den ICE-Schnellverkehr (Baubeginn Herbst 2014) ist er noch unzugänglicher geworden.

Literatur: Romantik und Restauration (1987), S. 155f.; Gärtner (1992), S. 252; Hildebrand (2000), S. 470; http://de.wikipedia.org/wiki/Burgbergtunnel_(Erlangen) [03.05.2015]

Nördlicher Tunnelausgang mit Sphinx von J. Halbig

ERLANGEN: BURGBERGTUNNEL

HANNOVER
WINTERGARTEN
AM LENESCHLOSS

Planungen:
1839–1843

Errichtung: 1843

Klenze, der sich schon nach dem Zusammenbruch des Königreichs Westphalen vergeblich um eine Anstellung am Hofe des Königs von Hannover (der bis 1837 in Personalunion als König des Vereinigten Königreiches in London residierte) beworben hatte, wurde 1839 auf Wunsch der Königin Friederike bei der Ausgestaltung des Stadtschlosses an der Leine konsultiert. Die Anfrage war insofern delikat, als sein damals glücklicherer Rivale Georg Ludwig Friedrich Laves auf Empfehlung seines einflussreichen Onkels Heinrich Christoph Jussow – Vorgesetzter Klenzes in Kassel – 1815 die Stelle des Hannover'schen Hofbaumeisters erhalten hatte und bereits seit langem mit der Ausbauplanung des alten Residenzkomplexes befasst war. Zudem hatte der junge Laves 1811 auf Betreiben Jussows Klenze, angeblich aufgrund von Baufehlern, bei der Errichtung der Marställe für König Jérôme Bonaparte an der Schönen Aussicht in Kassel abgelöst. Insofern musste Klenzes spätes Eingreifen in Hannover als eine Revanche erscheinen. Daraus erklärt sich vielleicht, dass er entgegen seinen allbekannten Überzeugungen auch einen Entwurf für den im neugotischen Stil gewünschten Thronsaal einreichte (nicht ausgeführt). Klenzes Pläne für eine moderatere Gotisierung der Laves'schen Außenfassaden sind verschollen. Stattdessen setzte er sich jedoch mit seiner Korrektur des Laves'schen Wintergartenentwurfs an der zur Leine gerichteten Fassade durch. Klenze verbesserte 1840 den tektonischen Aufbau, indem er die Ecken des verglasten Vorbaus durch toskanische Pfeiler betonte, die ionischen Säulen kuppelte, sodass sie nicht mehr über den Korbbögen des Untergeschosses, sondern über den rustizierten Wandstücken stehen. Außerdem setzte er eine Balustrade ein, »um die Magerkeit der Masse über den Korbbogenarkaden zu steigern«. Der 1943 nur im Inneren zerstörte Wintergarten wurde beim Umbau der Leineschlossruine zum Niedersächsischen Landtag durch Dieter Oesterlen zwischen 1957 und 1962 mit modernisierter Verglasung restauriert und gehört heute zum Dienstzimmer des Landtagspräsidenten.

Literatur: Hammer-Schenk (1988), S. 166f.; Hildebrand (2000), S. 449ff.

Klenzes Wintergarten am Leineschloss

DENKMAL SCHLITZ-GÖRTZ

Das nach dem Entwurf von Leo von Klenze entstandene Denkmal für Johann Eustach Graf von Schlitz-Görtz (1737–1821) wurde auf Vorschlag der Lesegesellschaft »Harmonie« von dessen »Freunden und Verehrern« gestiftet und 1824 an der von Carl Anselm von Thurn und Taxis ab 1781 außerhalb der Stadtbefestigung angelegten Allee aufgestellt, die als öffentlicher Spaziergang bereits mehrere Monumente für verdiente Zeitgenossen aufwies. Der durch eine Kolossalbüste Geehrte war zunächst aufgeklärter Erzieher des Prinzen Carl August und seines Bruders am Weimarer Hof Anna Amalias und ab 1776 Diplomat im Dienste Friedrichs des Großen, darunter am Hof Katharinas II. in St. Petersburg und in Holland. 1788 bis 1806 nahm er als Preußischer Gesandter am Immerwährenden Reichstag in Regensburg teil und bewirkte beim Friedensschluss von Lunéville (1801) den Abzug der französischen Truppen, was ihm den Ehrentitel »Licht von Regensburg« eintrug. Nach seiner Pensionierung blieb Schlitz-Görtz als Pensionär in der alten Reichsstadt und wurde 1820 zum Ehrenbürger ernannt. Die antikische Porträtbüste von Joseph Heinrich Kirchmayer (nach einem Modell von Johannes Haller) steht auf einem perfekten Kubus-Sockel (möglicherweise als freimaurerischem Symbol) in einer Ädikula mit flachem Gebälk, deren plastischer Ornamentschmuck an Klenzes Publikation »Die Schönsten

Denkmal an der Fürst-Anselm-Allee

Überbleibsel griechischer Ornamentik und Glyptik« (Klenze 1823) und an seine zeitgleichen plastischen Monumente aus diesen Jahren in München erinnert. Die beiden Hermenpfeiler, die er auch im Werneck-Denkmal (vgl. S. 145) einsetzte, gehen auf sein Lutherdenkmal bzw. auf Durands »Temple de l'Egalité« von 1793 zurück (vgl. S. 12), wo sie die republikanischen Tugenden verkörperten. Als Dreigesicht repräsentieren sie hier in ähnlicher Weise Familientreue, Wohltätigkeit, Frömmigkeit, Bürgersinn, Vaterlandsliebe und Geselligkeit.

Literatur: Bauer (1988), S. 494f.; Traeger (1987/91), S. 121ff. und S. 205ff.; www.regensburg.de/kultur/kulturdatenbank/eintrag/118981; http://de.wikipedia.org/wiki/Johann_Eustach_von_Görtz [05.12.2015]

GRABDENK-MAL JOHANNES VON MÜLLER

Entwurf und Aufstellung: 1852; nach 1945
auf den Hauptfriedhof ausgelagert

Beteiligte Künstler: Friedrich von Brugger

Anastylose am Lutherplatz: 2009

Der Schweizer Historiker Johannes von Müller gehörte zu den führenden aufgeklärten Gelehrten der Goethezeit und spielte für die Geschichtsauffassung des jungen bayerischen Kronprinzen eine nachhaltige Rolle. Obwohl Müller nach dem Einmarsch Napoleons in Berlin 1807 auf die Seite des französischen Kaisers wechselte, was ihm im Kreise der preußischen Patrioten sehr verübelt wurde, übernahm er für Ludwig damals die Aufgabe, eine Liste Walhalla-Würdiger aus dem deutschen Kulturkreis zu erarbeiten, die die Grundlage für die ersten Aufträge für das deutsche Nationaldenkmal bildete, dessen Namen er ebenfalls vorgeschlagen hatte (vgl. S. 191ff.). Zu gleicher Zeit veranlasste Napoleon Müllers Be-

Anastylose (2008)

rufung an den Kasseler Hof seines jüngeren Bruders Jérôme Bonaparte im neu begründeten Königreich Westphalen. Dort wurde er 1808 Direktor des Öffentlichen Unterrichts, verstarb allerdings schon 1809 im Alter von 57 Jahren. Anlässlich seines 100. Geburtstages stiftete sein Bewunderer Ludwig I. 1852 einen Denkstein für das Grab Müllers nach dem Entwurf Leo von Klenzes für den Altstädtischen Friedhof. Nach dessen Auflassung in der Nachkriegszeit wurden die Relikte des stark beschädigten Grabmals auf dem Kassler Hauptfriedhof ausgelagert. Erst 2009 sind sie zum 200. Todestag Müllers auf Initiative des Vereins für Hessische Geschichte und Landeskunde auf ihren alten Standort - den heutigen Lutherplatz - verbracht und in ursprünglicher Form zusammengesetzt worden (Anastylose). Da man zu Recht auf eine Rekonstruktion des Grabsteins zugunsten der Authentizität verzichtete, ist die Widmungsinschrift des Bayerischen Königs nicht mehr lesbar, die lautete: »Grabstätte Johannes von Müller / geboren in Schaffhausen MDCCLII / gestorben in Cassel MDCCCIX / Was Thukydides Hellas / Tacitus Rom, das war er / seinem Vaterlande / Dieses Grabmal setzte / der Bewunderer / seiner Geschichtswerke / Koenig Ludwig I. von Bayern«. Klenze wählte eine Stelenform mit halbrundem Bogenabschluss. Auf der Konsole stand ursprünglich die von dem Münchner Bildhauer Friedrich Brugger

Vorkriegszustand

nach Bildvorlagen geschaffene Büste Müllers. Auf dem Podest des Sockels rahmten sie die Statuen von Asträa (mit Waage und Lorbeer für die Gerechtigkeit der – bei Müller umstrittenen – Anerkennung seiner Verdienste) und Clio (die Muse der Geschichte mit dem Griffel und dem aufgerollten Manuskript).

Literatur: http://de.wikipedia.org/wiki/Johannes_von_Müller [11.09.2014]; Illustrirte Zeitung, Leipzig, XIX. Band (1852), S. 161f.

KELHEIM
BEFREIUNGS-HALLE

Planung: ab 1836, Umplanung ab 1847

Ausführung: 1842–1863

Beteiligte Künstler: Friedrich von Gärtner, Ludwig von Schwanthaler, Johann von Halbig, Ferdinand von Miller, Arnold Lossow, Friedrich Brugger, Johann Leeb, Max von Widnmann u. a.; Bauingenieure Fritzsche, Friedrich Buchler und Reimherr

Sanierung, Farbfassung und Restaurierungen: 1911/12, 1962, 2011–2013, 2015/16

Die Befreiungshalle auf dem Michelsberg bei Kelheim an der Donau ist der dritte der großen Denkmalbauten Ludwigs I., die der patriotischen Erinnerung und Mahnung zur Einheit der Nation gewidmet sind. Galt die Walhalla der nur durch

Fernblick von der Donaubrücke (Ansicht vor 2015)

die Sprachgrenzen bestimmten deutschen Kulturnation und ihrer Bewusstwerdung in den Freiheitskriegen (vgl. S. 191ff.) und feierte die Bayerische Ruhmeshalle die Identität von modernem Staat und altehrwürdigem bayerischem Volksstamm durch herausragende Persönlichkeiten der bayerischen Geschichte und Kultur (vgl. S. 133ff.), so wurde die Befreiungshalle der politischen Einigkeit Deutschlands gewidmet, ohne jedoch schon eine konkrete staatliche Vereinigung anzustreben. Diese wurde erst acht Jahre nach der Einweihung des Denkmals durch die Gründung des deutschen Kaiserreiches, allerdings unter preußischer Hegemonie, verwirklicht.

Den Gedanken zu diesem Denkmal hatte Ludwig I. 1836 während seiner Griechenlandreise auf den Trümmern der mykenischen Burganlagen von Tiryns gefasst, als er das Schicksal des lange von den Türken beherrschten griechischen Volkes mit dem der Deutschen verglich: seinen Niedergang aufgrund seiner Uneinigkeit im Altertum, den mit Hilfe der westlichen Alliierten errungenen Sieg in den Freiheitskriegen und die Vereinigung seiner Stämme im modernen Staat Griechenland, der seit 1833 als konstitutionelle Monarchie von Ludwigs zweitem Sohn Otto regiert wurde (vgl. S. 230ff.). Wie ließ sich die im Kampf gegen Frankreich gewachsene Sehnsucht der Deutschen nach nationaler Einheit und Größe ausdrücken? Und zwar ohne Aufgabe der staatlichen Integrität und politischen Autonomie der im Deutschen Bund vereinigten Länder und Souveräne? Ludwig übertrug diese schwierige Aufgabe seiner – laut Klenze (Memorabilien I) – »neuen architektonischen Liebschaft« Friedrich von Gärtner, der ihn in Griechenland begleitet hatte. Der ca. 40 Kilometer flussaufwärts von Donaustauf neben der Mündung der Altmühl bzw. des Ludwig-Main-Donau-Kanals (vgl. S. 208ff.) in der geschichtsträchtigen und dramatischen Donaulandschaft gelegene Michelsberg wurde 1838 als Bauplatz gewählt und durch eine Fahrstraße erschlossen. Der Monumentalbau, dessen Grundstein am Tag nach der Einweihung der Walhalla am 19. Oktober 1842 gelegt wurde, sollte sich markant von den anderen Denkmalbauten unterscheiden. Gärtner experimentierte deshalb auf Wunsch Ludwigs ausschließlich mit

Ansicht nach Friedrich Gärtners erstem Ausführungsentwurf (1840/45)

Zentralbauten in quadratischer, runder oder polygonaler Form, die einerseits auf das römische Pantheon, andererseits auf oberitalienische Sakralbauten und Idealentwürfe für Kuppelhallen mit Arkadenumgängen aus dem späten 15. und frühen 16. Jahrhundert zurückgingen. Auf hohem Sockelpodest platziert, sollte die Befreiungshalle über Propyläen und Treppenaufgänge erschlossen werden und der Inszenierung nationaler Feierlichkeiten dienen. Gärtners Ausführungsentwurf ähnelte am Ende auffällig dem tempelartigen Zentralkirchentypus aus Raffaels Gemälde »Sposalizio« (Vermählung Mariae, Pinacoteca di Brera, Mailand) von 1504, das schon damals als eine Ikone der Kunstgeschichte galt.

Als Gärtner am 21. April 1847 überraschend im Alter von 55 Jahren starb, war nur der dreistufige Sockelbau des Bauwerks vollendet, das in Anspielung auf den Sieg über Napoleon in der Leipziger Völkerschlacht am 18. Oktober 1813 als Achtzehneck ausgebildet war. Wenige Tage später übernahm Klenze das Bauprojekt und ging mit der künstlerischen Konzeption dieser, wie er schrieb, »byzantinischen Taufkapelle großer Dimensionen, aber der allerrohsten und gemeinsten Formen« (Memorabilien IV) hart ins Gericht. Auf keinen Fall wollte er Gärtners Plan ausführen. Im Sommer 1847 arbeitete er während seines Aufenthaltes in St. Petersburg eine Reihe von Alternativen aus, die Gärtners Zentralbau Schritt für Schritt auf einen frei entwickelten

»Griechischer« Ausführungsentwurf (1847) von Klenze.

klassischen Typus zurückführen: ein »neugriechisches« Bauwerk im Sinne seiner Forderung nach moderner Wiedergeburt (Palingenesie) der griechischen Architektur. Am eindrucksvollsten gelang ihm das in der von Ludwig noch 1847 als Ausführungsentwurf genehmigten, jedoch später noch einmal veränderten fünften Version mit dem Telamonen-Tambour: Das Achtzehneck des zentralen Baukörpers hat Klenze durch die reine Zylinderform ersetzt. An die Stelle der Gärtner'schen Arkaden ist ein Kolonnaden-Umgang getreten, der je zwei Säulen korinthischer Ordnung zwischen achtzehn Knickpfeiler einspannt, die oberhalb des umlaufenden Gebälks Podeste für monumentale Panzertrophäen bilden. Den Abschluss des geschlossenen Zylinders der Halle bildet ein zweiter Umgang, der jeweils zwei Atlanten (Telamonen) zwischen den Pfeilern zeigt. Seit seiner Analyse des Jupitertempels zu Agrigent (1821/27) dienten Telamonen Klenze zur Demonstration des griechischen tektonischen Prinzips und der Variationsfähigkeit der keineswegs auf die kanonische Tempelform beschränkten griechischen Formenwelt (vgl. S. 253). Klenze hatte solche gigantischen, mit Bärenfellen bekleideten Telamonen kürzlich auch im Portikus der Neuen Eremitage eingesetzt (vgl. S. 241ff.), und Ludwig freute sich bereits auf deren »großartige Wirkung«. Die Gärtner'sche Kuppel – nach Klenze ein unglückliches »Mittelverhältnis«

Befreiungshalle mit neuer Farbfassung (Simulation BSV 2015)

KELHEIM: BEFREIUNGSHALLE

zwischen der Pantheonkuppel und der spätmittelalterlichen Florentiner Dom-kuppel – ist durch die kreisrunde antike Fassung ersetzt worden, die wohl nach dem Vorbild der Pariser Halle aux Blès (1811) als kupfergedeckte Eisenkonstruk-tion ausgeführt werden sollte. Der Unterbau hat eine Treppenanlage mit »pelas-gischem« Mauerwerk und einem an die Totenpforte der Walhalla erinnernden Stufenportal erhalten.

Nach Ludwigs Abdankung im März 1848 war das gesamte Projekt zunächst gefährdet, wurde aber, nachdem der Exkönig und sein Architekt den höchst prekären Streit um Klenzes persönliche Honorierung beigelegt hatten und die Bausumme drastisch von 3 auf 1,5 Millionen Gulden reduziert worden war, ab Frühjahr 1850 fortgesetzt. Der als Einweihungstermin geplante 50. Jahrestag der Völkerschlacht konnte tatsächlich eingehalten werden. Allerdings war es zu einer Reihe gravierender Planänderungen gekommen: Anstelle der Verkleidung mit Kelheimer Kalkstein wurde angesichts der überteuerten Angebote der Stein-bruchbetreiber ein Verputz des Ziegelbaus aus Portlandzement mit aufgemalter Quaderung gewählt. Auf Polychromie durch farbige Materialien musste Klenze dementsprechend ebenfalls verzichten. Der kostspielige Kolonnaden-Umgang entfiel und wurde durch achtzehn, über ein verkröpftes Gebälk miteinander ver-bundene Strebepfeiler ersetzt, auf deren Kapitellen die kolossalen Standfigu-ren der achtzehn deutschen Stämme (nach Klenzes Idee von Johann von Hal-big) aufgestellt sind. Die aufwendigen 36 Telamonen des oberen Umgangs sind durch eine vergleichsweise schlichte römisch-dorische Säulenkolonnade ersetzt. Schließlich gab Klenze 1854 die Form der Pantheonkuppel zugunsten eines ke-gelförmigen, ab 1858 definitiv als Eisenkonstruktion ausgebildeten Zeltdaches mit Kupferdeckung auf.

Der mittlerweile eher turmartige Charakter des Bauwerks wurde dabei durch weitere Vertikalakzente noch einmal gesteigert: So kehrt das Motiv der Strebe-pfeiler in der Attikazone des Tambours wieder, dessen Abschlussgesims durch schlanke Trophäen (von Anselm Sickinger) überragt wird, die an gotische Fia-len erinnern, und die Ecken des dreistufigen Sockels wurden nun mit 18 monu-mentalen Kandelabern besetzt. Durch diese »gotische« Anmutung einer aus der Fernsicht dramatisch auf dem Berg thronenden »Gralsburg« verknüpfte Klenze die klassische antike Formensprache subtil mit der 1835 von Sulpiz Boisserée publizierten Gralsbeschreibung aus dem mittelalterlichen deutschen Helden-epos »Titurel«, die schon 1834 die Projekte zur Bayerischen Ruhmeshalle beein-flusst hatte (vgl. S. 134).

Der Eindruck des Inneren der Befreiungshalle ist durch die monumentale, 45 Meter hohe und mehr als 30 Meter überspannende Kuppel sowie das durch ein großes verglastes Opaion herabflutende Oberlicht bestimmt. Von Gärtners Entwurfsidee musste Klenze den Kreis der 34 paarweise aufeinander bezoge-nen Viktorien (nach dem Entwurf des schon 1848 verstorbenen Ludwig von Schwanthaler) übernehmen. Bis auf zwei Prototypen wurden sie von anderen Bildhauern ausgeführt. Ihre Gleichförmigkeit war hier nicht Unvermögen, son-dern Programm: Nichts Individuelles soll die Aufmerksamkeit über Gebühr fes-seln, der Viktorien-Kreis nur als geschlossenes und erhabenes Ganzes wirken. Klenze rückte die ursprünglich mit engem Radius von etwa 10 Metern mittig frei stehende, auf ca. 2,40 Meter Höhe berechnete Gruppe, die von außen gese-hen »einem wahren Hexentanz glich« (Memorabilien IV), so nahe an die Außen-wand (sie hat nun einen Radius von etwa 18 Metern), dass der Besucher von den entsprechend um ein Drittel vergrößerten Göttinnen vollständig eingeschlos-sen ist. An die Stelle eines Säulenumganges ist bei Klenze ein Kranz trapezförmig

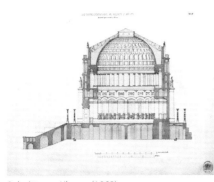

Schnitt, aus Klenze (1863)

durch Wandpfeiler abgeteilter und mit Apsiden abgeschlossener Nischen getreten, die allerdings durch seitliche Durchgänge miteinander verbunden sind und somit noch immer einen Rundgang »hinter dem Rücken der Viktorien« erlauben. Die Nischen sind flach gewölbt und bilden dementsprechend über den Pfeilern Segmentbögen aus – ein seit Schinkels Berliner Bauakademie (1832–1836) beliebtes Motiv des Spätklassizismus, weil es den perfekten Ausgleich zwischen der griechischen Tektonik mit gerader Bedeckung und dem römischen, durch die Halbtonne geprägten Wölbungsbau darstellt. Die vollständige Auskleidung der Nischenzone mit rotem Kunstmarmor bildet einen effektvollen Hintergrund für die strahlend weißen Figuren aus Carrara-Marmor, die sich als Sinnbild der Verbrüderung über die trennende Vertikale der Pfeiler hinweg die Hände reichen und jeweils paarweise mit der anderen Hand Rundschilde aus feuervergoldeter Bronze (ausgeführt von Ferdinand von Miller) halten, denen die Schlachtennamen aufgesetzt sind. Darüber sind 18 Gedenktafeln mit den Namen von Feldherren eingelassen. Am Gebälk oberhalb der darüber befindlichen Innenkolonnade folgen die Namen der Festungen, und in der reich kassettierten, freitragenden Innenschale der Kuppel kriegerische Embleme wie Panzertrophäen. Anders als in Klenzes Europäischem Friedensdenkmal von 1814 (vgl. S. 14) bleibt der Triumph der Sieger auf die Akteure des deutschen Sprachraumes beschränkt (was der »Europäer« Klenze schon bei der Grundsteinlegung 1842 bemängelte). Bayerns später Wechsel zu den Verbündeten wird – wie am Münchner Armeedenkmal (vgl. S. 42f.) – dadurch kaschiert, dass deutsche Festungen und französische Niederlagen genannt werden, in denen junge Bayern noch als Verbündete auf Seiten Napoleons kämpften und starben.

Die eindrucksvolle Polychromie des Raumes wird – neben dem leuchtenden Rot des Nischenkranzes – durch den prächtigen farbigen Intarsienboden, die Abstufung mehrerer Grau-, Grün- und Purpurtöne des Granits und Marmors im unteren Bereich, das zarte, gelegentlich ins Rosa changierende Honiggelb (Giallo di Siena) des Innengewändes, die bläulich-violett schimmernde Streifung des oberen Umgangs und die überwiegend in Weiß und Gold gehaltenen Kassetten der lichtvollen Kuppel geprägt. Die moderne Konstruktion des eiser-

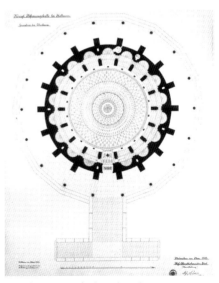

Grundriss, Bauaufnahme (1903)

Blick aus dem Nischenumgang in die Kuppel

nen Dachstuhls, der völlig unabhängig von der inneren Kuppelschale wie bei der Walhalla freitragend auf Walzlagern aufsitzt (vgl. S. 194ff.), bleibt auch hier unsichtbar. Er wurde vom leitenden Ingenieur Fritzsche aus der Maschinen- und Lokomotivfabrik Maffei nach Klenzes Anforderungen konstruiert und 1860 durch das Regensburger Zweigwerk von den Ingenieuren Buchler und Reimherr vor Ort montiert. Das eiserne Dach war zwar fast fünfmal so kostspielig wie eine entsprechende Holzkonstruktion, doch stellte Klenze, »obwohl kein Freund des Eisens als sichtbarer Baustoff« (Klenze an Ludwig, 28.12.1854), die Leistungs- fähigkeit, Sicherheit und Lebensdauer der technischen Innovation heraus und verantwortete somit nach der Walhalla eine weitere bedeutende Leistung die- ser modernen Bautechnik in Deutschland, die freilich unverhüllt im Münchner Glaspalast von August von Voit (1854) unter dem neuen König Maximilian II. schon als radikale Ingenieurbaukunst triumphierte.

Erst von der Draufsicht aus dem oberen Umgang, der den Besucher auch zum äußeren Aussichtsumgang (mit spektakulärer Panoramasicht) weiterführt, erschließen sich die von antiken römischen Vorbildern abgeleiteten Marmor- muster des Bodens. In dessen Mitte wollte Klenze ursprünglich eine Kontur- zeichnung der Allegorie des Winters, der den Kriegsgott Mars niederkämpft, darstellen – zum einen, um damit den gleichsam ›natürlichen‹ Verbündeten im Kampf gegen Napoleon in die Aussage einzubeziehen, zum anderen, um auf den »nicht abzusprechenden Antheil« Russlands an Europas Befreiung hinzuweisen (Klenze an Ludwig 07.08.1855). Das lehnte der Bauherr jedoch ab. Erstaunlicher- weise fehlt dem Denkmal nicht nur der Hinweis auf die Alliierten, sondern auch jede konkrete Anspielung auf den in (und seit) den Befreiungskriegen immer wieder beschworenen ›Opfertod für das Vaterland‹ und damit ein zentraler ide- eller, ritueller und räumlicher Bezugspunkt. Angesichts der Wiederholung aller konstruktiven und dekorativen Elemente in einem unendlichen Rapport bleibt der Besucher inmitten des erhabenen Raumes orientierungslos. Anstelle der Allegorie ließ Ludwig, der für alle Einzelheiten der Ikonographie selbst verantwortlich zeichnete, im leeren Mittelpunkt eine Inschrift anbringen, die nicht als Antwort, sondern gleichsam als offene Frage formuliert ist: »Moechten die Deutschen / nie vergessen was / den Befreiungskampf nothwendig machte / und wodurch sie / gesiegt«.

Der ungewöhnlichen Inschrift entspricht die ungewöhnliche Ikonologie des Bauwerks: Weder die konkreten Daten und Fakten der Befreiungskriege, die nur lapidar in den Inschriften aufgezählt sind, noch ein historisches Narrativ – etwa in Form monumentaler Historienbilder oder plastischer Erzählungen wie im Walhalla-Giebel oder Walhalla-Fries (vgl. S. 198) – produzieren hier hinreichenden Denkmalsinn. Vielmehr sollten stattdessen die landschaftliche Inszenierung und Bildwirkung, die plastische Durchformung des Baukörpers und seine überwältigende räumliche Wirkung als alle Sinne erfassende, im Sinne Hegels symbolische »Wahrnehmungsarchitektur« (Wagner 2012a) die Erinnerungen, Gedanken und Emotionen der Be-

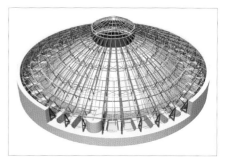

Drexler + Baumruck: Isometrisches Modell des Eisendachstuhls (2013)

sucher bewegen. Die Anmutung von Wehrhaftigkeit und Sakralität nach außen sowie von brüderlicher Einheit und Geschlossenheit im Inneren entsprach in dieser Epoche der Restauration dem romantischen Appell zur föderativen Einigkeit der Deutschen. Bezeichnenderweise sind sie am Außenbau nicht durch Allegorien der Bundesstaaten, sondern in Gestalt von 18 Volksstämmen repräsentiert. Einen »politisch verjährten Tendenzbau« hatte Klenze 1842 die Befreiungshalle genannt (Memorabilien IV), als der Architekt noch Friedrich von Gärtner hieß. Bei seiner Vollendung erschien das Denkmal vor dem Hintergrund der nationaldemokratischen Forderung nach äußerer Einheit im Sinne der Reichsidee tatsächlich schon fast anachronistisch. Am 18. Oktober 1863 wurde die Befreiungshalle mit einer Rede des Exkönigs und unter Anteilnahme der letzten Kriegsveteranen von 1813 feierlich eingeweiht. Am Vortag fand die Vorbesichtigung mit Klenze statt, über die Ludwig I. in seinem Tagebuch notierte: »Als ich am 17t mit ihm die Befreyungshalle betreten, überwältigte mich, daß es mir das Wort versagte, ihm kamen Thränen ins Auge, ich drückte ihm die Hand (was ich noch nie gethan) [...].«

Man kann im Mangel an anschaulicher Historisierung der geschichtlichen Ereignisse und in der ästhetischen Abstraktion der Ideen des patriotischen Verdienstes und der Einigkeit eine Rückwendung zur Wirkungsästhetik des 18. Jahrhunderts oder auch eine vorausschauende Wiederbelebung der emotionalen Qualität von Architektur sehen – tatsächlich trat ja mit der Krise des Historismus um 1900 der psychologische Aspekt der Architekturform und der Architekturwahrnehmung wieder stärker in den Vordergrund. Vielleicht liegt darin der Grund, dass sich Klenzes Bau zwar allzu konkreter ideologischer Aneignung durch den aufkommenden Germanenkult widersetzte, jedoch mit seiner völkischen Komponente und als Stimmungsarchitektur für nationalsozialistische Inszenierungen dennoch missbraucht werden konnte.

Blick vom oberen Umgang ins Innere

Das weitgehend im Original erhaltene Nationaldenkmal wurde nach kontinu-
ierlichen Reparaturen im Laufe seiner Geschichte anlässlich seines 150. Jubiläums (bzw. des 200. Jahrestages der Völkerschlacht) seit 2013 erstmals umfassend
saniert. Dazu gehört eine Instandsetzung des eindrucksvollen Unterbaus von
Friedrich von Gärtner, eine Teilerneuerung des eisernen Dachstuhls und eine
neue farbliche Fassung des Außenbaus, die der ursprünglich angestrebten Wirkung als Imitat des Kelheimer Kalksteins (auch »Kelheimer Marmor« genannt)
mehr entspricht als der allzu buntscheckige Keimfarbenanstrich von 1912 oder
der relativ satte »barocke« Ockerton der Renovierung von 1962.

Literatur: Klenze (1863); Rieger (1913); Nipperdey (1968), S. 561ff.; Hederer (1976),
S. 171–176; Makolla (1985); Scharf (1985), S. 188–252; Reidel (1987); Buttlar (1999),
S. 408–418; Hildebrand (2000), S. 474–478; Freitag (2011); Wagner (2012a und b); Löffler
(2012); Listl (2012); Nerdinger/Heß (2012); Pütz (2012); Pfeil (2012); Wiesneth (2012);
Straßer/Oswald (2012)

KELHEIM
AUFSEHERHAUS ZUR BEFREIUNGSHALLE

Planung und Errichtung: 1861/62

In Sichtweite zur Befreiungshalle wurde kurz vor Fertigstellung des National-denkmals ein stattliches und zugleich elegantes Haus für den Aufseher bzw. Verwalter des Monumentes errichtet, das nach der Überlieferung Klenze zuge-schrieben wird. Dies ist insofern überzeugend, als der kubische, sorgfältig ge-gliederte und proportionierte dreiachsige Bau sich in die französische Typo-logie, etwa des Pavillons de Mousseaux von Pierre François Léonard Fontaine für Napoleon, einreiht, an den Klenze seit seinen Kasseler Planungen für König Jérôme (1808) und auch Schinkel (mit seinem Charlottenburger Pavillon für König Friedrich Wilhelm III. 1824) ge-

legentlich anknüpften. Sockel, Erd-und Wohngeschoss sind mit feinen Profilen aus ›Kelheimer Marmor‹ von-einander geschieden, die Mittelachse wird durch das Portal hervorgehoben, die »etruskischen« Fenstergewände mit Architrav-Andeutung und Ohren geben den Öffnungen Gewicht und Be-deutung, und ein kräftigeres Konsol-gesims leitet zum flachen Walmdach über. Wie an Schinkels Charlottenbur-ger Pavillon bilden die schmalen (fran-zösischen) Fensterläden ein bewusst eingesetztes Gestaltungsmittel. Im Erdgeschoss befanden sich die Amts-

Ein elegantes französisches Palais für den Aufseher

stuben des Ortspolizisten und des Auf-sehers bzw. Verwalters, im Obergeschoss dessen Wohnung. Noch heute wird das nur im Inneren veränderte Gebäude von der Bayerischen Schlösserverwaltung und ihren Mitarbeiterinnen genutzt.

Literatur: Rieger (1913), S. 71; Hildebrand (2000), S. 497

KLOSTER WEINGARTEN
NEUGESTALTUNG
DER WELFENGRUFT

1853–1860

Beteiligte Künstler:
Adalbert Sickinger

Die ehemalige Benediktiner-Abtei Weingarten im Allgäu war zwischen 1056 und 1178 Hauskloster der Welfen gewesen, deren ältere schwäbische Linie hier ihre Grablege gefunden hatte. Diese wurde in unscheinbarer Gestalt in den Chorbereich des hochbarocken Domneubaus von Franz Beer integriert. Ein halbes Jahrhundert nachdem das Kloster 1803 säkularisiert worden war (im Besitz des Königreiches Württemberg wurde es bis zur Neubegründung 1922 als Fabrik, Waisenhaus und Kaserne genutzt) beschloss Georg V., von 1851 bis 1866 letzter König von Hannover, die Grablege seiner schwäbischen Ahnen in Württemberg durch den Ravensburger Bauinspektor Gottlieb Pfeilsticker neu gestalten zu lassen. Klenze, der bereits für Georgs Vater Ernst-August den Wintergarten des Leineschlosses in Hannover entworfen hatte (vgl. S. 214), wurde 1853 über den Hannoverschen Gesandten in München um ein Gutachten zum klassizistischen Entwurf Pfeilstickers gebeten, der die Gruft mit Marmor auskleiden und eine Kassettendecke mit goldenen Rosetten einziehen wollte. Klenze empfahl stattdessen die ausgeführte neoro-

Welfengruft in der Klosterkirche, aus Spahr (1974)

manische Gestaltung mit einer Auskleidung aus sichtbaren Hausteinquadern, einem Kreuzgratgewölbe und einem schlichten monumentalen Granitsarkophag (hergestellt von dem Münchner Architekten und Bildhauer Adalbert Sickinger) gemäß »dem historisch-artistischen Prinzipe« des Bezuges auf die historische Epoche der Beigesetzten. Die Umgestaltung nach Klenzes (verschollenen) Plänen zog sich bis zur Weihe am 21. Mai 1860 hin. Der König zeichnete ihn für seine »lebhafte Teilnahme und Sorgfalt [...] bey dem Entwurf und bey dem Bau der Welfengruft« mit dem Großkreuz des Hannoverschen Welfenordens aus.

Literatur: Spahr (1974), S. 170ff.; Hildebrand (2000), S. 491f.

BADEN-BADEN
STOURDZA-KAPELLE

Stourdzastraße 2

Entwurf: 1863

Bauausführung: 1864–1866 Georg von Dollmann

Beteiligte Künstler: Andreas Müller, Wilhelm Hauschild, Rinaldo Rinaldi, Gabriel-Jules Thomas

Restaurierungen: 1997–2003 Wiederherstellung der verfallenen Gruft sowie des Kircheninneren unter Beteiligung der Familie Stourdza; 2002 Neuweihe als rumänisch-orthodoxes Gotteshaus durch den Metropolitan der Moldau und des Buchenlandes

Die erst nach Klenzes Tod im Auftrag des rumänischen Fürsten Michael Stourdza und seiner Gemahlin Smaragda vollendete Kreuzkuppelkirche auf dem Michaelsberg in Baden-Baden ist ein herausragendes Werk seines Spätstils, in dem

Klenzes Entwurfsansicht (1863)

sich anschaulich Klassizismus und Historismus verbinden. Der aus griechisch-phanariotischer Familie stammende, 1834 zum Fürsten von Moldawien gewählte Bauherr lebte seit 1849 im Pariser Exil und verbrachte die Sommermonate seit 1854 regelmäßig mit seiner Familie in seinem Palast im mondänen Kurbad Baden-Baden. Als sein jüngster, erst sechzehnjähriger Sohn Michael Ende Juni 1863 bei einem Turnier in Paris starb, beschloss Stourdza, auf dem damaligen Friesenberg eine Parkanlage und ein dem heiligen Michael geweihtes Familienmausoleum zu errichten, das auch den zahlreichen Kurgästen aus Südosteuropa für Gottesdienste nach dem griechisch-orthodoxen Ritus dienen sollte. Der fast achtzigjährige Klenze reiste noch im September, von einer Kur aus Biarritz zurückkehrend, über Paris nach Baden-Baden und arbeitete bald darauf die Pläne als prächtige Schaublätter aus. Die Bauleitung hatte wie im Falle des Nymphenburger Monopteros (vgl. S. 156f.) Klenzes Mitarbeiter und Schwiegerenkel Georg von Dollmann, nachmaliger Hofarchitekt Ludwigs II., inne.

Dem Kubus des Hauptbaukörpers ist nach Art eines römischen Podiumstempels ein viersäuliger ionischer Portikus mit Vorhalle und Vestibül vorgeblendet, der über eine Freitreppe erschlossen wird. Über der Innenkuppel erhebt sich ein oktogonales, kupfergedecktes und vergoldetes Zeltdach mit bekrönender oktogonaler Laterne. Vier diagonal gestellte plastische Eckakrotere, aus griechischer Ornamentik entwickelt, betonen die Ecken des Würfels. Nach Osten schließt sich der leicht eingezogene Baukörper des Allerheiligsten an. Der abschließende

Querschnitt (1863)

polygonale Annex dient nicht als Chorapsis (die im orthodoxen Ritus nicht benötigt wird), sondern als von außen zugängliches Vestibül zur Gruft, in der die Mitglieder der Familie Stourdza beigesetzt sind. Das Innere ist als reich vergoldeter Kreuzkuppelraum ausgebildet. Abweichend von Klenzes Vorschlag einer porphyrgrünen Fassung wurden die Wände durch die Münchner Firma Viotti mit purpurrotem Stuckmarmor überzogen. Über den Vierungspfeilern erhebt sich eine mächtige Halbkuppel in den Formen der italienischen Hochrenaissance, deren Wirkung jedoch durch die neobyzantinisch aufgefasste Bemalung des Düsseldorfer Akademieprofessors Andreas Müller geprägt wird, während für die eher »barocken« Szenen im Kirchenraum der Münchner Historienmaler Wilhelm Hauschild verantwortlich war. Klenze, der bei der Isaakskathedrale in St. Petersburg und dem Umbau der Münchner Salvatorkirche mit dem orthodoxen Kultus schon Erfahrungen gesammelt hatte (vgl. S. 138), entwarf auch hier die Ikonostasis. Das Allerheiligste, erstreckt sich dahinter nach Osten in Form eines tonnengewölbten Altarraums. Vor den seitlichen Schildwänden stehen zwei sehr ungewöhnliche Figurengruppen aus Carrara-Marmor, die gleichsam als Epitaphien und Stifterfiguren in der Tradition der »Ewigen Anbetung« das trauernde Elternpaar

Das Innere der Mausoleumskapelle

Hauptansicht von Nordwesten

Stourdza zur Linken (von Gabriel-Jules Thomas) und den von einem Engel begleiteten verstorbenen Prinzen Michael zur Rechten (von dem Canova-Schüler Rinaldo Rinaldi) zeigen.

Aufgrund des beträchtlichen Reichtums der Auftraggeber konnte Klenze in der Stourdza-Kapelle die besten Materialien verwenden und eine überaus reiche Bauornamentik und Materialpolychromie entfalten. Weithin glänzten die in Deutschland exotisch wirkenden goldenen Kupferdeckungen. Der satte rötliche Grundton des Sandsteins wird durch hellgraue und gelblich-grüne Horizontalstreifungen elegant gebrochen. Im Verständnis des 19. Jahrhunderts deuten sie den orientalischen Charakter der Moldau-Region an, der sich auch an den Schmuckformen ablesen lässt: So wechseln im Fries Lotusblüten mit orthodoxen Kreuzen und verweisen so auf den Ursprung der christlichen Religion im Osten. Die Schäfte der ionischen Säulen sind mit einer an Spitzenmustern orientierten, fast textilartig wirkenden Ornamentik ummantelt und erinnern damit an die reiche rumänische Volkskunst als Repräsentation des Nationalcharakters. Das lässt an Gottfried Sempers »Bekleidungstheorie« (1860/63) denken, mit der sich Klenze damals gerade kritisch auseinandersetzte. Selbst in den »griechischen« Elementen wie den Akroteren, ionischen Kapitellvoluten und Akanthusrankenreliefs tauchen neben Kreuzen die in der Ostkirche in besonderem Maße verehrten Cherubim-Engel als himmlische Boten auf, die auch Klenzes eigenem gnostisch-neuplatonischem Verständnis des Christentums entsprachen.

Literatur: Erhard (1991); Buttlar (1999), S. 430ff.; Hildebrand (2000), S. 498f.; http://de.wikipedia.org/wiki/Stourdza-Kapelle [06.01.2015]

PLANUNGEN FÜR
UND IN ATHEN

Nachdem 1818 der Plan einer gemeinsamen Überfahrt mit dem Kronprinzen Ludwig von Italien nach Griechenland an der Notwendigkeit, den Feierlichkeiten zur Bayerischen Verfassungsgebung beizuwohnen, gescheitert war – die Reisegruppe kehrte 1818 aus Rom direkt nach München zurück –, vergingen weitere 16 Jahre, bevor sich für Klenze 1834 endlich die Gelegenheit ergab, das Land seiner Sehnsucht kennenzulernen. Zu diesem Zeitpunkt war der griechische Freiheitskampf gegen die Jahrhunderte andauernde türkische Fremdherrschaft und gegen das Vordringen des Islam in Europa mit Unterstützung der alliierten Schutzmächte – England, Frankreich und Russland – sowie seit 1826 auch bayerischer Truppen siegreich beendet worden. König Ludwigs Sohn, der allerdings noch nicht volljährige Prinz Otto, wurde 1833 als König des neugriechischen Staates inthronisiert.

Klenzes Bebauungsplan 1834, gesüdet, aus Klenze (1838)

In seinem Namen regierte vorerst der bayerische Regentschaftsrat, bestehend aus dem ehemaligen Finanzminister Joseph Ludwig Graf von Armansperg, dem Juristen Georg Ludwig von Maurer und Generalmajor Karl Wilhelm Freiherr von Heideck sowie Legationsrat Karl von Abel. Anlass für Klenzes Reise, die offiziell auf Einladung des griechischen Außenministers erfolgte, waren zum einen die heikle diplomatische Mission der Abberufung der Regentschaftsmitglieder Maurer und Abel, die sich König Ludwigs Direktiven widersetzt hatten: dies gelang Klenze reibungslos, trug ihm jedoch Abels langfristige Feindschaft ein. Zum anderen ging es um wichtige baupolitische Entscheidungen für das aufgrund seiner legendären historischen Bedeutung wieder zur Hauptstadt erkorene alte Athen, das damals im Vergleich zu Hafenstädten wie Nauplia oder Piräus eine kleine und unbedeutende Siedlung mit relativ wenigen Einwohnern war: »Der Name Athens allein baut Athen wieder auf und gibt ihm seine vierte Epoche«, lobte Klenze diesen Beschluss in seinem Athener Memorandum vom 3. September 1834. Seine Reise dauerte vom 12. Juli bis zum 2. November. Per Postkutsche legte er die 767 Kilometer bis Ancona an der Adria in knapp fünf Tagen zurück. Von dort dauerte die Überfahrt per Dampfschiff über Korfu und Patras nach Korinth (ca. 1.200 km) zwölf Tage. Klenze besuchte auf dem Hin- und Rückweg etliche historische Stätten: Nauplia, Epidauros, Poros, Aegina, Tiryns, Argos, Mykene, Olympia, Tegea, Megalopolis, Zakynthos und Korfu. In Athen verbrachte er genau vier Wochen, vom 14. August bis zum 15. September.

Seine erste künstlerische Aufgabe betraf die Revision des Athener Stadtplanes, den der junge griechische Architekt Stamatios Kleanthes und sein schlesischer Kollege Eduard Schaubert – beide bis 1829 Schüler Karl Friedrich Schinkels an der Berliner Bauakademie – schon seit 1831 ausgearbeitet hatten. Die bereits begonnene Umsetzung war von Grundstücks- und Bauspekulationen begleitet und kaum mehr zu revidieren. Das Grundmuster einer am Reißbrett geplanten Neustadt, die sich im Norden wie ein Gürtel um die Altstadt und die Akropolis legt und mit ihren Hauptachsen ein die neuen Hauptplätze verbindendes Dreieck bildet, musste Klenze in seinem Revisionsplan übernehmen. Wesentliche Verbesserungen stellten die Verdichtung

Leo von Klenze: Die Altstadt von Athen mit Akropolis (1834)

der allzu großzügig bemessenen Strassen- und Platzräume, die Reduzierung der zahlreichen spitzwinkligen Baublöcke und die deutliche Aufwertung der Altstadt (Plaka) mit ihren unregelmäßigen, engen und malerischen Gassen dar, die Klenze in seiner Begeisterung für die »gewachsene« mediterrane Stadt bis auf zwei neue Straßendurchbrüche nicht antasten wollte. Am nördlichen Stadteingang (heute Omonia-Platz) sollte nicht mehr das Herrschaftssymbol des Residenzschlosses, sondern stattdessen die 1829 von der Nationalversammlung beschlossene Erlöserkathedrale als Denkmal der griechischen Freiheitskriege den christlichen Gegenpol zur antiken Akropolis bilden. Den Schlossbau mitsamt dem neuen Regierungsviertel verschob Klenze an den westlichen Rand der Neustadt unterhalb des Areopag und des sogenannten ›Nymphenhügels‹. Als wenig später, aus Gründen des schlechten Klimas und der mangelnden Hygiene in dieser feuchten Niederung, das Regierungsviertel auf die gegenüberliegende östliche Seite, an den heutigen Syntagma-Platz, verlegt wurde, blieb prinzipiell die von Klenze vorgeschlagene, exzentrische Lage des Schlosses erhalten. Die markante städtebauliche Figur des Dreiecks, gebildet aus dem Omonia-Platz, den Schenkeln Piräusstraße und Stadionstraße, der Mittelachse der Athenastraße und der »Hypotenuse« der Hermesstraße, prägt gleichsam als »Gemeinschaftsleistung« der drei Architekten bis heute Athens Innenstadt.

Karl Friedrich Schinkel: Entwurf für den Palast auf der Akropolis (1834)

Die zweite Aufgabe Klenzes war besonders delikat. Er musste König Otto den großartigen Entwurf seines bewunderten Berliner Kollegen und Rivalen Karl Friedrich Schinkel für das Königsschloss auf der Akropolis ausreden, den dieser auf Anregung des preußischen Kronprinzen Friedrich Wilhelm und auf Bitten des bayerischen Kronprinzen Maximilian Anfang des Jahres in Berlin entwickelt hatte. König Ludwig äußerte erhebliche Vorbehalte gegen das »moderne Weiterbauen« auf der Akropolis – inmitten des Allheiligsten aller antiken Stätten. Er stellte Klenze, der die Pläne Schinkels in seinem Reisegepäck nach Griechenland mitnahm, einen alternativen Planungsauftrag in Aussicht. Tatsächlich gelang es Klenze nur mit Mühen, den jungen König in Athen davon zu überzeugen, dass das eindrucksvolle Projekt Schinkels an diesem einzigartigen Bauplatz, der zu diesem Zeitpunkt noch mit einer Moschee im Inneren des Parthenon sowie mit Militärbauten, Lager- und Wohnhäusern besiedelt war, sowohl aus praktischen als auch aus denkmalpolitischen Gründen völlig unrealistisch sei. Sowohl König Otto als auch Fürst Hermann von Pückler-Muskau, der die Pläne in Athen sah, und alle Architekturhistoriker nach ihnen priesen Schinkels schöne Zeichnungen, die 1840–1843 als Farblithographien in Schinkels »Werken der Höheren Baukunst« veröffentlicht wurden und seither als unbestrittene Höhepunkte des romantischen Klassizismus gelten. Am Ende musste Schinkel, der selbst nie in Griechenland gewesen war und Klenze zugegebenermaßen um diese Reise beneidete, im Briefwechsel mit Klenze einräumen, dass sein Projekt nur ein schöner »Sommernachtstraum« sei und es ihm fern gelegen habe, durch einen Neubau auch nur ein noch so kleines Stückchen der Antike zu vernichten.

Klenze versuchte nun in seinem eigenen, noch in Athen angedachten Schlossprojekt zu Füßen der Akropolis vieles von dem aufzunehmen, was alle Kenner an Schinkels Entwurf so begeisterte: Trotz seiner konventionelleren, symmetrisch gestalteten Baumassen eiferte Klenze dem malerischen, mit vielerlei Höfen, kleinen Terrassen und Rampen, exotischen Gärten, Statuen und Wasserspielen aufgelockerten Bild des Schinkel'schen Ensembles nach und übernahm auch im einzelnen diverse Bauideen und Motive aus dessen Entwurf. Klenzes in der Tat eindrucksvolle Planung hielt er 1835 in einem Gemälde fest, das bald nach dem Scheitern des Schlossprojektes in eine St. Petersburger Sammlung kam (heute Staatl. Eremitage). Die zugehörigen Pläne veröffentlichte Klenze 1838 in seinem Buch »Aphoristische Bemerkungen« über die Griechenlandreise, nachdem er den Schloss-Auftrag an seinen Rivalen Friedrich von Gärtner verloren hatte, der Ludwig I. 1836 als neuer Favorit auf dessen Griechenlandreise begleitete. Doch blieben insbesondere die charakteristische Durchformung des Mittelrisalits und auch die Kolonnaden des Schlosses am Ende nicht ganz ohne Wirkung: zum einen auf Gärtners 1842 fertiggestellten Schlossbau am Syntagma-Platz (heute Parlamentsgebäude), zum anderen auf Friedrich August Stülers Neues Museum in Berlin (1843–1855).

Die Verhinderung des Schinkel'schen Schlossneubaus auf der Akropolis war die Voraussetzung dafür, dass Klenze während seines kurzen Aufenthaltes in Athen seine vielleicht wichtigste und bis heute folgenreichste denkmalpflegerische Maßnahme durchsetzen konnte: Er leitete den Abbruch der diversen neuzeitlichen Zubauten auf der Akropolis ein und führte die Wiederaufrichtung einer der bei der Pulverexplosion von 1687 umgestürzten Säulen des Parthenon durch. Diese in Gegenwart König Ottos gefeierte Anastylose interpretierte Klenze in seiner festlichen Ansprache als Metapher für die Wiederauferstehung Hellas' als moderne griechische Nation. Zugleich stellte sie den Auftakt zur denkmalpflegerischen Wiederherstellung und Musealisierung der antiken Akropolis

Leo von Klenze: Projekt des Königsschlosses in Athen, Gemälde (1835)

dar, mit der Klenze über das griechische Denkmalschutzgesetz von 1829 hinaus moderne denkmalpflegerische Grundsätze vorwegnahm: So wurde eine umfassende historische Rekonstruktion der Tempelanlagen abgelehnt und die Unterscheidbarkeit moderner Reparaturen von der originalen Substanz gefordert. Die unregelmäßige rohe Oberfläche des Plateaus der Akropolis sollte ungeschönt freigelegt und die gesamte Denkmalzone durch eine aus Veteranen der Freiheitskriege gebildete Wachmanschaft vor Kunsträubern und Vandalismus geschützt werden.

Nach seiner Rückkehr nach München blieb Klenze langfristig mit dem Kieler Archäologen Ludwig Ross, den er als ersten Konservator der griechischen Altertümer empfohlen hatte, in Briefkontakt. Aus der fortgesetzten Anteilnahme an der Entwicklung Athens resultierte schließlich 1834-1839 Klenzes Entwurf für ein Grabungsmuseum für die Athener Funde, das die Funktion eines Nationalmuseums übernehmen sollte. Klenze erweiterte die Idee auf Anregung Friedrich Thierschs zu einem »Pantechnion«, das das Museum mit einer Kunstakademie verbinden sollte. Zu dessen Realisierung wollte Klenze nicht nur mit seinem unentgeltlichen Entwurf, sondern auch mit einer erheblichen Spende aus eigenen Mitteln beitragen. Der Bau sollte zunächst auf der Südostecke des Akropolisplateaus errichtet werden und stellte somit ein nicht realisiertes Vorprojekt des ersten Akropolismuseums (1863) dar. Das Athener Nationalmuseum entstand 1855-1888 nach Plänen von Ludwig Lange, Panagis Kalkos und Ernst Ziller.

Literatur: Klenze (1838); Russack (1942); Hamdorf (1985); Kühn (1989), S. 3–45; Papageorgiou-Venetas (1992), (1994) und (1999); Buttlar (1999), S. 334– 359 und (1999a) sowie (2002); Neues Hellas (1999); Hildebrand (2000), S. 432– 441; Ross (2006)

ATHEN
DIONYSIOS-BASILIKA

Planung: ab 1851

Beteiligte Architekten: Lysandros Kaftantzoglou, Paul Sabot

Bauzeit: 1853–1865 und 1886/87

Restaurierung: 1990er Jahre

Das einzige realisierte Bauwerk Klenzes in Athen ist die katholische Bischofs-kirche St. Dionysios an der Akademiestraße, mit deren Entwurf ihn König Otto 1851 beauftragte. Sie ist Dionysios Areopagita, dem ersten Bischof Athens, ge-weiht. Klenze legte zunächst einen Vorschlag für eine Basilika mit einer Zwei-turmfassade vor, die sich stilistisch als Synthese oberitalienischer Frührenais-sanceformen und griechischer Motive mit den »byzantinischen« Elementen des Rundbogenstils darstellt und sich somit dem Lokalkolorit einfügte. Um die katho-lische von den orthodoxen Kirchen abzusetzen, verlangte Otto jedoch eine deutli-chere Anlehnung an die Typologie der römischen Basiliken, so dass Klenze in der weiteren Planentwicklung 1852 auf seine dreißig Jahre zurückliegenden Muster-entwürfe der »Anweisung zur Architectur des Christlichen Cultus« zurückgreifen konnte. Seinen Ausführungsentwurf publizierte er 1854 in der »Allgemeinen Bau-zeitung«. Er sah eine dreischiffige, durch Arkaden getrennte Basilika mit erhöhter Chorapsis und seitlich ausgeschiedenen Sakristeien vor, der ein Narthex in Form einer fünfjochigen Bogenhalle vorgelegt war. Die mittleren drei Joche sollten mit korinthischen Säulen und verkröpften Attikafiguren als Triumphbogenmotiv hervorgehoben werden, während die Stirnseite des Hauptschiffes drei Rundbo-genfenster mit klassischen Ädikularahmungen und ein geschlossenes Giebelfeld mit Akroteren zeigte. Der hohe Turm mit Uhr und offener Glockenstube war an

Dionysios-Basilika von Süden

Klenzes Ausführungsentwurf (1854)

die Apsis angeschlossen und fügte sich harmonisch in die steile Kontur eines Dreiecks. Im Inneren war ursprünglich ein offener, »griechischer« Dachstuhl vorgesehen, wie ihn Schinkel für seinen Festsaal im Athener Schlossprojekt zuerst vorgeschlagen hatte (S. 231). Die Umbesetzung der internationalen Kirchbaukommission führte 1857 zur Aufforderung einer Planänderung in Richtung des »byzantinischen« Stils. Der Fortgang der Bauarbeiten verzögerte sich auch aufgrund der finanziellen Situation, da die Mittel auf Initiative des Bischofs von Syra über Spenden aufgebracht werden mussten. Doch im Frühjahr 1860 wurde die Bauausführung unter Leitung des griechischen Kontaktarchitekten und Direktors des Athener Polytechnikums, Lysandros Kaftantzoglou, nach Klenzes Plan wieder aufgenommen, wenn auch in radikal vereinfachter Form: So entfielen der Glockenturm und der offene Dachstuhl, der durch eine Holzkassettendecke ersetzt wurde. Die Stirnseite des Hauptschiffes wurde auf einen schlichteren Rundbogenstil mit offenem Giebelfeld zurückgeführt und die erst nach Klenzes Tod 1886/87 unter Federführung von Paul Sabot errichtete Vorhalle verlor das aufwendige Motiv des Triumphbogens. Dennoch stellt die weitgehend authentisch erhaltene Dionysiosbasilika ein bedeutendes (wenn auch gleichsam verspätetes) Zeugnis des klassizistischen Kirchenbaus des 19. Jahrhunderts dar.

Literatur: Allgemeine Bauzeitung Nr. 19 (1854), S. 129ff., S. 617f.; Russack (1942), S. 80ff.; Sczesny (1967/74), S. 55f.; Papageorgiou-Venetas, in: Neues Hellas (1999), S. 555f.; Buttlar (1999), S. 426ff.; Hildebrand (2000), S. 488–491; Klier (1999)

Blick in das Innere der Kirche

ST. PETERS-BURG

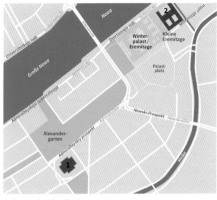

1 Isaakskathedrale **2** Neue Eremitage

Der Auftrag des Zaren Nikolaus I. zur Errichtung des Museumsneubaus der Neuen Eremitage in St. Petersburg im Jahre 1839 hatte eine dreizehnjährige intensive Auseinandersetzung des Münchner Hofbauintendanten mit der damaligen russischen Haupt- und Residenzstadt zur Folge, die er im Laufe des Baufortschritts sechsmal besuchte (1839, 1840, 1843, 1845, 1847, 1851). Sein Wirken ist umfänglich im Petersburger Hauptstaatsarchiv und im Klenze-Nachlass der Bayerischen Staatsbibliothek München sowie in seiner eigenen Publikation in Rahmen der »Architectonischen Entwürfe« (1850) dokumentiert. Klenzes Anreise erfolgte vermutlich stets – wie bei dem ersten, von ihm selbst in dem Manuskript »Affaires de Russie« und von seinem Sohn Hippolyt in dessen Reisejournal beschriebenen Besuch (16. Mai–Ende Juli 1839) – auf der Landroute von München über Kassel und Hannover nach Lübeck-Travemünde und von dort per Dampfschiff in fünftägiger Überfahrt auf der Ostsee zur Festung Kronstadt vor den Toren St. Petersburgs.

Vorausgegangen war dem Auftrag ein längerer Vorlauf, der 1829 mit dem Besuch des russischen Architekten Alexander Pawlowitsch Brüllow in München eingesetzt hatte, der nach einer Führung Klenzes daheim begeistert von der (noch nicht eröffneten) Glyptothek und der (im Bau befindlichen) Pinakothek berichtete. 1834 wurde Klenze gleichzeitig mit Schinkel zum Ehrenmitglied der Kaiserlichen Kunstakademie in St. Petersburg ernannt. Klenzes Ruhm als Museumsarchitekt begann bereits damals den Ruf Schinkels zu überstrahlen, den die Zarin Alexandra Feodorowna (Prinzessin Charlotte aus dem Hause Hohenzollern, Schwester des preußischen Kronprinzen Friedrich Wilhelm) 1829 für die Alexander-Newski-Kapelle im Park von Zarskoje Selo und noch 1838 für ihr Sommerschloss Oreanda auf der Krim (eines seiner eindrucksvollsten, jedoch nicht realisierten Projekte) engagiert hatte. Schinkel war zu diesem Zeitpunkt schon völlig überlastet und erkrankte bald darauf schwer, sodass er für den Wiederaufbau der Räumlichkeiten nach dem verheerenden Brand des Winterpalastes 1837 schon nicht mehr in Frage kam. Er empfahl damals (allerdings vergeblich) seine engsten Mitarbeiter Friedrich August Stüler und Johann Heinrich Strack für diese Aufgabe. Doch wählte Zar Nikolaus I. für den Wiederaufbau des Winterpalastes russische Architekten. Für die spektakulärsten Neubauten – die Isaakskathedrale und den Museumsneubau – setzte er jedoch die von Zar Peter dem Großen etablierte Tradition fort, die für die modernsten Architekturentwicklungen Westeuropas verantwortlichen Stararchitekten nach St. Petersburg holen. Im Sommer 1838 besuchte Zar Nikolaus selbst die bayerische Hauptstadt und ließ sich von Klenze durch seine beiden – mittlerweile in ganz Europa bewunderten – Museen führen. Im Dezember erfolgte die offizielle Einladung nach Russland für das kommende Jahr.

Neben einigen wenigen direkten Begegnungen mit dem Zaren, der Klenze höchst ehrenvoll empfing, verkehrte Klenze in erster Linie mit dessen Vertrauten, dem Minister des Kaiserlichen Hauses, Fürst Pjotr Michailowitsch Wolkonski und dem Innenminister und berüchtigten Chef der Geheimpolizei, Graf Alexander von Benckendorff, sowie mit dem Schwiegersohn des Zaren, dem jungen Herzog von Leuchtenberg, für dessen Vater Klenze das Leuchtenberg-Palais in München errichtet und Schloss Ismaning ausgebaut hatte (vgl. S. 87, 162), und dem Leiter der Baukommission, General Graf Peter Andrejewitsch Kleinmichel. Die prunkvollen barock-klassizistischen Petersburger Bauten des 18. Jahrhunderts beeindruckten Klenze, ohne ihn wirklich zu begeistern. Vielmehr bezeichnete er St. Petersburg in einem Brief an den Generalkonservator Griechenlands, den Kieler Archäologen Ludwig Ross, als »Prototypen geradliniger, weitplatziger, breitstraßiger und geometrisch geregelter Städte-Langeweile« (26.11.1839). Dem wollte er seine eigenen Vorstellungen neuhellenischer Architektur entgegensetzen.

Für die Museumsplanung wurde auf der Grundlage eines umfangreichen Vertrages 1839 in St. Petersburg eine russische Baukommission eingesetzt, die aus Architekten und Bauingenieuren sowie einigen verwaltenden Hofbeamten bestand und in stetem Kontakt mit Klenze alle Einzelheiten verhandelte, festlegte, kontrollierte, revidierte und am Ende umsetzte, wobei es erwartungsgemäß immer wieder zu Spannungen und Meinungsverschiedenheiten kam. Klenze seinerseits richtete für die Petersburger Eremitage in München ein vom Zaren finanziertes, eigenständiges Baubüro ein, in dem über mehrere Jahre etwa sieben Zeichner mit der Ausarbeitung und den Kopien der ca. 800 Baupläne befasst waren.

Neben dem Bau der Neuen Eremitage war Klenze seit seinem ersten Besuch mit ergänzenden Planungen, insbesondere für die große Ikonostasis der Isaakskathedrale des französischen Architekten Auguste Ricard de Montferrand befasst, die im wesentlichen nach seiner Zeichnung ausgeführt wurde. Seine Tätigkeit in Russland war nicht zuletzt mit der Vermittlung bzw. mit der Auftragsvergabe an bayerische Künstler wie Johann Georg Hiltensperger, Ludwig von Schwanthaler, Johann von Halbig und Peter von Cornelius sowie an Kunsthandwerker, beispielsweise der Münchner Glasmalereianstalt, verbunden, die jedoch bald die Eifersucht und Konkurrenz der aufstrebenden russischen Kunstschaffenden hervorrief, sodass dieser bayerisch-russische Kulturtransfer eine – wenn auch nachhaltig wirksame – Episode blieb. Die hoch entwickelte russische Ingenieurkunst – namentlich hinsichtlich der Eisenkonstruktionen der Decken und Dachstühle (die Klenze bereitwillig übernahm und ästhetisch in seine Planungen integrierte) – verhalf umgekehrt seiner Baukunst zu einem neuen fortschrittlichen Status in der internationalen Architekturentwicklung.

Für Klenzes Lebenswerk stellt die Neue Eremitage ein einzigartiges Zeugnis des neugriechischen Architekturparadigmas dar, das er hier – wenn auch unter Aufsicht und Modifikation der Baukommission – einmal ganz ohne hinderliche Vorgaben seines bayerischen Auftraggebers realisieren konnte. Aus diesem Fehlen von Anlehnungen an historische Schlüsselbauten der Architekturgeschichte resultiert der vergleichsweise moderne ästhetische Charakter des Bauwerks, das Klenze seiner Theorie entsprechend aus dem Vokabular der griechisch-römischen Antike neu »zusammensetzte«. Zudem stellt dieser Monumentalbau einen der wenigen authentisch erhaltenen Museumsbauten des 19. Jahrhunderts, und in Klenzes Œuvre – neben Walhalla (vgl. S. 191ff.) und Befreiungshalle (vgl. S. 217ff.) – sogar das einzige völlig intakte Hauptwerk dar.

ST. PETERSBURG
ISAAKS-KATHEDRALE:
INNERES UND GROSSE IKONOSTASE

Neubau der Kirche: 1816–1858 nach Plänen Auguste Ricard de Montferrands

Klenzes Entwurf der Ikonostase und des großen Glasfensters: 1839–1841

Beteiligte Künstler: Peter von Heß, Max Emanuel Ainmiller

Renovierungen: nach den Kriegszerstörungen durch die deutsche Artillerie 1945–1960 sowie 1994–2003

Der vierte Neubau der Petersburger Kathedrale (als Siegesdenkmal wenige Jahre nach Napoleons Niederlage im Großen Vaterländischen Krieg) war 1816 ausgerechnet dem Pariser Architekten Auguste Ricard de Montferrand, einem Schüler von Napoleons Stararchitekten Charles Percier und Pierre François Léonard Fontaine, übertragen worden, der als französischer Soldat in Russland mitgekämpft hatte und 1816 auf Einladung Zar Alexanders I. nach Petersburg übersiedelte. Sein Plan sah einen queroblong gestreckten Zentralbau mit einer zentralen vergoldeten Hauptkuppel und – der Tradition der Ostkirche entsprechend – vier kleineren Nebenkuppeln vor. Das durch vier monumentale Portiken mit 48 monolithischen Kolossalsäulen bestimmte Äußere war im strengen Stil des französischen Barock-Klassizismus gehalten, wobei die zweischalige Kuppel dem Vorbild der mehr als einhundert Jahre älteren Londoner St. Paul's Kathedrale von Christopher Wren folgte. Die Laterne sitzt hier allerdings nicht wie in London auf einem Mauerkegel auf, sondern auf einer hochmodernen Eisenkonstruktion.

Als Klenze 1839 nach Petersburg kam, war der Rohbau vollendet, doch hatte Zar Nikolaus Montferrands Pläne für die innere Ausgestaltung abgelehnt.

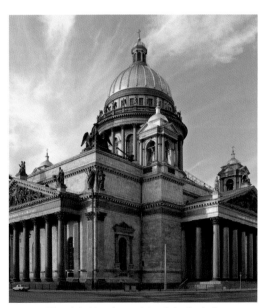

Stattdessen wurde der für den Bau der Neuen Eremitage eingeladene Münchner Hofbauintendant gebeten, mit geeigneten Vorschlägen einzuspringen. Klenze ließ sich von Montferrand den Prachtbau zeigen, hielt aber offensichtlich wenig von Montferrands Fähigkeiten, wenn man die abfälligen Kommentare seines Sohnes Hippolyt in dessen Reisetagebuch (BStB Klenzeana I/8) mit der Meinung des Vaters identifizieren darf: »Ich erwähnte schon früher, was dieses Gebäude, in

Auguste Ricard de Montferrand: Isaakskathedrale

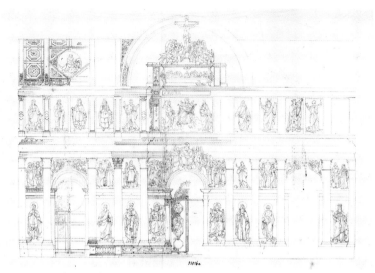

Zweiter Entwurf zur Großen Ikonostase (1841)

Europa als jetzt aufgeführtes das größte, kostete, und als ich nun in der Nähe sah,
zur Ausführung welchen geschmacklosen Werkes diese Millionen verschwendet
werden, da bedauerte ich das Land, welches mit diesen kolossalen Mitteln nicht
einmal etwas erträglich Schönes zutage fördern kann, es nicht einsieht, was Geschmack ist. Was hätte mit diesem Gelde nicht bei uns geschehen können? Es be-
trägt gerade so viel als das jährliche Budget für ganz Bayern [...]. Zeichnungen zu
dem Inneren sind bereits verworfen, und es ist dies meinem Vater vorbehalten,
dessen Aufgabe um so schwieriger ist, da es mit dem Stile des Äußeren doch in
Übereinstimmung stehen soll.« Der Vorsitzende der Baukommission, der Minister des Kaiserlichen Hauses Fürst Pjotr M. Wolkonski, suchte vergeblich diesen
zweiten Auftrag an Klenze zu verhindern, zumal der Katholik Klenze doch mit
dem russisch-orthodoxen Ritus nicht vertraut sei. Daraufhin erbat sich Klenze
als Berater einen russisch-orthodoxen Priester namens Malow und erarbeitete
1839/40 in München diverse Pläne für die Ausstattung. Er witterte sogleich die
Chance, sich seine Münchner Kollegen durch die Vermittlung lukrativer Aufträge zu verpflichten: So schlug er (letztlich vergeblich) Peter von Cornelius für
die Ausmalung des Inneren und Johann von Schraudolph für die Ikonen der Großen Ikonostase vor. Nur der Auftrag für das über zwölf Meter hohe Glasfenster
des Auferstandenen Christus im Allerheiligsten ging 1843 nach Klenzes Vorentwurf tatsächlich an Heinrich von Heß und Max Emanuel Ainmiller sowie an die
Münchner Glasmalereianstalt.

Durch eine Intrige des Ministers Graf von Benckendorff wurde der Auftrag zur
Innenausstattung und zur Gestaltung der Großen Ikonostase nominell an Montferrand zurückgegeben, der sich jedoch nach dem Willen des Zaren eng an Klenzes Vorschläge zu halten hatte. 1842 ließ sich Montferrand in München sogar
seine Pläne von Klenze ›genehmigen‹, der sie wohl oder übel befürworten musste,
denn es waren ja im Wesentlichen seine eigenen. Auf diese Weise entging Klenze
nicht nur der Ruhm der Autorschaft, sondern auch ein beträchtliches Honorar.
Vergleicht man die Klenze-Entwürfe mit der Ausführung, so wird einerseits die

Blick auf Klenzes Ikonostase und das Große Glasfenster

grundsätzliche Übereinstimmung der dekorativen Gliederung, namentlich in der Felderung der Marmorgewände, den Gewölbekassetten, der Pilasteranordnung und partiell auch im Kuppelbereich deutlich, andererseits aber zeigt sich, dass fast alle Flächen mit überreichem, vergoldetem Dekor, plastischen Bildwerken sowie Decken- und Wandmalereien, die von russischen Künstlern ausgeführt wurden (im frühen 20. Jahrhundert aus technischen Gründen größtenteils durch Mosaike ersetzt), geradezu überladen sind. 1851 fand Klenze, dass von seinen, vom Zaren gebilligten Vorgaben kaum noch etwas erkennbar sei.

Anders im Falle der Großen Ikonostase, die Klenze nicht als autonomen heiligen Wandschrein, sondern als eng mit dem Bau verzahnte Monumentalarchitektur auffasste und in seinem zweiten Entwurf im Sinne einer klassischen Triumphbogenarchitektur interpretierte: Sie ist über die gesamte Breite durch zehn kolossale korinthische Halbsäulen gegliedert, die mit Gebälk und Attikazone verkröpft sind. Die drei Triumphpforten in das Allerheiligste (Bema) wurden allerdings als gleich hohe Rundbogenportale ausgebildet, denen eine eigene, wiederum nach klassischem Muster verkröpfte Säulenordnung zugeordnet ist. Die Ikonen der Heiligen sind in drei Registern angeordnet. Über dem mittleren, mit einer Archivolte überdeckten Portal staffelt sich in geradezu barocker Manier die plastische Gruppe der Deesis in die Höhe und überschneidet das Hauptgebälk. Darüber ist das Abendmahl dargestellt, das Klenze ursprünglich im obersten Bildfeld vorgesehen hatte, gefolgt vom Gebet am Ölberg (anstelle der Mariengruppe). Die plastische Kreuzigungsszene schließt den altarähnlichen Aufbau der Ikonostase Klenzes Vorgabe entsprechend nach oben ab. Hinzugekommen sind die flankierenden plastischen goldenen Engelsgestalten, die auch den Innentambour der Kuppel schmücken. Dass Klenze - einmal abgesehen von seiner Ausbootung - mit der prunkvollen Ausstattung, namentlich der Ausführung der Säulen der Ikonostase in Malachit und Lapislazuli, künstlerisch höchst unzufrieden war, belegt seine zynische Bemerkung in den geheimen Tagebüchern, die Montferrand und der russischen Baukommission eine Neigung zum »Bordelstyl« attestiert (Memorabilien VII).

Literatur: Butikow (1974); Vaassen (1982); Buttlar (1999), S. 391–397; Hildebrand (2000), S. 447ff.; Suskij (2001)

ST. PETERSBURG
NEUE EREMITAGE

Entwürfe: 1839/40

Bauzeit: 1842–1852

Beteiligte Kontaktarchitekten:
Wassili Petrowitsch Stassow, Nikolai
Jefimowitsch Jefimow, Alexander
Pawlowitsch Brüllow und die
Bauingenieure Andrey Danilovich
Gotman, Viktor P. Esaulov und
Ivan Ch. Kroll

Ausstattung: Johann Georg
Hiltensperger, Ludwig von Schwanthaler,
Johann von Halbig, Alexander
Iwanowitsch Terebenjew u. v. a.

Sanierungen: 1946ff., 1960ff., seit 1990 lfd.

Klenzes Neue Eremitage ist als Teil des heutigen Eremitage-Museums einer der bedeutendsten authentisch erhaltenen Museumsbauten des 19. Jahrhunderts. Der gewaltige Komplex des Kaiserlichen Palastes an der Newa – das sogenannte ›Winterpalais‹ (Bartolomeo Francesco Rastrelli, 1754–1763) – wurde von Katharina II. durch die östlich platzierte ›Kleine Eremitage‹ (Jean-Baptiste Michel Vallin de la Mothe, 1764–1767) ergänzt, die mit ihren Galerietrakten hauptsächlich der Präsentation ihrer in kürzester Zeit in ganz Europa erworbenen Kunstsammlungen diente. Der Kleinen Eremitage schließen sich am Newa-Kai in östlicher Richtung ein Wohnpalast, der später unter dem Namen ›Alte Eremitage‹ in Klenzes Museumsneubau einbezogen wurde, sowie das mit einer Brücke über den Winterkanal verbundene Kaiserliche Hoftheater an (Jurij Velten bzw. Giacomo Quarenghi, 1775–1784). Unter Zar Alexander I. wurde die große Platzanlage auf der West- und Südseite mit dem Komplex der Admiralität, des Generalstabes

Hauptfassade an der Millionnaja-Straße

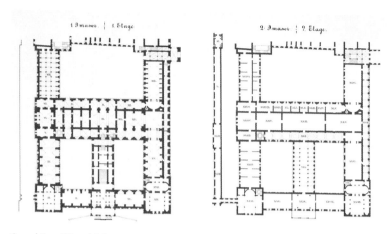

Grundrisse EG und OG, um 1910, Staatliche Eremitage, St. Petersburg

und der Alexandersäule (Andrejan D. Sacharow, Carlo Rossi, Auguste Ricard de Montferrand, ca. 1800-1834) vollendet. Die jüngsten Baumaßnahmen betrafen die Wiederherstellung und ergänzende Neuausstattung der Prachtsäle des Winterpalais nach dem Brand 1837 durch Wassili Petrowitsch Stassow und Alexander Pawlowitsch Brüllow unter Leitung des Kaiserlichen Adjutanten General Graf Peter Andrejewitsch Kleinmichel, die bereits im Mai 1838 abgeschlossen war.

Klenzes Aufgabe bestand darin, dieses anspruchsvolle städtebauliche und räumliche Ensemble durch einen modernen, möglichst freistehenden Museumsbau für Gemälde, Skulpturen und Kleinkunst sowie für die Graphische Sammlung und die Kunstbibliothek zu ergänzen. Der Auftrag stellte sehr heterogene Anforderungen an den Architekten: Klenze sollte zum einen die neuesten museologischen Errungenschaften seiner Münchner Glyptothek und Pinakothek berücksichtigen, zum anderen wollte er sich selbstverständlich stilistisch vom überholten barocken und frühklassizistischen Pathos der Peterburger Paläste des ausgehenden 18. und frühen 19. Jahrhunderts abheben. Aber dennoch sollte der Bau – trotz seiner Funktion als öffentliches Museum – durch reiche Prachtentfaltung im Geist des Spätempire weiterhin als Teil der mit ihm verbundenen kaiserlichen Wohnung erlebbar bleiben. Zunächst wurde 1839 der Bauplatz bestimmt und durch Abriss mehrerer Wohnhäuser, Paläste, Remisen und Stallungen sowie der Kaiserlichen Reitbahn freigemacht, wobei jedoch Giacomo Quarenghis am Winterkanal gelegene »äußerst genaue und schöne Kopie der Loggien des Raffael im Vatikan« – so Klenze (1850) – in den Neubau zu integrieren war.

Dies gelang ihm, indem er die verschiedenen Sammlungsabteilungen in einer Vierflügelanlage miteinander verband, deren Innenhof durch die Skulpturen- und Gemäldegalerie mittig geteilt wird. Der südliche Hof ist noch einmal nach dem Vorbild von Friedrich von Gärtners Münchner Staatsbibliothek durch das beidseitig belichtete große Prachttreppenhaus in einen West- und einen Osthof unterteilt. Mit einer ähnlichen Kubatur hatte Klenze schon im Projekt seines Athener Königsschlosses (vgl. S. 232) experimentiert. Als Hauptansichten treten die südliche Eingangsfront zur Millionnaja-Straße sowie die Ostfassade am Winterkanal in Erscheinung, während die kaum einsehbare Westfassade eng an die Kleine Eremitage anschließt und Klenzes Nordflügel an der Newa überhaupt nicht zur Ausführung kam, da man die später im Inneren neu dekorierte Alte Eremitage (Velten-Bau) beibehielt.

Vom Vestibül am Telamonenportikus aus führt der Weg im Uhrzeigersinn zunächst durch die Antikensäle, die ähnlich wie in der Glyptothek jeweils individuell gestaltet und auf die Exponate abgestimmt sind. So weist der in rotem Stuckmarmor gehaltene Saal der griechischen Bildwerke im Sinne der »griechischen Tektonik« mit »horizontaler Bedeckung« eine flache Kassettendecke auf, die von quadratischen Wandpfeilern getragen wird und erstmals in Form einer feuerfesten Eisenkonstruktion ausgeführt wurde. Auch der anschließende in der Kaiserfarbe Purpur gehaltene Ecksaal der römischen Skulptur mit seinen zwölf schlanken Pfeilern und Säulen ist flach gedeckt. Den mit grünem Stuckmarmor (*verde antico*) ausgekleideten Saal der neueren Bildwerke (heute sogenannter ›Römischer Jupitersaal‹) hat Klenze hingegen mit einer gleichfalls von einer Eisenkonstruktion getragenen Flachtonne auf Wandpfeilern überspannt und über Stichkappen von Osten belichtet. Die Porträtmedaillons neuzeitlicher und moderner Künstler verweisen noch auf die ursprüngliche Bestimmung. Während sich diese Achse nach Norden im pompösen ›Zwanzig-Säulen-Saal‹ ionischer Ordnung fortsetzt, in dem die antike Vasensammlung ausgestellt wurde, schließen nach Westen die hohen, von mächtigen Kreuzpfeilern und Kreuzgratgewölben beherrschten Säle unterhalb der Gemäldegalerie

Saal der griechischen Skulptur, Staatliche Eremitage, St. Petersburg

Galerie der Geschichte der antiken Malerei, Staatliche Eremitage, St. Petersburg

an, die für die Exponate aus dem Kaukasus und für die auf der Krim ausgegrabenen Altertümer von Kertsch bestimmt waren. Diese Funde dokumentierten Russlands kulturelle Zugehörigkeit zur griechisch-abendländischen Tradition an den Grenzen Asiens und des Orients. In der östlichen, den ›Raffael-Loggien‹ Quarenghis vorgelagerten Saalfolge zweigt nach Norden der polychrome Raum der Graphischen Sammlung ab, der an Napoleons Prunkbibliothek im Pariser Schloss Malmaison von Charles Percier und Pierre François Léonard Fontaine erinnert. Nach Süden schlossen die kaiserliche Bibliothek und die zur fensterlosen Hauptfassade gerichteten Säle der russischen Skulptur die Saalfolge ab.

Im Haupttreppenhaus übersetzte Klenze Gärtners vielgepriesene Prachttreppe aus der Münchner Staatsbibliothek mit ihren ›römischen‹ Arkaden, Tonnen- und Kreuzgewölben in seine ›neugriechische‹ Architektursprache: Kolonnaden mit ›gerader Bedeckung‹ und Kassettendecken. Zwischen den mit gelbem Marmor (Giallo di Siena) ausgekleideten Gewänden des Untergeschosses führt der Treppenlauf geradlinig in die lichte Säulenhalle des Obergeschosses hinauf. Zwanzig korinthische Monolithsäulen aus poliertem Granit stützen die lichte Kassettendecke, die auch hier als verborgene Eisenkonstruktion ausgebildet ist. Mittig betritt man Klenzes querliegende große Loggia, die das Entrée zu den drei großen Oberlichtsälen und den nach Norden gerichteten Kabinetten der Gemäldegalerie bildet. Dieser zentrale Galerieflügel stellt in seiner Raumstruktur und mit seinen das Licht streuenden hohen Gewölbespiegeln »den Allerhöchsten Anordnungen gemäß« (Klenze 1850) fast eine Kopie der Münchner Pinakothek dar (vgl. S. 125ff.). Anstelle der Geschichte der neueren Malerei nach den Ideen von Peter von Cornelius, hat der Münchner Maler Johann Georg Hiltensperger in den 86 Bildfeldern der Petersburger Loggia – auf metallbeschichteten Platten, die 1848 vor Ort montiert wurden – nach Klenzes Angaben die Ursprünge der Malerei in der griechischen Antike bis zum Untergang Roms dargestellt – ein völlig neues, aber doch eher akademisches Bildungsthema, das den Wiederaufstieg der Malkunst in der russischen Ikonenmalerei, die im Südflügel untergebracht war, ins rechte Licht rücken sollte.

Der zentrale Oberlichtsaal der Gemäldegalerie wurde jedoch den noch immer als Höhepunkt der Malereigeschichte angesehenen Italienern gewidmet, der linke dem Goldenen Zeitalter der niederländischen Malerei, der rechte der spanischen Schule. Beachtenswert ist, dass die beteiligten Ingenieure die Oberlichtkonstruktion im Vergleich zur Pinakothek wesentlich verbessern konnten, wie Klenze 1852 in London vor dem englischen Unterhaus-Ausschuss berichtet. Im Westflügel schließt sich der Rembrandtsaal und von dort nach Norden abzweigend ein Saal der Holländer und Franzosen an. Nach Süden folgt der sogenannte ›Zeltdachsaal‹, in dem die holländischen Kabinettbilder nach dem Vorbild des Berliner Museums auf halbhohen, hier allerdings beidseitig belichteten, ›Spanischen Wänden‹ präsentiert wurden. Dieser Raum stellt mit seiner durch die russischen Ingenieure berechneten eisernen Zeltdachkonstruktion einen Sonderfall in Klenzes Raumschaffen dar. Der westliche Ecksaal war ursprünglich als Kopiersaal gedacht, dem sich hinter der Südfassade die Säle der aufstrebenden russischen Schule der Malerei anschlossen. Außergewöhnlich prächtig ist der eineinhalbstöckige, in Graublau, Weiß und Gold gehaltene südöstliche Ecksaal mit seiner umlaufenden Säulengalerie gestaltet, die im Obergeschoss nach dem Vorbild des Ballsaals der Münchner Residenz (vgl. S. 57) als Karyatidengalerie ausgebildet ist. Im Gegensatz zu diesem Aufwand waren in den flachen Glastischvitrinen die allerkleinsten Exponate der Sammlungen zur Schau gestellt,

Ehem. Saal der Münzsammlung, Staatliche Eremitage, St. Petersburg

Der Zeltdachsaal, Staatliche Eremitage, St. Petersburg

nämlich die kostbaren Münzen und Medaillen des Zaren. Dieser luxuriöse Raum hat sein Pendant im Kameen- bzw. Majolika-Saal, der im Nordostflügel an den Saal der Spanischen Malerei anschließt.

Zwischen Klenzes Baubüro in München und der Petersburger Baukommission wurden während der Reiseintervalle die Bau- und Ausstattungspläne inklusive der Entwürfe für die kostbaren Möbel und Vitrinen ausgetauscht, begutachtet und auch gelegentlich ›nach oben‹ korrigiert, wenn Klenzes Vorschläge den Petersburger Hofbeamten allzu nüchtern erschienen: »Da es die Aufgabe in dem hier dargestellten Prachtgebäude war, niemals von dem Streben nach grossartigem Eindrucke sich zu entfernen, so wuchs die Anforderung an Architektur und Dekoration in eben dem Maße als sich die unmittelbare Wirkung der aufzustellenden Kunstwerke ihrer Natur nach verminderte«, berichtet Klenze, der in diesem Falle sogar selbst vor einer Überblendung der Kunstwerke durch die Raumdekoration warnte, etwas verlegen in seiner Werkpublikation (1850). Tatsächlich gingen der repräsentative Anspruch und der finanzielle Aufwand der Neuen Eremitage über den der Münchner Bauten Ludwigs I. hinaus.

Klenze bezeichnete die auf Einspruch des ihm feindlich gesonnenen Stassow nicht ausgeführte, aber 1850 in seinem Stichwerk noch publizierte Nordfassade an der Newa mit einer voll verglasten Aussichtsgalerie im obersten Geschoss als »die bei weitem schönste Seite« seines Bauwerks. Doch konnte er auch die westliche und südliche Hauptfassade sowie die östliche Front an der Kanalseite, die über die markanten zweieinhalbstöckigen Eckpavillons zusammengebunden werden, weitestgehend nach seinen eigenen ›neugriechischen‹ Vorstellungen gestalten. Erinnert die Kubatur grundsätzlich noch an die Schemata des barocken Schloss- und Klosterbaus, die Klenze auch in seinem Entwurf zum Münchner Festsaalbau oder im Athener Schlossprojekt aufgegriffen hatte, so verzichtet er bei der Petersburger Hauptfassade wie bei der Münchner Pinakothek auf einen Mittelrisalit. Umso wirkungsvoller tritt der charakteristische Tela-

Eduard Hau: Hauptsaal der italienischen Malerei (1853), Staatliche Eremitage, St. Petersburg

Ehem. Saal der spanischen Malerei, Staatliche Eremitage, St. Petersburg

monenportikus als Haupteingang in Erscheinung, der zugleich eine ideelle Aussage zur Bedeutung des Museums vermittelt: Klenzes Lieblingsmotiv der das Gebälk tragenden Telamonen, das vom großgriechischen Jupitertempel in Agrigent stammte, illustrierte anschaulich die von ihm favorisierte anthropomorphe Architekturauffassung der Griechen. 1821/27 hatte Klenze als Bauforscher dieses Monument publiziert und sogar Goethe ein eigenhändiges Gemälde der Vision des wiederaufgerichteten Agrigenter Giganten verehrt (vgl. S. 253). In St. Petersburg wurde durch die zehn, 1844–1849 von Alexander Iwanowitsch Terebenjew nach den Modellen vom Ernst Mayer und Johann von Halbig aus poliertem Serdabol'schem Granit ausgeführten Telamonen die Verwurzelung der russischen Kultur des Nordens in der Wiege der westlich-abendländischen signalisiert. Dafür ist im Zuge des erwachenden Nationalbewusstseins das klassische Motiv durch die übergehängten Bärenfelle russifiziert worden.

Griechisch-römischer Herkunft ist neben diversen Motiven seriell ausgeführten Bauschmucks insbesondere die von Schinkels Berliner Bauten inspirierte tektonische Gliederung des gesamten Baukörpers durch Pfeiler, Pilaster, Gebälke, Gesimse und durch die überlängten Flachgiebel, die nach dem ›Prinzip der geraden Bedeckung‹ die Fenstergruppen der Eckpavillons übergreifen. Sogar die Rundbögen und Wölbungen der Quarenghi-Loggien an der Ostseite hat Klenze geschickt durch Genien in den Zwickeln kaschiert.

Besonderen Wert legte Klenze auf ein stringentes ikonographisches Programm, in dem sich der künstlerische Bildungszweck des Museums manifestierte. Jeweils vor den entsprechenden Ausstellungssälen sind die Hauptmeister der diversen Kunstgattungen abgebildet und verweisen somit auf die Einheit der Künste und auf das Sammlungsprofil des Universalmuseums. Nach Entwürfen Johann von Halbigs und Ludwig Michael Schwanthalers wurden die Nischen-, Konsol- und Giebelfiguren von den russischen Bildhauern P. W. Swinzow und N. A. Ustinov in verzinktem Kupfer ausgeführt. An der kaum einsehbaren Westfassade zur Kleinen Eremitage stehen vor den Räumen der Vasensammlung fünf berühmte altgriechische Maler, deren Namen und Werke jedoch nur literarisch überliefert sind. Es folgen vor den Skulpturensälen der ›Neueren‹ – Benvenuto Cellini und Michelangelo. Vor den Antikensälen finden wir Skopas, Phidias und Polyklet, an der Eingangsseite linker Hand Dädalus, den legendären ›ersten‹ Bildhauer des Altertums sowie Smilis und Onatas aus Ägina als Vertreter des frühklassischen Stils. Rechter Hand des Portikus folgen mit Bezug zur Graphischen Sammlung und zur Kunstbibliothek der Kupferstecher Marcantonio Raimondi, der damals beliebte Reproduktionsgraphiker Raffaello Morghen und der deutsche Kunstgelehrte Johann Joachim Winckelmann. Im Obergeschoss verweisen holländische und italienische Meister – an der Hauptfassade Rubens und Dürer – auf die Malerei, gefolgt vom antiken König Pheidon von Argos, der als Begründer der Münzprägekunst galt, dem Südtiroler Steinschnittmeister Anton Pichler und den beiden altgriechischen Gemmenschneidern Pyrgoteles und Dioskurides. Auch diese historistische Konstruktion einer aus der Antike abgeleiteten, alle Zweige künstlerischen Schaffens übergreifenden ›klassischen‹ Geschichte der Kunst, die gleichsam in Klenzes Museumsgebäude als einem Gesamtkunstwerk der Gegenwart mündet, geht auf Klenzes programmatische Theorie der »Palingenesie« im Sinne einer modernen Wiedergeburt des Griechentums (vgl. S. 255ff.) zurück.

Die Petersburger Eremitage hat als erstes öffentliches Kunst- und Universalmuseum Russlands, in dem die unermesslichen Schätze des Zarenhauses ausgestellt waren und sind, über die kommunistische Revolution und – trotz spektakulärer Kunstverkäufe unter Stalin – auch über die Epoche der Sowjetunion hinweg stets eine Sonderstellung eingenommen, die sich nicht zuletzt in der erstaunlichen Kontinuität der seit der Klenzezeit weitgehend tradierten Präsentation der Sammlungen manifestiert. Die unausweichlichen Restaurierungen erfolgten stets bestandsorientiert, sodass Klenzes Neue Eremitage sich heute als eines der wenigen erhaltenen musealen Gesamtkunstwerke des 19. Jahrhunderts darstellt, das vielfältige Aufschlüsse nicht nur zum deutsch-russischen Architektur- und Kulturtransfer, sondern auch zu museologischen Forschungsfragen bietet.

Literatur: Klenze (1850); House of Commons (1852/53); Hederer (1964), S. 324–334; Piljawski/Ljulina (1974); Klenze (1984); Haberkorn (1994); Buttlar (1992) und (1999), S. 369–391; Hildebrand (2000), S. 451–467; Semjonowa/Wesnin (2000); Gervic (2003); Fedorov (2003) und (2004); Putz (2005); Fedorov/Lorenz (2014); DFG (2016–2019)

Leo von Klenze / Ernst Mayer / Johann von Halbig / Alexander Iwanowitsch Terebenjew: Telamonen-Portikus, Staatliche Eremitage, St. Petersburg

NACHWORT:
KLENZES BAUKUNST

Im Zuge der Aufklärung waren im Laufe des späten 18. Jahrhunderts die seit der Antike formulierten und immer wieder modifizierten Prinzipien und Regeln architektonischer Gestaltung auf den Prüfstand geraten. Extreme Ideen wie etwa die Ästhetik der »Revolutionsarchitektur« um 1800 gewannen zwar spürbaren Einfluss, reichten aber ebenso wenig wie die neuen konstruktiven Erfindungen der Ingenieure oder die historischen Erkenntnisse der Bauforscher und Archäologen hin, einen zeitgemäßen Kanon der Architektur zu definieren. Seit Immanuel Kants »Kritik der Urteilskraft« 1790 – das naturbegabte Genie gibt der Kunst die Regel – galt es als Sache des Baukünstlers, sein Werk unter Berücksichtigung aller aktuellen Bedingungen jeweils neu und originell zu erfinden und auch die dabei relevanten schöpferischen Prinzipien zu begründen: »Wir leben nicht mehr in der Zeit des unbewußten notwendigen Schaffens, durch welches früher die Bauordnungen entstanden, sondern in einer Epoche des Denkens, des Forschens und der selbstbewußten Reflexionen« (Klenze, Memorabilien um 1852). Wilhelm von Kaulbach hat Klenzes eher intellektuellen Zugang zur Baukunst in seiner humorvollen Charakterisierung der Münchner Architektenszene 1849 anspielungsreich erfasst: Der Meister sitzt in herrschaftlichem Habitus wie unter einem Baldachin in der vieldiskutierten »Urhütte«, die die Analogie von Architektur und Natur symbolisiert, und entwirft, den Blick auf die gelehrten Bücher und Vorlagen gerichtet, während seine Kollegen Ohlmüller, Voit und Ziebland demütig zur Audienz angetreten sind und Friedrich von Gärtner ihm demonstrativ den Rücken zukehrt.

Wilhelm von Kaulbach: Die Architekten Ludwigs I., Entwurf für die Außenfresken an der Neuen Pinakothek (um 1849), Ausschnitt

Man kann Klenzes baukünstlerisches Schaffen als hartnäckigen Versuch der Wiederherstellung der »verlorenen« Einheit und Ganzheit der Baukunst in einem Zeitalter des Umbruchs und der Krisen verstehen, die die Anfänge und Entwicklungen der Moderne begleiteten. Mit seinem Axiom eines modernen Neuhellenismus dachte Klenze keineswegs an eine weltfremde Rückwendung in ein romantisch erträumtes goldenes Zeitalter der Antike, sondern an eine umfassende zweite Renaissance, die sich an den humanistischen Werten Athens zur Zeit des Perikles und der attischen Demokratie orientieren sollte (Palingenesie). Klenze war zwar aus pragmatischen Gründen noch Hofkünstler und keineswegs Anhänger des »republikanischen« Regierungssystems, denn der Demokratie traute er keine Rolle als Bauherr zu. Dennoch versuchte er unter dem

Schutzdach der 1814 auf dem Wiener Kongress restaurierten europäischen Monarchien, allen voran Bayerns, einem fortschrittlich-bürgerlichen, die technische Revolution und die Entfaltung der liberalen Wirtschaft einschließenden, letztlich sogar religiös verankerten Neuhumanismus architektonische Gestalt zu geben. Sein (mehr oder minder vergebliches) Streben nach Einheit und Ganzheit lässt sich auf den verschiedensten Ebenen verfolgen, die auch den universalistischen Anspruch und die Vielseitigkeit seiner Bestrebungen und Kompetenzen erklären und dokumentieren. Nicht ohne Grund bezeichnete ihn Ludwig I. wiederholt als seinen Viel- oder Alleskönner (»Polyméchanos«).

ARCHITEKTUR ALS »MUTTER DER KÜNSTE«: DIE RÜCKKEHR ZUM GESAMTKUNSTWERK

Die illusionistische Verschmelzung aller Künste war ein wesentlicher Aspekt der ästhetischen Kritik an der barocken Kunstauffassung, an deren Stelle nun nach antikem Vorbild die klassizistische Klarheit und Reinheit der autonomen Kunstgattungen trat. Doch war mit deren Isolierung keineswegs das Ende der Monumentalbaukunst beabsichtigt, im Gegenteil: Von Anfang an lässt sich Klenzes Ehrgeiz zurückverfolgen, die bildenden Künste (insbesondere die Skulptur, aber auch die Malerei) wieder verstärkt in die Architektur einzubeziehen, da die Sprache der Architektur, die sich nach Durand in erster Linie auf »Zweckmäßigkeit« und »Sparsamkeit« der Mittel zu richten habe, allein nicht in der Lage sei, Herz, Verstand und Sinne des Betrachters »auf eine seiner Moralität heilsame Art zu rühren«, wie Klenze 1805 in seinem Buch zum Lutherdenkmal schrieb. Schon sein jugendliches Vorbild Friedrich Gilly hatte in den »Nützlichen Aufsätzen die Baukunst betreffend« (1795-1800) dafür plädiert, die zunehmend auseinanderfallenden technischen, semantischen und ästhetischen Komponenten des Bauens auf neuer ethischer Grundlage wieder zu vereinigen und gründete zu diesem Zwecke die »Privatgesellschaft junger Architekten«. Hier sammelte der junge Klenze seine ersten Erfahrungen in der »Prachtbaukunst«. Während seiner Anstellung am Kasseler Hof (1808-1813) orientierte er sich dann an den glanzvollen Ausstattungsentwürfen der napoleonischen Stararchitekten Charles Percier und Pierre Léonard François Fontaine, deren Empire-Stil sich von der antiken römischen Architektur und der italienischen Renaissance ableitete. Klenze blieb dem prächtigen Dekorationssystem des Empire letztlich bis in seine späten Werke treu, auch wenn er – Ludwigs Philhellenentum teilend – seit den 1820er Jahren zunehmend Details aus der herkommlichen römischen Ornamentik gegen griechische eintauschte (vgl. Klenze 1823).

Konsequenter und umfänglicher noch als Schinkel in Berlin sei er an der Konzeption, dem künstlerischen Entwurf und der kunsttechnischen Umsetzung der plastischen und malerischen Bildprogramme seiner Monumentalbauten beteiligt gewesen, resümiert Klenze (1859-1863). Gemeint war die Wiederbelebung der monumentalen Architekturdekoration und Ornamentik, der Bauskulptur, aber auch des Bronzegusses, der klassischen Historienmalerei al fresco und in enkaustischer Wachsmalereitechnik sowie der Farbfassung (Polychromie) seiner Bauten. Die detaillierten Auseinandersetzungen im Briefwechsel mit Ludwig um Glyptothek, Pinakothek, Residenz, Walhalla, Ruhmeshalle mitsamt der kolossalen Bavaria, Befreiungshalle und Propyläen sowie der Austausch mit der russischen Baukommission hinsichtlich der Petersburger Eremitage bestätigen, dass Klenze stets »sein« Gesamtkunstwerk nicht nur als formale, sondern auch als ikonographisch und ikonologisch schlüssige Einheit verstand und verteidigte. Er behielt die – wie er sie nannte – »poetische Idee« seiner monumentalen Bauwerke

im Blick und versuchte sie vor spontanen und »atomistischen« Umgestaltungs-
wünschen des Auftraggebers zu retten. Klenzes verblüffende Kenntnisse der antiken und modernen Kunstgeschichte und Kunsttechnologie, die ihm auch diverse
Aufgaben als Kunstagent Ludwigs und als Fachgutachter im Ausland eintrugen,
waren – angesichts des hohen Bildungsniveaus seiner Mit- und Gegenspieler –
beim Ringen um das neue »Gesamtkunstwerk« unverzichtbar.

KLENZES »IMMANENTER HISTORISMUS« – DIE SUCHE NACH STILEINHEIT

Auch wenn Klenze noch in seiner späten Auseinandersetzung mit der Stiltheorie
Gottfried Sempers (1860/63) daran festhielt, dass die Architektur als solche nichts
symbolisieren, abbilden oder in Erinnerung rufen solle, sondern bloß konstruktive Zweckerfüllung leiste, konnte er sich der allgemeinen Suche nach einer ästhetischen und historischen Norm nicht entziehen. »In welchem Style sollen
wir bauen?« hatte der Karlsruher Kollege Heinrich Hübsch in einem berühmten Traktat 1828 gefragt – im gleichen Jahr, in dem sich Klenze beschwerte, dass
König Ludwig aus München ein Architekturmuseum mit »Mustern aller Zeiten
und Stile« machen wolle (vgl. S. 19f.). Der von Klenze immer wieder beklagte Stil-
pluralismus entfaltete sich in dem Maße, in dem die Kunst- und Bauforschung
parallel dazu die historischen Stilbegriffe erfand und ausdifferenzierte. Bemer-
kenswerterweise fürchtete Klenze am Ende seines Lebens, dass die Baukunst
»unter der Last der Kunstgeschichte erdrückt werden« könne (1859–1863). Dieser Entwicklung stemmte er sich mit der Forderung nach einer modernen Wiedergeburt der griechischen Architektur (Palingenesie) entgegen. Dabei konnte
er sich auf das einflussreiche Buch seines Berliner Lehrers Aloys Hirt »Die Baukunst nach den Grundsätzen der Alten« (1809) berufen, das der romantischen
Wiederentdeckung der als Nationalstil gefeierten Gotik die überzeitliche Form
und Norm der griechischen (und bis zu einem gewissen Grade auch römischen)
Architektur entgegenstellte. Aber erst in Klenzes Vorbereitung auf seine Münchner Anstellung 1815 wurde aus der griechischen Formenwelt ein Programm und
zunehmend eine Passion. Das intensive Antikenstudium, das Klenze im Zuge
seiner Übersiedlung zu betreiben begann, zeigte ihm jedoch schnell, dass er mit
den rein altgriechischen
Vorbildern des Tempel-
baus – wie sie Kronprinz
Ludwig nicht nur für die
Walhalla, sondern auch
für die Ludwigstraße for-
derte – allein nicht aus-
kommen würde, sondern
dass er wie Hirt den römischen Wölbungsbau mit-
einbeziehen musste. In-
folgedessen gewannen
auch die von Auguste
Henri Grandjean de
Montigny, Charles Per-
cier und Pierre Léonard
François Fontaine pub-
lizierten römischen und
florentinischen Paläste

Leo von Klenze: Griechische Fragmente (um 1814/15)

und Villen der Renaissance, die Bauten Palladios oder auch die Monumente des »byzantinischen« und frühmittelalterlich-romanischen Stils Vorbildcharakter. Alle diese »Stile« definierte Klenze als aus dem Ursprung der klassischen griechischen Architektur abgeleitete »Bauarten«. Man kann seine apologetische Methodik als »immanenten Historismus« verstehen (Buttlar 1992) – als einen anfänglich durchaus noch legitimen Versuch, auf diese Weise deren moderne Wiederbelebung unter klassizistischen Vorzeichen zu disziplinieren und zu rechtfertigen.

Klenzes bauarchäologische Forschungen zum »Jupitertempel von Agrigent« (1821/27) und zur »Wiederherstellung des toskanischen Tempels nach seinen historischen und technischen Analogien« (1821/24) hatten zum Ziel, auf »wissenschaftlichem« Wege nachzuweisen, dass schon die Griechen selbst in ihren sizilianischen Kolonien ihr Architekturvokabular sehr frei entwickelten und dass die griechischen Grundformen und Bauprinzipien sich über die Jahrhunderte quer durch Europa bis in die alpine Bauernhausarchitektur ausgebreitet hätten: flache »griechische« Dachneigung mit Überstand, analoger, zum Teil farbiger Bauschmuck, Ständerbau über steinerner, sogar zyklopischer Sockelarchitektur. Tatsächlich experimentierte auch Schinkel in seinem »griechischen« Schweizerhaus auf der Pfaueninsel mit Klenzes Theorem.

Den Modernitätsanspruch seiner neugriechischen Architektur hat Klenze unter Berufung auf Schinkels parallele Bestrebungen hervorgehoben: Schinkels Bauten und Entwürfe »[...] zeigen uns aber, daß die griechische Formenwelt [...] zu der mannigfaltigsten Entwicklung, ja mehr als irgendeine andere geeignet ist, sich vollkommen organisch und harmonisch unseren modernen

Karl Friedrich Schinkel: Schweizerhaus auf der Pfaueninsel (um 1830)

Bedürfnissen anzuschließen, deren Geist und Sinn dem griechischen Leben fremd war [...]. Wir erinnern uns, daß in einem freundschaftlichen Gespräche über diesen Gegenstand mit dem unsterblichen Schinkel selbst, ein völliges Übereinstimmen gegenseitiger Ansichten [über] jene Keime klassischer Formen [geherrscht habe], die befruchtet werden können und müssen, um stets neue organische Sprossen in unser Zeitalter hineinzutreiben« (Klenze 1859–1863). Die von der direkten Imitation historischer Vorbilder relativ unabhängigen Bauten wie die Glyptothek, die Alte Pinakothek, die Neue Eremitage in St. Petersburg, das Athener Schlossprojekt oder auch die Befreiungshalle lösen diesen Anspruch überzeugend ein.

KLENZES »GRIECHISCHES GRUNDPRINCIP« ALS PHILOSOPHISCHE ÄSTHETIK

»Es gab und gibt nur Eine Baukunst und wird nur Eine Baukunst geben, nämlich diejenige, welche in der griechischen Geschichts- und Bildungsepoche ihre Vollendung erhielt« (Klenze 1830ff., Vorwort). Klenzes apodiktisch wiederholtes griechisches Credo, das seinen Ruf eines »eingefleischten Hellenisten« (Johann Nepomuk Ringseis) begründete, stellte den Versuch dar, die romantische, historistische oder materialistische Wende des Zeitgeistes abzuwehren und auch dem radikalen Funktionalismus und Technizismus (vor dem auch Schinkel warnte) noch einmal eine moderne, idealistisch verankerte Architekturästhetik entgegenzusetzen. Es komme darauf an, »[...] mit dem Hellenischen das Neue zu einem organischen Ganzen zu verknüpfen« (Klenze 1821/27).

Zu diesem Zwecke führte Klenze in seiner Architekturtheorie die sich ausdifferenzierenden historischen »Stile« – mit Ausnahme der Gotik – auf der Grundlage ihres architektonischen Vokabulars (»Analogie«) und ihrer konstruktiven, gleichsam »grammatikalischen« Zusammenfügung (Syntax) – auf ihre vermeintlich griechischen Wurzeln zurück. In der Praxis fügte er zum einen das griechische Ornament- und Formenvokabular in die moderne Konzeption seiner Bauten ein, die je nach Bauaufgabe zumeist auf Typologien der jüngeren Architekturgeschichte zurückgehen. Kritiker wie Franz Kugler (1834) und Rudolf Wiegmann (1839) merkten damals dazu an, dass eine solche Trennung von Formelementen und Struktur nach Art eines »Nürnberger Spielbaukastens« wohl kaum zu einer »organischen« Gestaltung führen könnten, doch erscheint uns Klenzes Methode der Collage vor dem Hintergrund der Postmoderne des 20. Jahrhunderts heute keineswegs mehr so fremd.

Zum anderen definierte Klenze seine »neugriechische« Syntax – abgesehen von der fortdauernden Gültigkeit des Durand'schen Rasters in Grundrissbildung und Proportionierung (vgl. S. 12) – durch die Anwendung der reinen geometrischen Grundformen Quadrat bzw. Rechteck und Kreis oder Halbkreis. Konstruktiv verbinden sich Quadrat und Rechteck mit der »geraden Bedeckung« der griechischen Architektur, die auch Schinkel ab 1816 immer wieder in seinen Bauten zu veranschaulichen suchte; Klenze übernahm gelegentlich dessen berühmtes Pfeiler-Architrav-Motiv. Aber weder Schinkel noch Klenze kamen ganz ohne den Wölbungsbau aus, den Hirt (1809) noch unter die griechische Bauweise subsumiert hatte. Erst 1824 ordnete Heinrich Hübsch in seiner »Vertheidigung der

Entwurf für das Grabdenkmal
König Adolfs von Nassau im
Dom zu Speyer 1820, aus Klenze
(1830ff.)

griechischen Architektur gegen A. Hirt« den Wölbungsbau eindeutig der römischen Architektur zu, was Klenze angesichts der ursprünglich tonnengewölbten Walhalla 1836 in Verlegenheit brachte und zum Planwechsel mit einem offenen »griechischen« Dachstuhl aus Eisen bewog (vgl. S. 195f.). Die Stahleisendecken in der Petersburger Eremitage ermöglichten ihm dann um 1840 erstmals eine feuersichere wölbungsfreie Überdeckung großer Räume (vgl. S. 243). Alle Wölbungen und Bogenformen Klenzes sind aus der reinen Grundform des Kreises entwickelt – elliptische, ovale, korbbogenförmige oder gar Konstruktionen mit Spitzbögen wurden aufgrund ihrer »unreinen« Form und ihres Seitenschubs als statisch unsolide ausgeschlossen. Mit der »Selbstzerstörung« des Spitzbogengewölbes, das nur durch die mittelalterliche Hilfskonstruktion des äußeren Strebewerks stabilisiert werde, begründet Klenze seine generelle Ablehnung der Gotik (1838, S. 362ff.). Sogar in seinem »gotischen« Entwurf eines Grabmals für Adolf von Nassau im Dom zu Speyer (1820) ersetzte er die Spitzbögen durch Kreisformen (vgl. S. 171ff.)!

Ein weiteres Kriterium des »griechischen Prinzips« ist die von dem in München lehrenden Philosophen Friedrich W. J. Schelling übernommene Definition der Architektur als einer »plastischen Kunst«, die sich in Analogie zum menschlichen Körper (und zur Skulptur) im Raum entfaltet. Klenzes plastische Denkmäler zeigen beispielhaft die Synthese architektonischer, ornamentaler und skulpturalfigürlicher Elemente, und seine Bauzier ist oft von bestechender plastischer Qualität. Der anthropomorphe Charakter der griechischen Architektur schlägt sich anschaulich in seiner Vorliebe für Hermenpfeiler, Koren, Karyatiden bzw. Telamonen nieder, die anstelle von Pfeilern und Säulen eingesetzt werden können (vgl. S. 12, 57, 145, 197, 215, 218, 246). In einem seiner Gemälde hat er einen der gigantischen, einst das Gebälk stüt

Plastisch durchgearbeitetes Antefix der Walhalla

zenden Telamonen des Jupitertempels von Agrigent wieder aufgerichtet; diese Bildrekonstruktion - Sinnbild für die Wiederauferstehung des Griechentums aus einem »Schutthaufen« (Goethe über Agrigent in seiner »Italienischen Reise«) - verehrte er 1828 dem Weimarer Dichterfürsten.

Zum griechischen »Prinzip« gehört als viertes Kriterium die gestaltende Durchbildung der um 1820 intensiv diskutierten Tektonik: das anschauliche Kräftespiel der tragenden und lastenden Glieder eines Bauwerks, das in Stütze und Gebälk des griechischen Tempels seine höchste Ausprägung gefunden hatte. Die griechische Tektonik wurde von Arthur Schopenhauer (1819) als »Kampf zwischen Starre und Schwere« interpretiert, der den eigentlichen »Stoff der schönen Architektur« ausmache. Schinkel sah darin um 1820 »gleiche Kräfte in entgegengesetzter Richtung wirkend«, deren Ausgleich als »Ruhe, Freiheit, Verhältnis« den »Charakter der Schönheit« gewinne (Lehrbuchfragmente). Ähnlich Klenze, der jedoch den Antagonismus von »Kraft« und »Widerstand« als Verkörperung des metaphysischen Prinzips - eines die gesamte Weltordnung durchdringenden Dualismus - verstand. Aus der Kunstphilosophie Schellings übernahm er schon 1823 im Widmungsblatt des Künstleralbums für den preußischen Kronprinzen Friedrich Wilhelm die Gegenüberstellung der versöhnenden und der zerstörenden Kräfte »Eros« und »Anteros«, auf deren Wechselspiel alles Lebendige und Schöpferische basiere.

Leo von Klenze: Der Jupitertempel von Agrigent (1828)

Im Gemälde des Poseidontempels zu Paestum (1855) hat Klenze seine dualistisch interpretierte Weltauffassung versteckt angedeutet: im Vordergrund ist eine Genreszene eingefügt, die einen Schlangenkampf zeigt. Ein Hirte hält die gegensätzlich - als männlich und weiblich - gekennzeichneten Schlangen mit einem

Widmungsblatt des Vermählungsalbums für den preußischen Kronprinzen Friedrich Wilhelm mit
Prinzessin Elisabeth von Bayern (1823)

Stein drohend in Schach und bewahrt auf diese Weise das Gleichgewicht zwischen den aus den alten Mythologien bekannten Kräften der Schlange als positives und negatives Prinzip (Geist, Leben, Weisheit vs. Materie, Tod, Sünde): Wie der Hirte für einen Augenblick den Kampf der antagonistischen Prinzipien bannt, soll der Architekt dauerhaft den Widerstreit von lastender Kraft und aufragendem Widerstand – beispielhaft verkörpert durch Gebälk und Säule des griechischen Tempels – harmonisieren. Darin manifestiert sich nicht zuletzt die erstmals im fünften vorchristlichen Jahrhundert von Sophokles thematisierte menschliche Freiheit.

Indem Klenze die griechische Tektonik unter dem Einfluss der antisemitisch argumentierenden französischen Orientologen ab Mitte der 1850er nicht mehr den Griechen als Kulturvolk, sondern dem »Wundervolk der Arier« als Rasse zuschrieb (1859–1863), leistete er allerdings der prekären rassenideologischen Interpretation der Nationalsozialisten Vorschub: die von den Griechen abgeleitete »Germanische Tektonik« des NS-Klassizismus wurde nun ausgerechnet vom ersten Klenze-Biographen Hans Kiener als »leuchtende[s] Zeichen arischen Geistes im Gegensatz zu den dumpfen unklaren Massenbauten nichtarischer Völker« gefeiert (1937).

DIE VERSÖHNUNG MIT DEM TECHNISCHEN FORTSCHRITT

Engstens verbunden mit der Stilfrage war die rasante Entwicklung der Bautechnologie im 19. Jahrhundert und ihre Integration in die künstlerische Gestaltung. Klenze engagierte sich für die neuesten technischen Errungenschaften, etwa moderne Zentralheizung (in der Pinakothek) oder Fundamentisolierung mittels kautschukhaltiger Schutzanstriche (beim Königsbau der Residenz). Schon für die Glyptothek wollte er 1817 Gaslicht und eine Eisendachkonstruktion verwenden, die dem Kronprinzen allerdings zu teuer war (Ludwig an Klenze, 16.07.1817). 1825 beklagte Klenze, Bayern sei »in seiner Entwicklung auf technischem Gebiet so gehemmt, daß es in den in den letzten 8 bis 10 Jahren unter anderen Ländern so zurückblieb, daß unser ganzes Königreich noch nicht eine Dampfmaschine, keinen ernsthaften Anfang der Gasbeleuchtung, keine Eisenbahn, keine Kanalschleuse, keine Drahtbrücke« aufweisen könnte (»Über die Organisation des Bauwesens in Bayern«, Klenzeana XIII/5). Die Gestaltung der ersten Hängebrücke in Bamberg 1828/29, deren Stahlseilkonstruktion zwischen ägyptisierende Steinpylonen gespannt war, teilte sich Klenze mit dem Bauingenieur Franz Schierlinger (abgerissen 1891). Am Ende seiner Amtszeit gehörte Bayern zu den Vorreitern der Entwicklung in Deutschland. Früh trat Klenze dem Polytechnischen Verein bei und propagierte eine polytechnische Hochschule in München (die 1868

Der Poseidontempel von Paestum
(um 1855)

gegründete Technische Universität). Zehn Jahre nach Schinkel bereiste er 1836 auf der gleichen Route, allerdings mit deutlich weniger Interesse an den technischen Details, die Industrielandschaft Mittel- und Nordenglands und besuchte auch Bangor, um Thomas Telfords spektakuläre Menai-Brücke (1819-1826) zu besichtigen. Als Leiter der Obersten Baubehörde und auch als Architekt förderte er den technischen Fortschritt durch seine enge Zusammenarbeit mit Ingenieuren, ohne allerdings – wie Werner Lorenz (2000) zu Recht feststellt – selbst als Bauingenieur oder Konstrukteur hervorzutreten. Mit Ausnahme der Oberlichter der Alten Pinakothek waren in seinen Großbauten, etwa beim Wiederaufbau des Münchner Nationaltheaters (S. 73), in der Walhalla (S. 195), im Petersburger Museum (S. 243) und in der Befreiungshalle (S. 223), die Eisenkonstruktionen kaum oder gar nicht sichtbar integriert. Wie Schinkel und Gottfried Semper war Klenze nämlich der Ansicht, dass aus der Anwendung der neuen Materialien und Konstruktionen keineswegs ein neuer Baustil erwachsen müsse. Die nach seiner zweiten Englandreise zur Londoner Weltausstellung 1851 veröffentlichte Kritik am legendären »Kristallpalast« Joseph Paxtons als einer »gemeine(n), nachlässig und fehlerhaft ausgeführte(n) Glas-Baraque eines Gärtners«, die zu »lärmendem Weltruf gelangt« sei (Klenze 1851), richtete sich sowohl gegen die funktionalen und technischen Mängel als auch gegen die aus seiner Sicht mangelnden künstlerischen Qualitäten dieser Ikone des Fortschritts. Vielmehr nutzte Klenze die neuen technischen Möglichkeiten – wie nach ihm die meisten Architekten des Historismus und Neoklassizismus noch bis ins 20. Jahrhundert – unter der Prämisse, dass sie das Potenzial der Baukunst eher im Verborgenen erweiterten.

KLENZES NEUHELLENISMUS ALS CHRISTLICHE BAUKUNST DER MODERNE

Einer der Einwände nicht nur gegen Klenzes Neoklassizismus war, dass die scheinbar äußerliche Fixierung auf die schöne klassische Form der Antike – im Gegensatz zur Spiritualität des Mittelalters und zu seiner romantischen Rezeption – dem Wesen des Christentums diametral widerspreche. Insbesondere in seiner »Anweisung zur Architektur des Christlichen Cultus« (1822/24) versuchte Klenze, diesen fatalen Vorwurf des »Heidentums« zu widerlegen. Er weist nicht nur auf »sicherem historischem Wege« nach, dass das Christentum inmitten der antiken Welt entstanden war und sich noch lange auf deren Formenrepertoire stützte, sondern illustriert auch in seinem programmatischen Gemälde »Ideale Ansicht der Stadt Athen« (1846) genau den Moment, in dem durch die im Vordergrund dargestellte Predigt des Paulus die Hauptstadt der griechischen Antike dem Christentum anheimfällt.

Ideale Ansicht der Stadt Athen (1846)

Titelblatt zur »Anweisung« (1822/24)

Klenze argumentiert dabei mit Schellings »Philosophie der Offenbarung«, dass die christliche Botschaft durch die antiken Mysterienkulte bereits vorbereitet war. Der nur den Eingeweihten zugängliche »esoterische« Gehalt des Christentums finde seine »exoterische« Verkörperung deshalb zu Recht in der schönen Gestalt der diesseitigen Welt – analog zur Menschwerdung Christi. Aus diesem Grund bildete Klenze, dessen umfangreicher religionsphilosophischer Nachlass posthum publiziert wurde (Klenze 1883), auf dem Titelblatt der »Anweisung« die beiden bekanntesten Beispiele von antikisch aufgefassten Christusdarstellungen ab, den athletisch-nackten Christus Michelangelos von 1519 und den mit der Toga bekleideten Heros Bertel Thorvaldsens von 1821. Die Erkenntnisse der modernen Kunstgeschichtsforschung vorwegnehmend beobachtete er, dass sich das klassische Kunst- und Architekturideal in der Florentiner Frührenaissance in dem Maße Bahn brach, in dem der Neuplatonismus am Hofe der Medici eine erneuerte esoterische Grundlage für einen christlichen Humanismus darstellte (Klenze 1838). Seine eigene, neuplatonisch orientierte Glaubenshaltung hat er in einem weiteren Schlüsselbild, der Ansicht des Campo Santo zu Pisa (1858), dargestellt: Der mit offenem »griechischen« Dachstuhl gedeckte spätgotische Kreuzgang illustriert mit seinen Grabmälern und Fresken die Kontinuität des anthropomorph-klassischen Prinzips durch das Mittelalter und die Renaissance hindurch bis zum aktuellen Klassizismus. Den zentralen Fluchtpunkt des Gemäldes bildet die äußerst seltene neuplatonische Gottesdarstellung im Fresko Piero di Puccios (um 1390), die Christus als sogenannte ›Syndesmos-Figur‹ in seiner Identität mit dem Universum zeigt, das gleichsam seinen Leib bildet.

Im Camposanto von Pisa (1858)

Klenze war überzeugt, dass sich gerade im 19. Jahrhundert durch die strikte Trennung der esoterischen und der exoterischen Sphären wieder »ein Zustand, wie er uns für die Kunst wünschenswert erscheint, nach und nach von selbst bilden wird«. Diese Trennung des Innen und Außen entspricht etwa auch dem Begriff des »Positivismus«, den Auguste Comte, der Begründer der Soziologie, ab 1826 prägte. Der technische und ökonomische Fortschritt der bürgerlich-kapitalistischen Gesellschaft werde, »wenn auch nicht im republikanischen

Sinne, doch in dem der Menschenwürde und freien Entwicklung der Individuen [...] sich den Institutionen der alten Welt weit mehr [...] annähern« als je zuvor, meinte Klenze. In den modernen Bildungschancen, im »beispiellosen Aufschwung der Industrie«, die die »Geldkräfte dem Tüchtigsten und Unterrichteten anheimgibt«, in »Dampfschiffahrt und Eisenbahnen, welche das Verschmelzen aller Nationen herbeigeführt haben«, sieht er die Voraussetzungen für »eine freie Entwicklung rein menschlicher Zustände« in den exoterischen Lebensformen der Gesellschaft. Ähnlich wie in den Freimaurerlogen, zu denen sich Klenze andeutungsweise bekennt (nach den Verboten 1785/95 waren sie seit 1850 in Bayern wieder zugelassen), sollten die Mysterien des (christlichen) Glaubens allerdings im innersten Kreis eingeweihter Mönchsgemeinschaften gepflegt werden, »von wo aus

Lithographie Klenzes von Ignaz Fertig nach Auguste Couder (um 1840)

der Verflachung der Außenwelt wie in alter Zeit mit Erfolg« entgegengewirkt werden müsse. Nur in dieser Spannung zu den tiefsten esoterischen Glaubenswahrheiten gelangte der Künstler zur »Ausbildung äußerlicher Gestalt und Schönheit, während [ihm] unbewußt der Abglanz eines tiefliegenden inneren Lebens daraus hervorblickte«. Ohne diese mysteriösen Erfahrungen »entwich das eigentümliche Leben aus der antiken Kunst« (1838, S. 313f.). So verdanke sich auch die architektonische Schönheit keinem akademischen Regelwerk, sondern im Sinne Platons einem »Schönheitsgefühl, [...] welches aus einer ungebundenen, freyen und unwandelbaren Erinnerung und Ahnung göttlicher Vollkommenheit hervorgeht« (1822/24, S.7). Es scheint kein Zufall zu sein, dass Klenzes Porträt nach Auguste Couder ihn mit nach oben gewendetem Blick in einer zeichnenden Haltung zeigt, die aus der Darstellung des Evangelisten Matthäus, dem ein Engel die Heilsbotschaft diktiert, übernommen wurde.

DIE INTEGRATION DES BAUWERKS IN STADT UND LANDSCHAFT: KLENZES ROMANTISCHER KLASSIZISMUS

Zur Ganzheitlichkeit von Klenzes Kunstauffassung gehört auch die Integration der Architektur ins Stadt- und Landschaftsbild, wie er sie zuerst an Gillys Entwurf des Friedrichsdenkmals kennenlernen konnte (vgl. S. 11). Klenze bemühte sich stets, die tektonisch-plastische Durchformung seiner Bauten mit ihrer Bildmächtigkeit zu verbinden, die insbesondere von seinem Auftraggeber Ludwig durch den Nachahmungswunsch konkreter Vorbilder gefördert wurde. Die meisten Konflikte mit Ludwig erwuchsen nach Klenzes Einschätzung daraus, dass dieser in erster Linie vom äußerlichen »Effekt« des Bildes statt von der funktional, plastisch und organisch gleichsam »von innen« durchstrukturierten Baugestalt ausgehe. Doch bediente er sich - nachdem er Schinkels Vorbild folgend Anfang der 1820er Jahre noch einmal Unterricht in der Landschaftsmalerei mit Ölfarben bei dem Maler Karl Wilhelm von Heideck genommen hatte - mit seinen Perspektiven perfekt der illusionistischen Antizipation des angestrebten städtebaulichen oder landschaftlichen Gesamtbildes (vgl. S. 14, 41, 85, 200f.,

232), wie sie heute durch CAD (rechnerunterstütztes Konstruieren, engl. computer-aided design) erzielt werden. Bei der Vorlage des suggestiven Schaublattes des zukünftigen Odeonsplatzes 1818 sprach Klenze sogar explizit von »seiner schlechten Gewohnheit«.

Das städtebauliche Leitbild Klenzes war zwar grundsätzlich noch durch die herkömmliche orthogonale Raumordnung der Straßen und Plätze bestimmt, doch stellte die strikte, hinsichtlich der unterschiedlichen Bauaufgaben jedoch dysfunktionale Symmetrie des Odeonsplatzes (vgl. S. 84ff.) eine Ausnahme dar. Ansonsten erschließen sich Klenzes Bauten entweder als freistehende Solitäre im Stadt- und Landschaftsraum oder als verdichtete, jedoch betont variantenreiche Blockrandbebauung. Jedes Haus der Ludwigstraße ist als Individuum ausgebildet, in Traufhöhe, Gliederung und Farbe vom Nachbarn abgehoben.

Die ersten Ansätze eines aufgelockerten Städtebaus hat Klenze auf seiner Griechenlandreise 1834 vertieft, als er sich dem malerischen Städtebau der Antike zuwandte und die Athener Altstadt vor dem Abriss bewahrte (S. 230f.). Dabei griff er Schinkels Polemik gegen die »lang abgenutzen neuitalienischen und neufranzösischen Maximen« einer missverstandenen Symmetrie auf, welche »soviel Heuchelei und Langeweile« erzeuge (Schinkel an Kronprinz Maximilian von Bayern 1833). Diese mediterrane Tradition sei, »gewiß unseren akademisch [...] geordneten und langweiligen Städten an Zweckmäßigkeit als auch an malerischer Natürlichkeit bei weitem überlegen« (Klenze 1838). Sogar den Schritt zur asymmetrisch-malerischen Durchbildung des Baukörpers nach dem Vorbild des Schinkel'schen Gärtnerhauses in Potsdam (1828-1835) vollzog Klenze in den nicht realisierten Projekten für ein Pantechnion in Athen 1839 und zum Umbau von Schloss Berg in eine pittoreske Turmvilla um 1849.

Ein wichtiges, zumeist unterschätztes Mittel der städtebaulichen Integration und ästhetischen Wirkung der Gebäude war ihre Farbgebung. Klenze gehörte 1823 zu den Allerersten, die die Untersuchungen der Bauforschung zur antiken Polychromie anhand der griechischen Tempel in Sizilien aufgriffen und ab etwa 1830 an den Münchner Bauten und Denkmälern auch umzusetzen versuchten (vgl. S. 72, 78, 143, 145ff., 232). Er arbeitet damit dem von Johann Martin von Wagner schon 1817 beklagten »Verfall der Kunst durch Isolierung und endlich völlige

Trennung der sich gegenseitig fordernden Künste, der Architectur, Malerei und Sculptur« und der alten Auffassung einer weißen Antike entgegen, laviert aber zwischen der überfrachteten Polychromie-Theorie des Dresdner Architekten Gottfried Semper (1834) und der eher zurückhaltenden Analyse des Berliner Kunsthistorikers Franz Kugler (1835): Der buntfarbigen Hervorhebung der Ornamentik spricht Klenze die Rolle eines verschönernden Schmuckes in eher »grellen Tönen« zu, die sich aus der Entfernung im Auge des Betrachters mischen und auf diese Weise das Bauwerk mit

Polychrome Deckenkassette vom Theseustempel in Athen, aus: Klenze (1823)

seiner Umgebung harmonisieren (1838). Allerdings musste Klenze leidvoll erfahren, dass seiner farbigen Fassung von Bauwerken aus klimatischen Gründen in den nordischen Ländern keine lange Lebensdauer beschieden war, was sich bis heute – etwa am wiederholt renovierten Monopteros im Englischen Garten (S. 141ff.) – bestätigt.

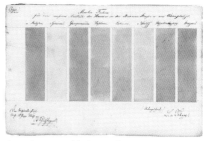

Antonin von Schlichtegroll nach Klenze: Farbkarte für Anstriche der Ludwigstraße (Juni 1829)

Eine besondere Rolle für die Wirkung im Stadtbild spielt der farbige Anstrich der Fassaden. An den Natursteinbauten – wie der Glyptothek, den Propyläen oder der Walhalla – sorgte schon die Auswahl der hellfarbigen Varianten des Kalksteins (bzw. Marmors) aus verschiedenen Steinbrüchen für eine lebendige Materialwirkung. Die Putzbauten aber wurden – wie in der Epoche des Barock und Rokoko – in hellen Bunttönen farbig gestrichen. König Ludwig wachte intensiv über die Farbskala und erließ 1833 eine ministeriale Anordnung, dass die Hausbesitzer sich strikt an die Gestaltungssatzung zu halten hätten und eine Neufassung nicht ohne königliche Genehmigung möglich sei. Klenze hatte 1829 in diesem Zusammenhang für die Ludwigstraße eine Musterfarbkarte erstellt, die in mehreren Kopien an die Behörden ausgegeben wurde. Im Laufe des 20. Jahrhunderts, insbesondere in den Nachkriegsjahrzehnten sind die neuen Farbfassungen stark abgedunkelt und auf pastose Ocker-, deftige Rosa- und schwere Graugrüntöne reduziert worden. Erst in jüngster Zeit wurde auf der Grundlage der aktuellen Architekturforschung die aufgehellte klassizistische Palette der Klenzezeit wiederentdeckt. Im Zuge der letzten Sanierungen wurden auf dieser Grundlage die Wohnhäuser der Ludwigstraße und zahlreiche weitere Klenzebauten in ihrer ursprünglichen Farbtönung und damit in ihrer authentischen ästhetischen Wirkung wiederhergestellt (vgl. S. 48, 100f., 108, 122ff., 219). Dabei wird heute wieder nachvollziehbar, dass sich das »Neue München« tatsächlich strahlend vom mittelalterlichen und barocken Altstadtkern abhob.

ROMANTISCHER KLASSIZISMUS: ARCHITEKTUR ALS »POETISCHE IDEE«

Die König Ludwig als Auftraggeber stets am Herzen liegende Bildmächtigkeit seiner Bauten hat Klenze trotz seiner Widerstände gegen Reiseeindrücke, nostalgische Erinnerungswünsche und historische Assoziationen zweifellos stets einkalkuliert. Seine Monumentalbauten waren im Kern »organisch« aus einer »poetischen Idee« entwickelt, die – wie Jörg Traeger als erster am Beispiel der Walhalla (1979, 1987/91) gezeigt hat – in uralter Kultur- und Geschichtslandschaft, Mythos und Ritus verankert wurde. Klenzes Gemälde (vgl. S. 200f.) illustrieren solche ikonologischen Bezüge, auch wenn mit der »Halle der Erwartung« der festliche Aufstieg der »großen Teutschen« aus der Grabkammer des Unterbaus in den germanischen Tempel der Unsterblichkeit und mit ihm gleichsam die religiöse Weihe dieser Ehrung entfiel. Das Narrativ von Krieg und Frieden, Opfertod und Wiederauferstehung von Kunst und Kultur, das die Monumente am Königs- und Karolinenplatz erzählen (vgl. S. 24–43), oder das Rätsel, das die himmelstrebende Gralsburg der Kelheimer Befreiungshalle den Besuchern als Heilsversprechen auf den Weg gibt (S. 217ff.), sind heute kaum mehr bewusst. Und dass die Mil-

» … die Kunst gehe über in's Leben, nur dann ist, was seyn soll« (Ludwig I.)

lionen Besucher des Oktoberfestes unter dem Protektorat der das Volk grüßenden Bavaria auch die Ruhmeshalle mit ihrem Appell wahrnehmen, den dort geehrten herausragenden Bayern nachzueifern, mag sicherlich bezweifelt werden. Doch zeigt die - auf den ersten Blick anachronistisch wirkende - Fortsetzung der Ehrungen zeitgemäßer Helden in Ruhmeshalle und Walhalla durch den Bayerischen Freistaat, die Umdeutung der in der NS-Zeit auf dumpfen Nationalismus und Chauvinismus reduzierten Befreiungshalle zum symbolischen Ort der europäischen Versöhnung, aber auch die Bewahrung und Modernisierung der Klenze'schen Museumsbauten und die Rekonstruktion der Residenz und der Wohnhäuser an der Ludwigstraße, welch lebendiges Potenzial Klenzes Werke noch heute in sich tragen. Ihre Popularität als touristische Attraktionen scheint ungebrochen. Von der »Professionalisierung des Publikums« (Bazon Brock), zu der dieser Architekturführer beitragen will, hängt jedoch langfristig ab, welche Zukunft man diesem herausragenden historischen Erbe des 19. Jahrhunderts zugestehen will.

Literatur: Klenze (1821/27), (1822–1824), (1823); Semper (1834); Kugler (1835); Wiegmann (1839); Klenze (1838), (1851), (1859–1863); Kiener (1937); Traeger (1979); Hamdorf (1985); Buttlar (1985b), (1987); Traeger (1987/91); Buttlar (1998), (1999), S. 284–332; Klose (1999); Nerdinger (2000); Büttner (2000); Lorenz (2000); Bankel (2000); Klose (2000); Philipp (2000); Walter (2001); Wagner (2012a und b)

LITERATURVERZEICHNIS

Abert (1930) – Abert, Josef Friedrich: Franz Erwein Graf von Schönborn-Wiesentheid. Patriot und Förderer der Künste 1776–1840. In: Chroust, Anton (Hrsg.): Lebensläufe aus Franken, Bd. IV. Würzburg 1930, S. 348–378.

Altenhöfer (1987) – Altenhöfer, Erich: Hans Döllgast und die Alte Pinakothek. Entwürfe, Planungen, Wiederaufbau 1946–1973. In: Hans Döllgast 1891–1974. Ausstellungskatalog, hrsg. von der TU München. München 1987, S. 45–91.

Altmann/Thomas (1984) – Altmann, Lothar / Thomas, Christine: Leo von Klenze und die Münchner Michaelskirche. In: Jahrbuch des Vereins für christliche Kunst, 14/1984, S. 142–155.

Artistisches München (1836) – Schaden, Adolph von (Hrsg.): Artistisches München im Jahre 1835 oder Verzeichnis aller gegenwärtig in Bayerns Hauptstadt lebender Architekten, Bildhauer, Tondichter, Maler, etc. Aus den von ihnen selbst entworfenen oder revidierten Artikeln zusammengestellt […]. München 1836.

Bankel (2000) – Bankel, Hansgeorg: Leo von Klenze ein Bauforscher? Aphoristische Bemerkungen über Klenzes Forschungen zur Tempelbaukunst Siziliens. In: Klenze (2000), S. 85–103.

Bauer (1980a) – Bauer, Hermann: »Der Herrschaft Größe vor der Kunst verschwindet«. Die Bedeutung der Kunst bei Ludwig I. In: Ertz, Klaus (Hrsg.): Festschrift für Wilhelm Messerer zum 60. Geburtstag. Köln 1980, S. 315–324.

Bauer (1980b) – Bauer, Hermann: Kunstanschauung und Kunstpflege in Bayern von Karl Theodor bis Ludwig I. In: Glaser, Hubert (Hrsg.): Beiträge zur Bayerischen Geschichte und Kunst 1799–1825, Bd. III/1: Krone und Verfassung. König Max I. Joseph und der neue Staat. München 1980, S. 345–355.

Bauer (1988) – Bauer, Karl: Regensburg. Aus Kunst-, Kultur- und Sittengeschichte. Regensburg 1988.

Baumstark (2006) – Baumstark, Reinhold: Klenzes Museen. In: Dunkel/Körner/Putz (2006), S. 1–20.

Befreiungshalle Kelheim (2013) – Die Befreiungshalle in Kelheim. Vom Nationaldenkmal zum Erbe der Welt. Dokumentation der Ausstellung des Architekturmuseums der TU München im Archäologischen Museum Kelheim. München 2014.

Beil (1981) – Beil, Toni: Der Königsbau der Münchner Residenz. Baugeschichte, Niedergang, Wiederaufbau und Restaurierung der Königlichen Gemächer. In: Jahrbuch der Bayerischen Denkmalpflege, 33/1981: Forschungen und Berichte für das Jahr 1979, S. 199–212.

Bell (1979) – Bell, Jürgen: Die Hauptpost in München. In: Jahrbuch der Bayerischen Denkmalpflege, 33/1981: Forschungen und Berichte für das Jahr 1979, S. 213–218.

Bergmann (1980) – Bergmann, Eckart: Der Königsplatz. Forum und Denkmal. In: Glyptothek (1980), S. 296–309.

Bertram (1966) – Bertram, Walter: Das Schloß Ismaning und seine beiden Prunkräume. In: Deutsche Kunst und Denkmalpflege, 24/1966, S. 97–118.

Blaul (1860) – Blaul, Friedrich: Der Kaiserdom zu Speyer. Führer und Erinnerungsbuch. Neustadt 1860 [Nachdruck: Speyer 1977].

Böhmer (2014) – Böhmer, Michael: Jean Baptiste Métivier als Entwerfer von Möbeln und seine Beteiligung an den Ausstattungen Klenzes [Vortrag auf dem Kolloquium anlässlich des 150. Todestages von Leo von Klenze auf Schloss Pappenheim, 2014].

Böttger (1972) – Böttger, Peter: Die Alte Pinakothek in München. München 1972 (Studien zur Kunst des 19. Jahrhunderts, Bd. 15).

Breuer (1961) – Breuer, Tilman: Stadt und Landkreis Forchheim. München 1961 (Bayerisches Landesamt für Denkmalpflege: Bayerische Kunstdenkmale – Kurzinventar, Bd. XII).

Brix (1987) – Brix, Michael: Der Ludwigskanal 1830–1846. In: Romantik und Restauration (1987), S. 157–161.

Butikov (1974) – Butikov, Georgij P.: St. Isaac's Cathedral. Leningrad 1974.

Buttlar (1979) – Buttlar, Adrian von: Der Garten als Bild – Das Bild des Gartens. Zum Englischen Garten in München. In: Münchner Landschaftsmalerei 1750–1850. Ausstellungskatalog, hrsg. von Armin Zweite, München 1979, S. 160–172, 207–218.

Buttlar (1984) – Buttlar, Adrian von: Fischer und Klenze. Münchner Klassizismus am Scheideweg [1982]. In: Beck, Herbert / Bol, Peter C. / Maek-Gérard, Eva (Hrsg.): Ideal und Wirklichkeit der bildenden Kunst im späten 18. Jahrhundert. Berlin 1984, S. 141–162.

Buttlar (1985a) – Buttlar, Adrian von: Leo von Klenzes Entwürfe zur Bayerischen Ruhmeshalle. In: architectura, 1/1985, S. 13–32.

Buttlar (1985b) – Buttlar, Adrian von: Klenzes Beitrag zur Polychromiefrage. In: Klenze (1985), S. 213–223.

Buttlar (1986) – Buttlar, Adrian von: Leo von Klenze in Kassel 1808–1813. In: Münchner Jahrbuch der bildenden Kunst, 3. Folge, 37/1986, S. 177–211.

Buttlar (1987a) – Buttlar, Adrian von: Es gibt nur eine Baukunst? Leo von Klenze zwischen Widerstand und Anpassung. In: Romantik und Restauration (1987), S. 105–115.

Buttlar (1987b) – Buttlar, Adrian von: Die Bayerische Ruhmeshalle, München, 1833–1853. In: Romantik und Restauration (1987), S. 172–177.

Buttlar (1988) – Buttlar, Adrian von: Empfindliches Gleichgewicht. Hofgartenarchitektur und Stadtbaukunst im 19. Jahrhundert. In: Buttlar/Bierler-Rolly (1988), S. 102–121.

Buttlar (1990) – Buttlar, Adrian von: Einführung. In: Klenze (1822/24), S. 5–27.

Buttlar (1992) – Buttlar, Adrian von: Glyptothek, Pinakothek, Neue Eremitage. Klenzes immanenter Historismus. In: Jahrbuch der Kunsthistorischen Sammlungen Wien, 88/1992, S. 39–52.

Buttlar (1998) – Buttlar, Adrian von: Klenze in England. In: Bosbach, Franz / Büttner, Frank (Hrsg.): Künstlerische Beziehungen zwischen England und Deutschland in der viktorianischen Epoche. München 1998, S. 39–52 (Prinz-Albert-Studien, Bd. 15).

Buttlar (1999) – Buttlar, Adrian von: Leo von Klenze. Leben – Werk – Vision. München 1999, ²2014.

Buttlar (1999a) – Buttlar, Adrian von: Klenze versus Schinkel. Projekte für das Athener Schloss. In: Neues Hellas (1999), S. 91–107.

Buttlar (2000) – Buttlar, Adrian von: »Also doch ein Teutscher?« Klenzes Weg nach München. In: Klenze (2000), S. 72–83.

Buttlar (2002) – Buttlar, Adrian von: Die Entwürfe Schinkels, Klenzes und Gärtners für das Athener Schloss 1834/1836. In: Papageorgiou-Venetas, Alexander (Hrsg.): Das Ottonische Griechenland. Athen 2002, S. 261–276.

Buttlar (2006a) – Buttlar, Adrian von: Schinkel und Klenze. In: Dunkel/Körner/Putz (2006), S. 119–139.

Buttlar (2006b) – Buttlar, Adrian von: Europäische Wurzeln und deutsche Inkunabeln der Museumsarchitektur. In: Savoy (2006), S. 35–45.

Buttlar (2007) – Buttlar, Adrian von: »Germanische Tektonik«? Leo von Klenzes patriotische Interpretation des Klassizismus. In: Dorgerloh, Annette / Niedermeier, Michael / Bredekamp, Horst (Hrsg.): Klassizismus – Gotik. Karl Friedrich Schinkel und die patriotische Baukunst. München/Berlin 2007, S. 279–293.

Buttlar/Bierler-Rolly (1988) – Buttlar, Adrian von / Bierler-Rolly, Traudl (Hrsg.): Der Münchner Hofgarten. Beiträge zur Spurensicherung. München 1988.

Buttlar/Savoy (2012) – Buttlar, Adrian von / Savoy, Bénédicte: Glyptothek and Alte Pinakothek, Munich. Museums as Public Monuments. In: Paul, Carole (Hrsg.): The First Modern Museums of Art. The Birth of an Institution in 18th and early 19th-Century Europe. Los Angeles 2012, S. 305–329.

Buttlar/Weber/Schmid (1986) – Buttlar, Adrian von / Weber, Klaus / Schmid, Klaus-Peter: Verwaltung der Staatlichen Schlösser und Gärten Hessen: Kassel – Ballhaus im Schlosspark Wilhelmshöhe. Amtlicher Führer. Bad Homburg vor der Höhe 1986.

Büttner (1983) – Büttner, Frank: Der Streit um die »Neudeutsche Religiös-Patriotische Kunst«. In: Aurora, 43/1983, S. 55–76.

Büttner (1988) – Büttner, Frank: Die Kunst, die Künstler und die Mäzene. Die Dekoration zum römischen Künstlerfest. In: Bischoff, Ulrich (Hrsg.): Romantik und Gegenwart. Festschrift für Jens Christian Jensen. Köln 1988, S. 19–32.

Büttner (2000) – Klenze und die bildenden Künstler. In: Klenze (2000), S. 144–156.

Büttner (2003) – Büttner, Frank: Herrscherlob und Satire. Wilhelm von Kaulbachs Zyklus zur Geschichte der Kunst unter Ludwig I. In: Rott (2003), S. 82–122.

Davey (1981) – Davey, Peter: Interior Design. Hollein in Munich. In: Architectural Review, 169/1981, S. 378–382.

Dehio (1972) – Georg Dehio. Handbuch der deutschen Kunstdenkmäler: Rheinland-Pfalz, Saarland. München 1972.

Denk/Simon/Ziesemer (2012) – Denk, Claudia / Simon, Stefan / Ziesemer, John: Bunte Gräber. Ludwig I., Klenze und der griechische Freiheitskampf. In: Kunstchronik, 65/2012, S. 193–200.

Denk/Ziesemer (2014) – Denk, Claudia / Ziesemer, John: Kunst und Memoria. Der Alte Südliche Friedhof in München. Berlin/München 2014.

Denkmaltopographie Fürth (1994) – Denkmaltopographie Bundesrepublik Deutschland. Denkmäler in Bayern, hrsg. vom Bayerischen Landesamt für Denkmalpflege, Bd. V: Mittelfranken, Stadt Fürth. München 1994.

Denkmaltopographie (2009) – Denkmaltopographie Bundesrepublik Deutschland. Denkmäler in Bayern, hrsg. vom Bayerischen Landesamt für Denkmalpflege, 3 Bde., Bd. III: Landeshauptstadt München. München 2009.

Denkschrift (1807) – Sckell, Friedrich Ludwig von: Denkschrift über den Englischen Garten zu Plan A und Plan B vom 6.3.1807, Archiv des Bayerischen Finanzministeriums.

DFG (2016–2019) – DFG-Projekt »Die Korrespondenz Leo von Klenzes mit Russland 1834–1856, Kritische Edition und Kommentar« (A. v. Buttlar / S. Fedorov)

Dittmar (1991) – Dittmar, Christian: Leo von Klenze und der Festungsbau in Ingolstadt. In: Klenze (1991), S. 44–51.

Dittscheid (2002) – Dittscheid, Hans-Christoph: Vitruvs Wiedergeburt inmitten der Natur. Zur Rolle der Architektur in Sckells Konzept des Landschaftsgartens. In: Die Gartenkunst, 2/2002, S. 311–325.

Dombart (1972) – Dombart, Theodor: Der Englische Garten zu München. Geschichte seiner Entstehung und seines Ausbaus zur großstädtischen Parkanlage. München 1972.

Dunkel (2002) – Dunkel, Franziska: »Keiner der des Preises würdig wäre«? Zum Gutachten über den Architekturwettbewerb für Invalidenhaus, Walhalla und Glyptothek. In: Münchner Jahrbuch der bildenden Kunst, 3. Folge, 53/2002, S. 253–281.

Dunkel (2006) – Dunkel, Franziska: Frustrierte Eunuchen? Die Bayerische Bauverwaltung im 19. Jahrhundert. In: Dunkel/Körner/Putz (2006), S. 189–207.

Dunkel (2007) – Dunkel, Franziska: Reparieren und Repräsentieren. Die Bayerische Hofbauintendanz 1804–1886. München 2007.

Dunkel/Körner/Putz (2006) – Dunkel, Franziska / Körner, Hans-Michael / Putz, Hannelore (Hrsg.): König Ludwig I. von Bayern und Leo von Klenze. Symposium aus Anlass des 75. Geburtstages von Hubert Glaser (13.–14. Juni 2004). In: Zeitschrift für Bayerische Landesgeschichte, 28/2006, Beiheft B.

Durand (1802/05) – Durand, Jean Nicolas Louis: Précis des leçons d'architecture, données à l'école polytechnique, 2 Bde. Paris 1802/05, ²1817/19; Bd. 3 1821 [Nachdruck der Ausgaben 1817/19 und 1821: Unterschneidheim 1975].

Einige Worte über das neue Hoftheater (1818) – Anonymus [Klenze, Leo]: Einige Worte über das neue Hoftheater in München in Bezug auf einen darüber erschienenen Panegyrikus in tollgewordener Prosa. München 1818 (Bayerische Staatsbibliothek München, Klenzeana III/3).

Erhard (1991) – Erhard, Robert: 125 Jahre Stourdzakapelle (neunteilige Artikelserie). In: Badische Neueste Nachrichten, Oktober/November 1991.

Erichsen (1986) – Erichsen, Johannes: »Aus dem Gedächtnis ins Herz«. Zum Verhältnis von Kunst, Geschichte und Politik unter König Ludwig I. In: Vorwärts (1986), Bd. Aufsätze, S. 385–418.

Erichsen (2006) – Erichsen, Johannes: Ludwig und die Stile. In: Dunkel/Körner/Putz (2006), S. 31–51.

Eschenburg (1977) – Eschenburg, Barbara: Das Denkmal König Maximilians I. Joseph in München: 1820–1835. Diss. phil., München 1977.

Faltlhauser u. a. (2003) – Faltlhauser, Kurt / Heym, Sabine / Hufnagl, Florian / Meitinger, Otto: Die Allerheiligen Hofkirche in der Münchner Residenz. Geschichte – Zerstörung – Wiederaufbau. München 2003.

Faltlhauser (2006) – Faltlhauser, Kurt: Die Münchner Residenz. Geschichte – Zerstörung – Wiederaufbau. München 2006, ²2011.

Fedorov (2003) – Fedorov Sergej G.: Klenze und St. Petersburg – Bayern und Russland. Verzeichnis der Quellen mit einem Überblick über die Architektur- und Ingenieurbeziehungen 1800–1850. München 2003 (Osteuropa-Institut München, Historische Abteilung, Mitteilungen, Nr. 51).

Fedorov (2004) – Fedorov Sergej G.: Leo von Klenzes Neue Eremitage in St. Petersburg. Baugeschichte und Instandsetzung. In: Koldewey-Gesellschaft. Bericht über die 42. Tagung für Ausgrabungswissenschaft und Bauforschung vom 8. bis 12. Mai 2002 in München. Stuttgart 2004, S. 120–129.

Fedorov/Lorenz (2014) – Fedorov, Sergej G. / Lorenz, Werner: Die Eisenkonstruktionen in den Gebäuden der Staatlichen Eremitage St. Petersburg. Historische Bauforschung mit ingenieurwissenschaftlichem Schwerpunkt (Kurzfassung). In: Koldewey-Gesellschaft. Bericht über die 47. Tagung für Ausgrabungswissenschaft und Bauforschung vom 16. bis 20. Mai 2012 in Trier. Stuttgart 2014, S. 251–254.

Festliche Oper (1964) – Festliche Oper. Geschichte und Wiederaufbau des Nationaltheaters in München, hrsg. vom Freistaat Bayern unter Mitwirkung der Freunde des Nationaltheaters e.V. und der Landeshauptstadt München. München 1964.

Festschrift Englischer Garten (1989) – 200 Jahre Englischer Garten München 1789–1989. Offizielle Festschrift, zusammengestellt von Pankraz Frhr. von Freyberg, hrsg. vom Bayerischen Staatsministerium der Finanzen, München 1989.

Fischer (1972) – Fischer, Manfred F.: Ruhmeshalle und Bavaria. Bayerische Verwaltung der Staatlichen Schlösser, Gärten und Seen – Amtlicher Führer. München 1972.

Fischer (1982) – Carl von Fischer 1782–1820. Ausstellungskatalog, hrsg. und bearb. von Winfried Nerdinger, Neue Pinakothek München, München 1982.

Fischer (1985) – Fischer, Manfred F.: Befreiungshalle in Kelheim – Amtlicher Führer. München 1985.

Fischer/Heym (2009) – Fischer, Manfred F. / Heym, Sabine: Ruhmeshalle und Bavaria. Bayerische Verwaltung der Staatlichen Schlösser, Gärten und Seen – Amtlicher Führer, 3. überarbeitete und neu gestaltete Auflage. München 2009.

Fräßle (1971) – Fräßle, Klaus: Carl Haller von Hallerstein (1774–1817). Diss. phil., Freiburg 1971.

Freitag (2006) – Freitag, Friedegund: Leo von Klenze als Diplomat. In: Dunkel/Körner/Putz (2006), S. 161–188.

Freitag (2011) – Freitag, Friedegund: Die Befreiungshalle in Kelheim. Eine überholte Idee schon bei der Eröffnung. In: Fenn, Monika / Meilchen, Gregor (Hrsg.): Bayerische Geschichte in Wissenschaft und Unterricht. München 2011 (Münchner Kontaktstudium Geschichte, Bd. 14), S. 83–100.

Freitag (2013) – Freitag, Friedegund: Leo von Klenze. Der königliche Architekt. Regensburg 2013.

Fröhlich (2004) – Fröhlich, Fabian: Das Hoftheater König Jérômes. In: Eissenhauer, Michael (Hrsg.): Vom Theaterbau zum Tanzsaal. Die Geschichte des Ballhauses am Schloss Wilhelmshöhe. Kassel 2004 (Staatliche Museen Kassel, Monographische Reihe, Bd. 12).

Gärtner (1992) – Friedrich von Gärtner – Ein Architektenleben 1791–1847. Mit den Briefen an Johann Martin von Wagner. Ausstellungskatalog Architekturmuseum der TU München, hrsg. von Winfried Nerdinger, München 1992.

Gauer (1979) – Gauer, Werner: Die Walhalla und ihre antiken Vorbilder. In: Traeger (1979), S. 41–68.

Gervic (2003) – Gervic, Maija Vladimirova: Leo fon-Klence i Novyj Ermitaž v kontekste evporejskogo musejnogo stroitel'stva (Leo von Klenze und die Neue Eremitage im Kontext des europäischen Museumsbaus). St. Petersburg 2003.

Glaser (2002) – Glaser, Hubert: Leo von Klenzes Bericht über seine ersten Begegnungen mit Kronprinz Ludwig von Bayern. Eine Studie über die Vorrede der Memorabilien. In: Ackermann, Konrad / Schmid, Alois / Volkert, Wilhelm (Hrsg.): Bayern – Vom Stamm zum Staat. Festschrift für Andreas Kraus zum 80. Geburtstag, Bd. 2. München 2002, S. 285–319.

Glaser (2003) – Glaser, Hubert: »Schwung hatte er wie Keiner« (Wilhelm von Kaulbach). König Ludwig I. von Bayern als Protektor der Künste. In: Rott (2003), S. 10–41.

Glaser (2004–2011) – Glaser, Hubert (Hrsg.): König Ludwig I. und Leo von Klenze – Der Briefwechsel, Bearb. von Hannelore Putz und Friedegund Freitag in Zusammenarbeit mit Franziska Dunkel, Bettina Kraus, Jörg Zedler, 3 Teile, 9 Bde. München 2004–2011 (Quellen zur neueren Geschichte Bayerns, hrsg. von der Kommission für bayerische Landesgeschichte bei der Bayerischen Akademie der Wissenschaften, Bd. 5).

Glaser (2006) – Glaser, Hubert: Der »sinnliche Eklektiker« auf dem Thron und sein »General-bevollmächtigter in Kunstsachen«. Zu der Beziehung zwischen König Ludwig I. von Bayern und Leo von Klenze. In: Dunkel/Körner/Putz (2006), S. 323–341.

Glaser (2010) – Der Tod der Königin Therese von Bayern und das Grabmalprojekt Ludwigs I. in St. Bonifaz. In: Augustyn, Wolfgang / Lauterbach, Iris (Hrsg.): Rondo. Beiträge für Peter Diemer zum 65. Geburtstag. München 2010, S. 183–193 (Veröffentlichungen des Zentralinstituts für Kunstgeschichte, Bd. 25).

Glyptothek (1980) – Glyptothek München 1830–1980. Ausstellungskatalog, hrsg. von Klaus Vierneisel und Gottlieb Leinz, München 1980.

Goepfert (1908) – Goepfert, Georg: Amt Wallburg und Stadt Eltmann. Beitrag zur fränkischen Geschichte. Eltmann 1908.

Grammbitter/Lauterbach (2009) – Grammbitter, Ulrike / Lauterbach, Iris: Das Parteizentrum der NSDAP in München. Berlin/München 2009.

Grandjean (1806ff.) – Grandjean de Montigny, Auguste Henri Victor / Famin, A.: Architecture Toscane. Palais, maison et autres édifices de la Toscane, mesurés et dessiné par […], 12 Hefte. Paris 1806ff., [2]1815.

Greipl (2006) – Greipl, Egon Johannes: König Ludwig I., Leo von Klenze und die Denkmalpflege. In: Dunkel/Körner/Putz (2006), S. 307–322.

Habel (1967) – Habel, Heinrich: Das Odeon in München und die Frühzeit des öffentlichen Konzertsaalbaus. Berlin 1967.

Habel (1981) – Habel, Heinrich: Der Königsplatz in München als Forum des Philhellenismus. In: Jahrbuch der Bayerischen Denkmalpflege, 33/1981: Forschungen und Berichte für das Jahr 1979, S. 175–198.

Habel (1993) – Habel, Heinrich: Der Marstallplatz in München. München 1993 (Arbeitshefte des Bayerischen Landesamtes für Denkmalpflege, Nr. 63).

Haberkorn (1994) – Haberkorn, Ursula: Die Geschichte der zaristischen Kunstsammlung und die Planung der Neuen Eremitage in St. Petersburg. Magisterarbeit, Frankfurt a. M. 1994.

Hallbaum (1927) – Hallbaum, Franz: Der Landschaftsgarten. Sein Entstehen und seine Einführung in Deutschland unter Friedrich Ludwig von Sckell 1750–1823. München 1927.

Haller/Lehmbruch (1987) – Haller, Elfi M. / Lehmbruch, Hans: Palais Leuchtenberg. Die Geschichte eines Münchner Adelspalais und seines Bauherrn. München 1987.

Haltrich (1983) – Haltrich, Günther-Alexander: Leo von Klenze. Die Allerheiligen-Hofkirche in München. München 1983 (Miscellanea Bavarica Monacensia, Bd. 115).

Hamdorf (1985) – Hamdorf, Friedrich Wilhelm: Klenzes archäologische Studien und Reisen, seine Mission in Griechenland. In: Klenze (1985), S. 117–212.

Hammer-Schenk (1988) – Hammer-Schenk, Harold: Das Leineschloß in Hannover. In: Vom Schloß zum Bahnhof – Bauen in Hannover. Zum 200. Geburtstag des Hofarchitekten G. L. F. Laves, 1788–1864. Ausstellungskatalog, hrsg. von Harold Hammer-Schenk, Hannover 1988, S. 145–170.

Haneberg (1868) – Haneberg, Dr. Daniel Bonifatius von, Abt von St. Bonifaz: Einen Kranz auf den Sarkophag Seiner Majestät des Königs Ludwig I. von Bayern. Trauerrede gehalten in der Basilika zu München am 11. März 1868. München 1868.

Hederer (1942) – Hederer, Oswald: Die Ludwigstraße in München. München 1942.

Hederer (1964) – Hederer, Oswald: Leo von Klenze. Persönlichkeit und Werk. München 1964, ²1981.

Hederer (1976) – Hederer, Oswald: Friedrich von Gärtner (1792–1847). Leben – Werk – Schüler. München 1976.

Heller (1986) – Heller, Evelyn: Die Propyläen am Münchner Königsplatz. Magisterarbeit, LMU München 1986.

Hemmeter (1996) – Hemmeter, Karlheinz: Das Denkmal für König Max I. Joseph von Christian Daniel Rauch. Entstehungsgeschichte – Zeitgenössische Kunstliteratur – Zur Genese des Max-Joseph-Platzes. In: König Max I. Joseph – Modell und Monument. Zu einer Installation von Erich Lindenberg in der Alten Münze in München. München 1996 (Arbeitshefte des Bayerischen Landesamtes für Denkmalpflege, Nr. 86), S. 35–86.

Hemmeter (1998) – Hemmeter, Karlheinz: Thorvaldsen kontra Klenze – Formschaffen nach der Kunsttheorie. Das Leuchtenberggrabmal in München. In: Susanne Bönig-Weis u. a. (Hrsg.): Monumental. Festschrift für Michael Petzet zum 65. Geburtstag. München 1998, S. 711–740.

Hemmeter (2015) – Hemmeter, Karlheinz: Bertel Thorvaldsen und Leo von Klenze – Künstler und Intrigen. Zur Entstehung des Leuchtenberg-Grabmals in St. Michael in München. Denkmalpflege Informationen, 160/März 2015, S. 38–42.

Hentzen (1959) – Hentzen, Kurt: Der Hofgarten in München. München/Berlin 1959 (Kunstwissenschaftliche Studien, Bd. 29).

Hildebrand (2000) – Hildebrand, Sonja: Werkverzeichnis Leo von Klenze. In: Klenze (2000), S. 196–499.

Hölscher (2002) – Hölscher, Petra: Die Wohnung König Ludwigs I. und Königin Thereses im Königsbau der Münchner Residenz. Gelungene Fiktion königlicher Privatheit. In: Pracht und Zeremoniell. Die Möbel der Residenz München. Ausstellungskatalog, hrsg. von Brigitte Langer, München 2002, S. 93–105 und Katalogteil.

Holtmeyer (1910/23) – Holtmeyer, Alois: Die Bau- und Kunstdenkmäler im Regierungsbezirk Kassel, Bd. 4. Kassel 1910; Bd. 6. Kassel 1923.

Höppl (2009) – Höppl, Martin: Wandel von Platzgestaltungskonzepten im 19. Jahrhundert. Der Max-Joseph-Platz und der Lenbachplatz in München. Magisterarbeit, LMU München 2009, S. 16–65 [http://epub.ub.uni-muenchen.de/11161/1/martin_hoeppl_11161_text.pdf].

House of Commons (1836) – Reports from the Select Committee on Arts and their Connexion with Manufactures with the Minutes of Evidence. In: House of Commons – Sessional Papers, Bd. 9. London 1836, S. 351–355.

House of Commons (1852/53) – Report of the Select Committee on the National Gallery. In: House of Commons – Sessional Papers, Bd. 35. London 1852/53, S. 13–18, 655–658 und 758–767.

Hoyer (1992) – Hoyer, Gerhard: Die Prunkappartements Ludwigs I. im Königsbau der Münchner Residenz. München 1992.

Hoyer (1997) – Hoyer, Gerhard: Die Residenz König Ludwigs I. – Königsbau und Festsaalbau. In: Möbel der Residenz (1997), S. 20–31.

Hübsch (1824) – Hübsch, Heinrich: Vertheidigung der griechischen Architektur gegen A. Hirt. Heidelberg 1824.

Hübsch (1828) – Hübsch, Heinrich: In welchem Style sollen wir bauen? Karlsruhe 1828 [Nachdruck mit einem Nachwort von Wulf Schirmer: Karlsruhe 1984].

Hufnagel (1983) – Berühmte Tote im Südlichen Friedhof zu München. 500 Zeugen des kulturellen, geistigen und politischen Lebens im 19. Jahrhundert, bearb. von Max Joseph Hufnagel. Würzburg 41983.

Hufnagl (1983) – Hufnagl, Florian: Leo von Klenze und die Sammlung Architectonischer Entwürfe. Beiheft zum Nachdruck Klenze (1830ff.). Worms 1983.

LITERATURVERZEICHNIS

Kahle (1987) – Kahle, Ulrich: Die Anfänge des Eisenbahnbaus in Bayern. Frühe Bahnhöfe in Bayern. Zur Entwicklung einer neuen Bauaufgabe, Kunstbauten der frühen bayerischen Eisenbahnen. In: Romantik und Restauration (1987), S. 35–43, 146–156.

Kiener (1920/21) – Kiener, Hans: Leo von Klenze. Architekt Ludwigs I. 1784–1864. Unveröff. Diss., Ms., LMU München 1920/21 [Bibliothek des Kunsthistorischen Instituts der LMU München].

Kiener (1937) – Kiener, Hans: Germanische Tektonik. In: Die Kunst im Deutschen Reich, I.2/1937, S. 48–64.

Klassizismus (1980) – Klassizismus in Bayern, Schwaben und Franken. Architekturzeichnungen 1775–1825. Ausstellungskatalog, im Auftrag des Münchner Stadtmuseums, hrsg. von Winfried Nerdinger, München 1980.

Klenze (Memorabilien) – Klenze, Leo von: Memorabilien oder Farben an dem Bilde, welches sich die Nachwelt dereinst von König Ludwig machen wird (Ms., Bayerische Staatsbibliothek München, Klenzeana I/1–8. Eine Transkription wurde dem Ausstellungskatalog Klenze [2000] auf CD beigegeben).

Klenze (1805) – Klenze, Leo: Entwurf zu einem Denkmal für Dr. Martin Luther. Mit drei erläuternden Kupfertafeln. Braunschweig 1805.

Klenze (1814) – Klenze, Leo: Projet de Monument à la Pacification de l'Europe. Dedié aux Souverains Alliés pour la Pacification de l'Europe. Wien 1814.

Klenze (1821/24) – Klenze, Leo von: Versuch einer Wiederherstellung des toskanischen Tempels nach seinen historischen und technischen Analogien, vorgelesen am 3.1.1821 in der Philosophischen Klasse der Akademie der Wissenschaften zu München. In: Denkschriften der Kgl. Akademie der Wissenschaften zu München für die Jahre 1821 und 1822, Classe der Philosophie und Philologie, Bd. 8. München 1824, S. 1–86.

Klenze (1821/27) – Klenze, Leo von: Der Tempel des olympischen Jupiter zu Agrigent, nach den neuesten Ausgrabungen dargestellt. Stuttgart/Tübingen 1821, ²1827.

Klenze (1822/24) – Klenze, Leo von: Anweisung zur Architectur des Christlichen Cultus. München 1822/24, ²1834 [Faksimile-Neudruck mit einer Einführung von Adrian von Buttlar: Nördlingen 1990].

Klenze (1823) – Klenze, Leo von: Die schönsten Überbleibsel Griechischer Ornamente der Glyptik, Plastik und Malerei […], 4 Hefte. München 1823.

Klenze (1830ff.) – Klenze, Leo von: Sammlung Architectonischer Entwürfe, welche ausgeführt oder für die Ausführung entworfen wurden. München/Stuttgart/Tübingen 1830–1842, ²1847–1850 [Nachdruck der Erstausgabe mit Erläuterungen von Florian Hufnagl: Worms 1983].

Klenze (1837/39) – [Klenze, Leo von] Anonym: Über den Königsbau der Residenz. In: Allgemeine Bauzeitung, 2/1837, Hefte 3–9, 12–18; und: Über die Dekorazion des Inneren des Königsbaues zu München. In: Allgemeine Bauzeitung, 4/1839, S. 9–16 mit 21 Abbildungen.

Klenze (1838) – Klenze, Leo von: Aphoristische Bemerkungen gesammelt auf seiner Reise nach Griechenland. Erschienen mit dem Tafelwerk »Sechs Lithographien von L. v. Klenze's Reise nach Griechenland«. Berlin 1838.

Klenze (1841) – [Klenze, Leo von] Anonym: Das königliche Hof- und Nazionaltheater in München. In: Allgemeine Bauzeitung, 6/1841, S. 355–377, Taf. CDXX–CDXXXV.

Klenze (1842a) – [Klenze, Leo von] Anonym: Der Festsaalbau am Königlichen Residenzschloß zu München. In: Allgemeine Bauzeitung, 7/1842, S. 260–267.

Klenze (1842b) – Klenze, Leo von: Walhalla in technischer und artistischer Beziehung. München 1842.

Klenze (1850) – Klenze, Leo von: Das Kaiserliche Museum der schönen Künste in St. Petersburg (Architectonische Entwürfe, Heft 9 und 10), 2. Auflage, Heft 5. München 1850.

Klenze (1851) – [Klenze, Leo von] Anonym: Kristallpallast. In: Beilage zur Allgemeinen Zeitung, 328/1851, Sp. 5442–5444; 329/1851, Sp. 5259–5261 (24./25.11.1851).

Klenze (1859–1863) – Klenze, Leo von: Architektonische Erwiederungen [sic!] und Erörterungen über Griechisches und Nichtgriechisches von einem Architekten. Ms., Bayerische Staatsbibliothek München, Klenzeana I/9 bis I/12, 1859–1863.

Klenze (1861) – [Klenze, Leo von]: Propyläen in München. In: Allgemeine Bauzeitung, 26/1861, S. 203f. und Bl. 431–435.

Klenze (1863) – [Klenze, Leo von]: Das Befreiungsdenkmal bei Kelheim. In: Allgemeine Bauzeitung, 28/1863, S. 353–357, Ill. 607–612.

Klenze (1984) – Rabotyi Leo Klenze w eremitaschje – K 200-ljetiju so dlja roschdjenija architektora (Die Arbeiten Leo Klenzes in der Eremitage. Zum 200. Jahrestag der Geburt des Architekten). Ausstellungskatalog Staatliche Eremitage Leningrad, bearb. von Maja W. Gerwitz, Tajana B. Semjenowa und Boris I. Aswaritsch. Leningrad 1984.

Klenze (1985) – Ein griechischer Traum. Leo von Klenze – Der Archäologe. Ausstellungskatalog Glyptothek München, München 1985.

Klenze (1991) – Leo von Klenze 1784–1864. Ausstellungskatalog, hrsg. von Wolfgang Burgmair u. a. Ingolstadt 1991.

Klenze (2000) – Leo von Klenze. Architekt zwischen Kunst und Hof 1784–1864. Ausstellungskatalog, hrsg. von Winfried Nerdinger, München/London/New York 2000.

Klenze/Schorn (1830) – Klenze, Leo von / Schorn, Ludwig: Beschreibung der Glyptothek Sr. Majestät König Ludwig I. von Bayern, München 1830.

Klier (1999) – Klier, Monika: Die katholische Bischofskirche ‚Agios Dionysios Areopagita‘ in Athen (1853–1887). Studien zu einer wenig bekannten Architektur Leo von Klenzes. Magisterarbeit, Freiburg 1999.

Klose (1994) – Klose, Dirk: Die Konstitutionssäule in Gaibach von Leo von Klenze. Magisterarbeit, München 1994.

Klose (1999) – Klose, Dirk: Klassizismus als idealistische Weltanschauung. Leo von Klenze als Kunstphilosoph. München 1999 (Miscellanea Bavarica Monacensia, Bd. 172).

Klose (2000) – Klose, Dirk: Theorie als Apologie und Ideologie. Leo von Klenze als Kunstphilosoph und Theoretiker. In: Klenze (2000), S. 117–127.

Kolloquium (1987) – Internationales Kolloquium zur städtebaulichen Situation am Hofgarten. In: Jahrbuch der Bayerischen Akademie der Schönen Künste, Bd. I. München 1987, S. 279–362.

Königsplatz (1988) – Vierneisel, Klaus (Hrsg.): Der Königsplatz 1812–1988. München 1988.

Kopf (1989) – Kopf, Maria: Studien zu Leo von Klenzes Architektur-Auffassungen unter besonderer Berücksichtigung seiner Erfahrungen in England. Magisterarbeit, TU Berlin 1989.

Köpf (2005) – Köpf, Peter: Der Königsplatz – Ein deutscher Ort. Berlin 2005.

Körner (2006) – Körner, Hans-Michael: Paradigmen der Ludwig I. Forschung zwischen Kunst und Schönheit, Dynastie und Staat. In: Dunkel/Körner/Putz (2006), S. 21–30.

Köster (2006) – Köster, Gabriele: Architektur als Bildträger. Klenze und die Bildausstattung seiner Bauten. In: Dunkel/Körner/Putz (2006), S. 243–271.

Kotzur (1978) – Kotzur, Hans-Jürgen: Forschungen zu Leben und Werk des Architekten August von Voit, 2 Bde. Bamberg 1978.

Kratzsch (2014) – Kratzsch, Klaus: Das Neue Schloss Pappenheim im Werk Klenzes. Unveröff. Vortrag auf dem Kolloquium anlässlich des 150. Todestages von Leo von Klenze auf Schloss Pappenheim, 2014.

Kraus (2006) – Kraus, Bettina: Ludwig I. und seine Kunstberater. Das Beispiel Johann Martin von Wagner. In: Dunkel/Körner/Putz (2006), S. 81–104.

Kugler (1834) – Kugler, Franz: Rezension der »Anweisung zur Architectur des Christlichen Cultus«. In: Museum, 40/1834. Auch in: Ders.: Kleine Schriften und Studien zur Kunstgeschichte. Bd. III. Stuttgart 1854, S. 87–100.

Kugler (1835) – Kugler, Franz: Über die Polychromie der griechischen Architektur und Skulptur und ihre Grenzen. Berlin 1835. Auch in: Ders.: Kleine Schriften und Studien zur Kunstgeschichte, Bd. I. Berlin 1852/53, S. 265–361.

Kunstdenkmäler (1928) – Die Kunstdenkmäler des Königreiches Bayern: Stadt und Bezirksamt Landau. München 1928.

Lacroix (1931) – Lacroix, Emil: Leo von Klenzes Tätigkeit an der Festung zu Ingolstadt. Diss., Karlsruhe 1931.

Lehmbruch (1980) – Lehmbruch, Hans: Die Anlagen vor dem Schwabinger Tor. In: Klassizismus (1980), S. 134–141.

Lehmbruch (1987a) – Lehmbruch, Hans: Propyläen und Königsplatz in München 1816–1862. In: Romantik und Restauration (1987), S. 126–133.

Lehmbruch (1987b) – Lehmbruch, Hans: Seit Nero keiner mehr. Die Ludwigstraße und die Stadtplanung Ludwigs I. für München. In: Romantik und Restauration (1987), S. 17–34.

Lehmbruch (1987c) – Lehmbruch, Hans: Das Odeon am Odeonsplatz in München. In: Romantik und Restauration (1987), S. 369–372.

Lehmbruch (1987d) – Lehmbruch, Hans: Ein neues München. Stadtplanung und Stadtentwicklung um 1800 – Forschungen und Dokumente. Buchendorf 1987.

Lehmbruch (1995) – Lehmbruch, Hans: Acropolis Germaniae. Der Königsplatz – Forum der NSDAP. In: Lauterbach, Iris (Hrsg.): Bürokratie und Kult. München/Berlin 1995, S. 17–45.

Lemke u. a. (2007) – Lemke, Arnold / Gaßdorf, Beate / Kiefl, Walter (Hrsg.): Der Hofgarten in München. Liebeserklärung an Boule. München 2007.

Le Roy (1770) – Le Roy, David: Les Ruines Des Plus Beaux Monuments De La Grece. Paris 1770.

Ley (1994) – Ley, Robert: Unverwechselbare Handschrift. Fürther Liebfrauenkirche wurde vom Münchner Architekten Leo von Klenze entworfen. In: Fürther Nachrichten, 31.1.1994, S. 37.

Ley (2008) – Ley, Robert: Leo von Klenze 1784–1864. Katholische Stadtpfarrkirche Zu unserer Lieben Frau in Fürth. Forschungsbroschüre o. O. und o. J. sowie Ders.: arte klenzeana Fürth. Architektur und Schönheit. Ausstellungs- und Architekturkatalog, hrsg. von Robert Ley und Ulrich Tripp, Fürth 2008, S. 53–70.

Lieb/Hufnagl (1979) – Lieb, Norbert / Hufnagl, Florian: Leo von Klenze. Gemälde und Zeichnungen. München 1979.

LITERATURVERZEICHNIS

Linnenkamp (1992) – Linnenkamp, Iris: Leo von Klenze. Das Leuchtenberg-Palais in München. Diss. phil., Kiel 1989. München 1992 (Miscellanea Bavarica Monacensia Bd. 159).

Listl (2012) – Listl, Mathias: »Sowenig ich nun ein Freund des Eisens als sichtbarer Baustoff bin […]«. Ludwig I., Leo von Klenze und die ästhetischen Probleme des 19. Jahrhunderts mit dem bautechnischen Fortschritt. In: Wagner (2012a), S. 237–247.

Litzel/Koenig (1826) – Litzel, M. Georg: Historische Beschreibung der Kaiserlichen Begräbnisse in dem Dome zu Speyer […] mit einem Anhange vermehrt und neu herausgegeben mit 17 Abbildungen von Joh. Mich. Koenig – Lehrer zu Speyer. Mannheim 1826.

Loers (1979) – Loers, Veit: Walhalla und Salvatorkirche. Romantische Architektur und ästhetische Landschaft im Vormärz. In: Traeger (1979), S. 67–82.

Löffler (2012) – Löffler, Bernhard: Ein Monument in zweierlei Gestalt. Die Befreiungshalle in ihrer Wirkungs- und Wahrnehmungsgeschichte im 19. und 20. Jahrhundert. In: Wagner (2012a), S. 351–364.

Lorenz (2000) – Lorenz, Werner: Laptop im Chiton – Klenze, der Ingenieur? In: Klenze (2000), S. 128–143.

Lübbeke (1991) – Lübbeke, Wolfram: Kanalbau und Eisenbahn unter König Ludwig I. In: Jahrbuch der Bayerischen Denkmalpflege, 41/1991: Forschungen und Berichte für das Jahr 1987, S. 138–156.

Ludwig I. (1829) – Die Gedichte König Ludwigs von Bayern. München ²1829.

Lutz (1989) – Lutz, Fritz: Schloss Ismaning 1803–1989. Schicksal eines Schlosses – Von der säkularisierten Sommerresidenz der Freisinger Fürstbischöfe bis zum Rathaus Ismanings. Buchendorf 1989.

Makolla (1985) – Makolla, Manfred: Die Befreiungshalle – Ein deutsches Nationaldenkmal? Magisterarbeit, Heidelberg 1985.

Marr (2013) – Marr, Thorsten: Die Königliche Residenz in München. Museale Nutzung im Dienste höfischer Repräsentation und ästhetischer Erziehung 1835–1918. In: Zeitschrift für bayerische Landesgeschichte, Bd. 76, 2/2013, S. 503–562.

Marx (1845) – Marx, Alexander: Pittoreske Ansichten des Ludwig-Donau-Main-Kanals. Gezeichnet, auf Stahl gestochen und herausgegeben von Alexander Marx. Nürnberg 1845.

Mayer (2007) – Mayer, Ernst Theodor: Bebildertes Werkverzeichnis des Bildhauers Ernst Mayer (1796–1844). Privatdruck 2007.

Métivier (1816/22) – Métivier, Jean Baptiste: Sammlung architectonischer Verzierungen, enthaltend Darstellung von allen Gattungen. Componiert, gezeichnet und radiert auf Stein durch J. Métivier Königl. Hofbau-Decorateur, 2 Bde. München 1816/22.

Mette (2001) – Mette, Michael: Klenze in Fürth. Die Verwirklichung eines Musterentwurfs aus der »Anweisung zur Architectur des Christlichen Cultus«. In: Das Münster, 1/2001, S. 66–77.

Möbel der Residenz (1997) – Hojer, Gerhard / Ottomeyer, Hans (Hrsg.): Bayerische Verwaltung der staatlichen Schlösser, Gärten und Seen – Die Möbel der Residenz München, Bd. III: Möbel des Empire, Biedermeier und Spätklassizismus. München/New York 1997.

Moll (1990) – Moll, Jörg: Die Baugeschichte des Schlosses Gaibach. Magisterarbeit, Würzburg 1990.

Müller (1816) – Müller, Christian: München unter Maximilian I. Joseph, Bd. 1. München 1816.

Nannen (1937) – Nannen, Henri: Tag der Deutschen Kunst. In: Die Kunst im Deutschen Reich, I.1/1937, S. 10–13.

Nerdinger (1987) – Nerdinger, Winfried: Weder Hadrian noch Augustus. Zur Kunstpolitik Ludwigs I. In: Romantik und Restauration (1987), S. 9–16.

Nerdinger (2000) – Nerdinger, Winfried: »Das Hellenische mit dem Neuen verknüpft«. Der Architekt Leo von Klenze als neuer Palladio. In: Klenze (2000), S. 8–49.

Nerdinger/Heß (2012) – Nerdinger, Winfried / Heß, Regine: Vom Pantheon zur Befreiungshalle. Genese und Bau des Nationaldenkmals in Kelheim. In: Wagner (2012a), S. 161–178. Auch in: Befreiungshalle Kelheim (2013), S. 27–53.

Neues Hellas (1999) – Das Neue Hellas. Ausstellungskatalog, hrsg. von Reinhold Baumstark, München 1999.

Nipperdey (1968) – Nipperdey, Thomas: Nationalidee und Nationaldenkmal in Deutschland. In: Historische Zeitschrift, 206/1968, S. 529–585.

Ohm (1994) – Ohm, Barbara: Zur Baugeschichte der Kirche Zu Unserer Lieben Frau und der Auferstehungskirche. In: Fürther Heimatblätter, 3/1994, S. 59–69.

Otten (1970) – Otten, Frank: Ludwig Michael Schwanthaler 1802–1848. Ein Bildhauer unter Ludwig I. von Bayern. Monographie und Werkverzeichnis. München 1970.

Ottomeyer (2006) – Ottomeyer, Hans: Klenze als Plagiator? In: Dunkel/Körner/Putz (2006), S. 293–306.

Papageorgiou-Venetas (1992) – Papageorgiou-Venetas, Alexander: Gärtner in Griechenland und der Bau der Athener Residenz. In: Gärtner (1992), S. 135–156.

Papageorgiou-Venetas (1994) – Papageorgiou-Venetas, Alexander: Hauptstadt Athen. Ein Stadtgedanke des Klassizismus. München 1994.

Papageorgiou-Venetas (1999) – Papageorgiou-Venetas, Alexander: »Ottonopolis« oder das Neue Athen. In: Neues Hellas (1999), S. 69–90.

Pappenheim (1998) – Burg Pappenheim. Die Stammburg der Reichserbmarschälle des Heiligen Römischen Reiches Deutscher Nation. Texte von Thomas Schauerte, hrsg. vom Europäischen Burgeninstitut in der Deutschen Burgenvereinigung e.V. Braubach 1998.

Pechmann (1832) – Pechmann, Heinrich Freiherr von: Entwurf für den Kanal zur Verbindung der Donau mit dem Maine. München 1832.

Percier/Fontaine (1798) – Percier, Charles / Fontaine, Pierre François Léonard: Palais, Maisons, et autres édifices modernes dessinés à Rome. Paris 1798 [Nachdruck mit einer Einführung von Hans Foramitti: Hildesheim/ New York 1980].

Pfäfflin (2010) – Pfäfflin, Anna Marie: Kunstansichten zur Walhalla. Die »Poetische Idee« Leo von Klenzes. In: Zeitschrift für Kunstgeschichte, 73/2010, S. 89–93.

Pfeil (2012) – Pfeil, Mathias: »Schlichte Schönheit« oder »bunte Vielfalt« – Die unterschiedlichen Gewänder der Befreiungshalle Kelheim. In: Wagner (2012a), S. 491–501.

Philipp (2000) – Philipp, Klaus Jan: »Grobkörnig«. Klenze als Architekturtheoretiker und Kritiker. In: Klenze (2000), S. 105–115.

Piljawskij/Ljulina (1974) – Piljawskij, V. / Ljulina R.: Novyi Ermitaž (Neue Eremitage). In: Ermitaž. Istorija i architektura zdanij (Die Eremitage. Geschichte und Architektur der Gebäude). Leningrad 1974, S. 223–245.

Prusseit (1990) – Prusseit, Elke: Jean-Baptiste Métivier. Magisterarbeit, Eichstätt 1990.

Putz (2005) – Putz, Hannelore: Leo von Klenze in St. Petersburg. In: Schmid, Alois / Weigand, Katharina (Hrsg.): Bayern mitten in Europa. Vom Frühmittelalter bis ins 20. Jahrhundert. München 2005, S. 339–354.

Putz (2006) – Putz, Hannelore: Ludovicianische Kunstprojekte und Strategien zu ihrer Durchsetzung am Beispiel der Alten Pinakothek (1822–1825). In: Dunkel/Körner/Putz (2006), S. 53–79.

Putz (2010) – Putz, Hannelore: Die Propyläen in München als Monument des Griechischen Befreiungskampfes und der Wittelsbachischen Sekundogenitur in Griechenland. In: Becker, Rainald / Burger, Daniel / Horling, Thomas (Hrsg.): Akteure – Beziehungen – Ideen. Kallmütz/Oberpfalz 2010, S. 325–342.

Putz (2012) – Putz, Hannelore: Der König und seine Künstler. In: Wagner (2012a), S. 117–127.

Putz (2014a) – Putz, Hannelore: Die Leidenschaft des Königs. Ludwig I. und Kunst. München 2014.

Putz (2014b) – Die Kunst- und Kulturpolitik Ludwigs I. am Beispiel der Pfalz. In: Ritter, Karl-Markus (Hrsg.): Johann Baptist Schraudolph, die Nazarener und die Speyrer Domfresken. Darmstadt 2014, S. 64 76.

Raff (1995) – Raff, Thomas: Die Münchner Propyläen. Ein Denkmal des griechischen Befreiungskampfes. In: Die erträumte Nation. Ausstellungskatalog, hrsg. von Reinhard Heydenreuther u. a., München 1995, S. 195–207.

Ratfisch (1983/84) – Ratfisch, Heike: Das Ismaninger Schloß und seine beiden Prunkräume. Magisterarbeit, München 1983/84.

Rau (1997) – Rau, Hermann: Jean Baptiste Métivier. Architekt, Kgl. Bayerischer Hofbaudirektor und Baurat (1781–1857). Kallmünz 1997 (Thurn und Taxis-Studien, Bd. 19).

Reber (1884) – Reber, Franz von: Denkrede auf Leo von Klenze […] gehalten zur Feier des hundertjährigen Geburtstages Klenze's im Münchner Architekten- und Ingenieurverein. In: Zeitschrift für Baukunde, 7/1884, Sp. 135–148.

Reidel (1987) – Reidel, Hermann: Die Befreiungshalle bei Kelheim. In: Romantik und Restauration (1987), S. 187–184.

Reidelbach (1888) – Reidelbach, Hans: König Ludwig I. und seine Kunstschöpfungen. München 1888 [Nachdruck mit einem Kommentar von Heinrich Habel: Hannover 1985].

Reiser (2009) – Reiser, Rudolf: Alte Häuser – Große Namen. München 2002, ²2009.

Rieger (1913) – Rieger, Georg: Geschichte der Befreiungshalle. Kelheim 1913.

Ringseis (1886) – Erinnerungen des Dr. Nepomuk von Ringseis, Bd. 1. Regensburg/Amberg 1886.

Romantik und Restauration (1987) – Romantik und Restauration. Architektur in Bayern zur Zeit Ludwigs I. 1825–1848. Ausstellungskatalog, hrsg. von Winfried Nerdinger, Architekturmuseum der TU München und Münchner Stadtmuseum, München 1987.

Rosenfeld (2004) – Rosenfeld, Gavriel D.: München und Nationalsozialismus. Strategien des Vergessens. Ebenhausen bei München 2004 [amerikanische Originalausgabe: Munich and Memory. Architecture, Monuments, and the Legacy of the Third Reich. Berkeley u. a. 2000].

Ross (2006) – Papageorgiou-Venetas, Alexander (Hrsg.): Briefwechsel Klenze–Ross 1834–1854. Athen 2006 (Bibliothek der Archäologischen Gesellschaft zu Athen, Nr. 238).

Rott (2003) – Rott, Herbert W. (Hrsg.): Ludwig I. und die Neue Pinakothek. Köln 2003.

Rott (2006) – Rott, Herbert W.: Eine »begeisternde Poesie«. Klenzes Sammlung neuer Malerei. In: Dunkel/Körner/Putz (2006), S. 227–247.

Russack (1942) – Russack, Hans-Hermann: Deutsche bauen in Athen. Berlin 1942.

Savoy (2006) – Savoy, Bénédicte (Hrsg.): Tempel der Kunst. Die Entstehung des öffentlichen Museums in Deutschland 1701–1815. Mainz 2006, Köln ²2015.

Schaefer (1980) – Schaefer, Veronika: Leo von Klenze – Möbel und Innenräume. Ein Beitrag zur höfischen Wohnkultur im Spätempire. München 1980 (Miscellanea Bavaracia Monacensia, Bd. 89).

Scharf (1985) – Scharf, Helmut: Nationaldenkmal und Nationale Frage in Deutschland am Beispiel der Denkmäler Ludwigs I. von Bayern und deren Rezeption. Diss. phil., Frankfurt a. M. 1985.

Scherbaum (2006) – Scherbaum, Bettina: »[…] da das was ich bitten soll mich selbst betrifft«. Zu Leo von Klenze und seinen Strategien in eigener Sache. In: Dunkel/Körner/Putz (2006), S. 141–160.

Schickel (1987) – Schickel, Gabriele: Typisierung und Stilwahl im Sakralbau. In: Romantik und Restauration (1987), S. 54–67 sowie Katalogbeiträge.

Schinkel (1819ff.) – Schinkel, Karl Friedrich: Sammlung Architektonischer Entwürfe enthaltend theils Werke welche ausgeführt sind, theils Gegenstände deren Ausführung beabsichtigt wird, 28 Hefte. Berlin 1819–1840 [vollständiger Nachdruck nach der Ausgabe Potsdam 1866: Chicago 1981].

Schleich (1978) – Schleich, Erwin: Die zweite Zerstörung Münchens. Stuttgart 1978.

Schneider (1853) – Schneider, Ludwig: Kurerfolge zu Bad Gleisweiler. Landau 1853.

Schnell (1999) – Schnell, Edgar: Klassizistisches Rathaus, in: Zeiskam in Vergangenheit und Gegenwart: Ein Porträt in Wort und Bild, hrsg. von der Gemeinde Zeiskam, Bellheim 1999, S. 132–136.

Schopenhauer (1819) – Schopenhauer, Arthur: Die Welt als Wille und Vorstellung, Bd. 1. Leipzig 1819.

Schultheis (1847) – Schultheis, Friedrich: Der Ludwig-Kanal. Seine Entstehung und Bedeutung. Nürnberg 1847.

Sckell (1825) – Sckell, Friedrich Ludwig von: Beiträge zur bildenden Gartenkunst für angehende Gartenkünstler, 2. überarbeitete Ausgabe. München 1825 [Nachdruck mit einem Nachwort von Wolfgang Schepers: Worms 1982].

Sczesny (1967/74) – Sczesny, Marina: Leo von Klenzes »Anweisung zur Architectur des christlichen Cultus«. Diss. München 1967, Hamburg 1974.

Semjonova/Wesnin (2000) – Semjonova, Tatjana / Wesnin, Sergei: Leo von Klenzes Planung der Neuen Eremitage im Spiegel seiner Briefe nach St. Petersburg. In: Klenze (2000), S. 174–181.

Semper (1834) – Semper, Gottfried: Vorläufige Bemerkungen über vielfarbige Architektur und Plastik bei den Alten. Altona 1834. Auch in: Ders.: Kleine Schriften, hrsg. von Hans und Manfred Semper, Berlin/Stuttgart 1884 [Nachdruck: Mittenwald 1979].

Semper (1860/63) – Semper, Gottfried: Der Stil in den technischen und tektonischen Künsten, 2 Bde. Frankfurt a. M. 1860/63 [Nachdruck mit einer Einführung von Adrian von Buttlar: Mittenwald 1977].

Sieveking (1980) – Sieveking, Hinrich: Der Skulpturenschmuck am Außenbau der Glyptothek. In: Glyptothek (1980), S. 544–573.

Simson (1996) – Simson, Jutta von: Christian Daniel Rauch. Oeuvre-Katalog. Berlin 1996.

Sitzmann (1924) – Sitzmann, Karl: Die Pfarrkirche St. Martin zu Eggolsheim. In: Bamberger Blätter für fränkische Kunst und Geschichte, 1/1924, S. 94–96.

Sitzmann (1957) – Sitzmann, Karl: Künstler und Kunsthandwerker in Ostfranken. Würzburg 1957.

Sitzungsprotokoll (1831) – Verhandlungen der Zweyten Kammer der Stände-Versammlung des Königreichs Bayern vom Jahre 1831, Bd. 9, Nr. 56. München 1831, S. 123.

Spahr (1974) – Spahr, Gebhard: Die Basilika Weingarten. Sigmaringen 1974.

Spensberger (1998) – Spensberger, Eva: Der Wiederaufbau der Münchner Residenz unter besonderer Berücksichtigung des Festsaaltraktes. Magisterarbeit, LMU München 1998.

Springorum-Kleiner (1936/82) – Springorum-Kleiner, Ilse: Karl von Fischer 1782–1820. Aus dem Nachlass hrsg. und eingeleitet von Winfried Nerdinger. Diss. phil., München 1936. München 1982 (Miscellanea Bavarica Monacensia, Bd. 105).

Stolz (1977) – Stolz, Ruprecht: Die Walhalla. Ein Beitrag zum Denkmalsgedanken im 19. Jahrhundert. Diss. phil., Köln 1977.

Straßer/Oswald (2012) – Straßer, Christoph / Oswald, Thomas: Befreiungshalle Kelheim. Sanierung des Dachtragwerks und der Dachdeckung. In: Wagner (2012a), S. 505–513.

Suskij (2001) – Suskij, V. P.: Leo von Klenze und August Montferrand. In: Nemcy v Rossii – Deutsche in Russland. Deutsch-russischer Dialog. St. Petersburg 2001, S. 450–457.

Thiele (1852–1856) – Thiele, Just Mathias: Thorvaldsens Leben nach den eigenhändigen Aufzeichnungen, nachgelassenen Papieren und dem Schriftwechsel des Künstlers, 3 Bde. Leipzig 1852–1856.

Thiele (1988) – Thiele, Ulrich: Die Randbebauung des Münchner Hofgartens. Baugeschichtliche Entwicklung vom ausgehenden 18. Jh. bis zum 1. Weltkrieg. In: Denkmäler am Münchner Hofgarten. München 1988 (Arbeitshefte des Bayerischen Landesamtes für Denkmalpflege 41), S. 45–134.

Traeger (1979) – Traeger, Jörg: Die Walhalla. Ein architektonischer Widerspruch und seine landschaftliche Aufhebung. In: Traeger, Jörg (Hrsg.): Die Walhalla. Idee, Architektur, Landschaft. Regensburg 1979, ²1980, S. 19–40.

Traeger (1982) – Traeger, Jörg: Architektur der Unsterblichkeit in Schinkels Epoche. In: Wissenschaftliche Zeitschrift der Ernst-Moritz-Arndt-Universität Greifswald. Gesellschafts- und Sprachwissenschaftliche Reihe, 2–3/1982, S. 31–35.

Traeger (1987/91) – Traeger, Jörg: Der Weg nach Walhalla. Denkmallandschaft und Bildungsreise im 19. Jahrhundert. Regensburg 1987, ²1991.

Traeger/Hanske (1992) – Traeger, Jörg / Hanske, Horst: Walhalla. Ruhmestempel an der Donau. Regensburg 1992.

Traeger (2006) – Traeger, Jörg: Die Walhalla – Eine romantische Architecture parlante? In: Dunkel/Körner/Putz (2006), S. 273–292.

Unger (1829ff.) – Unger, Joseph: Sammlung von Rissen von hauptsächlich in München ausgeführten Privat- und Gemeindegebäuden […]. München 1829ff.

Vaassen (1982) – Vaassen, Elgin: Affaires de Russie. Ein Glasfenster für die St.-Isaak-Kathedrale. In: Die Weltkunst, 1982, S. 2917–2919.

Vierneisel (1991) – Vierneisel, Klaus: Ludwigs I. Verlangen nach dem »Reinen griechischen Stil«. In: Grimm, Gerhard / Nikolaou, Theodor (Hrsg.): Bayerns Philhellenismus. Symposium an der Ludwig-Maximilians-Universität München. München 1991 (Veröffentlichungen des Instituts für Orthodoxe Theologie, Bd. 1), S. 113–145.

Vierte Festschrift (1959) – Vierte Festschrift zum Wiederaufbau der Residenz München. Ausbau des Festsaalflügels an der Nordostecke für die Bayerische Akademie der Wissenschaften, hrsg. von der Bayerischen Verwaltung der Staatlichen Schlösser, Gärten und Seen. München 1959.

Vomm (1977) – Vomm, Wolfgang: Zur kunsthistorischen Stellung von Thorvaldsens Reiterstandbild für Kurfürst Maximilian I. in München. In: Bott, Gerhard (Hrsg.): Berthel Thorvaldsen. Untersuchungen zu seinem Werk und zur Kunst seiner Zeit. Köln 1977, S. 419–448.

Vorwärts (1986) – Vorwärts, vorwärts sollst Du schauen… Geschichte, Politik und Kunst unter Ludwig I., 3 Bde. Ausstellungskatalog, hrsg. von Claus Grimm, Johannes Erichsen und Uwe Puschner. München 1986.

Voß (1987) – Voß, Hiltrud: Klenzes Marstall. München 1987 (Schriften aus dem Institut für Kunstgeschichte der Universität München, Bd. 17).

Wagner (2012a) – Wagner, Christoph (Hrsg.): Die Befreiungshalle Kelheim. Geschichte, Mythos, Gegenwart. hrsg. unter Mitarbeit von Gerald Dagit mit Fotografien von Lorenz Kienzle für die Stadt Kelheim, Regensburg 2012.

Wagner (2012b) – Wagner, Christoph: Die Befreiungshalle Kelheim als »Wahrnehmungsarchitektur«. Schaulust und politische Ikonographie. In: Wagner (2012a), S. 35–54.

Walhalla's Genossen (1842) – Walhalla's Genossen, geschildert durch König Ludwig den Ersten von Bayern, dem Gründer Walhalla's. München 1842.

Walhalla-Restaurierung (2014) – Walhalla 2004–2014. Werkbericht zur Restaurierung der Ruhmeshalle, hrsg. vom Staatlichen Bauamt Regensburg. Regensburg 2014.

Walter (2001) – Walter, Uli: Steingrau oder ockergelb? Zur Farbgeschichte der Münchner Ludwigstraße. In: Jahrbuch der Bayerischen Denkmalpflege, 47–48/2001: Forschungen und Berichte für die Jahre 1993/94, S. 187–193, Taf. XVII–XIX.

Wanetschek (1971) – Wanetschek, Margret: Die Grünanlagen in der Stadtplanung Münchens von 1790–1860. Diss., München 1971 (Miscellanea Bavarica Monacensia, Bd. 35).

Wankmüller (1956) – Wankmüller, Ilse: Das Nationaltheater in München. München 1956.

Wasem (1981) – Wasem, Eva-Maria: Die Münchner Residenz unter Ludwig I. – Bildprogramme und Bildausstattungen in den Neubauten. München 1981 (Miscellanea Bavarica Monacensia, Bd. 101).

Wegner (1979) – Wegner, Ewald: Leo von Klenzes Badehaus in Bad Brückenau. In: Mainfränkisches Jahrbuch für Geschichte und Kunst, 31/1979, S. 143–151.

Wegner (1984) – Wegner, Ewald: Forschungen zu Leben und Werk des Architekten Johann Gottfried Gutensohn (1792–1851). Frankfurt a. M. u. a. 1984.

Weibezahn (1975) – Weibezahn, Ingrid: Geschichte und Funktion des Monopteros. Untersuchungen zu einem Gebäudetyp des Spätbarock und des Klassizismus. Hildesheim/New York 1975.

Weidner (2000a) – Weidner, Thomas: Zur Restauration des Hofkünstlers im Königreich Bayern. Klenze als Fürstendiener und Diplomat. In: Klenze (2000), S. 51–71.

Weidner (2000b) – Weidner, Thomas: Katalog der Exponate. In: Klenze (2000), S. 500–524.

Weinbrenner (1814) – Weinbrenner, Friedrich: Ideen zu einem teutschen Nationaldenkmal des entscheidenden Sieges bei Leipzig. O. O. 1814.

Wiedemann (1980) – Wiedemann, Josef: Der Innenausbau der Glyptothek nach der Zerstörung. In: Glyptothek (1980), S. 386–397.

Wiegmann (1839) – Wiegmann, Rudolf: Der Ritter Leo von Klenze und unsere Kunst. Düsseldorf 1839.

Wiesneth (2012) – Wiesneth, Alexander: Das eiserne Dachwerk der Befreiungshalle Kelheim. In: Wagner (2012a), S. 461–484.

Winckelmann (1764) – Winckelmann, Johann Joachim: Geschichte der Kunst des Altertums. Dresden 1764.

Wolter (1991) – Wolter, Bettina-Martine: Deutsche Palastbaukunst 1750–1850. Braunschweig 1991.

Wünsche (1980) – Wünsche, Raimund: Ludwigs Skulpturenerwerbungen für die Glyptothek. In: Glyptothek (1980), S. 23–83.

Wünsche (1985) – »Göttliche, paßliche, wünschenswerthe und erforderliche Antiken«. L. v. Klenze und die Antikenerwerbungen Ludwigs I. In: Klenze (1985), S. 9–115.

Wünsche (1991) – Wünsche, Raimund: »Perikles« sucht »Phidias«. Ludwig I. und Thorvaldsen. In: Künstlerleben in Rom – Berthel Thorvaldsen (1770–1844). Der dänische Bildhauer und seine deutschen Freunde. Ausstellungskatalog, hrsg. von Gerhard Bott, Nürnberg 1991, S. 307–326.

Wünsche 2000 – Wünsche, Raimund: »Lieber hellenischer Bürger als Erbe des Throns«. König Ludwig I. und Griechenland. In: Neues Hellas (1999), S. 1–20.

Zahn (1979) – Zahn, Ulf: Die Landschaft der Walhalla im Wandel. In: Traeger (1979), S. 91–100.

Zimmermann (1977) – Zimmermann, Florian: Klenzes Kriegsministerium. Unveröff.. Magisterarbeit, München 1977.

Zimmermann (1984) – Zimmermann, Florian: Wohnbau in München 1800–1850. München 1984 (Miscellanea Bavarica Monacensia, Bd. 129).

Zimmermann (1987a) – Zimmermann, Florian: Die Hauptpost. In: Romantik und Restauration (1987), S. 430–433.

Zimmermann (1987b) – Zimmermann, Florian: Die Residenz in München 1823–1842, der Königsbau der Residenz, die Allerheiligenhofkirche, Festsaalbau und Apothekenflügel der Residenz, die Dekoration der Hofgartenarkaden. In: Romantik und Restauration (1987), S. 208–227.

Zumbini (2012) – Zumbini, Massimo Ferrari: The Parthenon on the Danube. Walhalla: Classical ideal and national liturgy. In: studi germanici, 1/2012, S. 65–106 [http://rivista.studigermanici.it/index.php/studigermanici/article/view/43/93].

KLENZES VERLORENE BAUTEN*

Marställe an der Schönen Aussicht, Kassel 1810–1814 (abgerissen 1815/1870 zugunsten des Neubaus der Gemäldegalerie)

Ständesaal und Umbau des Redoutenhauses an der Prannerstraße in München 1818/19 (1884 zugunsten des Neubaus eines Landtagsgebäudes zerstört)

Wohnhäuser Röschenauer und Mayer – ehem. Ludwigstraße 29–31 – 1820/21 (abgerissen 1937 zugunsten des Neubaus eines Zentral-Landesministeriums von Fritz Gablonsky, heute Bayerisches Landwirtschaftsministerium)

Ludwigsbrücke östlich des Isartores 1820–1828 gemeinsam mit Stadtbaumeister Carl Probst (1934 zugunsten eines Neubaus abgerissen)

Wohnhäuser Gampenrieder und Höchl am Königsplatz 1822–1825 (Rohbauten als Fehlplanung bereits 1825 abgerissen)

Wohnhaus Wimmer beim Isartor, Tal 42, 1822–1824 (1944 zerstört und abgetragen)

Königliche Erzgießerei: kleines und – mit Johann Ulrich Himbsel – errichtetes großes Gußhaus 1822–1829, ehem. Feldstraße 4, heute Erzgießereistraße (1944 zerstört und abgetragen)

Wohnhaus Wolf, ehem. Briennerstraße 4 (heute 9) 1823–1825 (1944 zerstört)

Getreidemagazin an der Salzstraße (heute Arnulfstraße) 1824/25 (Ende des 19. Jahrhunderts abgerissen)

Alte Anatomie der Bayer. Akademie der Wissenschaften, ehem. Singstraße 14 (heute Schillerstraße) 1823–1825 (1905 durch einen Neubau abgelöst und um 1944 zerstört und abgetragen)

Mietshaus Klenze, ehem. Briennerstraße 49 (heute 4) 1824/25 (nach Kriegszerstörungen durch einen Neubau ersetzt)

Wohnhaus Lechner, ehem. Briennerstraße 5/6 (heute 9, Anfang des 20. Jahrhunderts durch einen neoklassizistischen Neubau ersetzt)

Neues Schloss Biederstein (Witwensitz der Königin Caroline), München-Schwabing, Biedersteiner Straße 1826–1830 (1934 abgerissen)

Wohnhaus Kopp, ehem. Ludwigstraße 7, um 1827 (1944 beschädigt, 1949 zugunsten des Durchbruch Von-der-Tannstraße abgebrochen)

Schillertempel auf Schloss Gaibach / Franken 1827/1832 (abgerissen Ende des 19. Jahrhunderts)

Herzog-Max-Palais, ehem. Ludwigstraße 8 (heute 13), 1827–1831 (1937/38 zugunsten des Neubaus der Bayerischen Landeszentralbank durch Heinrich Wolff und Carl Sattler abgerissen)

Kettenbrücke Bamberg (Ludwigsbrücke), Portalbauten in Form ägyptischer Pylonen 1828/29 (1891 zugunsten einer neuen Stahlbetonbrücke abgebrochen)

Wohnhaus Scherff, ehem. Ludwigstraße 12/13 (heute 21), 1829/30 (1911 zugunsten eines Neubaus im neoklassizistischen Stil abgebrochen)

Bethalle auf dem protestantischen Friedhof in Regensburg, Albertstraße 1833/1840 (nach Auflassung des Friedhofs abgebrochen um 1900)

Nördliches Hofgartentor an der Galeriestraße 1838–1840 (abgerissen um 1950)

Wohnhaus Ferdinand von Miller, ehem. Nymphenburger Straße 22, um 1839/40 (1944/45 zerstört)

Ausbau Brunnhaus am Hofgarten mit Wasserturm 1845/46 (das Gebäude 1944 zerstört und bis 1952 abgerissen, das Brunnwerk noch bis 1967 in Betrieb)

Assyrischer Pavillon im Innenhof der Glyptothek 1863–1865 (zerstört und abgetragen 1944/1967)

*Zu den Verlusten an historischer Bausubstanz und Innenausstattungen bzw. zu Wiederaufbau und Rekonstruktionen vgl. die einzelnen Artikel

Klenzes Ehrengrab auf dem Münchner Südfriedhof von Anselm Sickinger und Johann von Halbig (1864)

PERSONENREGISTER

A

Abel, Karl August von (1788–1859) – bayer. Innen- und Finanzminister 230

Adam, Albrecht (1786–1862) – dt. Maler (vornehmlich von Schlachten) 52, 55

Adam, Heinrich (1787–1862) – dt. Maler (vornehmlich von Landschaften) 21f., 48, 61

Adenauer, Konrad (1876–1967) – erster Deutscher Bundeskanzler 199

Ainmiller, Max Emanuel (1807–1870) – bayer. Maler und Glasmaler 238f.

Alberti, Leon Battista (1404–1472) – ital. Architekt und Architekturtheoretiker 64, 183

Albrecht V. (1528–1579) – Herzog von Bayern, gen. der Großmütige 48

Alexander I. Pawlowitsch Romanow (1777–1825) – Kaiser von Russland, König von Polen und Großfürst von Finnland 138, 241

Alexander von der Mark (1779–1787) – illegitimer Sohn König Friedrich Wilhelm II. 154

Alexandra Feodorowna, Kaiserin von Russland siehe Charlotte von Preußen

Ammanati, Bartolomeo (1511–1592) – ital. Architekt und Bildhauer 119

Anna Amalia (1739–1807) – Prinzessin von Braunschweig-Wolfenbüttel und Großherzogin von Sachsen-Weimar-Eisenach 144, 215

Anschütz, Hermann (1802–1880) – bayer. Maler 90

Arco-Zinneberg, Maximilian Joseph Graf von (1811–1888) – bekannt als Jäger und Kunstsammler 102

Armansperg, Joseph Ludwig von (1787–1853) – bayer. Jurist und Minister 230

Arndt, Ernst Moritz (1769–1860) – dt. Schriftsteller, Politiker und Historiker 169

Aurel, Marc (121–180) – röm. Kaiser und Philosoph 70, 99, 169

B

Baader, Joseph von (1763–1835) – bayer. Ingenieur und Arzt 212

Bandel, Ernst von (1800–1876) – bayer. Bildhauer 29, 140f.

Baur, Carl von (1771–1847) – bayer. General 205, 207

Beauharnais, Auguste de (1788–1851) – geb. Prinzessin von Bayern, Vizekönigin von Italien, Herzogin von Leuchtenberg, Fürstin zu Eichstätt 87, 89, 151f., 162f.

Beauharnais, Eugène de (1781–1824) – Stiefsohn Napoleons I., Vizekönig von Italien, Herzog von Leuchtenberg, Fürst zu Eichstätt 87ff., 91, 110, 151, 159, 162

Becker, Peter von (1778–1848) – dt. Ingenieur-Oberst und Festungsbaumeister 204, 206f.

Beer, Franz Anton (1688–1749) – österr. Architekt 226

Beer, Jakob Herz (1769–1825) – dt. Bankier, Zuckerfabrikant und Theatergründer 150

Beer, Jakob Liebmann siehe Meyerbeer, Giacomo

Beer, Michael (1800–1833) – Sohn von Jakob Herz Beer, dt. Dramatiker und Dichter 150

Beethoven, Ludwig van (1770–1827) – dt. Komponist 92

Benckendorff, Alexander Christoforowitsch von (1781–1844) – russ. General und Chef der zaristischen Geheimpolizei 237, 239

Bernini, Gianlorenzo (1598–1680) – ital. Architekt, Bildhauer und Maler 64

Beyschlag, Ferdinand (1793–ca. 1870) – Baumeister in Kaiserslautern

Blangini, Felicitas siehe Klenze, Felicitas von

Blangini, Felix/Felice (1781–1841) – ital. Komponist, Schwager Leo von Klenzes 13

Bodmer, Gottlieb (1804–1837) – bayer. Maler, Graphiker und Lithograph 20

Boisserée, Melchior (1786–1851) – dt. Kunstsammler und Gelehrter 129

Boisserée, Sulpiz (1783–1854) – dt. Gemäldesammler, Kunst- und Architekturhistoriker 129, 134, 143

Bonaparte, Jérôme (1784–1860) – König von Westphalen und jüngster Bruder Kaiser Napoleons 13, 15, 19, 82, 122, 159, 214, 216

Bourgeois, Constant (1767–1841) – frz. Maler, Graphiker und Lithograph 13

Bramante, Donato (1444–1514) – ital. Architekt 117, 119, 130

Brenninger, Georg (1909–1988) – dt. Bildhauer und Architekt 74

Bromeis, Johann Conrad (1788–1855) – hess. Architekt 160f.

Brüger, Johann (Anton) (o. D.) – kgl. Bauinspektor in Franken 176

Brugger, Friedrich (1815–1870) – bayer. Bildhauer 29, 216f.

Brüllow/Brjullov, Alexander Pawlowitsch (1798–1877) – russ. Architekt 236, 241f.

Buchler/Buchner, Friedrich (o. D.) – leitender Ingenieur der Regensburger Eisenfabrik Maffei 217, 222

Bülow, Graf von Dennewitz, Friedrich Wilhelm (1755–1816) – preuß. General 15

Bürde, Georg Heinrich (1796–1865) – preuß. Architekt, Bauunternehmer und Mitarbeiter Schinkels 95

Bürklein, Friedrich (1813–1872) – dt. Architekt und kgl.-bayer. Baurat 73

Byron, George Gordon, 6. Baron (1788–1824) – brit. Dichter und Philhellene 39

Friedrich I. (1122–1190) – Kaiser
des Heiligen Römischen Reiches,
gen. Barbarossa   56

Friedrich II. (1194–1250) – König
von Sizilien und Kaiser des
Heiligen Römischen Reiches
154

Friedrich II. (1712–1786) – König
von Preußen, gen. der Große
11, 76, 135, 194, 215

Friedrich Wilhelm II. (1744–
1797) – König von Preußen   154

Friedrich Wilhelm III. (1770–
1840) – König von Preußen   19,
30, 225

Friedrich Wilhelm IV. (1795–
1861) – König von Preußen   7,
19, 61, 141, 144f., 195, 232, 236,
253f.

Fritzsche (o. D.) – leitender
Ingenieur (für Dachstuhl der
Befreiungshalle)   217, 222

G

Gampenrieder, Franz
Xaver (o. D.) – Münchner
Zimmermannsmeister und
Bauunternehmer   102f.

Gampenrieder, Joseph (o. D.) –
Münchner Schneidermeister   26,
114f.

Gansser, Reto (*1943) – schweiz.
Architekt   50

Gärtner, Andreas (1744–1826) –
dt. Architekt und kgl.-bayer.
Hofbauintendant   15f., 50, 80,
193

Gärtner, Friedrich von
(1791–1847) – bayer. Architekt,
Professor und Direktor
der Porzellanmanufaktur
Nymphenburg   16, 26, 37, 50, 52,
70, 80, 83f., 93, 104, 123, 131, 134,
136, 150f., 158, 173, 176, 185, 190,
207, 212, 218–220, 224, 232, 242f.

Gentz, Heinrich (1766–1811) –
Architekt und preuß. Baubeamter
10

Georg V. (1819–1878) – Herzog
von Cumberland und Treviotdale,
König von Hannover   226

Ghiberti, Lorenzo (1378–1455) –
ital. Bildhauer und Goldschmied
33

Gibson, John (1790–1866) –
engl. Bildhauer   33

Gilly, David (1748–1808) –
dt. Architekt und Preuß. Geh.
Oberbaurat   10f.

Gilly, Friedrich (1772–1800) –
preuß. Architekt und Professor an
der Bauakademie   10f., 14, 72,
194, 249, 257

Giovanni da Bologna
(1529–1608) – eigentl. Jean
de Boulogne, flämisch-ital.
Bildhauer, gen. Giambologna
33

Gluck, Christoph Willibald von
(1714–1787) – dt. Komponist
86, 92

Gobineau, Joseph Arthur de
(1816–1882) – frz. Diplomat und
Schriftsteller   28

Goethe, Johann Wolfgang von
(1749–1832) – dt. Dichter   30,
150, 246, 253

Gotman, Andrey Danielovich
(1790–1865) – russ. Bauingenieur,
Direktor der ersten Petersburger
Ingenieurhochschule   241

Grandjean de Montigny, Auguste
Henri Victor (1776–1850) – frz.
Architekt und Stadtplaner   13,
104, 160f., 250

Graubner, Gerhard (1899–
1970) – dt. Architekt   71, 74

Greiner, Johann von (o. D.) – kgl.-
bayer. Oberrechnungsrat   106f.

Grimm, Jacob (1785–
1863) – dt. Sprach- und
Literaturwissenschaftler   13

Grünwedel, Karl (1815–1895) –
dt. Maler und Lithograph   164

Grützke, Johannes (*1937) –
dt. Maler und Zeichner   2, 9

Gsellhofer, Anton (o. D.) –
Münchner »Schönfärber«   110

Guggenbichler, Josef (*1950) –
dt. Architekt   58

Gumppenberg, Anton von
(1787–1855) – bayer. General und
Kriegsminister   18, 207

Gurlitt, Cornelius (1850–1938) –
dt. Architekt und Kunsthistoriker
56

Gutensohn, Johann Gottfried
(1792–1851) – dt.-schweiz.
Architekt   25, 167, 176, 184

H

Habel, Heinrich (*1932) –
dt. Kunsthistoriker und
Denkmalpfleger   178

Hackert, Jakob Philipp (1737–
1807) – dt. Maler   144

Hadrian (76–138) – röm. Kaiser
33

Halbig, Johann von (1814–
1882) – bayer. Bildhauer   150,
212f., 217, 220, 237, 241, 246f., 274

Haller, Johann Nepomuk (1792–
1826) – österr.-bayer. Bildhauer
29, 215

Hallerstein, Carl Haller von
(1774–1817) – bayer. Architekt
und Archäologe   193

Händel, Georg Friedrich (1685–
1759) – dt.-brit. Komponist   92

Haneberg, Daniel Bonifatius von
(1816–1876) – Abt in München,
Bischof von Speyer   155

Hanfstaengl, Franz (1804–
1877) – bayer. Maler, Lithograph
und Fotograf   19f.

Hansen, Christian Frederik
(1756–1845) – dän. Architekt
182

Hansen, Theophil von (1813–
1891) – dän.-österr. Architekt   93

Hardenberg, Karl August
von (1750–1822) – preuß.
Außenminister und Staatskanzler
167

Hardenberg, Lucie von siehe
Pückler-Muskau, Lucie Fürstin
von

Hartlaub, Hermann (1914–
2004) – dt. Bauingenieur   121

Haslauer, Georg (o. D.) –
Münchner Bierbrauer und
Investor   120f., 123

Hau, Eduard (1807–1887) – dt.-
balt. Maler und Graphiker   246

Hauschild, Wilhelm (1827–
1887) – dt. Historienmaler   227f.

Haydn, Joseph (1732–1809) –
österr. Komponist   92

Heideck/Heydeck, Karl/Carl
Wilhelm von (1787–1861) –
bayer. General, Maler und
Festungsbaukommissar   52,
54f., 149, 204f., 207, 230, 257

Leonardo da Vinci (1452–1519) –
ital. Maler, Bildhauer, Architekt
und Gelehrter   119, 204

Leonidas I. (508–480 v. Chr.) –
König von Sparta   148

Leopoldine (1811–1886) – Gräfin
von Waldburg-Zeil, Frau von
Maximilian Joseph Bernhard von
Arco-Zinneberg   102

Lerchenfeld, Maximilian
Emanuel von (1778/79–1843) –
bayer. Finanzminister und
Gesandter   167

Le Roy, Julien-David (1724–
1803) – frz. Architekt und
Bauforscher   36

Lespilliez, Carl Albrecht von
(1723–1796) – bayer. Architekt
49, 126

Littmann, Max (1862–1931) –
dt. Architekt   119

Lorenz, Werner (*1953) –
dt. Bauingenieur und
Bauhistoriker   255

Lossow, Arnold Hermann (1805–
1874) – dt. Bildhauer   29, 217

Louis Philippe I. (1773–1850) –
König von Frankreich   19

Ludwig I. (1753–1830) – Landgraf
von Hessen-Darmstadt,
Großherzog von Hessen und bei
Rhein   170

Ludwig I. (1786–1868) – König
von Bayern   passim

Ludwig II. (1845–1886) – König
von Bayern   230

Ludwig (IV.) der Bayer (1282/86–
1347) – röm.-dt. König und
Kaiser im Heiligen Römischen
Reich   38

Ludwig Ferdinand (1859–1949) –
Prinz von Bayern, dt. Arzt,
Künstler und General   101

Luise (1776–1810) – Königin von
Preußen, geb. Prinzessin von
Mecklenburg-Strelitz, Frau von
Friedrich Wilhelm III.   154

Luther, Martin (1483–1546) –
dt. Theologe und Reformator
12, 145, 215, 249

M

Manhard = Mannhard(t),
Johann Michael (1798–1878) –
bayer. Uhrmacher, Mechaniker,
Ingenieur und Erfinder aus
Gmund   73, 196

Maria Leopoldine (1776–1848) –
Erzherzogin von Österreich-Este
und Kurfürstin von Bayern   102

Martin (315/16/17–397/99) –
Bischof von Tours, Heiliger der
katholischen Kirche   178–180

Mätzler, Anton (1780–1857) –
dt. Theologe und Abgeordneter
der Bayer. Ständeversammlung
15

Maurer, Georg Ludwig von
(1790–1872) – bayer. Jurist und
Staatsmann   230

Mauromichalis, Elias (1801–
1836) – Adjutant König Ottos
von Griechenland, gen. Katzakos
147f.

Maximilian (1808–1888) – gen.
Max in Bayern   77, 83, 105, 120f.

Maximilian I. (1573–1651) –
Herzog von Bayern und Kurfürst
des Heiligen Römischen Reiches
44, 46, 48, 77, 83, 98f., 101, 121,
143

Maximilian I. Joseph (1756–
1825) – König von Bayern   13,
15, 19, 45f., 50, 54, 70, 72, 74–77,
87, 94, 104, 122, 140, 153, 164,
171, 177, 206

Maximilian II. Emanuel (1662–
1726) – Kurfürst von Bayern   55,
133, 157

Maximilian II. Joseph (1811–
1864) – König von Bayern   15,
19, 158, 222, 232, 258

Maximilian III. Joseph (1727–
1777) – Kurfürst von Bayern   44

Mayer, Johann Ernst (1796–
1844) – bayer. Bildhauer und
Mitarbeiter von Leo von Klenze
29, 46, 50ff., 55, 147, 151f., 191,
204, 206f., 246f.

Mayer, Korbinian (o. D.) –
Schlossermeister und Investor
83, 105, 111, 117f.

Mayr, Simon (1779–1840) –
bayer. Architekt und
Hofbauinspektor in München
51, 64

Mazois, Charles François
(1783–1826) – frz. Architekt und
Archäologe   47

Méhul, Étienne-Nicolas (1763–
1817) – frz. Komponist   92

Méjan, Étienne Pierre Graf von
(1766–1846) – frz. Jurist, Sekretär
des Herzogs von Leuchtenberg
98, 110f.

Mellinger, Ludwig von (1849–
1929) – bayer. Architekt, Geh.
Oberbaurat   49

Métivier, Jean Baptiste
(1781–1853) – frz.-dt. Architekt
und bayer. Baubeamter   16,
87, 89, 107, 110f., 113f., 118, 159,
162ff., 166

Metzger, Eduard (1807–1894) –
dt. Architekt, Maler und bayer.
Baubeamter   149

Meyer, Amalie (1767–1854) –
Frau von Jakob Herz Beer,
dt.-jüdische Salonnière   150

Meyerbeer, Giacomo (1791–
1864) – Sohn von Jakob Herz
Beer, dt.-franz. Komponist   150

Michelangelo (1475–1564) –
ital. Maler, Bildhauer, Architekt
und Dichter   33, 70, 119, 149,
204, 246, 256

Miller, Ferdinand von
(1813–1887) – Inspektor der Kgl.
Erzgießerei in München unWd
Politiker   86, 133, 136, 197,
217, 221

Moll, Johann Carl (1748–1831) –
dt. Mathematiker, Professsor am
Carolinum Braunschweig und
Generalleutnant 10

Moller, Georg (1784–1852) –
dt. Architekt, Hofbaudirektor
des Großherzogtums Hessen-
Darmstadt   170

Monten, Dietrich (1799–1843) –
dt. Maler, Radierer und
Lithograph   52, 55

Montferrand, Auguste Ricard de
(1786–1858) – frz.-russ. Architekt
237–240, 242

Montgelas, Maximilian
von (1759–1838) – bayer.
Außenminister und Staats-
reformer   24, 64, 71, 81, 133

Morell, Bernhard (1785–1859) –
schweiz. Architekt und bayer.
Baubeamter   167

Morghen, Raffaello (1758–1833) – ital. Kupferstecher und Radierer 247

Moritz, Karl Philipp (1756–1793) – dt. Schriftsteller und Kunstgelehrter 32

Moy de Sons, Grafen von – franz. Adelsgeschlecht, seit 1798 in München 80, 109ff.

Mozart, Wolfgang Amadeus (1756–1791) – österr. Komponist 92

Mühlthaler, Carl (o. D.) – bayer. Hofbauingenieur 156f.

Müller, Andreas (1811–1890) – dt. Maler, Radierer und Restaurator 227f.

Müller, Christian (o. D.) – dt. Historiker und Publizist 169

Müller, Johannes von (1752–1809) – schweiz. Historiker, Publizist und Staatsmann 192, 216f.

N

Napoleon I. Bonaparte (1769–1821) – Kaiser von Frankreich 13ff., 30, 40, 42f., 64, 67, 84, 87, 89, 151, 159, 162, 169ff., 192, 201, 216, 218, 221f., 225, 238, 243

Napoleon III. (1808–1873) – Kaiser von Frankreich 19

Nassau, Adolf von (1250–1298) – röm.-dt. König 172f., 252

Nassau, Wilhelm (I.) von (1792–1839) – Herzog von Nassau 172

Nerdinger, Winfried (*1944) – dt. Architekturhistoriker 23

Netzer-Guggenbichler, Gabriele (*1951) – dt. Architektin 58

Neumann, Balthasar (1687–1753) – dt. Architekt 204

Neureuther, Eugen Napoleon (1806–1882) – bayer. Maler, Zeichner und Radierer 63

Nikolaus I. a. d. H. Romanow (1796–1855) – Kaiser von Russland und König von Polen 8, 19, 56, 236, 238

Nilson, Christoph Friedrich (1811–1879) – bayer. Maler 46, 48, 71, 73

Nipperdey, Thomas (1927–1992) – dt. Historiker 27, 133, 192

O

Odysseus, Leonidas (1824–1836) – griech. Kadett in München 147ff.

Oesterlen, Dieter (1911–1994) – dt. Architekt 214

Oetker, Julia (*1979) – dt. Unternehmerin 108

Ohlmüller, Johann Daniel (1791–1839) – dt. Architekt und bayer. Baubeamter 16, 29, 77f., 134, 176, 180, 190, 248

Ohnmacht, Landolin (1760–1834) – dt. Bildhauer 171f.

Onatas (um 500 v. Chr.) – griech. Bildhauer und Erzgießer 247

Ottmer, Carl Theodor (1800–1843) – dt. Architekt und braunschweigischer Hofbaumeister 93

Otto I. (1815–1867) – König von Griechenland, Sohn Ludwigs I. von Bayern 16, 19, 38, 40, 147f., 195, 218, 230, 232, 234

P

Palladio, Andrea (1508–1580) – ital. Architekt und Architekturtheoretiker 26, 31, 54, 64, 102, 106, 108, 115f., 119, 165f., 177f., 180, 190, 251

Pappenheim, Carl Theodor Friedrich Graf von (1771–1853) – Reichserbmarschall, kgl.-bayer. Feldzeugmeister und kgl. Generaladjutant 159, 164, 166f.

Pappenheim, Friedrich Albert Graf von (1777–1860) – bayer. Kavallerie-General, Abgeordneter und Schriftsteller 167

Pawlowna, Maria (1786–1859) – Großherzogin von Russland, Großherzogin von Sachsen-Weimar-Eisenach, Schwester des russ. Zaren Alexander I. 138

Paxton, Joseph (1803–1865) – brit. Architekt, Botaniker, Schriftsteller und Politiker 255

Pechmann, Heinrich von (1774–1861) – dt. Wasserbauingenieur, Leiter des bayer. »Centralen Brücken-, Wasser- und Strassenbau Bureaus« 208ff.

Percier, Charles (1764–1838) – führender frz. Architekt und Entwerfer des Empire 13, 33, 54, 67, 87, 89, 104, 117, 121, 135, 238, 243, 249f.

Perikles (ca. 490–429 v. Chr.) – Staatsmann Athens, griech. Politiker 18, 32f., 98, 248

Persius, Ludwig (1803–1845) – preuß. Baumeister und Hofarchitekt 144

Pertsch, Johann Nepomuk (1780–1835) – bayer. Architekt und Oberbaurat 85, 138

Peter I. (1672–1725) – Kaiser von Russland, gen. der Große 236

Pezold, Georg (1865–1943) – bayer. Bildhauer 140f.

Pfeilsticker, Gottlieb (1811–1866) – württemb. Architekt 226

Pheidon (o. D.) – mythischer König von Argos 247

Phidias (500/490–430/420 v. Chr.) – griech. Bildhauer und Toreut 32, 246

Pichler, Anton (1696/97–1779) – dt.-ital. Gemmenschneider 247

Pocci, Franz von (1807–1876) – dt. Zeichner, Karikaturist und Schriftsteller 18f., 26

Polyklet (ca. 480–Ende des 5. Jh. v. Chr.) – griech. Bildhauer 246

Puccio, Piero di (um Mitte des 14. Jh.) – ital. Maler 256

Pückler-Muskau, Hermann Fürst von (1785–1871) – preuß. Generalleutnant, Reiseschriftsteller und Landschaftsarchitekt 167, 232

Pückler-Muskau, Lucie Fürstin von (1776–1854) – geb. Gräfin von Hardenberg, gesch. Gräfin von Pappenheim 167

Pyrgoteles (um Mitte des 4. Jh. v. Chr.) – griech. Gemmenschneider 247

Q

Quarenghi, Giacomo (1744–1817) – ital.-russ. Architekt und Maler 30, 50, 241ff., 246

R

Raffael (1483–1520) – ital. Maler und Architekt   127–131, 218, 242f.

Raimondi, Marcantonio (1475/80–1534) – ital. Kupferstecher   247

Rastrelli, Bartolomeo Francesco (1700–1771) – ital.-russ. Architekt   241

Rauch, Christian Daniel (1777–1857) – preuß. Bildhauer   33, 74–76, 99, 135, 153f., 191f., 196f.

Reber, Franz Xaver von (1834–1919) – dt. Kunsthistoriker   19

Rechberg, Carl Graf von (1775–1847) – bayer. Kammerherr und Obersthofmeister   14, 106f., 126

Reimherr (o. D.) – bayer. Ingenieur (beim Dach der Befreiungshalle)   217, 222

Revett, Nicolas (1720–1804) – brit. Architekt, Bauforscher und Publizist   37, 193

Rickauer, Max von (1775–1826) – bayer. Topograph   25, 80

Riedel, Eduard von (1813–1885) – dt. Architekt und bayer. Hofbauintendant   94, 96

Riezler, Gebrüder: Riezler, Franz Xaver (1788–1854) und Riezler, Joseph (1790–1873) – bayer. Bankiers und Versicherungskaufmänner, Mitbegründer der Bayerischen Hypotheken- und Wechselbank   107f.

Rinaldi, Rinaldo (1793–1873) – ital. Bildhauer   227, 229

Ringseis, Johann Nepomuk von (1785–1880) – Leibarzt Ludwigs I.   16, 18, 59, 64, 251

Roger II. (1095–1154) – König von Sizilien   58, 154

Romano, Giulio (1499–1546) – ital. Maler und Architekt   31

Röschenauer, Rudolf (o. D.) – bayer. Maurermeister und Bauunternehmer   83, 102, 105ff., 110f., 115ff., 163

Rösel, Johann Gottlob Samuel (1769–1843) – dt. Maler und Professor an der Bauakademie in Berlin   13

Rossi, Carlo di Giovanni (1775–1849) – auch Karl Iwanowitsch Rossi, ital.-russ. Architekt   242

Ross, Ludwig (1806–1859) – dt. Archäologe, Kustos der antiken Stätten und Professor in Athen   148, 233, 237

Rottmann, Carl (1797–1850) – dt. Landschaftsmaler   46, 48f., 164

Rubens, Peter Paul (1577–1640) – flämischer Maler und Diplomat der spanisch-habsburgischen Krone   128f., 247

Rudolf I. (1218–1291) – Graf von Habsburg, röm.-dt. König   56, 172

S

Sabot, Paul (o. D.) – franz. Architekt   234f.

Sacharow, Andrejan Dmitrijewitsch (1761–1811) – russ. Architekt   242

Sangallo d. J., Antonio da (1484–1546) – ital. Architekt   117

Sangallo, Giuliano da (1445–1516) – ital. Architekt und Bildhauer   64

Sanmicheli, Michele (1484–1559) – ital. Architekt   204

Schadow, Johann Gottfried (1764–1850) – preuß. Bildhauer und Graphiker   154, 192

Schaller, Ludwig (1804–1865) – österr.-dt. Bildhauer   29

Schaubert, Eduard (1804–1860) – preuß. Architekt in Griechenland   230

Schelling, Friedrich Wilhelm Joseph von (1775–1854) – dt. Philosoph   32, 34, 143, 253, 256

Schierlinger, Franz Joseph (1790–1855) – dt. Bauingenieur, nach Klenze Vorstand der Obersten Baubehörde   178f., 183f., 254

Schilcher, Franz Sales von (1766–1843) – kgl.-bayer. Oberforstrat und Präsident des Obersten Rechnungshofes   117f.

Schinkel, Karl Friedrich (1781–1841) – dt. Architekt und Maler, preuß. Oberbaudirektor und Hofarchitekt   7, 11, 18, 27, 30, 41, 59, 62, 65, 69, 72f., 76, 92f., 95, 131, 135, 144, 172, 175, 193, 195f., 199, 201, 221, 225, 230ff., 235f., 246, 249, 251ff., 255, 257f.

Schleich, Erwin (1925–1992) – dt. Architekt und Denkmalpfleger   40, 115, 118, 120f.

Schleich, Johann Carl (1759–1842) – bayer. Kupferstecher und Topograph   25, 80

Schlichtegroll, Antonin von (1793–1873) – bayer. Oberbaurat und Konservator   259

Schlitz-Görtz, Johann Eustach von (1737–1821) – preuß. Diplomat, Schriftsteller und Ehrenbürger Regensburgs   145, 215

Schneider, Ludwig (?–1876) – Kurarzt (Landau/Gleisweiler)   190

Schnorr von Carolsfeld, Julius (1794–1872) – dt. Maler, Zeichner und Graphiker   18, 52, 56, 63, 66

Scholl d. Ä., Johann Baptist (1784–1854) – hessischer Bildhauer   171f.

Scholl, Sophie (1921–1943) – dt. Widerstandskämpferin gegen die Diktatur des Nationalsozialismus   199

Schönborn-Wiesentheid, Franz Erwein Graf von (1776–1840) – fränk. Politiker und Kunstsammler   159, 168, 170

Schönhut, Franz Carl Anton (o. D.) – Professor für Geodäsie am Carolinum Braunschweig   10

Schopenhauer, Arthur (1788–1860) – dt. Philosoph und Schriftsteller   253

Schöpf, Peter (1804–1875) – dt. Bildhauer   29

Schraudolph, Johann von (1808–1879) – bayer. Maler   239

Schröfl, Friedrich Paul (o. D.) – Münchner Cafetier   107

Schulte, Wilhelm jun. (1896–1977) – dt. Architekt   186

Schwanthaler, Franz Jakob (1760–1820) – dt. Bildhauer   46

Schwanthaler, Ludwig Michael von (1802–1848) – bayer. Bildhauer   27, 29, 33, 36, 38f., 52, 54, 56, 67, 71, 73, 87, 125, 131, 133, 136f., 172, 191, 197f., 209, 217, 220, 237, 241, 246

Schwind, Moritz von (1804–1871) – österr. Maler und Zeichner   52, 56, 63

Sckell, Carl August (1793–1840) – dt. Gartenarchitekt und Litograph   24, 140ff.

Sckell, Friedrich Ludwig von (1750–1823) – dt. Gartenkünstler, bayer. Hofgarten-Intendant und Stadtplaner in München   24, 42, 47, 80f., 133, 139–142, 145, 156f.

Seewald, Richard (1889–1976) – dt. Maler   49

Seinsheim, Karl August von (1784–1864) – bayer. Finanzminister und Präsident der Kammer der Abgeordneten   18

Seligmann, Simon Aron siehe Eichthal, Simon von   94

Semper, Gottfried (1803–1879) – dt. Architekt und Architekturtheoretiker   143, 229, 250, 255, 258

Sickinger, Adalbert (1837–1920) – dt. Architekt und Bildhauer   154, 226

Sickinger, Anselm (1807–1873) – dt. Bildhauer und Architekt   70, 149, 150, 220, 274

Siegert, Diethard (*1941) – dt. Architekt   50

Skopas (ca. 420–ca. 330 v. Chr.) – griech. Bildhauer   246

Smilis (o. D.) – frühgriech. Bildhauer   247

Solomé, Anton (o. D.) – Zeichner und Karikaturist in Bayern   16

Sophokles (197/96–406/405 v. Chr.) – griech. Dichter   18, 254

Speckle, Daniel (1536–1589) – elsässischer Festungsbaumeister, Ingenieur und Kartograph   207

Stassow, Wassili Petrowitsch (1769–1848) – russ. Architekt   241f., 245

Steiner, Johann Friedrich Rudolph (1742–1804) – Weimarer Hofarchitekt und Baurat   144

Stieler, Joseph (1781–1858) – kgl.-bayer. Hofmaler   154

Stiglmaier, Johann Baptist (1791–1844) – bayer. Bildhauer und Erzgießer, Direktor der kgl. Erzgießerei in München   43, 46, 74, 76, 99

Stöhr, Karl (1859–1931) – dt. Architekt   112

Stourdza, Michael (1847–1863) – jüngster Sohn von Michael Stourdza   227

Stourdza, Michael (1794–1884) – moldauischer Fürst griech. Herkunft   159, 227ff.

Stourdza, Smaragda (1815–1885) – Fürstin und Frau von Michael Stourdza   227

Strack, Johann Heinrich (1805–1880) – dt. Architekt, Professor an der Berliner Bauakademie   236

Strauß, Franz Josef (1915–1988) – dt. Politiker und bayer. Ministerpräsident   28

Streiter, Michael von (1773–1838) – bayer. Generalmajor   204, 206f.

Stuart, James (1713–1788) – brit. Architekt und Altertumswissenschaftler   37, 193

Stüler, Friedrich August (1800–1865) – kgl.-preuß. Architekt unter Friedrich Wilhelm IV.   232, 236

Swinzow, P. W. (o. D.) – russ. Bildhauer   246

T

Tauber, Johann Daniel (o. D.) – oberfränk. Kreisbauinspektor   178

Telford, Thomas (1757–1834) – brit. Bauingenieur   196, 255

Tenerani, Pietro (1789–1869) – ital. Bildhauer   33, 151f.

Terebenjew, Alexander Iwanowitsch (1814–1859) – russ. Bildhauer   241, 246f.

Therese (1792–1854) – Königin von Bayern, geb. Prinzessin von Sachsen-Hildburghausen, Frau Ludwigs I.   25, 67, 134, 154f.

Thibault, Jean Thomas (1757–1826) – frz. Architekt   12

Thiersch, Friedrich Wilhelm von (1784–1860) – dt. Philologe und Pädagoge   138, 233

Thomas, Gabriel-Jules (1824–1905) – frz. Bildhauer   227, 229

Thompson, Benjamin (1753–1814) – Reichsgraf von Rumford, amerik. Physiker, Offizier und bayer. Minister   139

Thorvaldsen, Bertel (1770–1844) – dän. Bildhauer   18, 25, 33, 87, 89f., 97ff., 148, 151ff., 171, 256

Thurn, Franz (1763–1844) – bayer. Architekt   47, 73

Thurn und Taxis, Carl Anselm von (1733–1805) – vierter Fürst von Thurn und Taxis, kaiserlicher Generaloberpostmeister   158, 215

Tieck, Christian Friedrich (1776–1851) – preuß. Bildhauer   192

Tilly, Johann Tserclaes von (1559–1632) – oberster kaiserl. Heerführer der Katholischen Liga im Dreißigjährigen Krieg   205f.

Tischbein, Johann Wilhelm Heinrich (1751–1829) – dt. Maler   144

Traeger, Jörg (1942–2005) – dt. Kunsthistoriker   201, 259

Trajan (53–117) – röm. Kaiser   169

Trautmann, Franz Xaver (o. D.) – Münchner Juwelenhändler   110

Triva, Johann Nepomuk von (1755–1827) – bayer. Artillerie-General und Kriegsminister   205f.

Troost, Paul Ludwig (1878–1934) – dt. Architekt   24, 27f.

Tschernyschow, Alexander Iwanowitsch (1786–1857) – russ. General, Diplomat und Staatsmann   13

U

Unger, Joseph (1785–1841?) – bayer. Bauingenieur und Lithograph   102f.

Urban, Bonifaz Kaspar von (1773–1858) – dt. Bischof und Erzbischof von Bamberg   179

Ustinov, N. A. (o. D.) – russ. Bildhauer   246

V

Vallin de la Mothe, Jean-Baptiste Michel (1729–1800) – frz. Architekt und Hofbaumeister Katharina II. 241

Veit, Philipp (1793–1877) – dt. Maler 18

Velten, Jurij/Georg Friedrich (1730–1801) – Hofarchitekt Katharinas II. in St. Petersburg 241, 243

Verschaffelt, Maximilian Joseph von (1754–1818) – bayer. Hofarchitekt 44, 53, 58

Vieweg, Johann Friedrich (1761–1835) – dt. Verleger 12

Viotti, Pierre (o. D.) – Stuckateur 164, 166, s. a. 228

Vischer d. Ä., Peter (ca. 1455–1529) – Nürnberger Bildhauer und Rotschmied 33

Vitruv (um 1. Jh. v. Chr.) – eigentl. Marcus Vitruvius Pollio, röm. Architekt, Ingenieur und Architekturtheoretiker 56, 170

Vogel, Karl Anton (o. D.) – bayer. Gold- und Silberdraht-Fabrikant 85, 100

Vogler, Georg Joseph (1749–1814) – dt. Komponist und Kapellmeister 92

Voit, August von (1801–1870) – bayer. Architekt, ab 1847 Leiter der Obersten Baubehörde 15f., 173, 180, 188, 190, 222, 248

Vorherr, Gustav (1778–1847/48) – bayer. Architekt, Publizist und Baubeamter 16, 138, 147

W

Wagner, Johann Martin von (1777–1858) – dt. Maler, Bildhauer und Kunstagent Ludwigs I. 16, 18, 29, 32f., 37, 50ff., 74ff., 130, 143, 151, 191, 198, 201, 258

Weber, Carl Julius (1767–1832) – dt. Schriftsteller und Satiriker 107

Weber, Carl Maria von (1786–1826) – dt. Komponist, Dirigent und Pianist 92

Weinbrenner, Friedrich (1766–1826) – dt. Architekt, badischer Baudirektor 14, 182

Weiss, Anton (o. D.) – dt. Architekt, Schüler von Carl von Fischer 193

Weng, Gustav (o. D.) – bayer. Topograph und Lithograph 22

Wening, Michael (1645–1718) – dt. Kupferstecher und Publizist 47

Werneck, Reinhard von (1757–1842) – bayer. Generalmayor, Direktor des Englischen Gartens in München 145f.

Westheimer, Gustav Bernhard (1818–1820) – Sohn von Karl Westheimer 146

Westheimer, Karl (1795–1877) – jüdischer Bankier in München 146

Wichmann, Ludwig Wilhelm (1788–1859) – dt. Bildhauer 192

Widmann, Franz Xaver (o. D.) – Münchner Maurermeister 101

Widnmann, Max von (1812–1895) – dt. Bildhauer 29, 84, 87, 217

Wiedemann, Josef (1910–2001) – dt. Architekt 29, 35, 93, 111, 117f.

Wiegmann, Rudolf (1804–1865) – dt. Kunsthistoriker, Maler, Archäologe und Architekt 175, 252

Wilhelm I. (1743–1821) – Kurfürst (als Landgraf: Wilhelm IX.) von Hessen-Kassel 160

Wilhelm II. (1859–1941) – dt. Kaiser und König von Preußen 160

Winckelmann, Johann Joachim (1717–1768) – dt. Archäologe und Kunstgelehrter 30, 32, 34, 98, 169, 247

Winkler, Claus (*1929) – dt. Architekt 102

Winkler, Georg Hellmuth (1899–1983) – dt. Architekt 102f., 107f., 110

Winter, Peter von (1754–1825) – dt. Komponist und Kapellmeister in München 92

Wolfram (o. D.) – Bauingenieur und Professor der Münchner Polytechnischen Schule 179

Wolkonski, Pjotr Michailowitsch (1776–1852) – russ. Generalfeldmarschall, Diplomat, Chef des Generalstabs und Politiker 237, 239

Wrede, Carl Philipp Joseph Fürst von (1767–1838) – bayer. Generalfeldmarschall und Minister 166

Wren, Christopher (1632–1722) – brit. Architekt, Astronom, Mathematiker und Physiker 238

Z

Ziebland, Georg Friedrich (1800–1873) – bayer. Architekt und Oberbaurat 16, 24ff., 40, 134, 154, 170, 176, 185, 248

Ziller, Ernst Moritz Theodor (1837–1923) – dt.-griech. Architekt, Bauforscher und Archäologe 233

Zink, Johann Michael (o. D.) – Baumeister in Fürth 176f.

Carl Laubin: Klenzeana (2016)

Institutionen

akg-images: S. 255 oben
Architekturmuseum der TU München: S. 72
Archiv des Autors: S. 253 oben, 257, 258
Archiv des Erzbistums Bamberg, Rep. 60 Pfarrarchiv Fürth Unsere Liebe Frau Nr. 222: S. 176
Archiv des Verlages: S. 117, 118, 135 oben, 142, 157, 189, 193, 210 unten rechts, 211, 234
Badhotel, Bad Brückenau: S. 168
Bayerische Staatsbibliothek München: S. 11 oben (Klenzeana IX.11), S. 26 (Pocciana)
Bayerische Verwaltung der staatlichen Schlösser, Gärten und Seen: S. 45 oben (Luftbild: Otto, Niederwillingen), 51 unten, 55, 56, 57 mittig, 58, 62 rechts, 63, 64, 65, 66 (Foto: Marion von Schwenk), 68 (Foto: Staatliches Bauamt, München), 219 unten, 221 oben und unten
Benediktinerabtei St. Bonifaz München: S. 155 rechts
© Bildarchiv Foto Marburg: S. 34, 35 oben, 153, 216 unten
bpk / Bayerische Staatsgemäldesammlungen: S. 17, 21 unten, 82, 128, 129, 201, 248, 255 unten, 256 unten
bpk / Kupferstichkabinett, SMB / Reinhard Saczewski: S. 11 unten
Christoph-Scheiner-Oberrealschule Ingolstadt, Jahresbericht 1963/64: S. 205 oben
© DOK, Landesamt für Vermessung und Geoinformation Bayern: S. 205 (mit Markierungen der erhaltenen Klenze-Bauwerke)
Franken-Landschulheim, Schloss Gaibach: S. 171
»Historische Bildpostkarten – Universität Osnabrück – Sammlung Prof. Dr. Sabine Giesbrecht«, www.bildpostkarten.uos.de: S. 28 oben
Ingenieurbüro Drexler + Baumruck, Ludwigsplatz 33, 94315 Straubing: S. 195, 223
Ingolstadttourismus: S. 207
Klassik Stiftung Weimar, Bestand Museen: S. 253 unten
Mainfränkisches Museum, Würzburg (Dauerleihgabe der Grafen Schönborn-Wiesentheid): S. 170
Münchner Stadtmuseum, Sammlung Graphik/Plakat/Gemälde: S. 16, 18, 19, 20, 21 oben, 22, 25 oben, 41, 48 unten, 59 rechts, 73, 80, 85 unten links, 89, 98, 111 oben, 120, 138 rechts, 250
Opera Real Estate GmbH & Co KG, Frankfurt am Main: S. 78, 79
Postkarte / Metz Verlag um 1960: S. 228 unten
Staatliche Eremitage, St. Petersburg: Photograph © The State Hermitage Museum. Photo by Pavel Demidov: S. 200, 233, 241, 242, 243 oben und unten, 244, 245, 246 oben und unten, 247
Staatliche Graphische Sammlung München: S. 12 oben und mittig, 49, 53 unten, 57 oben, 60 unten, 67, 75 unten rechts und links, 77, 85 oben (Foto: Engelbert Seehuber), 86 unten, 122, 134, 135 unten, 148 rechts und links, 151, 155 links, 161 oben, 165 unten, 166 unten, 192, 219 oben, 227, 228 oben, 231 unten, 239
Staatsarchiv München: S. 259
Stadtarchiv München: S. 111 unten
Stiftung Preußische Schlösser und Gärten Berlin-Brandenburg: S. 218 (Foto: Roland Handrick / Unbekannter Künstler: Die Befreiungshalle bei Kelheim, um 1840/45, SPSG, GK I (5) 4033), 254 (Foto: Daniel Lindner / Klenze, Leo von: Widmungsblatt der sog. Vermählungsalbums für Friedrich Wilhelm (IV.) und Elisabeth, mit Gedicht des bayrischen Kronprinzen Ludwig, 1823, SPSG, GK II (5) 4393)
Wikimedia Commons, lizenziert unter CreativeCommons-Lizenz Attribution-Share Alike 3.0 Unported, https://creativecommons.org/licenses/by-sa/3.0/deed.en: © Dickelbers: S. 184; © Hullbr3ach: S. 260; © ich: S. 88; © Jonny8: S. 136 (Ausschnitt); © Luidger: S. 109 (Ausschnitt); © Michael J. Zirbes (Mijozi): S. 196 unten; © Ximeg: S. 240; © ziegelbrenner: S. 159
Wikimedia Commons, lizenziert unter CreativeCommons-Lizenz by-sa-3.0-de, https://creativecommons.org/licenses/by/3.0/de/: © Andreas Praefcke: S. 33, 36, 119 links und rechts; © Bbb: S. 25 unten; © Diego Delso: 38 unten; © Gras-Ober: S. 94 (Ausschnitt), 96; © High Contrast: S. 30, 215; © Martin Dosch: S. 42; © Rufus46: S. 39, 99, 106, 140, 152
Wikimedia Commons, lizenziert unter CreativeCommons-Lizenz by-sa 3.0/de, https://creativecommons.org/licenses/by-sa/3.0/de/deed.en: © Enno Kraus (Big87): S. 93; Martina Nolte: S. 177 unten
Wikimedia Commons, lizenziert unter CreativeCommons-Lizenz Namensnennung 2.0 generisch, https://creativecommons.org/licenses/by/2.0/deed.de: © Lux-Tonnerre: S. 141; © Wogner: S. 160
Wikimedia Commons, lizenziert unter CreativeCommons-Lizenz Namensnennung – Weitergabe unter gleichen Bedingungen 3.0 nicht portiert, https://creativecommons.org/licenses/by-sa/3.0/deed.de: © Avda: S. 71; © AxeEffect: S. 203 oben; © Berthold Werner: S. 172; © Carroy: S. 216 oben; © Janericloebe: S. 177 oben, 209 unten, 213 unten; © Godot13: S. 238; © N p holmes: S. 62 links; © Peter Schmenger: S. 181 oben und unten; © Rolf Krahl (Rotkraut): S. 213 oben rechts; www.zirker.de: S. 81
Wikimedia Commons, lizenziert unter Creative-Commons-Lizenz Namensnennung – Weitergabe unter gleichen Bedingungen 2.0 Deutschland, https://creativecommons.org/licenses/by-sa/2.0/de/deed.de: © Rudolf Stricker: S. 190
Wittelsbacher Ausgleichsfonds München: S. 57 unten
www.siemens.com/presse: S. 100, 101

Fotografen / Urheber

© 1999–2014 by Frank S.: S. 162
Adrian von Buttlar: S. 48 oben, 84, 86 oben, 108, 131, 144, 214, 225, 251
© Albert Bücherl, München: S. 91
Alle Rechte bei Ingrid K. Brandl, Maxhütte-Haidhof: S. 138 links
Anita Schmitt, Wendlingen/Neckar: S. 191
Bernhard Paul, Lehrstuhl Latein, Universität Regensburg: S. 35 unten
© by gert schmidbauer: S. 205 unten
Carl Laubin, Hitchin, Hertfordshire, England: S. 284/285
Christian Erb: S. 27
Dirk Ziegler: S. 222
© Dominik Hundhammer: S. 137
Doris Wörner, Bayerisches Hauptstaatsarchiv: S. 123 oben
© Edgar Schnell 2014: S. 188
Fotografie Wilfried Petzi, München: S. 163
Fredy – Alfred Weber / fawfoto. de: S. 187
gerhard@gerotax.de: S. 76 oben und unten
© Guido Krzikowski: S. 28 unten
http://stadt-muenchen.net, © Willhalm Gerhard: S. 132, 136
© Igor Tichy / Dreamstime.com: S. 156
© JaBB: S. 97
Johannes Graf von und zu Egloffstein: S. 165 oben, 166 oben
Klaus Kratzsch: S. 150
Marco Engel: S. 183
Marcus Ebener: S. 196 oben
Marcus Hilbich: Frontispiz
Michael Ohmsen: S. 182, 186, 189 oben
© Michael Vogt – www.emvee. de: S. 206
© Mr. Lodge GmbH, info@ mrlodge.de: S. 127
Nicolas Glauser / travelita.ch: S. 194 unten
Pratomontanus: S. 198 oben
Robert Tschuschner: S. 224
Rolf Feldmann (RFSHO): S. 203 unten
Roman Harcke, http://roman-harcke.de/about/: S. 38 oben
Thomas Robbin / www.architektur-bildarchiv.de: S. 112, 114 links, 115, 116, 121, 123 unten, 124/125
Ursula Wiedemann: S. 185 oben und unten
© Wolfsraum: S. 50, 51 oben, 103 unten

www.gerd-grimm.de: S. 217
© www.hansgruener.de: S. 178, 179, 210 oben
© www.panoptikum.net: S. 197

Reproduktionen

Allgemeine Bauzeitung (1861): S. 37 unten
Anonym: München im Bild, München o. J. (1909): S. 43, 130
Blaul (1860): S. 172
Buttlar (1999): S. 31 oben, 59 links, 60 oben, 61 oben, 92 oben, 113, 114 rechts, 143, 161 mittig und unten, 231 oben
Buttlar/Bierler-Rolly (1988): S. 47
Denk/Ziesemer (2014): S. 146 (auf S. 214), 147 links (auf S. 376), 147 rechts (auf S. 373), 149 (auf S. 380), 174 (S. 464)
Faltlhauser (2006): S. 45 unten, 61 unten
Habel (1967): S. 92 unten
Haller/Lehmbruch (1987): S. 90
Hederer (1942): S. 105
Klassizismus (1980): S. 53 oben, 85 unten rechts
Klenze (1805): S. 12 unten
Klenze (1814): S. 14
Klenze (1822/24): S. 174, 175, 256 oben
Klenze (1830ff.): S. 31 unten, 32, 95, 126 oben und unten, 252
Klenze (1838): S. 230
Klenze (1842b): S. 194 oben
Le Roy (²1770): S. 37 oben
Marx (1845): S. 208, 209 oben
Pappenheim (1998): S. 164
Russack (1942): S. 235 oben
Spahr (1974): S. 226
Unger (1829 ff.): S. 102, 103 oben, 107

Gemeinfrei: S. 70, 75 oben, 133, 145, 169, 198 unten, 200, 210 unten links, 212, 213 oben links, 229, 235 unten, 246 oben

Alle Karten

Kasper Zwaaneveld, Deutscher Kunstverlag

Umschlag vorne

Münchner Stadtmuseum, Sammlung Graphik/Plakat/Gemälde (links);
Archiv des Verlages; Adrian von Buttlar; © Dominik Hundhammer; Bayerische Verwaltung der staatlichen Schlösser, Gärten und Seen (rechts, von oben nach unten).

Umschlag hinten

Wikimedia Commons, lizensiert unter CreativeCommons-Lizenz by-sa-3.0-de, https://creative-commons.org/licenses/by/3.0/de/: © High Contrast; Wikimedia Commons, lizensiert unter CreativeCommons-Lizenz by-sa-3.0-de, https://creativecommons.org/licenses/by/3.0/de/: ©Andreas Praefcke; Dirk Ziegler (links, von oben nach unten);
aus: Klenze (1830ff.) (rechts oben);
Opera Real Estate GmbH & Co KG, Frankfurt am Main (unten).

ABBILDUNGSNACHWEIS

Lektorat: Carina Dahlhaus, Deutscher Kunstverlag
Gestaltung, Satz und Reproduktionen: Kasper Zwaaneveld, Deutscher Kunstverlag
Druck und Bindung: Beltz, Bad Langensalza

Bibliografische Information der Deutschen Nationalbibliothek
Die Deutsche Nationalbibliothek verzeichnet diese Publikation in der
Deutschen Nationalbibliografie; detaillierte bibliografische Daten sind
im Internet über http://dnb.dnb.de abrufbar.

© 2016 Deutscher Kunstverlag GmbH Berlin München
Paul-Lincke-Ufer 34
D-10999 Berlin

www.deutscherkunstverlag.de
ISBN 978-3-422-07274-9